Francesca de Grandis

Die Macht der Göttin
ist in Dir

Selbstheilung,
persönliches Wachstum
und Sinnlichkeit durch
keltische Feen-Magie

Aus dem Englischen
von Ralph Tegtmeier

Ansata Verlag

Meinen Eltern Antoinette Marie de Grandis Stafford
und William Winston Stafford.
Meinen spirituellen Vorfahren, von denen einige
Menschen wie mir und Dominic Romani dabei
geholfen haben, die Vergangenheit nicht zu bereuen.
Schließlich auch meinen Lehrern Cora und Victor
Anderson, die mir ihren Segen gaben und ihr ganzes Sein
der Heilung der Menschen und des Kosmos widmen.

Der Ansata Verlag ist ein Unternehmen der Econ Ullstein List Verlag
GmbH & Co. KG, München

ISBN 3-7787-7166-3

Die amerikanische Originalausgabe erschien 1998
unter dem Titel »Be a Goddess!«
im Verlag HarperSanFrancisco,
a Division of HarperCollins*Publishers*
© 1998 by Francesca de Grandis
Deutsche Ausgabe:
© 2000 by Econ Ullstein List Verlag GmbH & Co. KG, München
Alle Rechte sind vorbehalten. Printed in Germany
Umschlaggestaltung: Ateet Frankl nach einem Motiv
von Jody Hewgill und Jim Warner
Gesetzt aus der Sabon, Linotype
Satz: Josefine Urban – KompetenzCenter, Düsseldorf
Druck und Bindung: Clausen & Bosse, Leck

Große Göttin, die du alle Dinge erschaffen hast, auf welche Weise auch immer dieses Buch Verwendung finden möge, sei mit uns, führe uns und sorge für uns. Hilf uns, dich zu lieben und uns dir in Freude hinzugeben, so wie ein glückliches Kind ein liebendes Elternteil beschenkt.

Gott, hilf uns zu lieben und uns dir hinzugeben, es ist uns ein Bedürfnis. Herr des Tanzes, hilf uns zu feiern. Kriegergott, schütze und erhalte uns. Dian-y-glas, begleite uns durch dieses Buch, daß uns deine stete Gegenwart Kraft und Freude sei.

Inhalt

Rituale

*Im vorliegenden Text finden sich auch Rituale,
die nicht auf dieser Liste stehen.
Alles im Leben – beispielsweise auch
ein Tagebucheintrag über Ihren Liebespartner –
ist Ritual.*

Aus meinem Buch der Schatten
(Magisches Tagebuch)

Als Feenzauberin bin ich ein Mythos und habe bis zu diesem Leben stets außerhalb des menschlichen Geweses gelebt, außerhalb menschlicher Kreise, menschlicher Geschichte. Wie kommt es da, daß ich mich heute abend an einen Kreis von Frauen erinnere, die vor langer Zeit gemeinsam Flikkendecken nähten? Flüsternd sprechen sie Zauber aus, ihre heitere Gemeinsamkeit lediglich Fassade für Riten, die der Göttin heilig sind – Riten, um ihre Äcker fruchtbar, ihre Familien gesund zu halten. Woher diese Erinnerung, wenn ich meine Zauberei doch nie in einem Kreis von Näherinnen verbarg?

Noch weiter in der Zeit zurückgehend, erinnere ich mich auch an ein bewaldetes Tal. Zwei Liebende salben sich die Stirn mit Erde, um ihre Liebe den alten keltischen Göttern zu weihen. Lachend plumpsen sie auf ein Lager aus Laub, wo er ihr einen töricht-lüsternen Vorschlag ins Ohr wispert. Ich seufze vor Freude beim Anblick des wunderbaren fleischigen Bauchs der Erde unter ihnen, beim Anblick ihrer Leiber, dicht erfüllt von der Kraft des Geistes und vom geschlechtlichen Trieb, den die Alten Götter der ganzen Menschheit zugewiesen haben. Ich saugte nicht an den Brüsten der Frau, noch spürte ich den Leib des Manns auf meinem eigenen – wie kommt es da, daß ich mich an dieses Stelldichein erinnern kann?

Auch erinnere ich mich an ein noch weiter zurückliegendes Zeitalter, an eine Frau in einer Höhle, ihre Zauberei verborgen und sicher vor den mißbilligenden Augen ihres Dorfs. Sie hat begriffen, daß sie kein Feuer machen darf, um ihren heiligen Kessel zu erwärmen – der Rauch würde unliebsame Aufmerksamkeit erwecken. Sie schleudert die geballte Faust gegen die Wand der Höhle. Wie soll sie nur einen Zauber vollziehen, um die Kräfte der Hellseherei zu beschwören, ohne ein Feuer machen zu können? Und wieder stößt sie die Faust gegen das Gestein, verwünscht ihr eigenes Verlangen nach dem Alten Wissen, das sie zur Zauberei hingezogen hat.

Wie kommt es, daß ich diese Dinge erinnere, da ich doch nicht Teil von ihnen war? Ich erinnere mich – war aber nicht Teil von ihnen – irischer Bauern, ihrer lustvollen magischen Sprechgesänge, mit denen sie die Fesseln der Knechtschaft abwarfen.

Nie war ich gänzlich dem Reich der Menschen zugehörig, war niemals Teil der menschlichen Geschichte. Ich umkreiste einen Stern, erlernte seinen Gesang, ahmte sein Grinsen nach. Ich tollte umher wie eine Robbe am Boden des Meeres, während eine Meerjungfrau gutherzig meine Versuche in Sachen Wasserballett imitierte. Während Menschen sich zu Kreisen versammelten, um Flickendecken herzustellen, um Liebe zu machen, um Brot zu backen, kreise ich allein im Innern eines Atoms, tanzte im Einklang mit einem Traum, in der Verfolgung eines Wunsches.

Bis zu diesem Leben, da ich, angezogen von menschlichen Männern und Frauen, eine der ihren wurde und nun, als Teil der menschlichen Geschichte, die Entdeckung mache, daß es einmal mehr meine Aufgabe ist, der menschlichen Rasse den Feenzauber zu lehren. Und so tue ich es auch.

Meine Erinnerung an diese früheren Leben wird deutlicher. Die Deckenmacherinnen erinnern sich meiner nicht, doch suchte ich die älteste von ihnen in einem Traum auf und lehrte sie die Zauber, die sie beim Nähen vollzogen. Das waldige Tal mit den beiden Liebenden – es wurde von mir gesegnet; mein unsichtbarer Ritus war es, der diese Lichtung zu einem Strudel der Freude für alle machte, die sie durchschritten. Die enttäuschte Frau in der Höhle begegnet mir, als ich für sieben Jahre zu Fleisch werde, um ihr die Grundzüge des Alten Wissens beizubringen. Von mir lernen die Iren ihren Sprechgesang. Mit diesem erschaffen sie ein Trugbild, das sie vor dem Blick der Landeigentümer schützt. Ihr Zauber läßt sie in Sicherheit leben.

Durch alle Zeitalter habe ich den Menschen die Zauberei gelehrt, Menschen, die später von mir sagen sollten: »Feen? Alles nur ein Mythos!« Stets nur ihre Lehrerin, niemals ihre Gefährtin, hielt ich mich fern von menschlichen Riten und vom Liebemachen und von den Festen. Außerdem bekommt niemand jemals eine Fee zu sehen, es sei denn, die Göttin hätte seiner Mutter im Augenblick der Empfängnis die Augenlider geküßt; oder wenn ihnen Feensalbe aufs Auge gestrichen wurde. Oder wenn sie selbst von Feenblut sind.

Wenn ich mich jetzt also in die menschliche Geschichte hineinbegebe, bleibe ich doch Mythos, bleibe ich unsichtbar. Kreisend um einen Stern, im Innern eines Atoms, im Tanz eines Traums, sei es Ihrer, sei es meiner.

Meine Erfahrungen mit der Feentradition in diesem Leben

Das College, das ich besuchte, besaß einen zweigeteilten Campus, dazwischen lag ein Wald. Oft mußte ich bei Nacht durch diesen Wald gehen, und der Weg war unbeleuchtet. Mir grauste. Ich glaubte, daß der Wald vom Feenvolk bewohnt sei, deshalb lief ich stets so schnell ich konnte, wähnend, sie könnten mich entführen und mir grausam zusetzen wollen.

Noch ahnte ich nicht, daß das Feenvolk von gütigem Gemüt ist und daß ich eine Hexe war, durch deren Adern Feenblut strömt. Die Feen in diesem Wald müssen mich gerufen haben, und ebendiesen Ruf fürchtete ich, da ich es nicht besser wußte. Später jedoch durchlief ich eine rigorose und nur selten zugängliche Ausbildung zur keltischen Schamanin bei Victor Anderson, indem ich in Victors Familie aufgenommen wurde, die den keltischen Schamanismus – auch Feentradition genannt – bewahrt hatte. Die Feentradition ist ein Zweig des Wicca, der sich tiefgreifender innerer Verwandlung widmet, und sie bildet die Grundlage zu diesem Buch.

Nebenbei bemerkt: Da die meisten Menschen Victor Anderson nicht kennen, möchte ich erklären, daß er ein Experte auf dem Gebiet des keltischen und hawaiianischen Schamanismus ist, der in aller Stille einige der einflußreichsten Praktikanten der Göttinnen-Bewegung ausgebildet hat. Wenn man ihn fragen sollte, was ihn dazu qualifiziert haben mag, würde Victor vielleicht antworten, daß das Studium des Schamanismus keinen Hochschulabschluß beschert. Victors Weisheit spricht für sich selbst: Sie finden seinen Namen im Quellenverzeichnis vieler spiritueller Bücher, auch in Widmungen, wenn er nicht sogar im Haupttext als Quelle genannt wird.

Alles, was ich in diesem Buch über Magie, Zauberei oder Wicca sage, bezieht sich ausschließlich auf die Feentradition. Alles, was ich in diesem Buch sage, bezieht sich auf meine Tradition, Punkt. Zudem schreibe ich ausschließlich über jenen besonderen Zweig der Feentradition, in dem ich selbst ausgebildet wurde, beziehungsweise auch über den Zweig, den ich selbst entwickelte. Im folgenden sollen die Begriffe »keltischer Schamanismus«, »Wicca«, »Spiritualität der Göttin«, »Alte Religion«, »Alter Weg«, »Hexenkunst« und ähnliche Bezeichnungen als Synonyme gelten. Im allgemeinen verwende ich Ausdrücke wie »Hexe«, »Heide«, »Schamane«, »Priester«, »Mystiker«, »Magier«

gleichwertig. Der folgende Überblick über die Feentradition schildert auch einige ihrer hervorstechendsten Merkmale.

Die Feentradition hat eine leise Berührung durch das Feenvolk erfahren, sowohl spirituell als auch magisch. Dennoch ist die Bezeichnung »Feentradition« etwas irreführend, ein zeitgenössischer Name für etwas, das einst namenlos war. Die Magie, die eine Hexe aus der Feentradition praktiziert, bleibt immer noch sehr menschlich und hat nur in unterschiedlichem Ausmaß etwas mit den Feen zu tun, abhängig von der persönlichen Neigung sowie von den jeweiligen Lehrern. Sie werden mich in diesem Buch nur selten unmittelbar von den Kleinen Leuten sprechen hören, auch wenn ihre Moral und ihre Magie alles durchwebt. Die Feenmagie muß subtil bleiben, sonst verkommt sie zur Parodie ihrer selbst.

Die Feentradition ist der Schamanismus, wie er einst von der Dorfhexe praktiziert wurde, und in einzelnen Familien wurde er von einer Generation zur nächsten weitergegeben. Obwohl sie im Kern feministisch ist und die psychische Gesundheit aufbaut, sind ihre Ursprünge doch sehr viel älter und völlig anders gelagert als diese späten Entwicklungen des 20. Jahrhunderts, ja man kann sagen, daß sie sich selbst Prozeß und Paradigma ist.

Keltische Schamanen ehren sowohl die Göttin als auch den Gott, ohne irgendwelche Geschlechtsstereotypen zu einer geheiligten Kosmologie zu erheben.

Die meisten Wicca-Traditionen verlangen, daß man vor Vollzug jedweder Magie einen magischen Kreis schlagen muß. Der praktische Zweig der Feentradition stimmt dem nicht unbedingt zu. Wenn ich die Magie anwenden soll, wie es die alten Kelten taten – also als natürlicher Teil meines Alltags, von morgens bis abends, auch beim Geschirrspülen –, dann kann ich nicht für jeden kleinen Zauber, den ich vollziehe, einen magischen Kreis schlagen.

Dazu gehört auch, daß die Praxis oft ohne äußere Hilfsmittel wie magische Stäbe und rituelle Gesten auskommt. Wenn Magie und Spiritualität wirklich einen festen Platz im

Leben finden sollen, dann muß man sie auch innerhalb dieses Lebens anwenden können. Man kann kein diskretes Ritual in einem Bus vollziehen, wenn es dazugehört, die Arme gen Himmel zu schleudern und aus vollen Lungen »Göttin, erscheine!« zu brüllen, um sich darauf den magischen Stab gegen die Stirnmitte zu schlagen. Die keltische Magie kann überall und jederzeit praktiziert werden, wo und wann immer man ihrer bedarf. Und die Sinnlichkeit und Majestät, die einem schlichten und direkten Ritus abgehen mögen, können in Wirklichkeit um so größer sein, weil die Magie auf diese Weise Stück für Stück verinnerlicht und zu einem Teil von Körper und Seele gemacht wird.

Der keltische Schamanismus legt große Betonung auf persönliche Reinheit als oberste, regelmäßige und fortgesetzte Praktik. Kristalle, Ritualkelche und Weihrauch sind nicht nur nutzlos, sondern sogar gefährlich, sofern das Hauptwerkzeug – man selbst – nicht entsprechend geeignet und vorbereitet ist. Damit wir uns nicht mißverstehen: Ich liebe rituelles Zubehör ebensosehr wie alle anderen Hexen – schließlich bin ich Amerikanerin –, aber wenn ich mich auf ein großes Ritual vorbereite, sorge ich dafür, daß ich nach dem Anlegen meines langen Samtgewands mit seiner Renaissance-Schleppe und dem heiligen bestickten Kragen mit seinen falschen Perlen und Rubinen auch meinen Kopf zurechtrücke! Jeder Zauber, den wir ins Universum hinausschleudern, durchreist zuerst unser eigenes Sein, und so wird er dann auch von dem geformt, was wir sind. Mit der Magie verhält es sich wie mit jedem anderen Kunstwerk auch: Sie trägt den unauslöschlichen Stempel des Künstlers. Genauso ist es mit einem Zauber: Wenn Sie selbst ungeeignet sind, wird es der Zauber auch sein. Die Reinigung stellt zudem einen unverzichtbaren Bestandteil der Feentradition bei der Förderung des inneren Wachstums dar.

Die Feentradition ist zugleich der Weg des Barden. Keltische Schamanen, die einst die Alte Religion durch Gesang, Geschichte, Mythos und Dichtung lehrten, wurden als Barden bezeichnet. Der Feenbarde erschafft außerdem auch Rituale.

Schließlich konzentriert sich der keltische Schamanismus darauf, technische Fertigkeiten auf feinstofflichem Gebiet zu entwickeln. Wie Sie noch feststellen werden, ist die in diesem Buch vorgestellte Tradition vom Feenwesen durchdrungen und stellt eine ursprüngliche Form des Hexenkults dar. So nähern wir uns einer wilderen, ungezügelteren Macht, was eine weiterführende magische Ausbildung notwendig macht.

Wiederherstellung eines alten Brauchs

Meine eigene Ausbildung in der Feentradition setzte einen Menschen von bestimmtem Temperament und bestimmter seelischer Beschaffenheit voraus. So muß der Schüler beispielsweise sowohl über ein starkes Ich verfügen als auch über Unbefangenheit angesichts der mystischen Poesie unsichtbarer Welten. Nur ein solcher Schüler bleibt auch ungefährdet, wenn er in einer Vision die riesigen Abstände zwischen den Sternen schaut. (Seelenastronauten dürfen eben keine Angst vor großen leeren Räumen haben.) Die Feentradition bietet eine sehr drastische Ausbildung, die nur für den verzweifelt Suchenden geeignet ist, der keinen anderen Zugang zu ihrer Heilkraft und Macht findet.

Im Jahre 1986 wandte ich mich an Victor Anderson mit der Idee, die Feentradition auf eine neue Weise zu unterrichten, die für das allgemeine Publikum geeignet und gefahrenfrei sein sollte. Ich wollte den Menschen beibringen zu tun, was auch ein Durchschnittsmensch in alter Zeit getan hat: In enger Verbindung zur Erde zu leben, die Magie auf einfache, praktische Weise anzuwenden und den Alltag damit zu gestalten. Mein neues System sollte alle Vorzüge der Feentradition bieten, wie sie weiter oben beschrieben wurden. Ich wollte Rituale einbeziehen, die Victor mich gelehrt hatte, traditionelle Lehrmethoden der Feentradition, weitere, neue Rituale sowie ein neues System der Energiearbeit, um damit Magie zu praktizieren. Zudem sollte das ganze von sorgfältig konstruierten theologischen und kosmologischen Ordnungsrastern durchzogen sein, wie sie für diese Magie geeignet waren. Diese einzelnen Bestandteile sollten insgesamt zu etwas verschmolzen werden, das völlig anders war als alles, was mir je begegnet war – und doch sollten alle Elemente auf einer bestimmten Ebene wieder etwas ganz Altes verkörpern. Unterstützt durch Victor als Berater, erschuf ich eine uralte Praktik aufs neue, einen Lehrplan, der immer noch Verbindung zum Feenvolk aufweist und im Kern so traditionell ist wie immer.

Ich nannte diesen Lehrplan The Third Road®[1] (»Der Dritte Weg«). Anstelle der Entweder-/oder-Fragen, wie sie die meisten Religionen anboten, brauchte ich einen Mittelweg, der die sogenannten Gegensätze zusammenführte. Um ein Beispiel zu geben: Disziplin stellt einen Schlüssel zur persönlichen Freiheit dar. Und auch Mystiker dürfen durchaus praktischer Natur sein: Gute Magie hält auch das Haus sauber!

Des weiteren lehre ich sowohl Selbstrespekt als auch Demut – eine sehr schwierige Balance, die aber erforderlich ist, wenn der Weg der Feen gefahrlos beschritten werden soll. So sollte etwa ein Praktikant, der über ausreichend Selbstvertrauen verfügt, um mit gewaltigen Kräften umzugehen, dennoch nicht unter dem ungesunden Übermut leiden, sich selbst und andere in Gefahr zu bringen, indem er sich an Zauber wagt, die jenseits seiner Reichweite liegen.

Und wenn der schamanische Weg auch ein ekstatischer ist, so bedeutet Ekstase doch nicht dasselbe wie Schlamperei, Undiszipliniertheit oder Unmoral. Beispielsweise hat eine meiner Schülerinnen einmal ein Reinigungsritual ausgeführt, als sie sich in einem ethischen Dilemma befand. Die Reinigung führte zu einer gewaltigen inneren Öffnung, so daß sie einen Spontanorgasmus erlebte, als sie einer Oper lauschte! Die Reisenden auf Dem Dritten Weg können des-

---

[1]The Third Road und alle seine Varianten sind das geschützte Warenzeichen von Francesca de Grandis.

halb mit der wilden Magie tanzen, weil wir diszipliniert genug sind, um dabei nicht aus dem Tritt zu geraten.

Während wir beim Brainstorming saßen, um einen Namen für mein Werk zu finden, zitierte Aidan Kelly Verse aus dem Gedicht »Thomas der Reimer«: »Dort ist der Weg in den Himmel, und dort ist der Weg in die Hölle, und dieser dort? Das ist der Weg ins Feenland.« Da das Feenvolk die Gegensätze vereint und jeden Menschen dazu anhält, er selbst zu sein, überlegte ich mir, daß die Bezeichnung »Der Dritte Weg« ein Bild der Befreiung von den üblichen absurden Vorschriften und unsinnigen Dualismen assoziieren ließe. Eine Bardin erschafft ihre eigene Überlieferung. Ich hatte den Begriff »Der Dritte Weg« noch nicht einmal gehört, bevor er meinem Mund entsprang. Ich bin keine Akademikerin und hatte daher auch nicht haufenweise obskure Bücher zu diesem Thema gelesen. Erst zehn Jahre später erfuhr ich, daß das Gedicht »Thomas der Reimer« den alten keltischen Schamanismus beschreibt, was beweist, daß Imagination, Logik und Intuition ebensogut geeignet sind, um Geschichtsforschung zu treiben, wie alle anderen Herangehensweisen.

Ein Teil des hier vorgestellten Systems wurde dem Lehrplan *Der Dritte Weg* entnommen, dessen große Beliebtheit in den vergangenen zwölf Jahren es mir gestattet hat, eine von wenigen Personen in den Vereinigten Staaten zu werden, die das Privileg genießen, ihren Lebensunterhalt als Hexe zu verdienen. Der Rest des Materials wurde eigens für dieses Buch entwickelt. Ich bin darüber hinaus als mediale Beraterin tätig. Die Werkzeuge des Wandels, die ich für meine Klienten verwende, haben auch mein Schreiben beeinflußt. Im folgenden werde ich die Begriffe »Feentradition« und »Feenmagie« synonym mit »Der Dritte Weg« verwenden, wenn ich mich nicht ausdrücklich auf das ältere Familiensystem der Feentradition berufe, was sich dann aus dem Zusammenhang ergeben wird. Wie eingangs bereits erläutert, ist die Feentradition so umfassend, daß Begriffe wie »keltischer Schamanismus«, »Wicca«, »Spiritualität der Göttin«, »Alte Religion«, »Alte Sitten«, »Hexenkunst«,»Feentradition«, »Feenmagie« sowie ähnliche Bezeichnungen im allgemeinen austauschbar sind, jedenfalls soweit es uns hier betrifft.

Der Schleier zwischen den Welten

Eine Hellseherin sagte mir einmal, daß meine Aufgabe in diesem Leben darin bestünde, den Menschen die Feenmagie nahezubringen. Sie erzählte mir von einem lange zurückliegenden früheren Leben, als ich ein Mischling war: halb menschlich, halb magisch. Ohne daß sie davon wußte, feierte ich am Tag dieser hellseherischen Beratung gerade mein fünfjähriges Jubiläum der Unterrichtung des Dritten Wegs.

Vor langer Zeit zog der keltische Gott Dagda einen Schleier zwischen die Menschen und das Feenvolk. In unserer Zeit hat die Göttin mir aufgetragen, dabei zu helfen, die Feenmagie durch diesen Schleier zurückzuführen, damit wir Menschen durch die sternenäugige Mystik der Kleinen Leute Erneuerung erfahren, durch die Leidenschaft und Weisheit des in die Göttin verliebten Dichters sowie durch die kompromißlose Integrität des dunklen und gefährlichen Feenvolks.

Die heutigen Menschen sterben an Leib und Seele, weil ihnen die Poesie des Feenvolks abgeht. Die Feenmagie ist keine Buchpoesie, sondern eine lebendige, atmende Dichtung, die Poesie des Rituals; die Poesie des morgendlichen Erwachens in der Umarmung der Mutter; die der Kunst, Sie auch auf dem Weg zur Arbeit zu begleiten. Ich versuche meinen Schülern einen Feenglimmer zu vermitteln, ihre DNA mit meinem Feenatem zu berühren, damit sich ihr Blut daran erinnern möge, und sei es noch so geringfügig, wie es einst strömte, als die Menschen zum ersten Mal von der Feenmagie berührt wurden.

Jeden Tag genieße ich aufs neue das Privileg, diesem Zauber zu begegnen: Die Göttin begleitet mich, wo immer ich

auch hingehe. Und ich kann ihre Gegenwart wirklich spüren; sie ist kein bloßer Glaube sondern eine tatsächliche,
greifbare Präsenz in meinem Leben, die mich tröstet und
führt. So, wie sie auch Sie in der vor Ihnen liegenden Ausbildung führen wird.

Vorbereitung auf eine ekstatische Reise

Der Weg des Schamanen und was er Ihnen bringt

Wicca zelebriert Leidenschaft, Sexualität und einzigartige Individualität. In den zwölf Jahren, in denen ich Schamanismus unterrichtet habe, haben mir unzählige Schüler immer wieder anvertraut: »Zum ersten Mal in meinem Leben habe ich das Gefühl, die Erlaubnis zu haben...« (einen unbefriedigenden Job aufzugeben, Sex zu genießen, Gedichte zu schreiben, sich gegen ein dominantes Elternteil aufzulehnen, eine Weltreise zu unternehmen, aus der Unscheinbarkeit hervorzutreten – und viele andere Dinge mehr). Meine Schüler leben jetzt in dem Gefühl, zu sich selbst gefunden und das Leben zu führen, nach dem sie sich immer gesehnt haben.

Wicca stellt ein Mittel dar, um sich selbst und sein eigenes Leben auf eine Weise zu ändern, die man vorher für unmöglich gehalten hätte. Denn die wilde, natürliche Kraft der Spiritualität der Göttin steht jedem zur Verfügung.

Wiccas – also die Praktizierenden des Wicca – haben eine liebevolle und mitfühlende Göttin und einen ebensolchen Gott, die die ganze Menschheit wie ihre eigenen Kinder schützen und umarmen und die uns als heiligstes aller Geschenke ungeschmälerte Vitalität bieten. Anders als jene Religionen, die uns lehren, uns unserer selbst und unserer Verlangen zu schämen, wird Ihnen die Unterweisung im Wicca beibringen, zur Selbst-Liebe zu gelangen, persönliche Ziele zu erreichen und Freude am Leben zu finden. Mein Ziel als Lehrerin ist es, eine gütige und sanfte Führerin auf dem Pfad zur persönlichen Entfaltung zu sein.

Meine Schülerin Marion wollte eigentlich gern hauptberuflich Künstlerin werden, setzte diesen Traum aber nicht um, weil »Kunst ja ein brotloser Beruf ist«. Als ich Marion mit einem Mythos vertraut machte, in dem die Göttin das Universum aus ihrer geschlechtlichen Vereinigung mit dem Gott heraus erschafft, entdeckte Marion den wirklichen Grund, weshalb sie das praktische Nutzdenken der Leidenschaft vorzog. »Meine Eltern haben mir beigebracht«, gestand sie, »daß Leidenschaft das Leben ruiniert, daß es zur Katastrophe führen wird, wenn ich nach meinen Träumen greife und sie mit ganzem Leib und ganzer Seele verwirlichen will. Du dagegen sagst mir, daß es die Leidenschaft der Göttin war, die sogar das gesamte Leben erschuf.« Da die Geschichte ihrer Familie von Armut und Alkoholismus gezeichnet war, hatten ihre Eltern kein Vertrauen darin, daß das Leben gut ist oder daß sich die Lage bessern könnte. Also brachten sie Marion das Mißtrauen bei.

Marion schämte sich wegen ihrer Unfähigkeit, Kunstwerke zu vollbringen. Doch die Liebe der Göttin kann ungesunde Scham in Nichts auflösen. Ich riet Marion, immer wieder ihre Einbildungskraft zu nutzen, um sich vorzustellen, sie befände sich in Gegenwart einer Gottheit, die eine sanfte, solidarische Mutterfigur sei anstelle eines furchterregenden, mürrisch dreinblickenden Richters mit einem langen weißen Bart. Im Zuge dieses Rituals erlebte Marion tatsächlich eine gütige Göttin, der sie ihr Leben anvertrauen konnte, wenn sie das Risiko einging, ihre Träume zu verwirklichen. Inzwischen verkauft sie ihre wunderschönen, teuren Bilder!

Sie sehen daran, daß Wicca die Verbesserung des eigenen Lebens betont. Je mehr Sie dieses Buch dazu verwenden, um Ihr inneres Wachstum zu fördern, um so mehr werden Sie den Weg freimachen, damit sich auf der physischen Ebene ein natürlicher Überfluß manifestieren kann. Dieses Buch wird Ihnen auch Zauber beibringen, mit denen Sie zu den »guten Dingen im Leben« kommen: Spaß, Romantik, Autos, gutes Essen und andere materielle Güter.

Fragen Sie sich jetzt vielleicht, was denn materieller Überfluß mit dem spirituellen Pfad zu tun haben soll? Die Göttin ist eine sehr erdhafte, praktische Gottheit. Sie möchte, daß wir uns vergnügen, so wie jede gute Mutter wünscht, daß ihre Kinder Freude haben, daß sie Wohlstand und persönliche Befriedigung genießen. Daher gab sie uns die materielle Welt als heiliges Geschenk und sorgte – ein Beweis für ihren praktischen Sinn – dafür, daß wir auch die Werkzeuge in die Hand bekommen (nämlich magische Zauber), um das beste aus ihrem Geschenk zu machen.

Sie werden ferner entdecken, daß Liebe und Sex – Ekstase – den Kern der Wiccakunst ausmachen. Wir wollen in diesem Buch die sexuellen Mysterien des keltischen Schamanismus erforschen, und ich werde Ihnen zeigen, wie man Stufe um Stufe zu einem gesunden Liebesleben und einer ebensolchen Sexualität gelangt. Gegen Ende unserer Unterweisungen werden wir uns einem Liebeszauber widmen, weil Hexen, um es noch einmal zu sagen, immer an konkreten Ergebnissen interessiert sind.

Anders als die Religionen, die uns vorschreiben, wie wir zu denken und uns zu verhalten haben, lehrt uns Wicca, selbst herauszufinden, was moralisch und gut ist. Das ist freilich ein zweischneidiges Schwert: Mit der persönlichen Freiheit kehrt natürlich auch die persönliche Verantwortung ein. Die Konsequenzen und die Moralität Ihres Tuns können Sie keinem anderen überantworten, der Ihnen Verhaltensvorschriften macht. Wir Wiccas mögen uns zwar gelegentlich an Hellseher oder Priester wenden, die schon weiter entwickelt sind als wir selbst, doch im Endeffekt sind wir alle Priester unserer eigenen Seele, unserer Gemeinschaft und des Landes. Das in diesem Buch vorgestellte Training fördert Ihre persönliche Freiheit, während es Ihnen zugleich dabei hilft, Ihre eigene Integrität weiter zu entwickeln, Ihre eigene Ethik und Ihr Vermögen, anderen zu Diensten zu sein.

Haben Sie sich erst einmal selbst transformiert, so können Sie auch ein wirksamer Agent des Wandels in Ihrer Gemeinschaft und auf dem Planeten werden. Immer öfter entdecken Physiker Dinge, die die alten Schamanen schon immer gewußt haben, darunter auch das altbekannte magische Prinzip, daß alles, was einem bestimmten Atom widerfährt, auch sämtliche Atome im Universum beeinflußt. Wenn ich niese, geraten dadurch Atome auf der gegenüberliegenden Seite der Erde in Bewegung. Das ganze Leben ist ein in sich selbst verwobenes Mysterium. Wenn Sie also dafür Sorge tragen, ein Stück gesünder zu werden, so wird auch alles in Ihrer Umgebung, ja im gesamten Universum ein Stück gesünder werden.

Mein Schüler Francis war in jungen Jahren ein sehr frommer Katholik. Er sehnte sich nach einem spirituellen Leben und wollte ein guter Mensch sein. Als Kind liebte er es, herumstreunende Katzen zu füttern. Als Teenager war er der Vertraute vieler verwirrter Gleichaltriger. Er wollte irgend etwas tun, um gegen das Unrecht zu kämpfen, das Frauen angetan wurde. Sein Vater aber sagte ihm: »Die können schon für sich selbst sorgen. Konzentriere dich auf dein Studium und mach uns stolz auf dich.«

Mit fünfundzwanzig Jahren hatte Francis pflichtschuldigst seinen Magister in Betriebswirtschaft gemacht und begann im Familienunternehmen mitzuarbeiten. Eines Tages sah er an sich selbst herab und stellte fest, wie seine Hände unkontrollierbar zitterten. Seine Beine fühlten sich so wacklig an, daß er fürchten mußte, gleich umzufallen; und sein Mund war plötzlich ausgetrocknet vor Furcht. So erging es ihm öfter, bis er auch noch anfing, jeden Morgen schweißgebadet zu erwachen. Was war los – wurde er etwa verrückt? Was, wenn jemand das bemerkte? Was, wenn er die Kontrolle verlieren und jemanden schlagen würde? Was, wenn er seine Eltern demütigte? Mit eiserner Willenskraft schleppte er sich zur Arbeit, doch wenn die Panikattacken dann auch endeten, fürchtete er sich so sehr, sie könnten wiederkehren, daß auch seine Arbeitsleistung darunter litt. Die Beschwerden seiner Eltern über seine Leistung am Arbeitsplatz verstärkten nur noch seine Furcht und seine Schuldgefühle.

Durch Wicca-Rituale gelang es Francis schließlich, die falsche Güte abzustreifen, die seine Eltern ihm aufgezwungen hatten, um statt dessen eine Beziehung zu dem herzustellen, was für ihn selbst gut war, einschließlich seiner echten, aus seinem Inneren strömenden Gutherzigkeit. In einem Ritual schrieb er all die Lügen auf ein Blatt, die man ihm zum Thema »Gutsein« beigebracht hatte, um die Liste schließlich in einem Kessel zu verbrennen. Im Zuge eines weiteren Rituals schrieb er alles auf, was ihn innerlich daran hinderte, zur Selbst-Liebe zu gelangen. Auch diese Liste verbrannte er. Nachdem die Rituale vollzogen waren, lernte Francis einen Freund an, um ihn in seinem Familienbetrieb zu vertreten – der das dann auch viel besser tat, als Francis es jemals selbst gekonnt hätte. Nachdem er sich dieser Verpflichtung entledigt hatte, führte Francis den Zauber für Selbstakzeptanz durch, wie er in Lektion 10 beschrieben wird. Als ich ihn das letzte Mal sah, war es bei der Eröffnung einer Klinik für minderbemittelte Mütter, an deren Gründung Francis entscheidend mitgewirkt hatte. Francis verwaltet jetzt die Finanzen dieser Institution, während er gleichzeitig das Medizinstudium aufgenommen hat. So konnte Wicca Francis ganz unmittelbar dabei helfen, sowohl sein eigenes Leben als auch das der anderen Mitglieder seiner Gemeinde zu verbessern.

Eines der kostbarsten Geschenke des Schamanismus besteht darin, daß er uns beibringt, unser eigenes Potential voll zu entwickeln, während wir zugleich die Gesellschaft und den Kosmos achten. Wicca hilft uns dabei, unser Wirkungsfeld nicht auf uns allein zu beschränken. Wenn wir beispielsweise durch unsere gierige Konsumhaltung Wälder und Wasservorräte zerstören, entfernen wir uns dadurch tatsächlich von dem wirklichen Überfluß und dem Glück, nach dem wir alle streben. Die vor uns liegenden Lektionen beschreiben die Zusammenhänge, warum dem so ist, und zeigen auch auf, wie wir diesen Trend umkehren können. Das alles mag sich sehr ernst anhören, und das ist es auch. Vergessen Sie aber nicht, daß Wicca auch ein ekstatischer Pfad ist. Wir führen Rituale durch, weil wir uns daran ebenso wie an den alten Göttern erfreuen. (Wenn ich von Göttern spreche, meine ich damit immer sowohl die männliche als auch die weibliche Gottheit.) Wenn Sie nicht nur Ihr eigenes Leben ändern wollen, sondern auch Feste feiern und Fröhlichkeit erfahren möchten, so seien Sie gesegnet – gehen Sie Ihren Weg mit den Alten Göttern.

Was Sie von einer schamanischen Reise erwarten dürfen

Das vorliegende Werk ist ein Anleitungsbuch, dessen Hauptziel darin besteht, durch die Religion und die Wissenschaft des Wicca eine tiefgreifende innere Transformation herbeizuführen. Dieses Buch enthält fünfzehn Selbsthilfe-Lektionen, jede davon ein Kapitel lang, die Ihnen auf einer schamanischen Reise Führung sein werden. Jeder Leser – ob Frau oder Mann – kann Rituale durchführen, um jene Dinge im eigenen Innern zu entfernen, die ihm vom Wohlstand, vom seelischen Frieden, von Liebesbeziehungen und vom Lebensglück abhalten. Ebenso kann auch jeder Rituale durchführen, um ein Gespür für das innere Selbst zu erhalten.

Anders als ein Wicca-»Kochbuch«, das Zauber für den beliebigen Gebrauch enthält, verkörpert dieses Buch eine traditionelle schamanische Ausbildung. Jede der Wochenlektionen baut auf den vorhergehenden auf, um feinstoffliche Fertigkeiten zu entwickeln, ganz ähnlich wie ein Athlet sein Können durch aufeinander aufbauende Übungen entwickelt. Dieser in Stufen gegliederte Ansatz öffnet zudem Sie, den Schüler oder die Schülerin, für einen tiefgreifenden persönlichen Wandel, wobei er Ihnen ebenfalls hilft, den Schamanismus als handfesten, alltagstauglichen spirituellen Lebensstil zu entwickeln.

Ein Schamane unterrichtet nicht ein komplettes Thema in einer einzigen Sitzung, als würde er einen Artikel aus einer Enzyklopädie vorlesen. Wenn er anderen den Schamanismus als greifbare Praxis oder als Lebensstil vermittelt, unterweist der Schamane sie in Themen, Grundannahmen und Zielen, doch stets in abgestuften Portionen, so daß der Schüler mit zunehmender Erfahrung diese Anweisungen in seinen Alltag integrieren kann. Nur wenige Schüler sind dazu in der Lage, fortgeschrittenes schamanisches Material aufzunehmen, wenn nicht frühere Unterweisungen zu diesem und anderen Themen vorangegangen sind, die durchs praktische Ritual und andere, dazugehörige Aufgaben erforscht und mindestens eine Woche lang gelebt wurden. Deshalb werde ich ein Thema stets nur anreißen, genug, damit Sie es in die Praxis überführen können. Haben Sie erst einmal genutzt, was ich Ihnen vorgestellt habe, erhalten Sie von mir weitere Unterweisung.

Jede der Wochenlektionen enthält auch weitere Unterlektionen. Eine Ballettschülerin lernt gleichzeitig Übungen, die der Gelenkigkeit dienen, Übungen zur Stärkung der Fußgelenkkraft, Übungen zur Förderung einer grazilen Motorik, und so weiter. Das eigentliche Tanzen findet erst gegen Ende des Unterrichts statt, weil erst dann die einzelnen Bausteine an Ort und Stelle sind. Ganz ähnlich können auch Sie den schamanischen Tanz beginnen.

Es ist dies ein praktisches Buch, die handfeste Erfahrung wird der Überflutung mit Theorie vorgezogen. Die Fähigkeit, Theorien eines Lehrers papageienartig wiedergeben zu können, beruht lediglich auf Kopfwissen. Das Wissen des Schamanen dagegen ist ein verkörpertes Wissen. Es ist eine ziemlich moderne Annahme, die vor allem den akademischen Sektor prägt, daß die Fähigkeit, über eine Sache zu sprechen, gleichbedeutend damit sei, sie auch zu beherrschen. Wenn Theorie auch nicht völlig unwichtig ist, so begreift man Wicca doch im wesentlichen durch das Tun. Das Lernen besteht in erster Linie darin, den Unterweisungen des Lehrers zu lauschen, die wenig Theoretisches an sich haben, und Rituale zu praktizieren. Schamanische Unterweisungen sind oft sehr ausschweifend, zu ihnen gehören Geschichten, Anekdoten, Bilder und Poesie.

Diese Lehrmethode ist Teil des komplexen Gewebes, von dem ich im ganzen Buch immer wieder spreche. Auch wenn dieses Vorgehen Ihrem rationalen Verstand bisweilen unlogisch erscheinen mag, sollten Sie sich doch dem Fluß des Geschehens hingeben, dann werden Sie auch ein Gespür für die tiefgründige ganzheitliche Logik entwickeln, die allem zugrunde liegt.

Zur Ausbildung gehört auch die Wiederholung. So wie der Tai-Chi-Schüler seine körperlichen, grobstofflichen Muskeln trainieren muß, so müssen wir auch unsere feinstofflichen und spirituellen Muskeln immer wieder in Anspruch nehmen und dieselben Wahrheiten so lange bearbeiten, bis sie keine bloßen Konzepte mehr sind, sondern Teil unseres persönlichen Tanzes werden. Wenn wir diese Wahrheiten zudem in verschiedenen Zusammenhängen vernehmen und praktizieren, so flechten wir sie dadurch in das Gewebe unseres Lebens ein. Und schließlich ist da noch die verstärkende Wirkung der Wiederholung: So ist jeder Tag wie selbstverständlich von Magie und Freude erfüllt.

Eine schamanische Lektion stellt einen komplexen, nichtlinearen Tanz dar. Bringen Sie Ihr ganzes Sein in diese Erfahrung ein, und tanzen Sie ein Stück mit mir. Nutzen Sie Verstand, Herz, Intuition und Bauchgefühl. Dann wird Ihnen durch die Ausführung der Rituale eine Schicht des Wissens nach der anderen enthüllt werden.

Es stellt ein wesentliches Ziel der schamanischen Ausbildung dar, das ganze Sein in die Rituale und den Alltag einzubringen. Heutzutage neigen wir dazu, stets nur Teile unserer selbst in Anspruch zu nehmen, wenn wir irgend etwas tun.

Ein Jogger läuft zwar vor sich hin, genießt das ganze aber nicht voll, weil sein Verstand eine Million Kilometer entfernt bei einem Geschäftstreffen ist, welches gestern stattgefunden hat. Eine Liebende ist von ihrem eigenen Gefühlsleben so weit abgeschnitten, daß sie sich ihrem Partner während des Geschlechtsakts nicht voll öffnen kann.

Die Kelten wußten, daß der Mensch nicht nur eine körperliche, sondern auch eine seelische Anatomie besitzt. Beide zusammen machen unser gesamtes Sein aus. Eine Kultur nach der anderen hat dieselbe Entdeckung über unsere seelische Anatomie gemacht: Jeder Mensch besteht aus drei Teilen, drei »Seelen«.

Da gibt es zunächst das *bewußte* Selbst, jenen Teil unserer selbst, dessen die meisten Menschen gewahr sind. In unserer Kultur ist dies der Teil, mit dem wir uns am häufigsten identifizieren.

Dann gibt es das *Gottselbst* – dies ist der gesündeste, vollständigste, schlechthin vollkommene Teil eines jeden von uns.

Und schließlich gibt es noch das *Unbewußte*. Die Portugiesen kennen kein Wort dafür. Statt dessen sprechen sie von dem *In-Bewußten* – eine kluge Wahl, da der Begriff *Unbewußtes* nur sehr ungenau einen Teil unserer selbst beschreibt, der über ein gewaltiges Gewahrsein gebietet.

Die Hawaiianer haben einen Ausdruck: *Uhane Kahikolu me ke kino mea*, das bedeutet »ganzes Sein« – die drei Seelen und der physische Körper. Wenn wir dieses ganze, reiche Sein harmonisch in unser Ritual und in unseren Alltag einbringen, so rückt alles in unserem Innern wie in unserem Leben an seinen Platz. Dann sind wir auch befreit von politischer, religiöser und persönlicher Tyrannei. Denn wenn *Uhane Kahikolu me ke kino mea* auf harmonische Weise in unserem Leben tätig wird, entdecken wir die Kraft, die Führung und die Autorität in unserem eigenen Innern, um in Glück und Freiheit leben zu können.

Ein Schamane lernt, *alle* Aspekte der drei Seelen und des Körpers im Alltagsleben zu ehren und zu nutzen – da ist kein Teil unserer Selbst, der abgelehnt würde. Es gibt Zeiten, da die Gefühle so intelligent sind wie die Logik, da der volle Ausdruck sexueller Leidenschaft ebenso moralisch ist wie die Zurückhaltung, und lodernder, heißer Zorn so heilig wie demütiges Übersichergehenlassen.

Ich werde in späteren Lektionen die drei Seelen und *Uhane Kahikolu me ke kino mea* noch genauer untersuchen. Und durch die schlichte Ausführung der Rituale wird Ihnen mehr und mehr über Ihr ganzes Sein offenbart, denn nur durch seine volle Beteiligung können wir bestimmte Dinge verstehen lernen.

Die meiste Zeit verwende ich Begriffe wie »Zauber«, »Ritual«, »Ritus«, »Meditation«, »Arbeit«, »Übung« und »Gebet« in austauschbarer Weise.

Vom Umgang mit diesem Buch

In den vielen Jahren, da ich den Schamanismus unterrichtete, habe ich einen einsamen und kontemplativen Lebensstil gepflegt. Ich scherze oft mit Freunden darüber, weil ich in diesen Jahren eine so typische Schamanin wurde, daß ich schon eine Parodie meiner selbst bin. Wie die archetypische Eremitin in ihrer isolierten Höhle oder Hütte, bleibe ich manchmal tagelang zu Hause, spinne mir meine Welt des Zaubers zurecht, einen Ort nach eigenem Entwurf, in dem ich leben kann, wie es mir beliebt. Suchende kommen mal für eine, mal für mehrere Stunden vorbei, um an meiner Welt Anteil zu haben. Ich erteile ihnen Unterweisungen und spirituelle Beratung. So habe ich wenig Grund, meine Hütte zu verlassen.

Jede Lektion in diesem Buch ist so aufgebaut, als würden Sie und ich uns wöchentlich in meiner Einsiedlerklause treffen, damit ich Sie durch die Lektion führe. Bei jedem Treffen gebe ich Ihnen Hausaufgaben mit. Vielleicht bitte ich Sie auch, gleich an Ort und Stelle eine Übung zu machen, eine Meditation oder ein Schriftwerk zu verfassen. So kann es beispielsweise sein, daß ich im Zuge einer Lektion den Vortrag plötzlich abbreche und Sie erst durch ein Ritual führe, bevor Sie weitere Unterweisungen erhalten.

Sie sollten jede Übung, jede Meditation und jedes Ritual auch tatsächlich ausführen. Was auf einer Buchseite vielleicht nach wenig aussehen mag, kann sich bei tatsächlicher Umsetzung in eine wunderbare Offenbarung verwandeln, in eine wichtige Erfahrung, in einen Lernprozeß oder in einen Schub inneren Wachstums. Wie bereits angemerkt, wird die persönliche Weiterentwicklung, werden die spirituellen und mystischen Freuden eines Rituals sowie das Verständnis um die Wissenschaft des Wicca nur durch die Mitwirkung des ganzen Selbst erlangt, und nicht indem man lediglich Worte auf einer Buchseite analysiert.

Wenn Sie beten oder einen Ritus vollziehen, sollten Sie dabei soviel von sich selbst einbringen, wie Ihnen nur möglich ist. Das gilt auch für Ihren gesunden Humor – er darf ruhig beißend sein –, der dabei helfen kann, ein bereitwilliges Herz mit einem kritischen Auge auszubalancieren.

Manche Menschen glauben, man könne nur beten, indem man hinkniet, die Handflächen aneinanderpreßt, so daß die Finger gen Himmel zeigen, um dann das Vaterunser aufzusagen. Auch wenn das tatsächlich große Kraft auslösen kann, schreckt es viele Menschen doch ab. Für die Kelten war der Begriff Gebet nicht so eng gefaßt. Gebet kann vielerlei bedeuten. Halten Sie sich offen für die verschiedenen Arten, wie ich das Wort benutze. In einem Fall mag das Gebet darin bestehen, daß ich Ihnen bestimmte Worte nenne, die Sie der Göttin sagen sollen; Sie können jedoch versichert sein, daß Sie dazu keine bestimmte Körperhaltung einnehmen müssen, es sei denn, Sie möchten es unbedingt tun.

Es kann aber auch sein, daß ich unter dem Wort Gebet verstehe, daß Sie der Göttin irgend etwas mitteilen, was Sie ihr sagen wollen, und zwar auf jede beliebige Weise, die Sie für die geeignetste halten. Sie können mit eigenen Worten zu ihr reden, ob es sich dabei um schlichte Alltagssätze handelt oder um förmliche Gebete aus Ihrer eigenen Feder. Sie können der Göttin aber auch ein Gedicht vorlesen, das Sie irgendwo entdeckt haben und von dem Sie meinen, daß es besonders gut eine bestimmte Bitte formuliert, die Sie an sie richten möchten. Sie können aber auch in stummem Tanz davon künden, was Sie ihr mitteilen wollen.

Bei anderer Gelegenheit bezeichne ich einen Zauber, um ein Auto zu bekommen, vielleicht auch als *Gebet* für einen neuen Wagen. Es gibt endlose Möglichkeiten und keinerlei Formeln, mit denen Sie hier bevormundet werden. Gehen Sie einfach mit dem Geist der Bedeutung, die ich jedem Wort verleihe.

Bei jeder wöchentlichen Begegnung sollten Sie den in der Lektion enthaltenen Vortrag lesen, selbst dann, wenn Sie vorher im Text vielleicht schon ein Stück weiter vorausgegangen sein sollten. In jeder Wochenlektion sind Vortrag und Ritual so ineinander verwoben, daß sie wiederum ein Ritual für sich darstellen. Außerdem liegt, wie bereits erläutert, ein Teil der Erfahrungsqualität dieses Trainings gerade darin, daß es Schritt für Schritt absolviert wird. Jeder Vortrag, der an seinem angestammten Platz innerhalb der Reihenfolge und als Teil der entsprechenden Lektion gelesen wird, beschert Ihnen sehr viel großartigere und weiterreichendere Offenbarungen, als wenn Sie ihn aus dem Kontext herausgelöst läsen. Das bedeutet natürlich auch, daß Sie ein Ritual erst dann durchführen sollten, nachdem Sie die vorhergehenden absolviert haben.

Ein weiterer Grund, weshalb die Rituale und Vorträge in einer bestimmten Reihenfolge und Art vermittelt werden, besteht darin, die Sicherheit zu gewährleisten. Magie ist weder ein Spielzeug noch eine bloße Metapher. Schamanische Rituale sind mächtig, und jede Lektion bereitet Sie gefahrlos auf die nächste vor. Wenn Sie die Vorbereitungsarbeit vernachlässigen, könnte es beispielsweise passieren, daß Sie mit den durch ein bestimmtes Ritual oder eine Übung ausgelösten Emotionen nicht mehr zurechtkommen. Führen Sie die Rituale also in der vorgegebenen Reihenfolge und ohne Abänderungen aus.

Letzterer Rat mag etwas merkwürdig scheinen, respektiert die Magie doch die Vielheit, und viele Selbsthilfebücher ermuntern ihre Leser dazu, sich ihre eigenen Übungen zurechtzuzimmern, wie es ihrem persönlichen Stil entspricht. Hier haben wir es jedoch mit einem machtvollen Training zu tun, welches aus einem System abgeleitet wurde, das nur von qualifizierten Mentoren unterrichtet wird. In diesem Sinne ist es dem Tai Chi vergleichbar. Zu den Zielen des Tai Chi gehört ein gesunder, kraftvoller Energiefluß, ebenso die Flexibilität von Körper und Geist. Daher wurden im Laufe der Jahrtausende exakte Mittel – präzise Übungen – entwickelt, um diese Ziele zu erreichen. So wie eine Abänderung der Tai-Chi-Übungen dem Schüler nicht dabei hilft, in den Genuß der Macht und der Vorzüge des Tai Chi zu gelangen, ebensowenig wird eine Abänderung der hier vorgestellten Rituale und Übungen Ihnen deren Macht erschließen. Wenn Sie aber, genau wie beim Tai Chi, das vorgegebene Format einhalten, so wird dies in Ihnen einen freien Fluß herstellen, der es Ihnen später ermöglichen wird, Ihren eigenen, einzigartigen Stil im übergeordneten Sinn zu entwickeln. Varianten können zudem dazu führen, daß magische Kraft nach hinten losgeht. Es wäre ja auch reichlich töricht, die Übungen abändern zu wollen, mit denen man einen Trapezakt vorbereitet, nicht wahr? Nun möchte ich Ihnen keinen ungesunden Schrecken einjagen: Wenn Sie es unbedingt tun müssen, passen Sie die Übungen eben an, so wie es ein Trapezkünstler auch täte. Im Verlauf der Lektionen werde ich Ihnen bei der Entwicklung eines Sinns für die Vorsichtsmaßnahmen helfen, die Sie bei einem bestimmten Arbeitsvorhaben berücksichtigen sollten. Verlassen Sie sich also auf meine Führung als Lehrerin, dann wird Ihr Flug kraftvoll und sicher verlaufen.

Es kann sein, daß Sie dieses Buch in Gesellschaft anderer durcharbeiten möchten. Obwohl diese Möglichkeit nicht immer gegeben sein wird und auch nicht unbedingt ideal ist – ich genieße es wirklich, allein zu arbeiten –, kann ein Gruppentraining doch sehr wertvoll sein. (Eine Gruppe von Hexen, die sich regelmäßig zur Arbeit versammeln, nennt man einen *Coven*. Eine Hexe, die allein arbeitet, nennt man eine *Einzelgängerin*.)

Wenn Sie sich in einer Gruppe versammeln, mag es sinnvoll sein, sich über den Text oder die Rituale auszutauschen. Vielleicht machen Sie aber auch die Feststellung, daß Sie nicht allzuviel dazu sagen können, vor allem am Anfang. Wenn Sie für sich allein arbeiten, können Sie Ihre Gefühle schriftlich festhalten. Die Diskussion kann durchaus im Mittelpunkt des Hexenkults stehen. Wiccas denken selbständig. Reflexion und Diskussion können diese Nachdenklichkeit fördern und unsere innere Autorität festigen. Und es ist auch einfacher, durch Nachdenklichkeit und die Hilfe anderer zu echten moralischen Entscheidungen zu finden. Ebenso wie zu einem gutausgeprägten Fundamentalverständnis der magischen Wissenschaft – wie etwa damals, als Cora Anderson mich in Kräutermedizin unterwies und ich törichterweise sagte: »Das ist ja alles schön und gut, aber was mich wirklich interessiert, ist der *magische* Gebrauch der Kräuter.« Sie erwiderte darauf: »Francesca, wenn es gut für deinen Körper ist, dann ist es auch Magie.«

Reflexion und Diskussion können ihre eigene Magie in sich bergen. Denken Sie nur daran, wie elektrisiert sich die Atmosphäre in einem Raum anfühlt, in dem gerade eine heftige, begeisterte(!) Debatte tobt. Diese Aufladung ist eine wirkliche Kraft, die die Menschen in dem Raum speist. Und wie steht es um das sanfte, ruhige Brummen, das Sie im Raum wahrnehmen, nachdem Sie einen Eintrag in Ihrem persönlichen Tagebuch abgeschlossen haben? Das ist auch eine Art von Kraft, nämlich eine, die die Seele beruhigt. Diese Energien können einer magischen oder spirituellen Erfahrung zum Aufblühen und zur Vertiefung verhelfen.

Arbeiten Sie im vorgegebenen Tempo, weder zu hastig noch zu zögerlich. Ich werde dies später noch erklären. Werden Sie um Himmels willen aber nicht gleich neurotisch! Wenn beispielsweise Ihr Besuch bei mir innerhalb einer Woche noch nicht beendet erscheint, teilen Sie das Material eben auf zwei Besuche auf, die sich dann über zwei Wochen erstrecken.

Schamanische Disziplin und Selbstsabotage

Spirituelle Praktiken könnte man auch als *Disziplin* bezeichnen. Wir tun etwas immer und immer wieder, bis wir es gut können, ganz so wie Sportler für ihre Wettkämpfe trainieren. Für Menschen freilich, die nach einer Alternative zu den strengen, einschränkenden Religionen suchen, in denen sie erzogen wurden, kann das Wort *Disziplin* einen echten Schrecken darstellen. Das ist ja auch kein Wunder: In unserer Kultur wird die Disziplin sehr häufig mißbraucht, nämlich als Werkzeug, um die Individualität und Leidenschaftlichkeit einer Person zu vernichten. Wahre Disziplin dagegen beschert uns Freiheit. Tänzer wissen, daß sie erst freudig und ohne Hemmungen tanzen können, nachdem sie die erforderlichen Streckübungen durchgeführt haben. Ganz ähnlich kann die Disziplin des Wicca zum Schlüssel für unsere wahre persönliche Freiheit und Freude werden. Indem Sie die Lektionen in diesem Buch anwenden, werden Sie Ihre Fertigkeiten weiterentwickeln, damit später, wenn der Große Zauber selbst zur Sprache kommt (damit meine ich jenes Überritual, mit dem man so gut wie alles im Nu erlangen kann), dieser auch wirklich funktioniert, und zwar gefahrlos. Die Disziplin einer Hexe umfaßt folgendes:

Die Rituale sind regelmäßig durchzuführen. Ich werde Ihnen dabei helfen, indem ich wöchentliche Aufgaben erteile – es sind dies Werkzeuge zur Feier des Lebens.

Es sind Aufgaben auszuführen. Das Wort *Aufgaben* kann einen ähnlichen Schrecken auslösen wie der Begriff *Disziplin.* Als ich noch zur Schule ging, kam es vor, daß mir irgendeine Frage in den Sinn kam, worauf ich aufgeregt die Hand hob und vor lauter Begeisterung wild mit dem Arm wedelte. Stets erhielt ich dann die Aufforderung mich zu beruhigen. Die Hausaufgaben waren so langweilig, daß ich sie nur deshalb für wichtig erachtete, weil ich Schwierigkeiten bekommen hätte, wenn ich sie nicht erledigt hätte. Mir schien es, als seien Hausaufgaben nur dazu gedacht, meinen Verstand zu betäuben, meine natürlichen Instinkte zu unterbinden und das Leben in vollen Zügen auszukosten. Gemahnen Sie sich selbst, daß Ihre wöchentlichen Aufgaben dazu beitragen können, die Auswirkungen repressiver Schulaufgaben endlich ins konstruktive Gegenteil zu verkehren!

Der spirituelle Pfad ist fortzusetzen, auch gegen den Widerstand irgendeiner zweifelnden inneren Stimme, die den Prozeß nur sabotieren will. Die Stimmen der Entmutigung, der Furcht und des Widerstands gehören ebenso zu den Merkmalen einer echten spirituellen Reise, wie Offenbarung, Selbstbereinigung, mystische Visionen und der Glaube.

Zunächst mag schon der bloße Gedanke an die praktische Magie die Einbildungskraft entzünden und eine große Aufgeregtheit auslösen. Doch dann kann die Anfangsaufregung vielen Formen der Selbstsabotage weichen, von denen einige recht subtil sind. So sagen Sie sich selbst vielleicht plötzlich: »Das soll ich alles allein durchmachen – das ist doch viel zu schwer!« Im ganzen Text biete ich Ihnen Führung an, damit Sie sich nicht allein und verlassen vorkommen müssen, und ich weise auch auf andere Quellen der Unterstützung hin, sollten Sie dieser bedürfen. Außerdem werden Sie Ihren inneren Führer und die Göttin haben, die Ihnen dabei helfen werden, Ihr eigenes Leben erfolgreich zu steuern, ebenso wie dieses Training. Sie sind also nicht allein.

Vielleicht vernehmen Sie auch eine Stimme, die Ihnen einreden will: »Das ist viel zu viel Arbeit.« Und doch haben schon viele Schüler schamanische Ausbildungen erfolgreich zu Ende geführt. Vielleicht hören Sie aber auch: »Im Lernen war ich noch nie gut!« Ich werde Sie Stufe um Stufe durch diesen Lehrplan führen. Außerdem können Sie vielleicht auch Freunde um Hinweise bitten, die selbst bereits erfolgreich mit Arbeitsbüchern gelernt haben. Mag sein, daß Sie glauben, Sie würden sich niemals weiterentwickeln – doch genau das werden Sie tun.

Vielleicht sagen Sie sich auch: »Die Leute lachen mich doch aus«, oder Sie fragen sich: »Wo soll ich bloß die Zeit dafür hernehmen?« Falls dies ernsthafte Sorgen sein sollten und nicht nur an den Haaren herbeigezogene Vorwände, so erinnern Sie sich bitte daran, daß Hindernisse zu jedem spirituellen Pfad gehören und daß sie sich überwinden lassen, indem man am eigenen Weg festhält.

Fragen Sie die Göttin in Ihrer eigenen Alltagssprache, wie Sie diese Hindernisse bemeistern sollen. Sie wird Ihnen die erforderliche Hilfe geben. Diese Führung mag die Form einer inneren Stimme annehmen, eines Kommentars, den Ihnen eine Freundin gibt, eines Zeitschriftenartikels, ja vielleicht auch eines Hits im Radio.

Ich leide weitaus mehr unter Gedanken der Selbstsabotage als so gut wie jeder, dem ich je begegnet bin. Was die Sache noch verschlimmert – die meiste Zeit werde ich meinen eigenen Negativismus nicht los, gleich, was ich tue. Doch kann ich wenigstens so tun, als würde ich etwas anderes glauben. Und solange ich dies tue, bewege ich mich auf mein Ziel zu. Gleich welche negativen Gedanken oder Gefühle Sie überkommen mögen, verfolgen Sie beharrlich Ihren Weg. Sollten Sie dabei straucheln, legen Sie eben ein Nickerchen ein. Und dann geht es immer weiter.

Wicca und seine Disziplin werden nie als Werkzeug des Selbstmißbrauchs verwendet. So sollten Sie beispielsweise vermeiden, sich selbst zu kritisieren, nur weil Sie etwas Zeit brauchen, um ein bestimmtes Ziel zu erreichen. Transformation und das Herstellen einer richtigen Lebensweise können geraume Zeit in Anspruch nehmen. Eines Tages wurde mir klar, daß meine Säuglingsschritte, die doch viel zu klein wirkten, um ihnen irgendeine Bedeutung beizumessen, mich durch das ganze Universum geführt hatten.

Sie sollten sich auch nicht selbst tadeln, wenn Sie Ihre Aufgaben nicht immer rechtzeitig bewältigt bekommen oder wenn Sie im Zuge einer solchen Aufgabe nicht erreicht haben, was Sie erreichen zu müssen glaubten. Es genügt, wenn Sie alles so gut ausführen, wie Sie nur können.

Ebensowenig sollten Sie sich wegen Unzulänglichkeiten schämen, die nur menschlich sind. Ziel des Wicca ist nicht die Heiligkeit, sondern das Glück.

Viele spirituelle Systeme beruhen auf Scham, Selbstbezichtigung und der Angst vor einem strafenden Gott. Darauf können Sie auf *diesem* spirituellen Weg getrost verzichten. Die Alten Götter sind nicht grausam, sondern lieben uns so wie wir sind.

Man durchläuft immer wieder schwere Zeiten. Es ist die Sache wert! Eines nachts, die Unterweisung war etwa zur Hälfte beendet, begann meine Schülerin Etta plötzlich unruhig herumzuzappeln und sich auf die Lippe zu beißen. Sie versuchte fast zehn Minuten lang, die Luft anzuhalten, bis es aus ihr herausplatzte: »Francesca, als du uns gerade gesagt hast, daß die Göttin uns so liebt, wie wir sind, nicht wegen unserer tollen Autos oder schicken Kleider, da wurde mir klar, daß ich einen Ehemann akzeptiert habe, der mich lediglich meines Geldes wegen geheiratet hat, nur weil ich Angst habe, allein zu sein. Ich habe zwar schließlich den Mut aufgebracht, ihn zu verlassen, doch bin ich jetzt seit zwei Wochen geschieden und fühle mich genauso miserabel wie damals, als ich noch mit meinem selbstsüchtigen Mann zusammen war.« Sie stand kurz davor, sich in eine weitere ungeeignete Partnerschaft zu stürzen. Ich empfahl ihr stattdessen, bei ihrer schamanischen Disziplin zu bleiben, weil sie dadurch nicht nur in Erfahrung bringen würde, weshalb sie sich einen Ehemann ausgesucht hatte, der ihr schadete, sondern auch lernen könnte, die Einsamkeit zu genießen. Es war ein Kampf, doch schließlich endeten die schweren Zeiten, und Etta fand jemanden, der sie so lieben und behandeln konnte, wie sie es verdient hatte.

Die Praxis des Fortgeschrittenen

Unter einem *Fortgeschrittenen* verstehe ich jemanden, der ein mindestens sechs Jahre langes ernsthaftes Studium des Wicca absolviert hat. Ein solches ernsthaftes Studium läßt sich auch als Autodidakt durchführen.

Sollten Sie Erfahrungen mit anderen Wicca-Traditionen haben, werden Sie möglicherweise Grundsätze in diesem Buch entdecken, die im Widerspruch zu dem stehen, was Sie selbst gelernt haben. Folgen Sie einfach den Regeln der Feentradition, wenn Sie den Dritten Weg praktizieren, und achten Sie die Formen der anderen Traditionen, wenn Sie diese ausüben. Fußball kennt nun einmal andere Ziele, Regeln und Aufwärmübungen als Basketball.

Wenn ich sage: »Damit man den Alten Göttern unbeschadet begegnen kann, muß man reinen Ansinnens und respektvoll sein«, und Sie anderer Auffassung sein sollten, werde ich mich nicht mit Ihnen streiten. Die Magie respektiert die Vielseitigkeit. Wenn Sie alle Übungen durchführen, werden Sie allerdings vielleicht feststellen, daß unsere Götter doch anders sind als jene, die Sie kennen, trotz identischer Namen und Beschreibungen.

Es ist sehr häufig vorgekommen, daß sich Fortgeschrittene meinen Anfängergruppen anschlossen. Für die allermeisten war das eine wahrhaft bereichernde Erfahrung. Aber um von einem Kollegen zu lernen, bedarf es einer gewissen Demut und der Bereitschaft, für eine Weile »Däumchen zu drehen«. Mit anderen Worten, die fortgeschrittenen Schüler, die tatsächlich davon profitierten, mit mir in einem Anfängerumfeld zusammenzuarbeiten, mußten willens und in der Lage sein, ihr manchmal durchaus beachtliches Wissen und ihre Erfahrung hintan zu stellen, jedenfalls in gewissem Umfang, um meinen Unterricht so aufzusuchen, wie es ein Kind getan hätte. In diesem Geiste konnten sie viel dazugewinnen.

Es gilt jedoch für Fortgeschrittene wie Anfänger gleichermaßen, daß sie nur durch Bearbeitung des Texts in der vorgegebenen Reihenfolge, im empfohlenen Tempo und in der vorgeschriebenen Weise, unter Einbringung ihres ganzen Seins, tatsächlich der Vorteile teilhaftig werden können, wie sie allein die Feentradition bietet, um zu einer intuitiven Kenntnis dieses Pfades zu gelangen, der sich auf manch subtile Weise von anderen Traditionen des Wicca unterscheidet.

Einige unserer Besuche werden mit dem Abschnitt »Für Fortgeschrittene« enden. Fortgeschrittene Praktizierende können diese Abschnitte nutzen, um mehr von ihrer Erfahrung in die vorgestellten Lektionen einzubringen. Zudem bieten sie weitere Optionen, falls der oder die Fortgeschrittene das Vorgehenstempo beschleunigen möchte. Die erste dieser Optionen besteht darin, die vierte Wochenlektion (den Abschnitt über den Alltag) nach Belieben vorzuziehen. Die in diesem Abschnitt enthaltenen Informationen können beliebig weiterverfolgt werden.

Hier noch zwei letzte Details.

Die Feentradition verwendet manche Begriffe anders, als es andere Wicca-Traditionen tun.

Und: Freuen Sie sich darauf, sich das »Abschlußdiplom« zu verdienen, das Sie ebenfalls am Ende dieses Buchs finden.

Die Alten Götter segnen alles, was wir tun

Die Segnung Ihres Werks

Den heidnischen Weg zu beschreiten bedeutet, daß wir allezeit dabei gesegnet sind – nicht nur durch den Schutz und die Leitung der Alten Götter, sondern auch durch ihre Freude und zärtliche Liebe.

Um dieses Vorzugs teilhaftig zu werden, tun Sie folgendes: Wann immer Sie Wicca praktizieren, widmen Sie Ihre Arbeit den Alten – den Göttern der Alten Religion –, wie es weiter unten beschrieben wird. Dies hilft den Göttern, Sie bei Ihrer Arbeit zu beschützen und zu führen, ob es nun darum geht, von mir Ihre Wochenlektion zu erhalten oder Ihre Aufgabe zu erledigen.

Es hat auch noch einen weiteren Vorteil, die Götter vor jeder Ihrer Arbeiten anzurufen: Auf diese Weise werden Sie immer mehr der Liebe gewahr, mit der sie uns im Alltag umgeben.

Wicca ist uralt und kann vom heutigen Menschen daher

leicht mißverstanden werden. Als ich beispielsweise mit meinem Wicca-Studium begann, glaubte ich, daß Teile davon lediglich Metaphern waren, die mir dabei helfen sollten, meine eigene Psyche zu verstehen. Inzwischen weiß ich jedoch, daß Magie durchaus wirklich ist, also keine bloße Metapher, und so versuche ich, Mißgeschicke in meinen Zaubern zu vermeiden. Das folgende Ritual schützt nicht nur gegen Mißgeschicke, es hilft uns auch dabei, zu einer alten hexischen Perspektive zu finden.

Lesen Sie das Ritual zunächst einmal durch, um seinen Tenor zu begreifen. Danach besorgen Sie die wenigen, leicht erhältlichen Gegenstände, die Sie dafür brauchen, und führen Sie das Ritual nach bestem Wissen und Gewissen durch, (gleich, ob stumm oder laut), als eine Methode, um unseren ersten wöchentlichen Besuch zu beginnen. Wie bei allen Ritualen in diesem Buch, gehen Sie bitte einen Schritt nach dem anderen vor.

RITUAL

Das Segnen des Pfads

Werkzeuge und Zutaten

☾ Wasser in einer kleinen Schale, einer Schüssel oder jedem beliebigen verfügbaren Gefäß. Wenn Sie wünschen, kann das Gefäß auch etwas besonders Heiliges oder Bedeutsames sein.

☾ Eine Prise Erdreich, die dem Wasser beigegeben wird. Sie können Blumenerde verwenden, Erdreich aus Ihrem Hinterhof oder von einem Ort, der Ihnen besonders heilig oder bedeutsam ist. Sollten weder Wasser noch Erdreich verfügbar sein, können Sie auch eine kleine Menge Speichel verwenden.

1. *Schritt:* Sprechen Sie das Gebet an die Große Mutter:

Herrin, aus dir entspringen alle Dinge,
und alle Dinge kehren einst zu dir zurück.
So segne dies mein jetziges Werk,
daß ich es zu spüren vermag, wie es deiner Freude und
Üppigkeit und grenzenlosen Klugheit entströmt.

Herrin, aus dir entspringen alle Dinge,
und alle Dinge kehren einst zu dir zurück.
So widme ich dieses Werk nun dir.
Denn wenn auch alles Dein ist,
so kann ich dennoch deine Liebe fliehen.
Statt dessen erhebe ich mein Antlitz,
wie das Kind zu seiner Mutter,
daß ich in Deiner Freude, Üppigkeit
und grenzenlosen Klugheit leben möge.
So soll es sein.

2. *Schritt:* Sprechen Sie das Gebet an den Herrn
   des Tanzes

Allerheiligstes Sakrament der Selbstheit,
der du in Ewigkeit dein göttliches Haupt erhebst
gesegnet zu sein und gesegnet,
bitte sei jetzt mit mir.

Du bist ihr Auserwählter, ihr Gesalbter.
So bringe mir diese Mysterien.

Es ist Allfreude, dich zu lieben.
Laß mich Lächeln in dieser Freude.
Du schaust die Zukünfte, die unser Mutter Atem
einst belebt.
So bringe mir deine Vision.

Du wohnst in mir,
auf daß ich leuchte in meiner eigenen
einzigartigen Göttlichkeit,
und in mir selber bin und aus mir selbst ein
Gott.

Segne dieses Werk.
So soll es sein.

3. *Schritt.* Indem Sie Ihre Stirn mit dem Gemisch aus Wasser und Erde salben, beten Sie:

Göttin, bring den Leib des Gotts in mein Sein
daß ich, wie er, strahlen und von dir
geliebt werden möge.
So leih mir Erde und Wasser, Luft und Feuer –
erfülle mich mit diesen Elementen,
diesen Mächten der Schöpfung,
daß ich sie pflegen möge, da sie doch
Dein Garten sind,
und daß ich sicher sein möge in diesem Werk,
und glücklich und eins mit dir.
So soll es sein.

Wenn Sie diesen Ritus einige Male vollzogen haben, genügt eine rasche Berührung an der Stirn, auch ohne Gebet, um dieselbe Energie anzuziehen, wie es mit dem Gebrauch der Wasser-Erde-Mischung und des Gebets der Fall wäre. Das ist nützlich, wenn Sie beispielsweise ein unbemerktes Ritual im Büro durchführen wollen. Verzichten Sie nur nicht völlig auf die Wasser-Erde-Mischung und das Gebet, sonst verliert sich die Wirkung wieder.

Liebe ist Wissenschaft, Wissenschaft ist Mystik

Hexen sind Wissenschaftler, auch wenn sie keine Ähnlichkeit mit vielen modernen Wissenschaftlern haben, die dem Glauben anhängen, daß Natur und Wissenschaft einander feindlich gegenüberstünden. Die Wissenschaft kann nämlich durchaus im Einklang mit der Natur eingesetzt werden. Außerdem glauben Wiccas nicht an ein spirituelles Leben, das abseits der Gesetze der Wissenschaft oder der Natur stattfindet. Der Hexenkult ist eine Naturreligion. Ebensowenig glauben wir an ein geistiges Leben jenseits unseres Körpers.

Die Magie ist eine Wissenschaft, mit welcher wir die Wirklichkeit durch feinstoffliche Manipulation der Atome verändern, wie Sie es hier auch lernen werden.

Unser spiritueller Glaube, unsere Magie und oft genug auch unsere Mythen stehen nicht im Widerspruch zum allermodernsten Wissen. Je fortgeschrittener die Physik, um so mehr verkündet und beschreibt sie dieselben Gesetze, die auch Bestandteil der magischen Kunst sind.

Der ganze Kosmos wabert in einem wissenschaftlichen, mystischen Tanz, in dem es Zehntausende von Formeln gibt, eine endlose Vielfalt; jedes Ding ist einzigartig erschaffen, befindet sich aber im Tanz mit allen anderen. Das ist ein ungewöhnliches Grundkonzept für Menschen, die daran glauben – sei es bewußt oder unbewußt –, daß der Kosmos auf einigen wenigen, grundlegenden Blaupausen aufbaut – als gäbe es eine einzige, beste Art zu sein – oder auf ein paar linearen Prozessen oder einer auf Polarität gründenden Wirklichkeit.

Wir sehen die Göttin und den Gott in der Natur. Und wir sehen sie auch in den Naturgesetzen (der Physik), innerhalb der Bewegungen der Physik. Das bedeutet nicht, daß unser Herr und unsere Herrin lediglich Personifizierungen der Natur sind; die Götter sind Geistwesen mit Geistkörpern. Es gibt ein hawaiianisches Sprichwort: »Gott ist selbst, und selbst ist Gott, und Gott ist eine Person wie ich selbst.« Und da wir schon beim Zitieren sind: Victor sagte einst zu mir, daß die Götter die Natur auf dieselbe Weise personifizieren, wie wir es tun: Auch wenn wir die Natur verkörpern, existieren wir doch als einzelne Wesen für sich.

Die Göttin ist in allen Dingen. Nein, das möchte ich umformulieren. Sie ist nicht »in« ihnen, sie *ist* jeder Baum, jede Pflanze und jedes Tier. Wenn Sie einen Stein aufheben, so halten Sie die Göttin in Ihrer Hand.

Sie, und folglich auch er, ist *alle* Dinge. Wann immer ich sie erwähne, ist er miteingeschlossen, denn der Herr ist nie von ihrer Seite gewichen. Es ist wiederholt vorgekommen, daß man neben Relikten der Mutter auch ganz in der Nähe davon seine Symbole vorfand.

Selbst ein Automobil ist die Göttin, die uns in unserem Alltag Transport beschert. Ich bemühe mich, ihre Hilfe nicht zu verweigern, in jeder ihrer Manifestationen. Eine Hexe schaut die Göttin wirklich in allem.

Sie können die Mysterien des obigen Vortrags weiter in Ihr Leben integrieren, indem Sie das folgende Gebet sprechen.

Ein ernsthaftes Gebet stellt eine mächtige Magie dar. Leere Gebete sind eben nur dies – leer. Bringen Sie soviel von sich selbst in Ihre Gebete ein, wie Sie nur können. Wenn Sie das folgende Gebet aber nur als Experiment ausprobieren wollen, prima! Ein Gebet, das von jemandem gesprochen wird, der zwar nicht daran glaubt, es aber dennoch versucht, besitzt seine eigene Magie. Übrigens rate ich allen, die nicht daran glauben, es trotzdem mit dem Gebet zu versuchen: Ein erfülltes Gebet kann einen Sinneswandel bewirken.

Nun sprechen Sie das Gebet, laut oder leise. Tun Sie dies, bevor Sie weiterlesen, denn es gehört zu unserem Besuch.

GEBET

Die Gesetze der Natur

Ich weiß, die Naturgesetze sind du, Herrin.
Laß mich gewahr bleiben, daß ich deinen Körper
mit deinen Füßen trete,
daß meine Sorgen auch deine Sorgen sind,
und daß eine gesunde Priesterin
(ein gesunder Priester) alles heil macht.
Ich spüre deinen Atem im Wind und deine
Hand in meiner.
Laß mich ernsthaft bleiben.
Gib mir Dein Werk,
das darin besteht, freudvoll zu sein und
für alle Dinge zu sorgen,
weil alle Dinge leben,
aus sich selbst heraus
und in deinem Geiste.
Dein Wille durch meinen, so soll es sein.

Nachdem Sie dieses Gebet gesprochen haben, können Sie, sofern Sie mit einer Gruppe oder einem Partner arbeiten, als nächstes über Ihre Erfahrungen oder Gedanken diskutieren. Oder auch über alles andere, was bisher im Zuge dieser wöchentlichen Begegnung geschehen sein mag. Wenn Sie allein arbeiten, legen Sie jetzt eine Pause ein, und schreiben Sie etwas auf, für sich selbst oder um es später mit einem Freund zu teilen. Nachdem Sie Ihre Diskussion oder Ihre Notizen beendet haben, lesen Sie weiter.

Nur ein gesunder Priester
(eine gesunde Priesterin) macht alles heil

»Nur ein gesunder Priester (eine gesunde Priesterin) macht alles heil.« Das bedeutet viele Dinge.

Auch ohne jede magische Ausbildung kann jeder von uns Priester(in) der Alten Götter sein, indem wir unseren Freunden zu Diensten sind, unserer Gemeinschaft und dem Land. Jeder von uns kann Priester und Lehrer für alle um uns herum sein, sei es durch direkte Unterweisung oder indem wir durch unser Verhalten ein Beispiel geben.

Wir können als Individuen nur dann gesund und wohlhabend werden, wenn es der Rest der Menschheit auch wird. So haben beispielsweise wissenschaftliche Studien gezeigt, daß Liebesmangel zu Herzproblemen führen kann. Ein Mann, der sich so ausschließlich aufs Geldverdienen und die Karriere konzentriert, daß er darüber seine Familie vernachlässigt, wird schließlich von einem überwältigenden Gefühl der Leere und der Einsamkeit heimgesucht werden. Denn er empfängt nicht, noch gibt er die Liebe, derer es bedarf, um gesund zu bleiben.

Jeder von uns gehört auch zu der großen Familie, die sich aus den Tieren, den Pflanzen und den Steinen zusammensetzt. Wir sind außerdem Teil eines Planeten und des Universums. Alle diese Dinge sind miteinander verknüpft, sie wirken auf uns, berühren uns. Die Vernichtung der Erde im Zuge des gierigen Wettlaufs nach sogenanntem Wohlstand beraubt uns in Wirklichkeit eben jenes Wohlstands und Glücks, das wir doch damit anstreben. Umweltbedingte Krankheiten beschädigen, ja vernichten sogar viele Menschenleben.

So, wie man oft einen Menschen daran erkennt, welche Gesellschaft er pflegt, so definieren sich die Menschen auch durch das, was sie umgibt. Die Trostlosigkeit städtischen Sozialwohnungsbaus sickert in die Poren seiner Bewohner ein, bis sie selbst eine niedergeschlagene Körperhaltung einnehmen, die Schultern verkrampft aufgestellt, um den Nakken zu schützen. Das ganze Leben stellt ein einziges, manchmal sehr subtiles Gespinst von Zusammenhängen dar.

Der Satz »Nur ein gesunder Priester (eine gesunde Priesterin) macht alles heil« übersetzt sich daher so, daß Hexen ihre Verpflichtungen gegenüber Familie, Freunden, Gemeinschaft und Natur anerkennen und wahrnehmen.

Er übersetzt sich aber auch folgendermaßen: Eine Hexe übernimmt ihre Verantwortung gegenüber sich selbst. In unserer Kultur wurden viele Menschen in dem Glauben aufgezogen, daß sie selbst in keiner Hinsicht wichtig sind. Und je älter wir wurden, um so mehr haben wir, ganz im Einklang mit dieser Lehre, unser Bedürfnis nach Liebe, Entspannung, nach positiver Rückmeldung, nach einem befriedigenden Berufsleben, ja vielleicht sogar nach gesunder Nahrung vernachlässigt. Oft mußte dafür die Ausrede herhalten, daß wir zu sehr damit beschäftigt gewesen seien, anderen zu helfen.

Doch die oberste Verantwortung trägt der Mensch nun einmal gegenüber sich selbst. Wenn Sie nicht für sich selbst sorgen, tun Sie anderen damit keinen Dienst. Nehmen wir Alan als Beispiel, der ganztags als Restaurantmanager tätig ist. Dreimal die Woche nimmt er außerdem Kochunterricht, weil er gern Koch werden möchte. Deshalb muß Alan sich am Wochenende auch gründlich ausschlafen. Doch sein Freund Greg braucht Hilfe beim Umzug, und so vernachlässigt Alan seine Wochenendruhe, um, wie er glaubt, Greg einen Gefallen zu tun, indem er ihm beim Packen hilft, Gregs Wagen mit belädt und die ganzen Kisten zu Gregs neuer Wohnung bringt.

In der Folgewoche wird Alan immer müder, bei der Arbeit ist er reizbar und nachlässig. Der Restaurantbesitzer tadelt ihn, weil er einem Kunden zuwenig Wechselgeld herausgegeben hat. Der Kunde ist davon natürlich auch nicht erbaut. Dann zieht sich Alan noch eine Verbrennung zu, weil er in seiner Erschöpfung beim Kochkurs nicht richtig aufpaßt. Was aber am schlimmsten ist – er entwickelt eine Abneigung gegen Greg, weil der seine Hilfe angenommen hat, was die beiden wiederum einander entfremdet. Als Alan damit fortfährt, seine eigenen Bedürfnisse im Namen der freundschaftlichen Unterstützung Gregs zu vernachlässigen, klafft der Spalt zwischen den beiden immer weiter auf, bis Alan eines Tages explodiert und eine wütende Schimpfkanonade auf Greg herabprasseln läßt.

Mit diesem Szenarium ist niemandem geholfen. Weil Alan es nicht für wichtig genug hielt, zunächst einmal für sich selbst zu sorgen, vor allen anderen also, kamen schließlich er selbst, der Restaurantbesitzer, der Kunde und Greg allesamt zu kurz.

Auf der anderen Seite kann das Sorgen für sich selbst eine gewaltige, ja wunderbare Wirkung auf unsere Umgebung ausüben. Nehmen wir als Beispiel die lange leidende Ehefrau eines Alkoholikers, die es schließlich über sich bringt, ihm zu sagen: »Du kannst dich von mir aus zu Tode saufen, aber ich werde nicht hier bleiben, um mich weiter von dir in die Tiefe ziehen zu lassen.« Ihr Fortgehen, ein Akt der Selbst-Liebe, erweist sich schließlich als der entscheidende letzte Auslöser, der ihn dazu bringt, wieder nüchtern zu werden. Vielleicht findet das Paar später sogar noch einmal zusammen, um ein glückliches gemeinsames Leben zu führen.

Natürlich entschuldigt die Floskel »Ich habe doch nur für mich selbst Sorge getragen« nicht die gedankenlose Verschwendung natürlicher Ressourcen und ein achtloses Tun, mit dem wir unsere Freunde verletzen. Doch wenn wir Raubbau an uns selbst betreiben, indem wir im Namen der Barmherzigkeit unsere eigenen Bedürfnisse vernachlässigen, so betreiben wir damit auch gleichzeitig Raubbau am Gewebe der Gemeinschaft und des Universums. Man könnte den Satz »Nur ein gesunder Priester (eine gesunde Priesterin) macht alles heil« auch anders formulieren: »Wer gut auf sich selbst aufpaßt, paßt damit auch gut auf die ganze Welt auf.«

Aufgabe

1. Sprechen Sie im Laufe der folgenden Woche an drei Morgenden das Gebet »Die Gesetze der Natur«. Nach Ablauf dieser Woche können Sie es jederzeit sprechen, wann immer Sie es für angebracht halten. Es ist ein hervorragendes Gebet, sei es vor einem Ritual oder auch vor einem weltlichen Ereignis.

2. Wenn Sie noch mehr tun möchten, so wenden Sie das Gebet in der Form an, daß Sie sich selbst etwas Gutes tun – etwas, das Ihnen normalerweise schwer fällt. Mir persönlich fällt es beispielsweise schwer, genügend Pausen einzulegen, wenn ich gerade mit dem Schreiben zugange bin, so daß es für mich sicher gut wäre, im Zuge dieser Aufgabe mehr Pausen einzulegen. Wie auch vielleicht einen Strandbesuch, bei dem ich mich immer sehr ausgeglichen und im Einklang mit der Göttin fühle, den ich mir aber nicht so oft erlaube, wie ich es gerne täte. Vielleicht fällt es Ihnen schwer, den Anrufbeantworter starten zu lassen, wenn das Telefon klingelt und Sie sich eigentlich gerade ausruhen möchten. Sollte dem so sein, wäre es eine gute Hausaufgabe, das beharrliche Klingeln einmal zu ignorieren. Vielleicht fällt Ihnen ja sogar jeglicher Akt der Selbst-Liebe schwer. Gerade dann sollten Sie irgendwie mal nett zu sich sein – es muß ja nichts Großes daraus werden, das würde schon weiterhelfen. Oft müssen wir unsere eigenen Bedürfnisse und begrenzten Ressourcen über die Bedürfnisse anderer stellen. Jeden Tag, jede Woche, ja immer wieder im Leben gibt es Zeiten, da wir uns ausschließlich um uns selbst kümmern müssen. Und wenn ich auch sage, daß wir andere dadurch ausschließen, stellt es in Wirklichkeit doch einen Akt der Liebe gegenüber diesen anderen dar.

Wenn es Ihnen statt dessen schwerer fallen sollte, anderen Gutes zu tun, so widmen Sie sich dieser Aufgabe. Bringen Sie Ihrer Freundin Blumen mit. Helfen Sie einem Freund beim Entrümpeln seiner Garage. Oder verbringen Sie einfach fünf Minuten damit, Ihrer langweiligen Nachbarin zuzuhören, wie sie Ihnen das Fernsehprogramm vom vergangenen Abend erzählt.

3. Wenn Sie immer noch mehr tun wollen, versuchen Sie es einmal mit einer praktischen Anwendung des einen oder anderen Gebetsver-

ses. Säubern Sie ein Strandstück. Kaufen Sie bessere Schuhe für Ihre Füße – die Füße der Göttin –, wenn Sie sich in Ihren gegenwärtigen Schuhen nicht mehr wohl fühlen. Versuchen Sie, Probleme am Arbeitsplatz mit Humor zu begegnen. Ein Mystiker lebt die eigenen Gebete! Lassen Sie sich etwas einfallen, um das Gebet auf eine förderliche, gute Weise anzuwenden.

RITUAL

Das Segnen des Pfads, Teil 2

Zu Beginn dieses Kapitels haben Sie gelernt, wie Sie Ihr Werk den Alten Göttern widmen, wann immer Sie Wicca praktizieren. Der komplementäre Teil dieser Widmung besteht darin, die Wicca-Sitzungen mit einer Entlassung (Devokation) und einem Schlußgebet zu beenden. Das Wort *Invokation* stammt aus dem Lateinischen und bedeutet »hereinrufen«; die *Devokation* bedeutet das Gegenteil, einen Abschiedsgruß.

Devokation der Götter

Heilige Mutter, Dank sei dir für deine
Gaben und Segnungen.
Es sei gesegnet.
Herr, Dank sei dir für deine Gegenwart
und Liebe.
Es sei gesegnet.

Schlußgebet

Mutter, laß mich achtsam bleiben.
Bleib bei mir in der Vereinigung aller Dinge.
So soll es sein.

Das Ritual des Segnens des Pfads ist Teil der Magischen Formel, einer Form, die Sie fürs erste bei allen Wicca-Arbeiten
anwenden werden. Stück für Stück werden Sie auch noch
die anderen Bestandteile der Magischen Formel kennenlernen. Wann immer ich Sie auffordere, die Magische Formel
zu verwenden, brauchen Sie dies nur in dem Umfang zu tun,
wie Sie sie bereits kennengelernt haben.

Die Liebe zum eigenen Körper und die Reinigung des Geistes

Das heilende Licht der Liebe

GEBET

Gebet, um den eigenen Körper zu lieben
und im Geiste gereinigt zu werden

Lesen Sie erst das Gebet, dann den begleitenden Vortrag,
bevor Sie es tatsächlich verwenden.

Werkzeuge, Zutaten und Optionen

☾ Optional: Eine Körperlotion oder ein Öl wird beim Rezitieren des Gebets auf den Körper gegeben. Wenn Sie Duftstoffe mögen, wählen Sie etwas Sinnliches, beispielsweise Moschus.

☾ Optional: Die Wirkung dieses und auch aller anderen Gebete im Buch können Sie durch begleitenden Einsatz der Vorstellungskraft vertiefen. Tun Sie so, als würden ein oder mehrere Verse des Gebets wahr sein und als würden Sie sie auch als wahr erleben. Wenn Sie beispielsweise zu dem Vers »Meine Adern strömen von ihrem Rot« kommen, fragen Sie sich, wie es sich wohl anfühlen würde, tatsächlich vom Blut der Göttin durchströmt zu werden. Dann stellen Sie sich vor, wie Sie das auch tatsächlich spüren. Keine Sorge, falls Ihre Versuche nicht allzu erfolgreich enden sollten. Was jeden Ritus wirksam macht, ist, wenn Sie Ihr Bestes geben – im Falle dieses Gebets wird eine Transformation in Ihrem Innern ausgelöst.

Ich bin die Geliebte der Göttin.
Meine Lungen saugen ihren Atem ein.
In meinen Adern strömt ihr Rot.
Gesegnet seien die Füße, die meinen Pfad der Prüfung und der Freude
beschritten haben.
Meine Hände sind ihre Hände.
Ich bin Gott, so gewiß,
wie ich am Anfang das Weltall erschuf.
Ich brauche mich vor niemandem zu beugen,
auch vor keiner Gottheit.
Mein Leib ist ihr Leib,
schimmernd vom Schweiß der Sterne.
Meine Tränen und mein Geschlecht sind ihre Gaben; ich teile diese, wie ich will.

Göttin im Innen und im Außen,
erfülle mich mit dem Licht,
das das Böse bloßstellt;
erfülle mich mit dem Licht,
vor dem das Böse flieht;

erfülle mich mit dem Licht,
das mich in meinem Versteck erleuchtet,
auf daß ich aus dem Versteck hervorzutreten vermag
und bade in des Lichtes Freude.

Im Zusammenhang mit diesem Gebet bedeutet das Wort *Gott* sowohl die männliche als auch die weibliche Gottheit. Wenn Sie ein Mann sind, sollten Sie trotzdem die weiblichen Geschlechtsbezeichnungen in den Gebeten verwenden. Das mag sich seltsam anhören, aber wie ich bereits in der ersten Lektion erläuterte, sind die Gottheiten keine bloßen Metaphern. Sie sind durchaus wirklich. Das Geschlecht zu vertauschen würde daher bedeuten, eine bestimmte Funktion des Gebets zu vernachlässigen.

Außerdem besagt ein alter Hexenspruch: »Zuerst begegnen wir der Göttin, danach begegnen wir dem Gott.« Wenn Sie erst einmal ihre Energie in sich aufgenommen haben, werden Sie die Liebe des Gehörnten auf eine Weise in sich einlassen, wie Sie Ihnen ohne die Anleitung durch die Göttin unmöglich geblieben wäre.

Wenn ich nur von der Göttin spreche, so meint das implizit auch den Gott, der neben ihr steht. Wir werden noch an späterer Stelle diese wichtige, weitreichende Wahrheit eingehender erforschen.

Dieses Gebet kann leicht zu der Annahme verleiten, daß das Licht und das Böse durch die gesamte Zeit und den ganzen Raum hindurch auf mechanische Weise einander entgegengesetzt seien. Doch die Dunkelheit ist liebevoll, nicht böse. Das Leben ist keineswegs ein Krieg zwischen den Mächten des Bösen und der Güte des Lichts. Es gibt vielmehr eine gute Dunkelheit und eine schlechte, wie es auch gutes und böses Licht gibt. Zufälligerweise geht es in diesem Gebet um ein gutes Licht und um eine Dunkelheit, die zur beschriebenen Zeit jemandem wehtut. Wenn das nicht vollkommen klar ist, könnte es leicht geschehen, daß man aus diesem Gebet eine ganze Theologie oder Wissenschaft ableitet, zumal es bereits recht früh in diesem Buch auftaucht und die meisten Religionen ja auf dem Konzept beruhen, daß

Licht und Dunkelheit einander in Feindschaft gegenüberstünden. Der Dritte Weg dagegen sieht die Dunkelheit ganz anders, als es gewöhnlich der Fall ist, und zwar als den größten Heiler von allen. Wir werden später noch unser Verständnis um die wahre und liebevolle Natur der Dunkelheit vertiefen, wie auch um ihre tiefgreifenden Heilkräfte. Fürs erste soll es genügen, sich mit Vorstellungen vertraut zu machen, die uns von der Grundannahme von der Dunkelheit als durchgehendes Böses ohne jede Heilkraft wegführen. Schließlich geschieht es in der Dunkelheit, daß wir ruhen und uns von Krankheit erholen. Und es geschieht in der Dunkelheit, daß wir schlafen und unsere Sorgen wegträumen.

Nachdem wir erst einmal das Thema der Dunkelheit und des Lichts kurz berührt haben, können wir die Anmerkungen zu diesem Gebet sehr viel wirklichkeitsnäher verstehen.

Bei dem Licht, das in diesem Gebet invoziert wird, handelt es sich um ein ganz wörtlich zu nehmendes Licht – also um keine bloße Metapher –, wie es tatsächlich auf der Ätherebene existiert. Es ist ein bestimmtes Licht – kein allgemeines weißes Licht –, vor dem das Böse flieht. Es ist sehr hell und schön und ist oft auch weiß. Das Böse verträgt es nicht, ihm ausgesetzt zu werden.

Es könnte leicht geschehen, daß man diesen Teil des Gebets so ausdeutet, daß wir selbst böse wären. Dabei sind wir doch im wörtlichen Sinne die Kinder der Götter, wie könnten wir da irgend etwas anderes als heilig sein? *Dieses Gebet darf in keiner Weise so angewendet werden, daß Sie sich hinterher beim Gedanken an sich selbst schlechter fühlen!* Statt dessen beten Sie darum, daß dieses Licht jede bösartige Energie und jeden bösartigen Geist in Ihrer Umgebung beseitigen möge.

An späterer Stelle im Gebet, nämlich bei den Versen: »Erfülle mich mit dem Licht, das mich in meinem Versteck erleuchtet, auf daß ich aus dem Versteck hervorzutreten vermag und baden in des Lichtes Freude«, beziehe ich mich auf die Tatsache, daß das Leben vieler Menschen von einer ungesunden Scham durchdrungen ist. In unserer Scham verbergen wir uns oft vor der Göttin, ganz so, wie es Adam und Eva im Garten Eden taten.

Wenn Sie etwas tun, von dem Sie das Gefühl haben, es sei verkehrt, um sich danach vor den Göttern zu verbergen, dann können diese Sie auch nicht heilen.

Die Hawaiianer sagen: »Wo kein Schmerz, da keine Sünde.« Es ist keine Sünde, das Leben zu genießen, solange niemand dabei unnötig Schmerz erleiden muß. Wir sollten uns nicht wegen der falschen Anschuldigung der Sündhaftigkeit schämen, wenn wir Sexualität genießen oder unserem Herzenstraum folgen.

Doch versündigen wir uns manchmal tatsächlich, indem wir uns selbst oder anderen Schmerz und Schaden zufügen. Vielleicht haben Sie beispielsweise einmal jemanden auf unnötig schmerzhafte Weise kritisiert. Vielleicht haben Sie sich auch sexuell verantwortungslos betragen. Sie vertiefen Ihre Sünde – und die eigene Pein – nur noch, wenn Sie sich danach die Fürsorge einer vorurteilsfreien, nichtstrafenden Göttin versagen. Ohne diese sanfte Fürsorge können wir, was in uns an Schmerzerzeugendem ist, nicht transformieren. Und so fügen wir uns und anderen denn weiterhin Schmerz zu.

Die Scham, die uns dazu bringt, uns vor den Göttern zu verbergen, und die Strafe heilen uns nicht. Und es ist auch keine Heilung, aus dem Garten Eden vertrieben zu werden. Und es ist auch keine Heilung, gesagt zu bekommen, man solle sich in Schmerz und Leid weiterhin abplacken. Die Liebe ist es, die heilt, und diese Liebe kann uns zuteil werden, wenn wir nicht vor dem Licht der Götter fliehen, um das wir in diesem Gebet bitten. Wir sind heilig und der Liebe wert, ebenso der Fürsorglichkeit und der Sanftheit der Führung, derer wir bedürfen, wenn wir einen Fehler begehen. Schließlich hat die Göttin uns aus Liebe erschaffen, warum sollten wir uns da jemals anders fühlen als ein Teil ihrer Liebe, würdig aller Güte und allen Sanftmuts, den es gibt?

Die Götter heißen unsere Fehler willkommen, solange wir uns nur bemühen.

Viele von uns sind nicht um Ausreden verlegen, weshalb wir der Liebe und der Fürsorge der Götter nicht würdig seien. Doch egal, was Sie angestellt haben mögen – werfen Sie Ihre Vorwände weg! Und wenn Sie meinen sollten, Sie würden sich nicht ausreichend bemühen, um sich selbst zu transformieren, dann ist das um so mehr Grund, sich der Hilfe der Götter zu versichern. Nutzen Sie das Gebet!

Es ist eine Sünde, sich selbst ein gutes Leben zu versagen. Wir haben es verdient, uns selbst wie die heiligen Kinder der Großen Mutter aller Dinge zu behandeln. Ein Teil dieses guten Lebens besteht darin, sich in ihrer Liebe zu sonnen, die in dem Licht dieses Gebets durchscheint.

Sie haben stets und immer die Liebe der Göttin verdient. Ein achtjähriger Junge mag vielleicht auf den Schoß seiner Mutter krabbeln, wenn er traurig ist. Doch möchte er immer Liebe und Wärme haben, wo er sie nur bekommen kann, deshalb klettert er auch zu jeder beliebigen Zeit auf den Schoß. Suchen Sie die Liebe der Göttin um der reinen Freude willen; Sie brauchen nicht erst abzuwarten, bis Sie ein Problem haben. Wenn Ihnen danach ist und Sie auch Gelegenheit haben, es zu tun, wenden Sie dieses Gebet aus schierer Lust an der Zwiesprache mit der Göttin an.

Streben Sie nach der Bereitschaft, sich erleuchten zu lassen, ohne sich zu verstecken, damit dieses wirkliche, schöne feinstoffliche Licht sich über Sie ergießen und Sie heilen kann, um Sie mit Freude zu erfüllen. Wenn Sie erst einmal von diesem Licht ausgefüllt sind, wird alles, was an Ihnen der Reinigung bedarf, auch tatsächlich gereinigt werden.

Nun kehren Sie zurück, und sprechen Sie vor dem Hintergrund dieses Vortrags das Gebet, gleich jetzt sofort, sprechen Sie es entweder laut oder stumm für sich. Danach können Sie für einen Moment still sitzen bleiben. Schließlich setzen Sie die Lektüre fort.

Die Große Mutter bringt Leben und Tod

Die Göttin besitzt alle Kräfte und Möglichkeiten. Um was es auch geht, wir können uns immer und überall an sie wenden. Bedürfen wir des Mitgefühls, so zeigt sie uns ihren Aspekt der liebenden, verzeihenden Mutter. Brauchen wir die Stärke eines Kriegers, kommt sie als Athene zu uns, die Kriegermutter, und wird uns beim Kampf den Rücken stärken! Und sie wird auch als Aphrodite zu uns kommen, als Göttin der Liebe, wenn es uns nach Frühlingsfreuden verlangt.

Wenn sie auch viele weitere Aspekte besaß, haben die Kelten sie doch oft als dreifache Gottheit bezeichnet. In diesem Verständnis der Göttin lassen wir sie als Maid, als Mutter und als Vettel in unser Leben ein.

Die Maid ist die siebenjährige Göttin Nimuë. Nimuë spielt gern Streiche. Sie ist ein Wildfang. Und sie verkörpert die unverdorbene Freiheit.

Um einen traditionellen Wicca-Ausdruck zu paraphrasieren, den Victor mich gelehrt hat, so verkörpert Nimuë auch eine wilde Ethik, wie sie nur in den Herzen von Kindern und kleinen Tieren bekannt ist. Diese Ethik liegt außerhalb der Gesetze der Gesellschaft, und doch ist sie wahr und rein.

Aufgabe

Obwohl ich die Hausaufgabe oft erst am Ende des Kapitels gebe, wo man sie schneller nachschlagen kann, werden manche Aufgaben auch unmittelbar nach dem dazugehörigen Vortrag vergeben. Die Aufgabe gleich im Zusammenhang mit dem schamanischen Vortrag zu vernehmen, verleiht dem Ritual oft mehr Kraft und Wirkung, wenn es schließlich ausgeführt wird. Wenn eine Aufgabe also mitten im Text erscheint, so lesen Sie sie erst durch, bevor Sie die Sitzung fortsetzen, doch behalten Sie dabei stets im Auge, daß jeder mit der Überschrift

»Aufgabe« versehene Abschnitt tatsächlich eine Hausaufgabe darstellt.

Nimuë können Sie am besten auf der Gefühlsebene verstehen, wenn Sie sich nämlich vorstellen, daß sich die Natur in der Hand einer intelligenten Siebenjährigen befindet. Das veranschaulicht Ihnen Nimuës Platz im Universum. In der folgenden Woche sollen Sie ein wenig darüber schreiben, selbst wenn es nur ein, zwei Zeilen sind.

Weil Kinder in unserer Gesellschaft so wenig Rechte haben, fällt es schwer, sich Nimuë als machtvolle Gottheit vorzustellen. Nimuë verkörpert die reinste Liebe, und doch sollte man sie lieber nicht verärgern. Sie ist ebenso heftig, wild und gefährlich wie alle Alten Götter. Die Überlebenden sexueller und anderer Kindesmißbräuche können zu ihr um Heilung und Vergeltung beten. Sie ist Gott selbst.

Als Ana offenbart sich uns die Göttin in der Gestalt der Vettel. Sie kann, wie jede alte Frau, viele Dinge sein: die weise Führerin in Zeiten der Verwirrung, oder eine Trösterin wie eine Großmutter. Genau wie Nimuë ist auch sie sehr turbulent. Desweiteren verkörpert die Vettel den Tod und die Transformation.

Tod ist ein angsteinflößendes Wort. Doch manchmal ist der Tod nicht wörtlich zu verstehen; statt dessen ist er der Tod einer alten Lebensweise, der sicherstellt, daß wir zu neuen Menschen werden können. Ebendieser Tod ist es, genau wie der wörtlich zu nehmende, den uns Ana die Vettel bringt. Sie erteilt uns Lektionen, die wir brauchen, um unser Leben zu ändern; manchmal handelt sie sanft, so wie es eine Alte tut, wenn sie ruhig und liebevoll mit einer Jugendlichen spricht. Wenn man ihr nicht zuhört, kann es uns ihre Hilfe sehr schwer machen, dann wird die Vettel uns mit einer Änderung unseres Lebens konfrontieren. Einer meiner Freunde erkrankte vor Jahren an Krebs. Er sagte mir, daß ihm der Krebs klargemacht habe, daß er sein Leben vergeudet hatte und daß er nicht sterben wollte, ohne »etwas getan zu haben«. So hatte Anas Hand ihn berührt, und obwohl der Krebs eine grauenhafte Sache war, die ich niemandem als Mittel der spirituellen Förderung wünschen möchte, war mein Freund doch gerade dadurch erst dazu bereit geworden, sein Leben voll auszuleben. Nach einem Jahr des Kampfes war der Krebs dann geheilt. Es ist besser, ihr gleich beim ersten Mal zuzuhören, wenn sie uns noch mit sanften Worten ermahnt, als später, wenn die härteren Lektionen des Lebens einsetzen.

Nur zu leicht vergißt man beim Gespräch über den Aspekt eines Gottes, daß sich innerhalb dieses Aspekts doch die ganze Gottheit verbirgt. Es ist nicht so, als sei die Göttin geteilt. Sie ist eine Ganzheit. Wenn Sie der Vettel also nur tief genug ins Auge blicken, werden Sie auch die Mutter und die Maid schauen.

Ein Beispiel soll dies erläutern. Wenn Sie als Kellnerin arbeiten, tragen Sie wahrscheinlich bei der Arbeit nicht dieselben Kleider wie bei einem Rendezvous. Und doch sind Sie in beiden Situationen dieselbe Person. Und wenn auch am Arbeitsplatz bestimmte Aspekte Ihrer selbst in den Vordergrund treten mögen, so sind Sie doch stets mit allem, was Sie sind, anwesend und erreichbar. Taucht dann vielleicht Ihr Rendezvouspartner vom Vorabend an Ihrem Arbeitsplatz auf, tritt möglicherweise Ihr romantisches Selbst in Erscheinung, um ihm heimlich einen Kuß zuzuwerfen. Stets aber ist Ihr ganzes Selbst anwesend. Ebenso verhält es sich mit den Göttern und mit der Vettel.

Diese Ganzheit des Seins spiegelt sich allerdings nicht in unserem Umgang mit älteren Menschen wider. So, wie die Gesellschaft sie sieht, erwartet man von ihnen beispielsweise nicht, daß sie romantische oder sexuelle Neigungen haben. Ebensowenig geht man davon aus, daß sie noch so produktiv wie ein jüngerer Mensch sein müssen. Und doch existieren in der Vettel, genau wie in jedem älteren Mann und jeder älteren Frau, alle diese Dinge gleichzeitig: Kreativität, Sexualität, das Bedürfnis nach Umarmung und einer erfüllenden Arbeit, ebenso Humor, Leidenschaft und alles andere, was man sich nur vorstellen kann.

Aufgabe

Optional: Beobachten Sie in der nächsten Woche einmal eine alte Frau, ob auf der Straße, im Büro oder in der Familie. Stellen Sie sich vor, sie sei jünger. Die junge Frau lebt noch immer in der alten weiter, vital, intelligent und fähig, Liebe zu geben – und so bedarf sie ihrer auch. Diese Übung hilft Ihnen dabei, der Kräfte der alten Frau gewahr zu werden. In ihr befinden sich, wie in der Vettel, sämtliche Aspekte der Göttin.

Schließlich kennt man die Göttin vor allem in ihrem mütterlichen Aspekt als Mari die Große Mutter oder Magna Mater. Wie die meisten Frauen, wird auch Mari mißverstanden. Weil der Sexismus die Rolle der Frau über Jahrhunderte aufs engste eingeschränkt hat, denkt man bei der Mutter als Archetyp gewöhnlich nur an die Nährerin und Erzieherin der Kinder. Und so wird denn auch aus der Göttin die Spenderin des Lebens, des Getreides, der Nahrung und der Fürsorge. Aber obwohl dies alles sehr wichtige Rollen sind, die wir später im Buch noch eingehender erforschen werden, stellen sie insgesamt doch eine Einschränkung dar.

In Wirklichkeit ist Mari nämlich die Große Mutter, die Mutter aller Dinge, die Erschafferin des ganzen Lebens.

Eine Freundin von mir ist eine dynamische Geschäftsfrau der oberen Einkommensklasse. Als Heidin wußte sie, als sie endlich von einem lange ersehnten Kind schwanger wurde, daß sie nun in die Mutterphase ihres Lebens eintreten würde. Das verwirrte sie und machte sie ärgerlich, weil sie glaubte, daß die Mutterschaft sie nur auf Heim und Familie beschränken würde. Doch bedeutet Mutterschaft viel mehr, nämlich die volle Reifung als Frau zu erfahren und sämtliche Aspekte des weiblichen Lebens zu umspannen: das Heim, das Geschäft, die Gesellschaft, die Politik, die Kunst und was immer sonst noch an Interessen vorliegen mag.

Darüber hinaus verhält es sich so, daß die reife Frau – die Mutter –, wenn sie sich auf eins dieser Gebiete begibt, dies nicht einfach nur als Nahrungsspenderin oder Unterstützungssystem täte, wie es etwa die Sekretärin tun muß, die den Kaffee holt oder den Papierkram erledigt, damit die Manager den *eigentlichen interessanten* Teil der Arbeit erledigen können. Nein, wenn eine Frau in ihr volles Frausein eintritt, ist sie die Mutter *aller* Dinge. Dann ist sie Visionärin, Unternehmerin, Städteplanerin. Sie ist die Bewegerin und die Schüttlerin, die Parlamentsabgeordnete, die politische Aktivistin, die bildende Künstlerin, die Filmproduzentin, die Töpferin; nicht etwa nur die Haushälterin oder Krankenschwester, sondern auch die Krankenhausleitung. Wenn eine Frau aus ihrer Maidenphase in die Mutterschaft eintritt, reift sie zur Fülle des Lebens, wie eine vollaufgeblühte Rose. Dieses Aufblühen umschließt zwar auch ihre wachsende Fähigkeit, Kinder zu nähren und zu beschützen, doch befindet sich eine Frau in der Mutterphase ihrer Existenz auf dem Höhepunkt ihrer Kapazität in jedem Aspekt des Lebens, etwa als Gemeinschaftsführerin oder Mentorin.

Zugleich befindet sie sich auf ihrem sexuellen Höhepunkt. (Damit löst sich auch das ganze Konzept in Wohlgefallen auf, es ginge darum, sich zu entscheiden, ob man eine gute Gattin/Mutter oder eine sexy Frau sein will! Wenn Ihr Mann Ihnen also das nächste Mal sagt: »Du bist eine großartige Mutter«, so lächeln Sie geheimnisvoll, schlagen die Wimpern auf und sagen: »Willst du mal feststellen, wie gut?«) Die Mutter – das ist die Frau auf ihrem sexuellen Gipfel, auf dem Höhepunkt ihrer Begehrenswertheit, genau wie ein voll ausgereifter alter Wein, der seine höchste Fülle und Tiefe erfährt.

Charlotte Perkin Gilman beschreibt in ihrem Roman *Herland* eine utopische Gesellschaft, deren stärkste Antriebskraft die mütterliche Sorge um die Kinder kommender Generationen ist. Diese Sorge führt zur Schaffung einer umfassenden Technologie, zu vernünftigen ökologischen Praktiken, einem hervorragenden Bildungswesen und hoher Moral. So können mütterliche Fürsorge und Instinkt, sofern man sie nicht allzu eng faßt, eine Antriebskraft für unsere ganze Gesellschaft sein.

Jede schöpferische Frau ist eine Mutter, gleich ob sie nun körperliche Kinder hat oder nicht. Sie ist ein wahres Spiegelbild der Mari, die Erschafferin des Lebens sowie aller Dinge ist. Jede Frau, ob sie sich auf dem Gebiet der Selbstheilung oder der Heilung des Planeten engagiert, als Schreinerin oder als Klempnerin, oder auch als Werbemanagerin, ist das Spiegelbild der Athene, die selbst von den patriarchalischen Griechen als Erschafferin der Städte und der Technik anerkannt wurde und die bis zu dem Zeitpunkt, da die Griechen sie vom Thron stürzten, als Große Mutter galt. (Das ist übrigens auch der Grund, weshalb man in ihr die Erschafferin/Erbauerin der Städte sah. Schlaue Mutter, die sie war, schaffte sie es auch danach noch, weiterhin im Spiel zu bleiben, indem sie sich den griechischen Sitten anpaßte.)

Eine unzulässig enge Definition der Mutter würdigt uns herab. Meine Tochter ist eines der größten Geschenke, die mir im Leben je zuteil wurden, doch würde man keinen Mann über die Definition elterlicher Liebe so einschränken, daß man von ihm erwartete, sofort alles aufzugeben, nur um sich der Kinderaufzucht zu widmen. Vom einem idealen Vater würde man vielmehr erwarten, daß er für die Gemeinschaft, in der er lebt, Sorge trägt und sich aktiv dafür einsetzt, die Welt für seine Kinder gut zu machen. Seine Rolle als Vater gleicht der Rolle der Mutter in dem Roman *Herland*.

Wenn wir ein Verständnis der Großen Mutter entwickeln; wenn wir vor ihr stehen, um uns sowohl von ihrer gewaltigen Macht als auch ihrer großen, mitfühlenden Liebe und Sanftheit berühren zu lassen, dann ist es von großer Wichtigkeit, daß wir nicht mißverstehen, wer sie tatsächlich ist. Sie ist nämlich nicht etwa Gottes kleine Hausfrau, sondern Gott selbst. Damit soll nicht gesagt sein, daß die Rolle der Hausfrau etwas Schlechtes wäre; ebensowenig, daß es sich bei der männlichen Gottheit um ein untergeordnetes Wesen handeln würde. Doch unsere Göttin ist eine Mutter, und so müssen wir auch wahrhaft begreifen, was eine Mutter sowohl als Gott ist wie auch als Mensch, um zu unserer eigenen wahren Kraft als Frauen und Männer zu gelangen. Die Große Mutter ist Gott selbst, der Schöpfer aller Dinge.

Hier ist eine Aufgabe, die Sie jetzt sofort ausführen sollen, um die Beschäftigung mit allen diesen Konzepten einmal zu unterbrechen, damit Sie aus erster Hand erfahren, wovon soeben die Rede war. Zur Erinnerung: Führen Sie die Schritte nur in der vorgegebenen Reihenfolge aus. Grundsätzlich gilt für jedes Ritual, bei dem Imagination und Visualisation eingesetzt werden, daß Sie sich für jeden Schritt Zeit nehmen sollen, bevor Sie zum nächsten übergehen. Am besten, Sie lesen die Übung erst einmal durch, bevor Sie damit anfangen. In diesem Ritus sollte sich der Mann als weibliche Gottheit sehen, so wie in späteren Lektionen die weiblichen Leser zusammen mit den Männern die männliche Gottheit bearbeiten sollen. Dieser Punkt ist wichtig.

RITUAL

Zur Göttin werden

1. Schritt: Nehmen Sie eine bequeme, entspannte Haltung ein, und schließen Sie die Augen.

2. Schritt: Imaginieren Sie sich selbst als weibliche Gottheit.

3. Schritt: Immer noch dieser Göttlichkeit gewahr, imaginieren Sie sich mit Brüsten und sämtlichen Attributen weiblichen Seins. Ob Sie nun hell- oder dunkelhäutig sind – am besten, Sie stellen sich selbst als sehr dunkel vor, wie eine schwarze Frau, oder wie ein blauschwarzer Nachthimmel, an dem die Sterne funkeln.

4. Schritt: Erhalten Sie das Gefühl, eine weibliche Gottheit zu sein, und stellen Sie sich vor, Sie seien allmächtig.

5. Schritt: Imaginieren Sie, daß Sie alles erschaffen haben, was existiert; imaginieren Sie, wie es sich anfühlt, zu so etwas in der Lage zu sein.

6. Schritt: Stellen Sie sich vor, daß in Ihnen *alle* Kräfte, Potentiale und Formen der Natur enthalten seien. Imaginieren Sie ebenfalls, daß es nichts gibt, was Sie brauchten, das nicht bereits in Ihnen enthalten wäre.

7. Schritt: Imaginieren Sie, daß Sie so groß sind wie die ganze Schöpfung.

8. Schritt: Imaginieren Sie nun, daß Sie, eine weibliche Gottheit, in allen Dingen leben – in jedem Menschen, jeder Pflanze, jedem Stein.

9. Schritt: Werden Sie sich Ihres Atems gewahr. Beachten Sie ihn einfach, ohne ihn dabei zu analysieren, zu beurteilen oder ihn verändern zu wollen.

10. Schritt: Werden Sie sich der Kleidung auf Ihrer Haut gewahr. Wiederum gilt: einfach nur beachten.

11. Schritt: Die Augen immer noch geschlossen haltend, werden Sie sich des Stuhls oder des Bodens gewahr, auf dem Sie sitzen.

12. Schritt: Die Augen immer noch verschlossen, werden Sie sich des Raums gewahr, in dem Sie sitzen. Fragen Sie sich im Geiste, woraus er besteht, welche Farbe die Wände haben, wie die Zimmertemperatur ist – eben alles, was Sie feststellen oder dessen Sie sich erinnern können.

13. Schritt: Sobald Sie bereit sind, öffnen Sie die Augen.

14. Schritt: Nehmen Sie sich ein paar Minuten Zeit, um den ganzen Körper zu strecken. Seien Sie dabei nicht nachlässig – es ist wichtig, daß jeder Teil Ihres Körpers eine kleine Streckung erfährt.

15. Schritt: Nehmen Sie sich nun ein paar Minuten Zeit, um mit den Handflächen ganz sanft den gesamten Körper abzuklopfen. Seien Sie auch hierbei nicht nachlässig. Sich zu erden ist wichtig, und ebenso wichtig, es auf diese Weise zu tun, damit die Übung gefahrlos abgeschlossen werden kann. Wenn Sie am Gesicht oder am Kopf angekommen sind, benutzen Sie nicht mehr die Handflächen, sondern tippen Sie leise mit den Fingerspitzen darauf.

Ich widme den obigen Abschnitt der Mutter und meiner Tochter.

Ein Buch der Schatten

Zum Erlernen der Magie gehört das regelmäßige Tagebuch-schreiben. Ich werde das magische Tagebuch gelegentlich auch als Ihr Buch der Schatten bezeichnen. Die Einträge brauchen nicht viel länger als eine Zeile zu sein, doch sollten Sie sich dieses Tagebuchschreiben möglichst bald angewöhnen. Die in diesem Kapitel gegebenen Schreibaufgaben werden ebenfalls in ein solches Tagebuch eingetragen.

Wenn Sie in diesem Buch einen Vortrag absolviert haben, sollten Sie einige Zeilen in Ihrem Tagebuch dazu eintragen, ebenso unmittelbar nach Durchführung einer Übung oder einer Aufgabe. Sie können darin auch Gedanken festhalten, die Ihnen im Laufe der Woche kommen, jene erstaunlichen Erkenntnisse, die man beim Geschirrspülen oder beim Gang zur Arbeit plötzlich erhält. Oder während man Liebe macht. (Ja, da müssen Sie vielleicht schmunzeln oder sogar kichern, nicht wahr? Diese scheinbar unverträgliche Paarung von Sex und Erleuchtung!) Natürlich brauchen Sie nicht jedesmal erst die Magische Formel auszuführen, wenn Sie sich nur mal schnell ein paar Notizen machen möchten. Es fällt schon schwer genug, sich nach dem Liebemachen aus einem gemütlichen Bett zu quälen, um ein paar Zeilen ins Tagebuch einzutragen, ohne daraus gleich einen Staatsakt zu machen. Doch wenn ich auch wieder und wieder sage: »Immer die Magische Formel anwenden!«, so sollten Sie allerdings bei der Umsetzung dieser Maxime stets den gesunden Menschenverstand walten lassen.

Das Schreiben wird Ihr Verständnis für den eigenen Entwicklungsprozeß vertiefen. Unter »Verständnis« meine ich jedoch nicht nur die intellektuelle Erkenntnis, sondern ein fundamentales Begreifen. Das Führen eines Tagebuchs hilft

Ihnen auch dabei, zu sich selbst zu finden – Wicca ist ja auch eine Religion der Selbstfindung. Das Tagebuchführen ist ein magisches Werkzeug der Transformation.

Die Einträge brauchen nicht feierlich oder »poetisch« zu sein. Tatsächlich führt man ein schamanisches Tagebuch am besten in der Umgangssprache, die man selbst benutzt. Schließlich ist es ja Ihr Tagebuch, da können Sie es auch in Ihrer Sprache verfassen, ohne sich um irgendwelche Erbsenzähler zu kümmern, die das vielleicht anders sehen. Mein eigener Schreibstil stellt keinen Widerspruch dazu dar: Ich bin eine geborene Geschichtenerzählerin, und so ist es für mich etwas ganz Natürliches, mich mal dichterisch-gewählt auszudrücken, mal aber auch schlicht »Schieb mal den Senf rüber« zu sagen.

Wenn Sie Ihre Einträge verfassen, sollten Sie sich dabei nie verstellen oder so tun, als seien Sie jemand anders: Benutzen Sie Ihre eigene Sprache, und schreiben Sie über das, was wirklich ist. Wenn beispielsweise eine der Übungen bei Ihnen nichts bewirkt, sollten Sie sich auch nicht schämen, ebendies festzuhalten: »Heute bin ich in richtig mieser Laune aufgewacht. Ich habe mich gestern mit Frank verkracht und fühle mich ganz hilflos. Und so habe ich zwar mein Morgenritual durchgeführt, fühle mich danach aber auch nicht besser.«

Das magische Tagebuch ist die Chronik eines spirituellen Entwicklungsprozesses. Die Menschen verbinden mit Spiritualität zwar in der Regel Freude, Erleuchtung, Liebe, Heilung und persönlichen Zugewinn. Doch in einem echten, wirklichen spirituellen Entwicklungsprozeß geht es ebenso um das Scheitern, um die Desillusionierung, um Plackerei, um die persönlichen Unzulänglichkeiten, die zwar Ihr Leben ruinieren, aber schier unauslöschlich zu sein scheinen. Und manchmal geht es eben auch darum, daß Sie in Ihrer Entwicklung keinerlei Fortschritt erkennen können. Jeder, dessen spirituelle Reise nur aus Freude und Freiheit besteht, ist entweder eine sehr viel bessere Persönlichkeit als ich, oder er lügt sich und anderen etwas vor. Meistens dürfte es das letztere sein. Na gut, vielleicht ist die

Bezeichnung »Lügner« etwas zu hart. Wie wäre es mit *wahnhaft-psychotisch*?

Ich habe den Verdacht, daß es auf diesem Planeten nur einen einzigen Heiligen gibt, und das ist meine Katze. Nun gut, vielleicht gibt es noch einen zweiten: Gestern beim Picknick sah ich eine Ameisenreihe, und die dritte Ameise in der Reihe hatte offensichtlich keinerlei Bedarf nach weiterer persönlicher Entwicklung. Auf jeden Fall sollten Sie im Tagebuch Ihre tatsächliche Reise schildern. Wenn Ihnen beispielsweise Zweifel über Ihren Weg kommen, dann schreiben Sie darüber: »Ach, ich frage mich, ob das alles überhaupt etwas für mich ist...« Diese ehrlichen Einträge dienen nicht nur als Ventil für Ihre Probleme, sie beschleunigen auch Ihre Entwicklung.

Als ich einmal einen Workshop über magisches Tagebuchschreiben veranstaltete, nahm auch ein Mann daran teil, der unter einer Schreibblockade litt. Im Laufe der Veranstaltung trug er uns einen sehr profunden Tagebucheintrag vor. In seiner Ernsthaftigkeit spiegelte er tiefgreifende Erfahrungen wider, die wir alle durchlaufen hatten. Als ihm das mitgeteilt wurde, erwiderte er: »Och, ich habe ganze Hefte voll mit diesem Mist.« Mist? Seine Fähigkeit, mit eigenen Worten über das zu sprechen, was tatsächlich passierte, hatte zu einem handwerklich wunderschön sauber geschriebenen, druckreifen Prosastück geführt. Er hatte überhaupt keine Schreibblockade – er litt lediglich unter Minderwertigkeitsgefühlen, was sein eigenes Schreiben anging. Sollten Sie sich scheuen, Ihr eigenes Tagebuch einem anderen anzuvertrauen, so denken Sie an das, was mein Schreiblehrer Kush mir einst sagte: »Der tiefste Teil von dir ist auch der tiefste Teil von jedem anderen.«

In diesem Buch finden sich immer wieder spezielle Schreibaufgaben sowie gelegentlich die allgemeinere Ermahnung, ein magisches Tagebuch zu führen.

Der Prozeß des Wandels

Ich werde in diesem Buch hilfreiche Hinweise sowohl in dem Abschnitt mit dem Titel »Der Prozeß des Wandels« als auch über den Text verstreut geben, wie mit den Stolperfallen des Schamanismus umzugehen ist, mit seinen Sackgassen und Herausforderungen, wie sie mir im Laufe der Jahre entweder von Schülern geschildert oder wie ich sie selbst erlebt habe. In diesen Abschnitten werde ich zudem alle anderen hilfreichen Hinweise geben, die sich nicht in den Hauptteil der Lektionen eingliedern ließen.

Nachdem ich nun schon jahrelang den schamanischen Pfad beschreite, sowohl persönlich wie auch als schamanische Führerin, habe ich seine Stolperfallen gründlich kennengelernt. Ein Stück Selbstsabotage, mit dem ich mich aufzuhalten pflegte, bestand darin, Gott erst um Weisung zu bitten, um einer Herausforderung gerecht zu werden, um jedoch danach zu sagen: »Vielen Dank für den Input, Gott, und jetzt geh mir aus dem Weg.« Da ich der Leitung der Göttin nun einmal nicht folgte, setzte ich mich immer wieder stur auf den Hosenboden, ohne daß bei meinen Bemühungen etwas anderes herausgekommen wäre!

Wer den spirituellen Pfad beschreitet, neigt oft dazu, sich entweder allzu eifrig zu bemühen und in der Folge entmutigt zu werden oder sich enthusiastisch in eine Sackgasse zu verrennen – worunter ich verstehe, daß man sich spirituell entweder in eine selbstzerstörerische Richtung bewegt oder in eine solche, die nur eine Zeitverschwendung darstellt, sich dabei aber anfühlt, als wäre es die richtige und als würde man damit auch etwas erreichen.

Hier ein hilfreicher Hinweis zu dieser Wochenlektion: Ist Ihnen etwas bange bei dem Gedanken, die in diesem Buch begonnene Arbeit fortzusetzen? Gut! Das zeigt nämlich, daß Sie ganz normal sind. Weiterentwicklung und Veränderung sind furchteinflößend. Da können einen schon mal Gedanken plagen wie: »Ach, ich begreife die Magie einfach nicht gut genug«, oder »Wenn ich weiter auf diese Weise versuche mein Leben zu verbessern, wird mein Vater noch sehr wütend auf mich werden«. Doch wenn Sie behutsam einen Fuß vor den nächsten setzen und sich stets daran erinnern, daß die Göttin und der Gehörnte Sie dabei tragen, ganz sanft in ihren zu Schalen geformten Händen, Ihren Zielen entgegen, werden Sie feststellen, daß aus Träumen Wirklichkeit werden kann. Vielleicht möchten Sie auch mit einem Freund darüber sprechen: »Ach, ich werde ganz nervös beim Gedanken an diese Arbeit.« Oft ermutigen die Götter einen durch ein paar herzliche, mitfühlende Worte aus dem Munde guter Freunde.

Aufgabe

In der folgenden Woche sprechen Sie das »Gebet, um den eigenen Körper zu lieben und im Geiste gereinigt zu werden« an mindestens drei, höchstens sechs Tagen. Bei den meisten Disziplinen sollen Sie einen Tag in der Woche aussetzen. (Als ich einer Freundin von dieser kurz vorher geschriebenen Zeile erzählte, lästerte sie: »Das ist ja schon wieder eine Disziplin für sich.« Schlaues Mädchen!)

Für den Fortgeschrittenen: Wenn Sie Ihr Tempo etwas beschleunigen wollen, sprechen Sie das Gebet an jedem Morgen bis auf einen, sowie das Gebet aus der letzten Woche an jedem Abend bis auf einen.

Menschsein ist göttliches Sein

Ein Gott des Lebens

Der Begriff »Gott« ist ein stark beladenes Wort, jedenfalls für jene von uns, denen man beigebracht hat, Gottes harte Strafen und Urteile zu fürchten. Viele Menschen fühlen sich zu der Göttin hingezogen, weil sie nicht so angsteinflößend ist.

Doch die männliche Gottheit des Wicca ist ein Gott des Lebens, der Vitalität, der Freude, des Feierns und der Fruchtbarkeit. Und er ist auch liebevoll. Wenn wir sagen, daß unser Gott liebevoll ist, dann meinen wir das ganz wörtlich. Ein grausames Elternteil schlägt sein Kind vielleicht brutal und sagt dabei: »Das tue ich nur, weil ich dich liebe.« Unser Gott dagegen benutzt das Wort »Liebe« nicht als Vorwand für Grausamkeit. Keine heidnische Gottheit spannt uns mit der Behauptung auf die Folter: »Das dient nur zu deinem Besten. Es wird dir jetzt zwar nicht gefallen, aber du wirst daran wachsen.« Das ist Unfug. Die Alten Götter sind

Eltern, die uns wahrhaft lieben. Deshalb würden sie uns niemals damit quälen, uns mit Lebenskatastrophen zu belasten, »nur weil es zu unserem Besten ist«.

Unser Gott ist zwar gehörnt, doch das bedeutet nicht, daß er ein niederes, schmutziges, amoralisches Tier wäre. Er ist vielmehr so gehörnt wie ein stolzer Hirsch. Die Götter sind prachtvolle Tiere. Obwohl sich die Religion, wie ich sie als Kind kennenlernte, meist auf die Transzendenz konzentriert – was bedeutet, daß man »sich über die materielle Welt erhebt« –, ist die Erde doch heilig, so daß es sie entheiligen würde, wenn man sie ständig transzendierte. Wir alle sind die Tierkinder der Götter, und göttlich zu werden bedeutet, zugleich ganz Mensch als auch ganz Tier zu sein.

Ein Tier hat Integrität. Unser Gott verkörpert diese Integrität, und sie befindet sich auch in uns selbst. Denken Sie an den edlen Charakter eines Wildhengsts, an den selbstlosen elterlichen Schutzinstinkt vieler Tiere. Es gibt viele üble Dinge im Leben und in der Natur, aber das ist etwas anderes, als zu behaupten, daß das Leben und die Natur schon an sich übel wären.

Transzendenz kann sehr gesund und zutiefst moralisch sein, und sie stellt auch einen wichtigen Teil des Heidentums dar. Doch in den meisten Religionen der Gegenwart wird die Transzendenz auf mißbräuchliche, strafende und unterdrückerische Weise praktiziert. Wir Heiden dagegen salben unsere Stirn mit Erdreich, weil die materielle Welt ein heiliges Geschenk der Götter ist, die wir ehren, indem wir uns an ihr erfreuen. (Einer meiner Schüler bezeichnet den Dritten Weg als den »Kult der schlammigen Stirn«.)

Der biblische Schöpfungsmythos berichtet uns, daß Gott draußen stand und in die Dunkelheit hinaussah, und dann sagte er: »Ich glaube, ich mach mal was.« Ein Gott ohne Körper. Deshalb glauben manche Menschen auch, daß sie, um zum Ebenbild Gottes zu werden, sich emotional kastrieren müßten. Ihrer wahren Potenz beraubt, bestohlen um ihr zügelloses Feuer und ihre Leidenschaftlichkeit, bleibt ihnen nur noch der Machismo und ihr Zorn.

Die Feentradition erzählt von einem alten Gott, dessen

Name sich mit »Selbst-Feuer« übersetzt. Es ist der Gott der Hexen. Was hat es mit diesem »Selbst-Feuer« auf sich – mit dem Feuer in uns –, daß nachheidnische Gesellschaften es verwarfen, es unterdrückten und oft genug fast endgültig ausgelöscht hätten? Es ist eine heilige Ganzheit, eine heilige Passion. Es ist das Brennen im Mann oder in der Frau, das Leben voll und ganz zu umschließen, heftig zu lachen, heftig zu weinen, heftig zu lieben und heftig für unsere Rechte zu kämpfen.

Statt dessen wird dem modernen Menschen beigebracht, daß er keinen inneren Wert besäße, daß er ihn sich erst erarbeiten muß, indem er Speck und Kartoffeln nach Hause bringt oder indem er auf einem Schlachtfeld verreckt. Und das heilige Feuer im Innern des Menschen wurde verhöhnt und bastardisiert: »Gib Feuer, wenn du das Weiße im Auge deiner Gegner siehst.«

Männern bringt man bei, ihr Feuer kleinzuhalten. Frauen auch. Man sagt uns: »Es ist eine Sünde, sich am eigenen Körper zu erfreuen.« Und wir leben in einer Welt, in der man Leidenschaft gleichsetzt mit Krieg oder Vergewaltigung oder Zorn; wo jeder Mann, jede Frau und jedes Kind gezähmt sein sollen, so wie das Land und die ganz Natur unterdrückt werden müssen.

Doch Selbst-Feuer ist ein unbezähmter Gott, der in der heiligen Leidenschaft des Lebens schwelgt, des Lebens, das selbst heilig ist. Seine ungezähmte Macht lebt in jedem von uns, wie auch in dem Land, das die Gesellschaft zu unterdrücken sucht. Seine Kräfte durchströmen Sturm und Horn und Traube und Blatt. Sie strömen durch unser Geschlecht und unseren Tanz und durch die Liebe zu unseren Kindern, als freuderfülltes, gesundes Gespinst, zur harmonischen Vereinigung mit allen Dingen.

In *Her Winged Silence: A Shaman's Notebook* schrieb ich: »Er ist ein Gott des Gefühls, sowohl des körperlichen als auch des emotionalen, der zügellosen Leidenschaft verbunden mit Integrität.«

Unser Gott steht nicht außerhalb aller Schöpfung. Er lebt in allem, uns selbst eingeschlossen. Beachten Sie, daß ich gerade von uns »selbst« sprach – genau wie in dem Gottesnamen *Selbst-Feuer.* Im Feuer des Selbst ist es, daß wir dem Gott im Innern begegnen. Daher ist Wicca eine Religion der Selbstheit. Die Individualität ist das Spiegelbild der Göttin und des Gotts. Die Göttin verlieh jedem von uns einzigartige Talente, einzigartige Wünsche, ein einzigartiges Selbst – und das tat sie bestimmt nicht, damit wir solche Gaben verwerfen. Jeder von uns ist ein Mikrokosmos des Universums, und das aus sich selbst heraus.

Aufgabe

Führen Sie diese Aufgabe irgendwann im Laufe der Woche vor Beginn der nächsten Lektion durch.

RITUAL

Die Ehrenkerze

Wenn Sie hart gearbeitet haben, können Sie mit diesem Ritual sich selbst und Ihrem Werk die Ehre erweisen. Eine alternative Übersetzung des Namens Selbst-Feuer lautet »Ich-Feuer«. Hexen streben Selbstrespekt an (Selbst, Selbst-Feuer) und wollen ein gesundes Ego entwickeln. Manchmal fällt es schwer, den Wert dessen zu erkennen, was wir geleistet haben. Wir üben uns in falscher Bescheidenheit und versagen es uns, unser Ego gebührend zu hätscheln.

Hexen wissen, daß man ohne ein gesundes Ego auf ein falsches Ego zurückgreift, auf falschen Stolz. Wenn das Selbstwertgefühl nur schwach entwickelt ist, versucht der Mensch sein falsches Ego aufzupäppeln, indem er den »richtigen« Wagen fährt oder die »richtige« Kleidung trägt. Indem er solche Prestigeobjekte kauft, versucht er eine Lücke auszufüllen, die sich tatsächlich jedoch nur durch Selbstrespekt schließen läßt.

Dieses erste Mal sollen Sie das Ritual dazu verwenden, um Ihrer bisherigen Arbeit an diesem Buch die Ehre zu erweisen. Dazu gehört auch alles, dessen es bedurfte, um mit dem Buch überhaupt erst anzufangen, was ja an sich bereits eine Leistung darstellt. Später können Sie dieses Ritual jederzeit durchführen, um jede geleistete Arbeit zu ehren.

Zur Erinnerung: Benutzen Sie bei der Durchführung dieser Aufgabe beide Teile des Rituals des Segnens des Pfads. (Die Rituelliste im Anschluß an das Inhaltsverzeichnis erleichtert das Auffinden der Rituale.)

Hilfsmittel und Zutaten

☾ Eine beliebig gefärbte Kerze. Gut geeignet wäre eine orangefarbene Kerze. Orange ist eine gute Ego-Farbe, da sie stolz ist und fast schon von selbst Aufmerksamkeit erregt, als würde sie sagen: »Ich bin wer!«

☾ Räucherwerk, das sehr lieblich ist und Ihren Sinnen schmeichelt. Ich persönlich erfreue mich an Ambra oder Rose.

1. Schritt: Entzünden Sie die Kerze und sprechen Sie dabei den »Ehrengesang«:

> *Ich entzünde dieses Feuer zum Lobe und zur Anerkennung meiner Selbst.*
> *Wie es seine Hitze dem Himmel entsendet,*
> *ehrt es mein Werk, das ich vollzogen habe,*
> *so wie das, was ich tue,*
> *und was ich noch tun werde.*

2. Schritt: Entzünden Sie das Räucherwerk, und sprechen Sie dabei wieder den »Ehrengesang«.

3. Schritt: Nehmen Sie sich einen Moment Zeit, um diesen Ehrengesang zu kontemplieren sowie alles andere, worüber Sie nachdenken möchten. Während Sie dies tun, kann es vorkommen, daß Sie vernehmen, wie die Kerzenflamme und der Rauch des Räucherwerks Sie lobpreisen!

4. Schritt: Machen Sie sich an den Alltag – ganz gleich, ob Sie das Geschirr spülen oder sich zur Arbeit anziehen. Sollte Ihnen dabei gelegentlich die Kerze ins Auge springen, nehmen Sie sich einen Moment Zeit, um Ihrem Werk die Ehre zu erweisen. Dazu kann es durchaus genügen, sich beispielsweise kurz zu sagen: »Das habe ich toll gemacht!«

5. Schritt: Lassen Sie die Kerze so lange brennen, bis sie von allein erlischt. Wenn Sie ins Bett gehen oder das Haus verlassen wollen, können Sie sie auch löschen. Kehren Sie später zurück, entzünden Sie sie aufs neue. Dabei brauchen Sie den Ehrengesang nicht mehr aufzusagen, es sei denn, Sie wünschen dies. Aus Brandschutzgründen sollten Sie die Kerze nie unbeaufsichtigt zu Hause brennen lassen.

Vermeiden Sie es während dieses Ritus, auf einen Gedanken des Selbstlobs negative Bemerkungen folgen zu lassen wie etwa: »Na ja, das hätte jeder andere auch gekonnt«, oder: »So eine tolle Leistung war das auch wieder nicht.« Solche Bemerkungen entkräften jedes Lob, das wir uns selbst angedeihen lassen, und sabotieren unser Selbstwertgefühl.

Sollten Sie Vorbehalte gegen dieses Ritual haben, so machen Sie sich deswegen keine Vorwürfe. Sagen Sie sich liebevoll und sanft, daß das nicht weiter überraschend ist. Schließlich haben wir unser ganzes Leben Bemerkungen zu hören bekommen wie: »Sei nicht selbstsüchtig – gib deinem kleinen Bruder ruhig dein Spielzeug«, als wäre es grausam von uns, etwas ganz für uns haben zu wollen. Oder es fielen Bemerkungen wie: »Warum gehst du nur ganz in deinem neuen Beruf auf? Was ist denn mit mir? Du bist mir vielleicht ein Egoist!« Die neue Arbeitsstelle könnte durchaus Ihre schicksalhafte Selbsterfüllung bedeuten, und nur wenn wir unsere einzigartigen, von den Göttern geschenkten Träume und Möglichkeiten voll verwirklichen, werden wir auch unserer Gemeinschaft und Familie voll dienen können.

Da uns immer wieder negative Gedanken zum Thema Selbst eingebleut wurden, ist es durchaus in Ordnung, mit diesem Ritual ein wenig zu warten. Wenn Sie nur sanft genug zu sich selbst sind, werden Sie die Aufgabe schon bewältigen.

Mythische Lektionen

Feentradition – Schöpfungsmythos Nr. 1

Die Mutter vor der Schöpfung durchschreitet die äußere Dunkelheit. Ihre Schritte berühren nichts. Ihre Schritte berühren sie selbst, die sie alle Dinge ist. Sie verwendet den Raum als Spiegel. Dieser ist als »Spiegel der Finsternis« bekannt. In ihm ist die Mutter vor der Schöpfung so weit und riesig wie ein sternenloses Universum, wie ein Schlaf ohne Träume, wie ein Schlaf, in dem alle Träume wohnen. Sie zieht das Bild aus dem Spiegel in den Raum und ruft ihren »Miriel«, was »Gottes Schönling« bedeutet. Jeder der beiden ist jungfräulich: unverdorbene Geschlechtlichkeit in all ihrer Frische. Und doch sind sie älter als die Zeit und küssen einander mit der ganzen Reife und Erfahrung einer sterbenden Kurtisane. So machen sie Liebe, einer den anderen ebenso begehrend wie das Selbst.

Dann entfernt sich Miriel von der Mutter vor der Schöpfung, so hellt sich die Dunkelheit zu einem Kobaltblau auf, zu Dian-y-glas, dem Blauen Gott. Die Große Mutter sagt zu ihm: »Sie werden dich mir niemals wegnehmen. Welche Form du auch annimmst, weil du mein Wort bist, mein Hammer und mein Siegel, sollst du zu mir zurückkehren in deiner gegenwärtigen Gestalt. Und diese unsere Liebe soll für immer sein. Und durch unsere geschlechtliche Vereinigung sollen alle Dinge erschaffen werden und sind sie erschaffen, alle Dinge, die da waren und nicht sind und noch werden.«

Victor hat mir diesen Mythos erzählt, den ich ausgeschmückt, angepaßt und auch sonst verändert habe. Ein Barde verändert die alten Geschichten, denn wenn eine Geschichte unverändert bleibt, so stirbt ihre Weisheit.

Die Lehre des Mythos: Das Wesen der Dunkelheit

Ein Mysterium, das dieser Mythos offenbart, ist die wahre Natur der Dunkelheit, verkörpert im Universum als Spiegel der Mutter. Im christlichen Schöpfungsmythos blickte Gott in die Finsternis, in die Leere, und entschied, etwas zu erschaffen, um sie zu füllen. Und seitdem blieb er von dem getrennt, was er erschaffen hatte, außerhalb der Natur und der Menschheit. Die theologische Schlußfolgerung lautet, daß Gott zu gut ist, um Teil der Natur zu sein, und daß er die materielle Welt für böse erachtet.

Wieviel logischer scheint es da doch, daß die Göttin sich selbst in dieser Leere schaute, in dieser Finsternis, und daß aus diesem liebenden, vitalen, dunklen Schoß alle Dinge erschaffen wurden. Anstatt die materielle Welt zu verdammen, schaute sie sie nicht nur als sich selbst an, sondern liebte und umarmte sie, wie sie auch uns umarmt, wann immer wir sie anrufen. Den Glauben, daß die Göttin in uns selbst und in der ganzen Natur ist, nennt man »Immanenz«, und er impliziert, daß die Natur gut und heilig ist.

Unsere Gesellschaft verwendet den Begriff »dunkel« meist nur auf abfällige, diskriminierende Weise: »Ach, das ist doch ein Dunkelmann«, oder »Vor der Morgendämmerung ist es stets am dunkelsten«. Doch die Dunkelheit oder Finsternis des keltischen Schamanismus ist nicht böse; es ist die Dunkelheit der Frühlingsnächte, da die Liebenden einander den Hof machen, des fruchtbaren Erdreichs, dem unsere Nahrung entspringt. Es ist die Dunkelheit, die ein Kind vorfindet, wenn es sich zur Nacht unter die Bettdecke kuschelt, während seine Mutter zarte Worte liebevoller Beruhigung flüstert.

Auch vor dem Hintergrund der modernen Physik ergibt die dunkle Immanenz der Göttin Sinn: Jenseits der beleuchteten Atmosphäre der Erde herrscht überwiegend Dunkelheit. Der Kosmos befindet sich nicht, wie manche glauben, in einem Gleichgewicht aus Licht und Dunkelheit, sondern ist zum allergrößten Teil dunkel. Außerdem besteht der größte Teil eines Atoms aus Leere; es gibt tatsächlich nur sehr wenig »Materie« in der materiellen Welt. Die Existenz besteht zum überwiegenden Teil aus der Leere zwischen den Partikeln des Atoms. Wenn man den ganzen Planeten auf die tatsächliche Masse der darin enthaltenen Materie zusammenpreßte, würde er glatt in meine Etagenwohnung passen. Der größte Teil der Wirklichkeit ist also dunkel und leer. Doch so wie die Dunkelheit nicht böse ist, handelt es sich auch hier um keine böse Leere. Diese Leere ist die Mutter selbst, voll Liebe und Fruchtbarkeit. Lieblicher Spiegel der Finsternis! O leuchtende Dunkelheit!

Die heutige Verachtung für die Dunkelheit ist recht subtil gestaltet, wenn sie etwa als notwendiges Übel angesehen wird, so in dem Satz: »Wo viel Licht, da viel Schatten.« Das ist so, als würde man sagen, daß ein schöner Nachthimmel nur deshalb von Wert ist, weil er uns hilft, den Taghimmel höher zu schätzen.

Die Dunkelheit – oder irgend etwas anderes – stets nur in ihrer Beziehung zu wiederum etwas anderem zu betrachten, ist beschränkt, um nicht zu sagen rassistisch, sexistisch und regelrecht unsinnig. Und so, wie der überwiegende Teil der Wirklichkeit weder aus Licht besteht noch ein Gleichgewicht aus Licht und Dunkelheit darstellt, ist auch die Existenz kein Gleichgewicht zwischen Gut und Böse, Mann und Frau, Führer und Gefolgschaft, den Mächtigen und den Ohnmächtigen. Es gibt keine durchgehend ausgewogene, natürliche Ordnung der Dinge, die wir alle anstreben müßten. Nach einer derartigen Ordnung Ausschau zu halten, wäre unrealistisch und ganz bestimmt kein Ziel für einen vom Hexentum inspirierten Geist. Alles stets in Gegensatzpaare einzuteilen, bedeutet, lediglich nach einem rein intellektuellen Konstrukt zu leben. Da ist es besser, sich auf das zu verlassen, was eigene Erfahrung und gesunder Menschenverstand uns sagen, damit wir die wahre Natur der Dinge in unserer magischen Wissenschaft und im Alltagsleben erkennen.

Das Gebet der letzten Wochenlektion lautete: »Erfülle mich mit dem Licht, das das Böse bloßstellt; erfülle mich mit dem Licht, vor dem das Böse flieht; erfülle mich mit dem Licht, das mich in meinem Versteck erleuchtet, auf daß ich aus dem Versteck hervorzutreten vermag und baden in des Lichtes Freude.«

In dieser Lektion teilte ich Ihnen mit, daß es in diesem Gebet zwar um ein gutes Licht und eine schädliche Dunkelheit geht, daß es aber tatsächlich gutes wie böses Licht gibt, gute wie böse Dunkelheit. Dazu ein Analogbeispiel: Manche Pflanzen brauchen genau den Schatten, der sonnenliebende Pflanzen umbringen würde. Für schattenliebendes Grünzeug ist die strahlende Sonne keine erleuchtende, liebevolle Kraft, sondern vielmehr der gnadenlose Diener des Todes. Hexen müssen, genau wie Gärtner, die Gesetze der Natur respektieren.

Lieblicher Spiegel der Finsternis! Ich fürchte mich in dunklen städtischen Straßen, wenn sie unbeleuchtet und verlassen sind, weil sich dort ein Angreifer verstecken könnte. Doch die Dunkelheit an sich? Niemals! Die Dunkelheit ist nicht nur unser eigener Schatten sondern auch der Spiegel, durch welchen wir zu unserem innersten schönen Selbst finden. Unsere stillen Schlafgemächer bieten uns Abgeschiedenheit bei Nacht, da wir einen Partner lieben können; die dunkelbraunen Augen eines Säuglings reflektieren unsere eigene Schönheit und Unschuld. Wenn wir uns in Dunkelheit befinden, ist es entscheidend, daß wir uns darin nicht verbergen, sondern uns dem Geschenk, das sie darstellt, ebenso stellen wie ihrer Herausforderung. Gerade dort müssen wir besonders wahrhaftig und authentisch sein! O leuchtende Dunkelheit!

Aus dem Mythos lernen: Die Göttin und ihr Geliebter

Dian-y-glas, der Blaue Gott, bleibt stets in Freude und Vergnügen an der Seite der Göttin. Das bedeutet nicht, daß einer dem anderen irgendwie untertan wäre – sie lieben einander einfach so sehr, daß sie sich niemals trennen. Wenn Sie die Göttin anrufen, ist auch Dian-y-glas anwesend, und wenn er unsichtbar ist. Daher wird es früher oder später erforderlich sein, sowohl Göttin als auch Gott anzunehmen, wenn man den Weg der Feentradition gehen will.

Ich unterstütze durchaus Frauen, die keinerlei Kontakt zu einer männlichen Gottheit wünschen. Es gibt eine Menge guter Gründe für eine derartige Entscheidung, einer davon ist die Tatsache, daß Jehova ein richtiges Sexistenschwein sein kann. Manche Frauen finden jedoch erst durch die Liebe eines guten Gotts zur Heilung. Und wenn mich auch der dumme Spruch »Lesbentum läßt sich durch die Liebe eines guten Manns kurieren« so gewaltig auf die Palme bringt, daß ich dem Sprücheklopfer am liebsten ins Gesicht spukken würde (immer mit der Ruhe, Francesca!), so erfüllt mich doch das Wissen, daß die Liebe, gleich wie sie verpackt sein mag, durch die Unterstützung eines guten Gotts noch verbessert wird, bis in die Knochen mit Lächeln.

Andererseits lehnen viele Männer eine weibliche Gottheit ab, weil sie befürchten, damit letztlich nur eine dominierende, unterdrückerische Gottheit gegen eine andere auszutauschen. Und doch finden viele Männer erst dann zu ihrer vollen Macht als Mann, wenn sie die Mutter aller Dinge in ihrem Leben willkommen heißen. Außerdem wird es irgendwann zu gefährlich, mit der männlichen Gottheit des Feenvolks zu arbeiten, ohne dabei auch die Liebe und Führung der Göttin zu genießen.

Die Göttin ist in ihrem Herzen gleichermaßen die Poesie und die Wissenschaft der Magie. Wenn man sie ignoriert, kann diese Wissenschaft gefährlich werden. Und außerdem – wieviel Trost und Macht könnte eine Göttin schon bieten, die nur eine bloße Metapher ist? Wenn die Göttin Sie als Mann vor Rätsel stellt, so bitten Sie sie doch in Ihren eigenen Worten darum, sie verstehen zu lernen, und dann üben Sie sich in Geduld gegen sich selbst.

Wenn Sie so sind wie viele meiner Schüler, sowohl die männlichen als auch die weiblichen, die sich jahrelang abmühen mußten, um endlich ihren Frieden mit dem Begleiter der Göttin zu machen, so seien Sie geduldig mit sich selbst.

Wenn Sie es im Augenblick noch vorziehen sollten, nur mit einer der beiden Gottheiten eine Beziehung einzugehen, ist das kein Grund zur Sorge. Konzentrieren Sie sich darauf, sich auf anderen Gebieten weiterzuentwickeln und der Freude teilhaftig zu werden, die das Leben bietet. Arbeiten Sie mit dem Material dieses Abschnitts zum Thema Kontaktaufnahme zu beiden Gottheiten nur soviel, wie Sie wirklich wollen. Erst nachdem man den Dritten Weg viele Jahre praktiziert hat, wird es erforderlich sein, alle beiden Gottheiten in sein Leben aufzunehmen. Die Götter sind unsere geduldigen Eltern, die uns nicht dafür bestrafen werden, wenn wir nach und nach mit unsicheren Schritten zu unseren eigenen, einzigartigen Antworten finden – selbst wenn dies bedeuten sollte, einen anderen Wicca-Pfad zu wählen, der sich auf eine weibliche oder eine männliche Gottheit beschränkt. Wenn Sie den Feenpfad ernsthaft und wahrhaftig bearbeiten, werden Sie schließlich zur ehrlichen Liebe sowohl zu dem Gott als auch zur Göttin finden.

Endlose Reinigung

Meine Schüler scherzen gern über einen Ausdruck, den ich im Unterricht verwende: »endlose Reinigung«. Das schamanische Training mit seiner Betonung der persönlichen

Transformation verlangt aber genau dies. Ich schicke ständig sogar Adepten (fortgeschrittene Praktikanten) nach Hause, um dort erst noch ein weiteres Reinigungsritual zu vollziehen.

Es gibt einen alten walisischen Mythos über eine Hexe namens Cerridwen, der hier greift. In Legenden, die noch weiter zurückgehen als selbst diese walisische Erzählung, wird offenbart, daß sie keine Hexe ist, sondern eine Göttin. Als sie schließlich in dem walisischen Mythos auftaucht, ist sie in der Überlieferung bereits zu einer geizigen, bösartigen Frau degradiert worden. Viele Mythen der Alten Religion wurden auf diese Weise verballhornt, stellten die Alten Götter als grausam oder dämonisch dar, um die Religion zu diskreditieren.

In unserem walisischen Mythos kochte Cerridwen ein Jahr und einen Tag lang Kräuter in einem Kessel ab. Nachdem das Jahr und der Tag verstrichen waren, gab dieser Kessel drei Tropfen einer Flüssigkeit her, die dem Dichter Gwion Bach das Wissen um die Wahrsagerei und alles andere verlieh. So wurde er in ein magisches Wesen verwandelt. Alles, was noch im Kessel übrigblieb, war Gift. Es ist dies die Geschichte einer keltischen Schamanenausbildung.

Wir sind selbst Cerridwens Kessel, ein Gefäß der Magie und der Transformation. Als ihr Kessel, ihr Kelch der Freude, ihr Gefäß der Transformation müssen wir ihres Wissens auch würdig sein. Die Magie der Göttin sollte nicht von Ungeeigneten praktiziert werden. Daher die ausgiebige Reinigungsarbeit. Und um uns so weit zu reinigen, bis nur die drei essentiellen Tropfen Weisheit, Dichtung und Magie übrigbleiben, müssen wir uns von all den emotionalen, spirituellen und psychologischen Giften befreien, die sich ebenfalls im Kessel befinden. Jeder von uns ist sein eigenes wichtigstes magisches Werkzeug und muß daher selbst zu einem geeigneten Werkzeug werden.

Wenn ich Begriffe wie »würdig« und »geeignet« verwende, dann nicht in dem selbstgefälligen, urteilsverliebten unterdrückerischen Sinn, in dem sie sonst oft benutzt werden – zucken Sie also nicht zusammen, und entwickeln Sie auch keine Gefühle des Ungenügendseins oder der Schuld. Dies ist eine Religion der Liebe und Güte. Ein Teil des Würdigseins besteht schlicht darin, ein Suchender zu sein. Würdig zu sein bedeutet auch, die Bereitschaft zu haben, sich weiterzuentwickeln und zu verändern. Und es bedeutet auch, dazu bereit zu sein, sich selbst als göttliches Wesen zu zelebrieren. Erinnern Sie sich: »Menschsein ist göttliches Sein.« Die eigene Menschlichkeit zu akzeptieren; darauf zu vertrauen, daß Zorn und Instinkte Gaben der Göttin sind; zu wissen, daß das eigene Begehren und Verlangen nach einer erfüllenden Arbeit und einem glücklichen Leben heilig sind; daran zu glauben, daß auch schweißgebadeter Sex heilig ist – all dies ist spirituell, ist würdig. Würdig und geeignet zu sein bedeutet den Versuch zu unternehmen, sich von Blockaden zu reinigen, von Komplexen, von ungesunden Ängsten, von ungesundem Zorn und von falschem Ego, die allesamt nicht nur die Magie behindern, sondern den Menschen auch unglücklich machen. Und dank der Reinigung wird jeder von uns zu einem Priester, durch dessen eigene Gesundheit alle Dinge heil werden.

Würdig zu sein bedeutet, zu unserem wahrhaft menschlichen Selbst zu werden, zu dem, was wir von Natur aus sind. Die meisten von uns sind in einer repressiven Gesellschaft aufgewachsen, weshalb sie sich in einem Zustand befinden, der weit entfernt vom natürlichen ist. Daher brauchen sie auch diese »endlosen Reinigungen«, um zu vollwertigen menschlichen und ebenso vollwertigen magischen Wesen zu werden.

Wer zum ersten Mal einen echten spirituellen Pfad beschreitet, dem spült diese neue Erfahrung wie automatisch innere Blockaden davon, jedenfalls vorübergehend. Damit ist der Entwicklungsprozeß bereits eingeleitet. Viele Systeme der persönlichen Entwicklung hören an diesem Punkt auf. Doch nun, da Sie eine innere Reinigung erlebt haben, sind Sie auch bereit, sich selbst auf unmittelbarere Weise zu reinigen. Bitte vollziehen Sie nun als Teil unserer wöchentlichen Zusammenkunft das Ritual der Reinigung durch Erde. Lesen Sie es zunächst einmal durch, bevor Sie damit beginnen.

RITUAL

Reinigung durch Erde

Die Reinigungsrituale in diesem Buch stellen, wie jedes Material in einem spirituellen Text, nur einen Anfang dar. Wenn Sie tiefer in die Kunst eindringen, werden auch Sie, genau wie meine Schüler, mit den Augen rollen und stöhnen: »Endlose Reinigungen!« Selbst ein Meister der Kunst muß durch Reinigung Komplexe und Ängste entfernen, und wenn erst die eine Zwiebelschale entfernt ist, tritt die nächste darunter hervor.

Mit jeder Schicht folgen Weiterentwicklung, Freude und Selbsterfüllung. Indem Sie die Reinigungsrituale dieses Buchs ausführen, werden Sie freier werden als je zuvor im Leben. Und wenn meine Schüler auch über diese Arbeit stöhnen, so tun sie es doch freudig!

Hilfsmittel und Zutaten

☾ Optional: Eine braune Kerze

1. Schritt (optional): Entzünden Sie eine braune Kerze als Symbol der heilenden Kraft der Erde, oder suchen Sie sich einen Flecken Erde, um sich darauf zu stellen.

2. Schritt: Verwenden Sie ein paar Minuten darauf, tief zu atmen – nichts Kompliziertes, einfach nur tiefe, natürliche Atemzüge tun, als befänden Sie sich am Strand und würden dort die frische Seeluft atmen. Konzentrieren Sie sich dabei auf nichts anderes als diese Atemzüge. Wenn Sie sich beim Gähnen ertappen sollten, so ist das gut: Das Gähnen öffnet Brustraum und Hals, damit man freier atmen kann.

3. *Schritt*: Gibt es irgendwelche Sorgen, die Sie bei diesem Ritual ablenken? Vielleicht sorgen Sie sich um ein Familienmitglied; oder Sie haben gesundheitliche Probleme; oder Sie machen sich Sorgen, ob »er« oder »sie« Sie jemals anrufen wird. Wenn Sie irgendwelche Alltagssorgen haben sollten, die Ihnen gewissermaßen »am Gehirn festkleben«, so imaginieren Sie, wie Ihre Sorgen, Ängste und Bangigkeiten von Ihnen weichen und in der Erde, unserer Mutter, versinken. Soll sich unsere Mutter um diese unangenehmen Gefühle kümmern!

Tatsächlich versenken Sie in der Erde nicht das Problem selbst, sondern nur Ihre ungesunde Fixation darauf. Wenn die Aufgabe beendet ist, können Sie sich wieder daranmachen, über diese Probleme nachzudenken, doch im Zusammenhang mit dem Ritual ist es nötig, sich auf eine andere Weise zu konzentrieren.

4. *Schritt:* Bestimmen Sie etwas in Ihrem Innern, das durch die Reinigung fortgespült werden soll. Das kann vielleicht die Bangigkeit sein, die Sie überfällt, wenn Sie Ihren Chef um eine Lohnerhöhung angehen wollen. Vielleicht hegen Sie auch einen Groll gegen Ihren Vater. Vielleicht möchten Sie ein Buch schreiben, an einem Kurs teilnehmen oder mit einem besonderen Menschen zum Abendessen ausgehen, ohne daß es Ihnen gelingen will. Vielleicht graut Ihnen vor irgend etwas, das anderen als Kleinigkeit erscheinen mag: Manche Menschen geraten möglicherweise ins Staunen, wenn Sie von der Furcht hören, die jemanden befällt, weil er seinen Chef um eine längere Mittagspause bitten will; für andere wiederum kann es schon das schiere Grauen bedeuten, überhaupt jemanden um irgend etwas zu bitten. Stellen Sie sich diese Furcht vor, diesen Groll, diese Lähmung oder diesen »unverhältnismäßigen« Horror, wie sie allesamt in der Erde versickern.

Sie können das gleiche mit einer negativen Obsession tun, beispielsweise wenn Sie sich die ganze Zeit Sorgen wegen Ihrer finanziellen Situation oder Ihres Übergewichts machen. Oder Sie nutzen den Ritus, wenn Sie sich von einem negativen Glaubenssatz befreien wollen, von lähmender Entscheidungsunfähigkeit, von Depressionen oder irgendwelchen anderen negativen Attributen. Was dabei zu entfernen ist, ist das »unverhältnismäßige« Entsetzen selbst.

5. *Schritt:* Bitten Sie die Erde und die Götter, daß diese Eigenschaft in der Dunkelheit des Erdbodens in reine Lebenskraft verwandelt werden möge, um danach als positive Kraft, wie sie die Götter für erforderlich halten, zu Ihnen zurückzukehren und an die Stelle dessen zu treten, was Ihnen vorher zugesetzt hat. Ist das Problem beispielsweise die Angst vor Ihrem Chef, so kehrt sie auf diese Weise vielleicht als Mut und Mitgefühl zu Ihnen zurück, wenn Sie mit ihm zu tun bekommen. Haben Sie Hemmungen, jemanden zu einem Rendezvous einzuladen, verhilft Ihnen diese Transformation vielleicht dazu, mit dem nötigen Selbstbewußtsein aufzutreten und dabei doch höflich zu bleiben.

Die Ergebnisse dieses Rituals können durchaus erstaunlich sein. Einen Anfänger der Hexenkunst mag es verwundern, daß es überhaupt wirkt. Es kann auch vorkommen, daß es auf ganz andere Weise wirkt als erwartet, dabei aber einem besseren Ziel dient, als Sie es ursprünglich angepeilt hatten. Lag der Fehler beispielsweise darin, daß Sie sich nicht dazu überwinden konnten, ein Buch über Brasilien zu schreiben, so ertappen Sie sich vielleicht plötzlich dabei, wie Sie einen Gedichtband verfassen, was Sie sehr viel glücklicher macht, als es das Buch über Brasilien je hätte tun können. Etwas, das wir manchmal für das Beste halten, ist in Wirklichkeit vielleicht doch nicht so produktiv, so heilsam, so bereichernd und so freudespendend, wie es sein sollte. Bleiben Sie also offen für die unerwarteten Geschenke der Göttin.

Zur Erinnerung: Nachdem Sie dieses Ritual durchgeführt haben, sollten Sie einige Zeilen in Ihrem magischen Tagebuch, Ihrem Buch der Schatten, darüber schreiben, wie es für Sie gewesen ist. Empfanden Sie es beispielsweise als befreiend? Als Macht spendend? Wie gut konnten Sie es spüren, daß sich Ihre innere Blockade während dieses ersten Versuchs eines Reinigungsrituals auflöste? Vielleicht fühlte sich das ganze Ritual ja auch albern an. Das tun neue Dinge oft. Möglicherweise haben Sie diesen Ritus auch mit der Einstellung anderer Religionen zu inneren Blockaden verglichen. Wenn Sie mit einem Partner oder einer Gruppe gearbeitet haben, sollten Sie sich jetzt darüber austauschen, einander Ihre Gedanken und Gefühle mitteilen, sie diskutieren und vielleicht auch über das sprechen, was Sie bisher gelesen haben.

Der Prozeß des Wandels

Ich habe darauf bestanden, daß Sie, so es Ihnen nur irgend möglich ist, das hier vorgelegte Material auch im empfohlenen Tempo bearbeiten. Ich habe ferner betont, daß dieses Tempo wirkungsvoll, sicher und mächtig ist, sowohl für den Neuling als auch für den Fortgeschrittenen. Betrachten wir jetzt einmal die Gründe dafür, damit Sie sich besser entscheiden können, ob Sie meinen Empfehlungen Folge leisten wollen. (Natürlich meint jeder von sich, die Ausnahme von der Regel zu sein.)

Die meisten Adepten in meinen Anfängerklassen wurden für ihre Demut und Geduld reichlich belohnt. Sie fanden eine Fülle an Lehrmaterial vor, Herausforderungen, denen es sich zu stellen galt, und gelangten dadurch zur persönlichen Weiterentwicklung. Die Feenmagie ist einzigartig – »Wicca für Anfänger« ist nicht dasselbe wie »Dritter Weg für Anfänger« –, daher muß auch der fortgeschrittene Magier das Anfängertempo einhalten. Diesem rate ich eindringlich, es noch ein paar Besuche lang mit meinem vorgegebenen Tempo zu probieren, um dann die Ergebnisse zu begutachten. Schneller vorzugehen würde den Entwicklungsprozeß nicht beschleunigen. Statt dessen würden Sie ihn nur verpassen. Davon abgesehen fängt jeder wirkliche Meister gelegentlich wieder ganz von vorn an.

Außerdem verlangt die Feentradition nach mehr Sicherheitsmaßnahmen als die meisten anderen Formen der Magie des Wicca. So lieben es die Feen beispielsweise, den Menschen zum Selbstrespekt zu verhelfen; doch in unserer

Gesellschaft gerät das Ego außer Kontrolle, trampeln die Menschen mit starkem Willen die weniger Mutigen zu Boden. Wenn Sie dies aber mit den Feenkräften versuchen sollten, werden Sie es sein, der am Ende zu Boden getrampelt wird. Können Sie sich das vielleicht vorstellen: ein verklemmter, arroganter Prediger mit geschürzten Lippen, der es wirklich mit einem von den Kleinen Leuten aufnehmen kann? Er würde doch nur als magisches Hackfleisch enden. Daher besteht eine Sicherheitsmaßnahme darin, dem Schüler dazu zu verhelfen, Stück für Stück die Harmonie zwischen einem starken Ich und der Demut herzustellen, von der ich früher schon gesprochen habe. Eine weitere dieser Maßnahmen ist das in diesem Buch vorgegebene Tempo, das Sie erst dann mit Mächten konfrontiert, wenn Ihre Ichstruktur auch dafür bereit ist. Zudem mag die Feenmagie bei oberflächlicher Betrachtung zwar anderen Arten der Macht gleichen, aber dabei geht einem ein tiefgründiges Training in Wirklichkeit bis ins Mark. Wie der Yoga, so wirkt auch das Schamanentraining auf einer sehr tiefen Ebene, was Sie flexibel macht und Sie für den Strom der guten Energie im Innern öffnet. Das Tempo sorgt mit dafür, daß dies nur Zug um Zug geschieht, damit es auch gefahrlos bleibt.

Sowohl die persönliche Entwicklung als auch die Entwicklung magischer Fertigkeiten stellen einen langsamen Prozeß der Entfaltung dar, der sein eigenes Tempo braucht. Wie das Können der Ballettschülerin, lassen sich diese Dinge nicht übers Knie brechen. Das Tempo dieser Lektionen sorgt für ein von Liebe getragenes, sanftes Entwicklungsmuster der Verbesserung.

Diesen Prozeß beschleunigen zu wollen, kann Sie im besten Fall nur entmutigen. Ungeduld kann Ihnen darüber hinaus auch schaden. Ein Ballettschüler, der einen Sprung versucht, bevor er seinen Körper hinreichend gedehnt und gestreckt hat, bezahlt dafür vielleicht mit einem Muskelriß. Über die Grenze der eigenen emotionalen oder magischen »Streckbarkeit« springen zu wollen, kann Ihnen also Schaden zufügen.

Die Arbeit in der Gruppe

Haben Sie vielleicht die Feststellung gemacht, daß niemand nach einer Übung oder nach der Lektüre einer Lektion etwas mitzuteilen hat? Großartig! Es spielt nämlich keine Rolle. Sie sollten sich nicht dazu zwingen. Manche Menschen sind von Natur aus schweigsam, und wenn sie vielleicht auch lernen sollten, sich selbst ein wenig mehr auszudrücken, so ist Redseligkeit doch nicht jedermanns Lebensziel. Manche Menschen finden eben eher durchs Schweigen zur Macht.

Aufgabe

1. Führen Sie das Ritual der Ehrenkerze durch.
2. *Optional:* Stellen Sie im Zuge der nächsten Woche Betrachtungen zu »Feentradition – Schöpfungsmythos Nr. 1« an. Nehmen Sie sich einige wenige Zeilen vor, um dann vielleicht etwas dazu in Ihrem magischen Tagebuch festzuhalten. So können sich Ihnen viele Dinge offenbaren. In jedem Teil des Mythos ist ungeheuer viel Material enthalten. In dieser Lektion habe ich über die Dunkelheit und die Beziehung zwischen Gott und Göttin geschrieben – was ich Ihnen mitteilte, wurde mir persönlich durch diesen Mythos zuteil. Mythen, die einer mündlichen Erzähltradition entspringen, sind oft dicht gepackt mit Information und mit Themen, die Sie auf eigene Faust entdecken sollten. Sicher, wir sind dergleichen nicht gewohnt. Die Medien sind auf eine andere Weise verdichtet, ganz wie eine Schnellstraße voller Reklametafeln, und bieten auch eine andere Form der Anregung, wobei sie uns häufig nur Reize bescheren, dafür aber wenig Information oder Transformation. Dagegen enthalten die stark verdichteten Sätze und Absätze der mündlichen Tradition sehr viel Information und Transformation, und sie stecken voller Geheimnisse des Schamanismus.

Wenn Sie mit einem Partner oder einer Gruppe arbeiten, sollten Sie beim nächsten wöchentlichen Besuch über das sprechen, was Sie zu dem Mythos aufgeschrieben haben.

3. Führen Sie das Reinigungsritual der Erde in der folgenden Woche ein- oder zweimal durch. Beseitigen Sie dabei jedesmal eine weitere innere Blockade. Und erfreuen Sie sich an den Ergebnissen!

In der nächsten Wochenlektion geht es um Altäre, und ich weise dort darauf hin, daß der erste und wichtigste Altar wir selbst sind. Nun werden Sie ein gereinigterer, geeigneterer Altar sein, an dem Sie den Göttern und sich selbst huldigen können.

Der Altar als Ort der Kraft
Den inneren Altar finden

Der keltische Altar

Das Wörterbuch verrät uns, daß der Begriff »Altar« wahrscheinlich von dem lateinischen Wort für »hoher Ort« abstammt. Vielleicht ist der Grund darin zu finden, daß vor Urzeiten der Schamane auf hohe Hügel und Berge gestiegen ist, um den Göttern und der Natur näher zu sein.

Dieses Aufsuchen von hochgelegenen Orten hat nichts mit einer Ablehnung der Welt zu tun oder gar damit, daß wir uns »über andere Menschen« stellen würden. Magische Religionen wissen, daß unsere materielle Welt heilig ist. Die Erhöhung auf Bergen, Klippen oder Hügeln führt uns näher an die natürlichen Elemente heran. Auf einer hohen Klippe erspüren wir wahrhaftig die Macht des Windes. Auf einem Berggipfel erblicken wir das ganze Panorama dessen, was die Götter für uns erschaffen haben, damit wir dort leben können. Man suchte den hochgelegenen Ort aus, gerade weil er ein Ort der Welt ist, ein Ort der Kraft, ein Ort, wo

99

wir der Größe und Heiligkeit der Natur nähertreten können. Das steht im Gegensatz zum Konzept des Altars als eines Orts, der weit von der Welt entfernt ist. In manchen Kulturen wird der Altar im Erdreich vergraben. Man steigt dort zu dem Altar hinunter, was uns an die Heiligkeit unserer inneren Tiefen gemahnt.

Damit Sie die Rolle des Altars begreifen, die er für die alten Kelten hatte, müssen Sie zugleich auch das Konzept des Orts begreifen, wie es die keltischen Schamanen handhabten. Im Einklang mit den Land lebend, wußten sie, daß wir uns nicht von dem, was uns umgibt, unterscheiden. Denken Sie einmal an die Depression, die Sie hätte überwältigen können, als Sie einmal Ihren Freund im Krankenhaus besuchten. Die heutigen Krankenhäuser sind meistens freudlose Orte, wo die Menschlichkeit trotz aller tapferen Versuche des Personals einfach keinen Platz hat. Es ist deprimierend dort. Und denken Sie sich nun, wie Sie sich in einer Bar fühlen: Die meisten Bars sind, wenn schon nicht schäbig und heruntergekommen, immerhin doch so langweilig, daß Sie dort nur zu gern einen heben.

In der Magie geht es darum, mit dem Ort in Harmonie zu sein und zu einer harmonischen Umgebung zu finden oder diese zu erschaffen. Mit anderen Worten arbeitete der keltische Schamane darauf hin, sowohl ein glückliches, fruchtbares, gesundes Heim zu erschaffen, wie auch einen entsprechenden Ackerboden, ja einen solchen Planeten. Zudem strebte er nach Harmonie mit und Kraft durch diese Umgebungen. Heute dagegen ist vielleicht das Büro Ihr Acker, besteht die Erntefrucht aus Ihrem Lohnscheck.

Das Konzept des Altars ist also nichts Künstliches. Es ist vielmehr völlig natürlich. Ein Altar ist ein konstruierter Ort der Macht, wo wir uns den Alten Göttern und der Natur nähern.

Ein Altar ist auch ein geheiligter Ort für die religiösen Praktiken der Liebe und der Verehrung; ein Ort der Meditation, so wie die Vorfahren einst in heiligen Hainen und Grotten zu meditieren pflegten, auf Bergen und hohen Hügeln.

Ein Altar ist auch ein Ort, an dem Sie schon durch Ihre bloße Anwesenheit Kontakt zu Ihren spirituellen Zielen und Bedürfnissen herstellen, ganz ähnlich wie die Gefühle, die Ihr Lieblingsstrand bei Ihnen auslöst.

Heiden lieben es, ihre Altäre mit Gegenständen aus der Natur zu schmücken. Doch wenn die Muscheln, die Sie als Altarschmuck ausgewählt haben, unter großer ökologischer Schädigung des Meeres gepflückt wurden, dann verhilft Ihnen Ihr Altar auch nicht dazu, in Einklang mit Ihren spirituellen Bedürfnissen zu gelangen, wie es einer die Erde liebenden Hexe gemäß wäre.

Aufgabe

Ein Altar funktioniert nicht gut als Kraftort, wenn er aus Dingen besteht, die wiederum andere Kraftorte schädigen. Ohne dabei gleich in Perfektionismus zu verfallen, sollten Sie sich doch nach den Quellen Ihres Altarzubehörs erkundigen. Stellen Sie erst fest, wie diese wunderschönen Muscheln geerntet wurden, bevor Sie sie kaufen. Dies ist eine Daueraufgabe, ein Teil des schamanischen Lebens. Wenn dies Ihnen am Anfang auch vielleicht schwerfallen mag, so sorgen Sie sich nicht darum: Sie haben immer noch genügend Zeit, um dabei besser zu werden.

Der schamanische Altar ist auch der Ort, wo man Gott (männlich oder weiblich) in sich aufnehmen kann, genau wie der Katholik vor dem Altar der Kathedrale kniend die Hostie empfängt. Wenn Sie die heilige Energie Gottes und seine spirituelle Erbauungskraft durch Kristalle aufnehmen möchten, so biete ich Ihnen hier ein weiteres Beispiel für die Umsetzung der obigen Aufgabe. Viele Kristalle werden heutzutage durch Bergsprengungen gewonnen. Wir können jedoch nicht die Gnade der Göttin durch eine Praxis erlangen, die ihr Wohlergehen und letztlich die Gesundheit des ganzen Planeten gefährdet.

Der Altar ist auch die Werkbank der Magierin. Er ist all die Dinge, die ich erwähnte, und alle zugleich, in Harmonie, denn Schamanen treffen keine Unterscheidung zwischen dem Heiligen und dem Weltlichen, zwischen der Religion des Wicca und der Wissenschaft des Wicca.

Als Werkbank ist er Brennpunkt der magischen und spirituellen Aufmerksamkeit, ein Brennpunkt magischer Kräfte und ein Werkzeug, um Ihre Arbeit mit Macht zu erfüllen.

Herstellung des keltischen Altars

Wie stellt man einen solchen Ort her, wie ich ihn oben beschrieben habe? Es folgen nun einige traditionelle Praktiken dazu.

Ein sauberer Altar ist ein Zeichen des Respekt gegenüber den Göttern und uns selbst. Und da der Altar auch ein Spiegel des Selbst ist, eine Ausweitung des Selbst und seiner Erfüllung mit Macht, bedarf er auch dieser Klarheit. Mir ist aufgefallen, daß immer wenn ich selbst desorganisiert und konfus war, dies auch auf meinen Altar zutraf.

Ihr Altar kann etwas Prunkvolles darstellen, wie beispielsweise eine alte chinesische Truhe, oder ganz schlicht sein, etwa als ein Teil Ihrer Bettkommode. Sie können einen dauerhaft eingerichteten Altar verwenden oder einen, den Sie immer nur zusammensetzen und aufstellen, wenn Sie Lust dazu haben. Wenn Sie Ihren Altar zum ersten Mal einrichten, sollten Sie ihn gründlich putzen und abstauben, ja auch waschen – je nachdem, was für die Oberfläche, die Sie als heiligen Ort verwenden wollen, am besten geeignet ist. Wenn Ihnen danach ist oder Sie es für erforderlich halten, können Sie die Oberfläche sogar mit Wasser besprengen, in das Sie Meersalz gegeben haben. Damit wird der Altar spirituell gereinigt.

Die Kelten schauten die Macht in allem: die beruhigende Macht eines Strandstücks; die Macht eines weinenden Kindes, welches mit seinen Tränen sicherstellt, daß seine Be-

dürfnisse befriedigt werden; die Macht eines Lebenspro-
blems, uns daran wachsen zu lassen. Ebenso besitzt jeder
Gegenstand, den wir sehen, halten, berühren und dem wir
begegnen, seine eigene Macht. Vielleicht schauen Sie sich
einmal in Ihrem Zuhause um, in der Nachbarschaft und
überall sonst, wo Sie sich aufhalten, um Dinge aufzustö-
bern, die Ihren Altar mit Kräften versehen können. Es folgen nun einige Gedanken zu diesem Thema.

Betrachten Sie einmal all die vielen Gegenstände, die
schon auf Ihrem Krimskramsregal Staub ansetzen. Die
haben Sie all die Jahre aufbewahrt, weil sie Ihnen etwas
bedeuten. Vielleicht ist es an der Zeit, das eine oder andere
davon jetzt in den ihm gebührenden Rang zu erheben.

Vielleicht durchstöbern Sie auch noch einmal die Schublade, die Sie mit irgendwelchem »Zeug« angefüllt haben,
von dem Sie nie so richtig wußten, weshalb Sie es überhaupt
aufbewahren wollten. Sie wissen schon, von welchem
»Zeug« ich spreche: eine alte Glasmurmel; eine zerknüllte
Papierpuppe aus der Kindheit; ein ausgefranstes Stück
Tuch, das einst zur Militäruniform Ihres Vaters gehörte –
eines Vaters, den Sie sehr schmuck fanden; ebenso alle anderen Gegenstände, die Sie im Laufe der Jahre gesammelt
haben, weil Sie das Gefühl hatten, sie unbedingt behalten zu
wollen. Diese Dinge sprechen jenen Teil von Ihnen an, der
eine Träumerin ist und eine Dichterin, die auf die Magie vertraut und der Inspiration bedarf.

Welche Gegenstände stellen nun eine engere Beziehung
zur Natur her? Vielleicht Blumen oder Äste, vielleicht
genügt auch eine steinerne, mit Wasser gefüllte Schale. Vielleicht besitzen Sie einen Stein, den Sie am Strand gefunden
haben, in einem Augenblick, da Sie die Macht des Ozeans
wirklich spüren konnten.

Fragen Sie sich auch, ob es irgendwelche Gegenstände
gibt, die Ihre Konzentration auf das Heilige richten. Für
manche Menschen können das Muscheln sein, Kristalle,
Fotos von Leitpersonen, das Bild einer liebenden Göttin
oder auch die Fotografie eines Orts, der Sie einmal »hinge-
rissen« hat.

Und schließlich – seien Sie kreativ! Welche Gegenstände verkörpern für Sie die Macht?

Sie können auf die linke Seite des Altars eine Kerze für die Göttin stellen, zur rechten eine für den Gott. Diese werden entzündet, wenn Sie in einem Ritual oder einer anderen Veranstaltung die Götter rufen. Beachten Sie, daß ich von einer »Veranstaltung« spreche. Der Altar wird nämlich nicht nur im Ritual benutzt. Der Heide besitzt eine tägliche, fortgesetzte Erfahrung des Heiligen. Wicca ist eine Religion der Liebe und der Hingabe, die auch tatsächlich gelebt werden. Daher kann der Altar auch, wenn Sie es wollen, Teil Ihres Alltagslebens werden.

Ein schlichtes Gebet, das von Herzen kommt, in eigenen Worten gehalten, mit dem Sie die Götter bitten, sich zu uns zu gesellen, uns zu helfen und über uns zu wachen, während wir unser Ritual oder Unterfangen ausführen, kann ein vollkommener Ersatz für die längere Anrufung aus Lektion eins sein.

Die Göttin wird invoziert und ihre Kerze entzündet, weil alle Dinge, der Gott eingeschlossen, aus ihr entspringen. Am Ende des Rituals oder der Veranstaltung werden die Kerzen gelöscht, gleichzeitig dankt man dem Herrn und der Herrin für die Hilfe, die Liebe und die Unterstützung, die sie einem soeben haben zuteil werden lassen. Danken Sie ihnen auch für das, was sie zu Ihrem Unterfangen beigesteuert haben. Das kann auf förmliche Weise geschehen oder auch in natürlichen, unmittelbaren Worten wie: »Lieber Herr und liebe Herrin, ich danke euch für die Kraft, die Liebe und die Fürsorge, die ihr mir in meinem Ritual (meiner Veranstaltung) heute abend gewährt habt.« Der Herrin wird als letztes gedankt, weil sie nicht nur der Anfang, sondern auch das Ende aller Dinge ist.

Sie können auch Darstellungen der Götter neben Ihre jeweiligen Kerzen stellen. So könnte die Göttin durch eine kleine griechische Göttinnenstatue dargestellt werden, durch eine Muschel, eine Blume, oder irgend etwas anderes, was für Sie funktioniert. Das ist lediglich eine Frage der persönlichen Wahl. Sie können sogar ein Foto von sich selbst verwenden, um sich daran zu gemahnen, daß Sie vom Geist der Göttin durchflutet werden.

Manchmal wähle ich eine Darstellung der Göttin, die besonders gut zu dem Zauber oder der Veranstaltung paßt, deretwegen ich die Kerzen entzünde. So verwende ich beispielsweise zu einem Ritual der Selbstheilung, vor dem ich mich etwas fürchte, vielleicht eine Figur der Quan Yin, der chinesischen Göttin der Heilung, der Gnade und der Barmherzigkeit. Diese Figur stelle ich dann an der Kerze der Göttin auf. Quan Yin verhilft uns zu einer sanften Transformation. Wenn eine Freundin zu Besuch kommt, die des Trostes bedarf, wähle ich dagegen vielleicht Diana, die von den italienischen Hexen als Große Mutter angebetet wird, die Schöpferin aller Dinge, denn sie spendet großen Trost.

Manchmal stelle ich auch eine Göttin auf den Altar, die zu der Lebensphase paßt, in der ich mich gerade befinde. Das Bild oder die Darstellung der Göttin kann übrigens auch ohne die Kerze verwendet werden. Dann bitte ich die Gottheit um das, was ich möchte – hier ist dann keine Devokation erforderlich, obwohl eine Danksagung immer gern gesehen wird –, oder ich lasse einfach ihr Abbild auf dem Altar seinen Zauber auf mich ausüben. Wenn ich es mit einem Haufen beruflicher Angelegenheiten zu tun habe, die von mir verlangen, mich nachhaltig durchzusetzen, kann es sein, daß ich ein Bild auf den Altar stelle, das wiederum einen anderen Aspekt der Göttin Diana darstellt. Wenn ich nicht so recht weiß, wie ich ein Kapitel in einem Buch über Hexenkunst gestalten soll, kann es sein, daß ich solange ein Bild der Aradia, der Göttin der Hexen, auf meinen Altar stelle, bis sich meine Verwirrung gelegt hat. (Wenn Sie jemals Schwierigkeiten haben sollen, Ihre Hexenkunst-Hausaufgaben zu erledigen, können Sie Aradia um Hilfe bitten.)

Lange bevor es Flugzeuge gab, schufen Völkerwanderungen, Kriege und weitgereiste Händler einen Kulturaustausch, von dem die Menschen oft meinen, es gäbe ihn erst seit heute. Die weisen Kelten haben sich aus verschiedensten Kulturen herausgesucht, was ihnen gefiel, darunter auch Götter. Dies tue ich auch im selben Geist.

Das Bild des Gottes wird auf die gleiche Weise ausgesucht wie das der Göttin. Ein Foto von einem gehörnten Tier, eine eigene Zeichnung, ein Bild Ihres Freundes, die Fotokopie eines Bilds in einem Buch, eine Eichel, eine Getreideähre. Sie können dabei ganz kreativ vorgehen. Mein Altargott war einmal ein Foto, das eine politische Demonstration darstellte. Die Menschen auf dem Bild waren voller Freude und vom Leben erfüllt – eine Erinnerung daran, daß sich Gott in allen von uns befindet, daß wir alle Götter sind.

Ebensogut können Sie sich auch auf bestimmte Aspekte des Gottes konzentrieren. So könnten Sie beispielsweise den Gehörnten invozieren, der identisch mit Selbst-Feuer ist, wenn Sie Verbindung zu dem herstellen wollen, was in Ihnen selbst wild und frei ist. Vielleicht sind Sie auch ein Mann, der zwar die Freiheiten eines Manns begehrt, dabei aber nicht in die Falle des Extremismus tappen möchte; oder Sie legen etwas Kobaltblaues neben die Kerze, denn das ist die Farbe von Dian-y-glas, der vollkommen viril und frei und dabei doch der Göttin nah ist. Oder Sie arbeiten vielleicht an einem ökologischen Projekt und invozieren den Grünen Mann. Der ist der Herr aller wilden Kreaturen. Sein kühnes Blut strömt durch das Laub. Sein grüner Puls regt Tier und Mensch zum freudvollen, erfüllten Leben an, zur Paarung und zum Tanz. Es gibt viele Tänze – auch das Einkaufen von Lebensmitteln ist ein Tanz.

Aufgabe

Optional: Erforschen Sie eine andere Göttin und einen anderen Gott als die, die ich Ihnen vorgeschlagen habe. Wählen Sie dazu Götter, die zu Ihrem jetzigen Leben passen. Dann rufen Sie sie um Hilfe an. Das kann auch zu einer regelmäßigen Übung werden.

Erforschen Sie die Götter gründlich genug, damit Sie auch genau wissen, wen Sie da eigentlich um Hilfe bitten. Beachten Sie auch besonders das Folgende. Die Götter haben auch Aspekte, auf die wir möglicherweise noch nicht vorbereitet sind. So ist Cerridwen beispielsweise manchmal ein Zerstörer. Wenn Sie also zu Cerridwen beten, um eine bestimmte Veränderung herbeizuführen, kann es sein, daß diese dann recht drastisch ausfällt. Es ist wie bei der Wahl eines Therapeuten: Manchmal ist es gut, mit einem sehr beherzten, die Konfrontation suchenden Therapeuten zu arbeiten; zu anderen Zeiten kann eine solche Herangehensweise dagegen völlig zerstörerisch wirken und zu einem Problem für sich werden.

Lassen Sie sich nicht von Warnungen über Hellseherei und Spiritualität erschrecken und davon abhalten, Hexe zu werden! Selbst ein gewöhnlicher Toaster kommt mit allerlei Warnungen daher: etwa, daß er lebensgefährlich sein kann, wenn Sie ihn in der Badewanne benutzen – doch wer würde deshalb auf frischen Toast verzichten? Sie lesen einfach nur die Gebrauchsanleitung Ihres Toasters und genießen dann das Frühstück. Alles, was mit Kraft zu tun hat, muß auch mit der dieser Kraft entsprechenden Vorsicht behandelt werden. Die Vorsichtsmaßnahmen der paranormalen Welt können allerdings um einiges furchterregender wirken – dieses Gebiet ist dem modernen Verstand fremd, der ja alles, was auf der feinstofflichen Ebene existiert, ob es eine Machete sei oder ein Schmetterling, mit Furcht und Argwohn betrachtet. Verfallen Sie nicht in eine morbide Furcht davor, Sie könnten die falschen Aspekte invozieren oder bei Ihren Forschungen in Extreme verfallen. Tun Sie, was sich vernünftig anfühlt; vertrauen Sie darauf, daß die Götter gütig sind und unsere Fehler tolerieren; und seien Sie sich gewahr, daß wir aus unseren Fehlern immerhin etwas lernen können.

Es ist jedoch gar nicht notwendig, unbedingt einen bestimmten Aspekt zu invozieren. Schließlich sind alle Götter nur Aspekte der Großen Mutter, die alle Dinge erschaffen hat, sowie ihres Begleiters. Wenn Sie diese also invozieren, bedarf es keiner anderen. Sie wird schon zu Ihnen kommen, je nachdem in welcher Form es für Sie am besten ist. Und wie bei der Göttin auch, genügt es, ihren Gemahl, unseren Vater, ganz allgemein zu invozieren – Sie brauchen sich also vorher nicht festzulegen, in welchem Aspekt Sie ihn einladen sollen.

Die Alten Götter sind keine bloßen Metaphern. Es sind vielmehr mächtige Wesen. Invozieren Sie sie nicht leichtfertig oder um damit anzugeben! Mit den Alten Göttern spaßt man nicht, genausowenig wie mit der Feenenergie. Als ich mich noch selbst in der Ausbildung befand, bekam ich zu hören: »Rufe sie nicht an, als sei es ein reines Gesellschaftsspiel.«

Wem dies allzu hart erscheinen mag, der sollte sich gewahr sein, daß das einfach nur die Härte der Wissenschaft/ Religion ist. Die Alten Götter sind zwar liebevoll, dulden aber keinen Unfug. Auf der einen Seite wollen sie für uns in unserem Alltagsleben erreichbar sein, ohne daß sie von uns Unterwürfigkeit oder Ängstlichkeit erwarten, wie es einige andere religiöse Wesenheiten verlangen. Andererseits erwarten sie auch, daß wir sie und ihre Macht respektieren. Gehen Sie also respektvoll mit ihnen um und behandeln Sie sie vorsichtig. Wenn Sie sie auf irgendeine Weise herabwürdigend behandeln, werden sie dies nicht gütig hinnehmen, und wer die Götter beleidigt oder auf rüpelhafte Weise ihre Macht unterschätzt, wird dafür den entsprechenden Preis zu zahlen haben.

Die gleiche Vorsicht gilt gegenüber der Feenenergie und dem keltischen Altar. Die Feenenergie und die Alten Götter sind das Herz der Schöpfung, und wenn die Feenmacht auch eine gesunde, natürliche und fruchtbare Energie darstellt, die von liebevollen Göttern gelenkt wird, so ist sie doch zugleich auch wild und ungezügelt, gebietet sie Respekt und Umsicht. Diese Macht kann heilen, aber auch schädigen! Die Feenmacht duldet keine Torheit. Behandeln Sie sie mit derselben Umsicht, wie ich es Ihnen für den Umgang mit den Alten Göttern geraten habe, sonst können sich die wilden Energien gegen Sie richten und Ihnen unermeßlichen Schaden zufügen.

Auch hier gilt, daß ich diese Formulierungen nicht etwa wähle, um Ihnen irgendeine morbide Furcht einzubleuen. Geben Sie Ihr Bestes, dann werden die Götter nicht nur Ihre in Lauterkeit gemachten Fehler und aus dem Herzen kommenden wissenschaftlichen Experimente anerkennen, sie werden Ihnen auch Ihre menschliche Torheit verzeihen. Diese Götter verlangen keine Vollkommenheit; tatsächlich wissen sie, um mal ein altes Klischee zu verwenden, sehr genau, daß wir nur zu menschlich sind, weshalb sie uns auch stets verzeihen, gleich was wir getan haben mögen. Wenn ich Sie beispielsweise vor leichtfertigen Invokationen warne, so bedeutet das nicht, daß Sie keine Experimente damit machen dürften. Einen Gott zu invozieren, um auf diese Weise herauszubekommen, ob Gott tatsächlich existiert, stellt einen durchaus würdigen Versuch dar, etwas über den Kosmos in Erfahrung zu bringen. Ein weiteres Beispiel: Die Macht der Götter auf ungezogene Weise zu mißachten, ist nicht dasselbe, wie es nicht besser zu wissen. Letzteres stellt keine Beleidigung der Götter dar. Sie wissen sehr gut, daß jeder Mensch noch viel zu lernen hat, was das Leben betrifft.

Sie können auch Gegenstände auf den Altar stellen, die Ihre Ziele und Probleme verkörpern. Hier ein paar Anregungen, die Ihnen dabei helfen sollen, selbst welche zu entwickeln. Angenommen Sie studieren Deutsch, weil es Ihr Herzenswunsch ist, dieses Fach später unterrichten zu können. Dann könnte beispielsweise ein Bild der Aktentasche, die Sie später als Lehrer besitzen möchten, dieses Ziel verkörpern. Wenn Sie dann Ihre erste Anstellung erhalten, könnten Sie sich sogar genau diese Aktentasche kaufen, als Geschenk an sich selbst und als schlichtes Ritual, das ohne jede Ausschmückung auskommt und lediglich aus dem Kauf selbst besteht. Wenn Sie darunter leiden sollten, in der Kindheit mißbraucht worden zu sein, und sich daher davon heilen möchten, hilft Ihnen vielleicht eine schöne blühende Pflanze oder das Bild eines tanzenden, jauchzenden Kindes dabei, Ihre Heilungsarbeit zu beseelen. Wünschen Sie sich Mut, könnten Sie vielleicht das Bild eines Löwen auf dem Altar aufstellen.

Mitglieder der Anonymen Alkoholiker, die einen erfolgreichen Entzug hinter sich haben, bekommen gelegentlich einen AA-Chip von der Größe eines Pokerjetons, der anzeigt, wie lange der Alkoholiker bereits trocken ist. So könnte ein solcher AA-Chip ein AA-Mitglied an das Leitmotto der Organisation erinnern, daß die Nüchternheit an oberster Stelle stehen muß. (Ja, es gibt tatsächlich nüchterne Hexen – Sie sind also nicht allein.)

Ein anderes gängiges Altarobjekt ist der Kraftgegenstand: Das kann ein Stein von einem heiligen Berg sein; ein in der Familie vererbtes Amulett; oder auch eine Glocke, die, wenn man sie benutzt, den Wind ruft, um die trüben Gedanken zu vertreiben. Natürlich kann es auch sein, daß Sie Ihre wichtigsten Kraftgegenstände lieber bei sich tragen oder aus irgendwelchen guten Gründen woanders aufbewahren wollen. Vielleicht hängt die aufmunternde Glocke ja besser auf dem Balkon, wo sie sich im Luftzug bewegt und mit ihrem Klang Depressionen fernhält. Und der Stein vom heiligen Berg ist vielleicht in Ihrer Tasche besser aufgehoben, wenn Sie bei einem Vorstellungsgespräch mehr Selbstvertrauen haben wollen. Dennoch kann es gelegentlich vorkommen, daß Sie den einen oder anderen Gegenstand für eine Weile auf den Altar legen möchten, damit er Ihnen automatisch bei allen Ihren Besuchen dort seine Kraft spendet.

Wichtig ist unter anderem ein wie auch immer gestaltetes Opfertablett auf dem Altar. Lebensmittel opfert man, um seine Dankbarkeit zu bezeugen und weil die Götter tatsächlich der Fütterung bedürfen – das ist ganz wörtlich gemeint! Opfern Sie ihnen Wein, Brot, Kerzen oder andere Speisen und Getränke, die Ihre Intuition Ihnen eingibt.

Was die Opfermengen betrifft, so genügt oft ein Teelöffel voll von den Speisen und Getränken. Sie können die Opferung separat vollziehen, oder auch während der Mahlzeiten, zu einem wöchentlich festgelegten Termin, beziehungsweise, wenn Sie dies wünschen, bei jeder der hier geschilderten Gelegenheiten. Zum nächsten Neumond vergraben oder verbrennen Sie dann die Opfergaben. Sie können Sie auch ins Meer oder in einen Fluß werfen. Obwohl es keine besonders gute Idee ist, Opfergaben in den Mülleimer zu tun, ist das immer noch besser, als wegen mangelnder Entsorgungsmöglichkeiten überhaupt nichts zu opfern. Der städtische Lebensstil und unsere vollen Terminkalender schränken unsere Möglichkeiten oft ein.

Falls jetzt gerade aus welchen Gründen auch immer kein geeigneter Zeitpunkt für dieses Opfern sein sollte, machen Sie sich deswegen keine Sorgen. Doch genau wie wir brauchen auch die Götter ihre Nahrung. Wenn Sie erst einmal über eine vieljährige Praxis verfügen und sich immer mehr in die Kunst vertiefen, sollten Sie mindestens alle ein oder zwei Monate opfern.

Nicht als Ersatz für Nahrungsopfer, sondern als Ergänzung dazu lieben die Götter auch Blumen, Räucherwerk, Hauspflanzen sowie alles andere, was auch Menschen gern als Geschenk in Empfang nähmen. Lauschen Sie nur – vielleicht teilen sie Ihnen ja mit, was sie gerne hätten.

Auch eine dritte Kerze darf auf dem Altar Platz finden – die sogenannte Gelegenheitskerze. Ihre Farbe soll Ihr magisches Ziel verkörpern. Ich will die Gelegenheitskerze hier nur kurz vorstellen. Später, in Lektion 14, können Sie das umfangreiche Material zum Thema Gelegenheitskerze entweder unverändert übernehmen oder an Ihre jeweilige Lebenssituation anpassen.

An einem freudlosen, verhangenen Wintertag könnten Sie beispielsweise eine goldene Kerze abbrennen, die Ihre Umgebung mit einer »glückerfüllten, sonnigen Energie« durchströmt. Die Kerzenmagie muß übrigens nicht ausschließlich rituell praktiziert werden; man kann sie auch verwenden, um positive Kräfte in den Lebensalltag einströmen zu lassen. Sie brauchen also dazu kein vollständiges Ritual durchzuführen oder die Zeremonie auch nur vorzubereiten. Entzünden Sie einfach die goldene Kerze, dann wird diese schon ihre Arbeit tun. Goldene Kerzen sind übrigens auch gut für Rituale geeignet, bei denen es um die Förderung des Wohlstandes geht.

Die Farbe Grün versinnbildlicht unter anderem auch das Geld. Vielleicht brennen Sie eine grüne Gelegenheitskerze ab, während Sie sich gerade zu einem beruflichen Einstellungsgespräch ankleiden. Und noch einmal: Die Kerze wird ohne großes Gewese entzündet, dann zieht man sich an, um den Erfolg herbeizuführen. Darüberhinaus können grüne Kerzen auch bei Geldzaubern Verwendung finden.

Eine rosa Kerze können Sie anzünden, wenn Sie um Hausfrieden beten, um Liebe und Harmonie. Sie können sie aber auch ständig brennen lassen, wenn Sie zu Hause sind, um auf diese Weise dieselbe Energie einströmen zu lassen. Rosa Kerzen ziehen eine ähnliche Energie an, wie ein Herdfeuer in der Küche oder das Brotbacken in der Kohle dieses Feuers – es ist ein sehr warmes, gemütliches, liebevolles Gefühl. Die Gelegenheitskerze muß auch nicht unbedingt auf dem Altar stehen. So spüren Sie ihr warmes Leuchten vielleicht besser in der Küche beim Kochen.

Die Farbe Orange ist gut für alles geeignet, was der Konzentration bedarf. Versuchen Sie es einmal mit einer orangefarbenen Kerze auf dem Altar oder dem Schreibtisch, wenn Sie sich auf ein Examen vorbereiten, Ihre Scheckbuchführung erledigen oder ein Buch schreiben möchten.

Gelbe Kerzen funktionieren gut bei Gebeten um Anleitung oder Führung, sowie bei speziellem Klärungsbedarf. Sie können eine solche Kerze entweder abbrennen, wenn Sie um diese Klärung beten, oder auch tagsüber, wenn Sie einfach Ihren üblichen Tätigkeiten nachgehen. Zudem ist diese Farbe gut geeignet, um einen heiteren Geist zu bewirken.

Purpur kann als Schutzmaßnahme abgebrannt werden – ganz ohne jedes Ritual oder andere Schutzpraktiken. Ebenso, wenn Sie im Alltag mehr Kraft benötigen. Müssen Sie dem Chef heute vielleicht die Meinung sagen, was sein sexistisches Verhalten angeht? Wie wäre es mit einer purpurnen Kerze zum Frühstück, um Kraft und Schutz sicherzustellen?

Brennen Sie Kerzen stets nur ab, wenn Sie auch dabei sind. Es kommt einfach viel zu leicht vor, daß Sie nach Hause zurückkehren und die Feststellung machen müssen, daß Ihr Zauber für eine neue Wohnung garantiert gewirkt hat, weil nämlich Ihre jetzige dabei abgebrannt ist! Mit anderen Worten, seien Sie nicht so töricht, ein offenes Feuer oder eine brennende Kerze unbeaufsichtigt zu lassen.

Was immer Sie auf Ihrem Altar plazieren, Sie können ihn nach Herzenslust ausschmücken. Das ist übrigens auch eine

Form des Opferns, und außerdem sprechen wir hier ja von einem heidnischen Altar.

Dekorieren Sie Ihren Altar so oft um, wie Sie wollen. So wie man sich von Zeit zu Zeit umkleiden muß, kann auch Ihr Altar mal grellbunt geschmückt sein mit einer festlichen Sammlung aus der herbstlichen Ernte – Früchte, Nüsse, Laubwerk, silberne Wasserschalen mit schwimmenden Blumen, Florentiner Kelche mit Sakramentalwein – zur Begehung des Erntedankfests –, während er zu einer anderen Zeit nur ein schlichter, zur Besinnung anhaltender Altar aus einem weißen Stein auf schwarzem Sandhaufen sein kann, wenn die vielen Prüfungen des Lebens Sie einmal besonders stark in Anspruch nehmen. Vielleicht ziehen Sie aber auch einen beruhigenden Einfluß vor, um Verbindung zu dem Gott in Ihrem Innern aufzunehmen. Dann werden Sie wohl einen etwas anders ausgerichteten Altar bevorzugen. Der kann dann beispielsweise aus einem anmutigen Weidenzweig in einer orientalischen Vase neben einem meditierenden Buddha bestehen, die gemeinsam auf einem Seidentuch plaziert sind.

Für mich stellt das Ausrichten des Altars auch eine Form der Meditation dar. Schon das schlichte Ausschauhalten nach geeigneten Gegenständen kann mir meine inneren Zyklen wie auch die Zyklen der natürlichen Welt um mich herum bewußt machen.

Alles, was ich hier zum Thema Altar sage, ist als wörtliche Realität aufzufassen, nicht etwa als Metapher. Auch ist der Altar kein bloßes Symbol – er stellt vielmehr einen Ort dar, zu dem Sie eine Beziehung entwickeln. Und er ist auch ein Ort, der jenen Teil von uns anrührt und mit Macht erfüllt, der am intuitivsten und feinfühligsten ist, derselbe Teil, der Gott auch am nächsten steht.

Das Ausrichten eines Altars bietet Ihnen unendlich viele individuelle Möglichkeiten. Ja, Sie brauchen nicht einmal einen Altar zu haben! Viele der Anleitungen im Abschnitt über die Herstellung des keltischen Altars sind nur als Vorschläge zu verstehen. Lesen Sie bitte genau: Wenn eine Anweisung nur einen Vorschlag darstellt, verwende ich etwa Ausdrücke wie »vielleicht« oder »Man kann auch eine Kerze aufstellen«. Nicht der Beliebigkeit anheimfallende Anweisungen werden dagegen mit Ausdrücken wie »Es ist...« oder »Dies wird man...« gekennzeichnet. Ist die Sache weniger klar, benutzen Sie Ihren gesunden Menschenverstand – eine Hexe vertraut der unverschnörkelten, praktisch eingestellten Logik ebensosehr wie ihrer Magie. Tatsächlich ist der Sinn fürs Praktische ein Bestandteil ihrer Magie.

Das Selbst als Altar

Alles, was ich zum Altar gesagt habe, gilt auch für Ihren Körper. Das Wissen darum, daß unser Körper ein Altar ist und daß wir ihn auch als solchen verwenden können, ist die wichtigste Information zu diesem Thema überhaupt.

Ihr Körper ist: geweiht; die Werkbank; der Brennpunkt. Als Brennpunkt verkörpert Ihre Einzigartigkeit wiederum eine ganze Menge Aspekte. Die Einzigkeit ist nämlich: heilig; eine Opfergabe; die Werkbank; der Brennpunkt.

Ihr ganzes Sein – Körper, Geist und Seele – ist der Altar. Ihr Körper und Ihr Geist sind ein und dasselbe; was hier also über den Körper gesagt wird, gilt gleichermaßen für den Geist.

Damit meine ich natürlich nicht, daß Sie auf einer kalten Steinplatte liegen müssen, auf dem Bauchnabel einen Kelch balancierend (nicht daß daran etwas verkehrt wäre!), doch müssen Sie Ihren Körper schon als heilig betrachten, im Ritual genauso wie in der Alltagswelt. Haben Sie sich schon die Zähne geputzt, Ihr Gemüse gegessen, Ihre Haut eingecremt – Sie wissen schon, wie es gemeint ist.

Auch die Welt ist der Altar, ebenso das Universum. Lernen Sie, alles als Altar zu sehen (es wird ja nur hundert Jahre dauern). Die Macht ist überall – das ist ein Mysterium.

Aufgabe

Ihr Heim ist ein Altar. Vor Ihrem nächsten Besuch am Ende der Woche sollen Sie zur Übung Ihr Heim als Altar betrachten. Was tun Sie, um dort den Gottesdienst zu praktizieren? Welcher Sache haben Sie sich verschrieben? Diese Aufgabe braucht vielleicht nur fünf Minuten in Anspruch zu nehmen.

Bevor Sie die Lektüre fortsetzen, gehen Sie noch einmal alles durch, was Sie bisher in diesem Abschnitt über den Körper gelesen haben. Da ist eine Menge Stoff für Betrachtung, eine Menge Informationen, in wenigen Worten ausgedrückt. Schamanen sind wie gute Liebhaber: Ein einziger flüchtiger Kuß kann weitaus mehr bewirken als eine in die Länge gezogene, unschöne Aktion zwischen den Bettüchern.

Eine gute Art und Weise, die Betrachtung durchzuführen, besteht darin, Ihre Gedanken über das hier dargestellte Material aufzuschreiben. Oft fällt es leichter, die eigenen Gedanken zu sammeln, wenn man sie aufschreibt. Wenn Sie nur fünf Minuten auf diese Betrachtung verwenden, ist das völlig in Ordnung, selbst wenn es vielleicht nur drei Worte sind, die Sie daran berühren, und wenn sich die Wirkung minimal anfühlen mag. Vergessen Sie nicht, daß es bei jeder Übung auf den Versuch als solchen ankommt.

Der keltische Altar im Alltagsleben

Ein verbreitetes Grundthema in allen schamanischen Überlieferungen ist die Verehrung unseres Planeten als Mutter. Wenn Sie die Erde als Muttergöttin verehren – Gaia nannten die Griechen sie – und die heilige Natur der Erde bezeugen, dann kümmern Sie sich auch um das Recycling, weil Sie damit den Planeten als Gottheit ehren. Manchmal schlage ich meinen Schülern vor, einen wunderschönen Altar zu bauen, unter den dann eine Wertstofftonne kommt. Diese Tonne sollte nicht als etwas vom Altar Getrenntes mißverstanden werden, sie ist vielmehr Teil desselben.

Die schamanische Religion lebt von der Hingabe, und die gleicht immer einer Zweibahnstraße. Wir beten nicht nur vor unseren Altären, damit die Alten Götter und die Göttinnen uns ihre Hilfe gewähren, wir geben ihnen umgekehrt auch die unsere. Wenn wir sie nicht nähren und gut für sie sorgen, haben sie nicht das, was sie brauchen, um wiederum uns zu schützen. Das Recycling verkörpert dieses Prinzip. Ebenso das, was mit der Ozonschicht der Erde geschehen ist. Weil wir nicht gut dafür gesorgt haben, kann der Vater Himmel uns nicht vor krebserregenden Strahlen schützen. Die Vorfahren haben Opfer dargebracht, damit ihre Gottheiten dadurch gestärkt wurden. Das war weder dumm noch ignorant, vielmehr wußten diese Menschen genau um ihre Verantwortung. Eine Wertstofftonne verkörpert ebendieses hochrelevante und mächtige Opfer. Indem wir sie unter den Altar stellen, unterstreicht sie diese Verpflichtung auch ohne Invokationen, Gebete oder andere Hilfsmittel.

Jede Religion, ob sie nun die Erde verehrt oder nicht, muß eine »lebende« Religion sein, ein Teil des Alltagslebens, und stets auf die heutigen Bedürfnisse und Probleme anwendbar. Das Heilige und das Profane sind eins. Vor einigen Jahren bestand unser Seminaraltar zum Teil aus einer Kiste für die Altkleidersammlung.

Dieser Einführung in die Ökologie, verbunden mit dem, was Ihnen vielleicht wie schamanisches Geplapper erschienen sein mag, hat auch noch weitere Aspekte, die an verschiedenen Punkten dieses Abschnitts noch deutlicher werden.

Der schamanische Altar ist auch, wie ich sagte, jeder und alles von uns, Körper wie Seele. Wenn wir im Einklang mit unserer eigenen inneren Natur leben, nehmen wir Gottes Gnade und Heilkraft besser auf als durch irgendeinen Bergkristall oder in einer Kathedrale. Wenn wir der sicheren, einzigartigen Stimme in unserem Innern lauschen, befinden wir uns in einer stärkeren Verbindung zu unseren spirituellen Zielen, als wenn wir uns auf unserem Lieblingsstrandstück oder einem hohen Berg aufhalten. Vielleicht fragen Sie sich jetzt: »Was soll denn ein Gespür für Selbstheit mit Ökologie zu tun haben?« Dieses Gespür der Selbstheit ist ein Teil des ökologischen Aspekts der Spiritualität der Göttin, denn wenn wir zu dieser besonderen Natur in unserem Innern finden, wenn wir der sicheren Stimme im Innen lauschen, dann entdecken wir auch, daß wir selbst heilig sind und daß jeder von uns ein lebender Teil der Erde ist, ein sich bewegender, atmender Teil derselben. Das bedeutet wiederum, daß wir selbst die gleiche Fürsorge verdient haben, die wir für unseren Planeten erstreiten wollen. Daher biete ich dazu ein schlichtes Ritual an.

Aufgabe

1. Bevor wir mit der nächsten Wochenlektion beginnen, sollen Sie sich mit Ihren besonderen Verpflichtungen gegenüber oder mit Ihrer Sorge um den Planeten befassen, um dann festzustellen, inwieweit Sie die gleichen spezifischen Verpflichtungen oder Sorgen in bezug auf sich selbst wahrnehmen können, also auf Ihr eigenes Wohlergehen. Vielleicht stellen Sie sich im Zuge dieses Rituals einmal die folgenden Fragen: Womit verschmutzen Sie Ihren Körper? Welche Arten von Pestiziden und Zusatzstoffen nehmen Sie mit Ihren Mahlzeiten zu sich? Haben Sie vielleicht vergessen, daß Sie selbst auch eine nicht erneuerbare Ressource sind? Meinen Sie etwa, mit anderen Worten ausgedrückt, daß es keinen Grund für Sie gibt, sich politisch (in der Gemeinschaft, künstlerisch, geschäftlich, familiär) zu engagieren? Kämpfen Sie für die Förderung von Anbaumethoden, die den Boden nicht auslaugen, aber führen Sie doch selbst dabei ein Leben ohne ausreichende emotionale Nährstoffe? (Ich werde immer traurig, wenn ich Umweltaktivisten erleben muß, die ständig ausgebrannt aussehen.) Diese Fragen sind nur Beispiele. Was immer Sie für die Erde tun wollen, wozu auch

immer Sie sich ihr gegenüber verpflichten, Sie sollten das gleiche sich selbst gegenüber tun. Es kann sein, daß Sie dies erst nach und nach im Laufe der Zeit fertigbringen.

2. *Optional:* Beginnen Sie mit Bau und Gebrauch eines Altars. In dieser Woche haben Sie schon genug Hausaufgaben bekommen, so daß Sie hiermit vielleicht lieber noch eine Woche warten möchten. Doch die meisten Menschen sehnen sich von Natur aus danach, einen eigenen Altar zu bauen. Wenn Sie also schon diese Woche damit anfangen möchten, verschieben Sie dafür ruhig die vorige Aufgabe auf nächste Woche, bei der Sie Ihr Heim als Altar betrachten sollen.

Das tanzende Kind im Regen
Die Ur-Feier der Kraft

Vorrituelle Reinigung

Bevor ein Ritual begonnen wird, kommt stets die vorrituelle
Reinigung. Ziel ist es dabei, innerlich so rein zu werden,
daß Sie gesund und glücklich sind und die Kraft Sie ungehindert durchströmt. Diese spirituelle Reinheit hat nichts
mit irgendeiner verklemmten puritanischen Moral zu tun.
Wenn wir auf diese Weise gereinigt sind, werden wir zugleich ein freier Kanal für Kraft und Güte, und dann praktizieren wir auch eine ethische Magie. Genau darum geht
es ja überhaupt im Wicca – spirituell ganz zu sein, sauber
und gesund. Zudem bewirkt die Reinigung, daß wir ungefährdet mit den wilden Kräften der Natur arbeiten können.

Zur Erinnerung: Wenn ich Ihnen mitten in der Lektion eine Hausaufgabe gebe, lesen Sie diese bitte sofort
durch.

Aufgabe

R I T U A L

Vorrituelle Reinigung

Werkzeuge und Zutaten

☾ Optional: Werkzeuge, um die innere Reinigung zu fördern. Geben Sie Salz (vorzugsweise Meersalz) in Wasser, dann waschen Sie sich mit diesem Wasser, und beten Sie dabei um Reinigung – das ist förderlich. Sie können aber auch Salbei räuchern oder Weihrauch mit einem bißchen Myrrhe darin und den Rauch über sich selbst wedeln, während Sie um Reinheit bitten.

1. Schritt: Stellen Sie sich selbst die Frage, was in Ihrem Innern Sie wohl daran hindern könnte, in einem Ritual das Beste aus sich herauszuholen. Hegen Sie einen Groll? Bedrückt Sie eine schwere Sorge? Beten Sie darum, daß sie von Ihnen genommen werden mögen. Fürchten Sie vielleicht Bestrafung, weil Sie Ihre eigenen spirituellen Entscheidungen treffen und verfolgen? Beten Sie darum, daß diese Furcht von Ihnen weichen möge. Schwirrt Ihr Kopf nur so von der Sorge, was andere von Ihnen halten mögen? Bitten Sie darum, von solchen Gedanken verschont zu bleiben. Ziehen Sie Bilanz Ihrer selbst, und wenn Sie dabei irgendeine Blockade entdecken sollten, die Sie an guter ritueller Arbeit hindert, schließen Sie diese in Ihr Gebet ein.

Ein Ziel dieses ersten Teils der vorrituellen Reinigung ist es, sich von allem zu befreien, was einen daran hindern kann, zu einem reinen Kanal der Liebe und Energie der Göttin zu werden.

Doch hat dies nichts damit zu tun, daß wir uns dabei selbst wegwaschen: Schließlich sind wir ja Spiegelbilder der Liebe der Götter. Vielmehr geht es darum, im Zuge der Reinigung alles wegzuspülen, was uns daran hindert, voll und ganz wir selbst zu sein. Alle Befürchtungen also, die Sie hegen mögen, Sie könnten zum Zeitpunkt des Rituals nicht ganz Sie selbst sein; jede Sorge, die Sie daran hindert, sich voll und ganz dem Augenblick zu widmen, soll durch die Reinigung fortgespült werden, indem Sie die Götter bitten, sie von Ihnen zu nehmen.

Sie sollten auch dafür beten, von allem gereinigt zu werden, was Ihnen im Ritual den klaren Blick verstellt. Wenn Sie Sorgen in sich tragen, Groll hegen, unter ungesunden Ängsten oder negativen Gedanken leiden, können Sie einfach nicht mehr richtig denken.

Diese Gebete brauchen nichts Besonderes zu sein. Bitten Sie die Göttin einfach mit Ihren eigenen schlichten Worten, die Blockaden zu entfernen, die Sie ausgemacht haben. Die Göttin ist sehr mächtig. Sie wird die Angelegenheit schon gut bewältigen, eine schlichte Bitte genügt. Schließlich ist sie ja Gott.

2. Schritt: Lösen Sie alle inneren Blockaden auf, die sich auf den Zauber beziehen, den Sie gerade ausführen wollen. Wenn Sie beispielsweise einen Zauber für Wohlstand vorhaben, müssen Sie vielleicht erst durch das Gebet alle Gedanken daran beseitigen, daß Sie des Überflusses unwürdig seien. Oder wenn Sie einen Zauber zur Stärkung des Selbstwertgefühls durchführen, dabei aber in dem Glauben leben, daß das Selbstwertgefühl darauf beruht, sich besser zu fühlen als andere, anstatt es sich einfach aus sich selbst heraus gutergehen zu lassen, werden Sie diesen Glauben zuvor durch die Reinigung beseitigen müssen. Hier ist eine Formel: Ich führe einen Zauber aus, um X zu erschaffen. Was in meinem Innern versperrt X den Zutritt zu meinem Leben? Wenn ich es weiß, werde ich zur Göttin beten, damit sie es von mir nimmt.

Nichts an dieser Reinigungsarbeit ist dazu gedacht, »negative« dabei aber urgesunde Gefühle und Reaktionen herabzuwürdigen. Mit anderen Worten, Sie sollten davon Abstand nehmen, eine *gesunde* Furcht beseitigen zu wollen; aber die Furcht davor, in gefährlichen Gebieten nachts auf die Straße zu gehen, ist nicht ungesund. Es ist eine gottgegebene Furcht, die uns in Sicherheit zu Hause verweilen lassen soll. Ähnlich geht es mit einigen anderen menschlichen Zügen, darunter auch die eine oder andere Form des Zorns. Zorn ist eine gesunde Emotion. Wir sollten uns nur dann von ihm reinigen, wenn er ein Problem und keine Stärke darstellt.

3. Schritt: Auch eine nichtrituelle Reinigung kann angebracht sein. Prüfen Sie, ob es zwischen Ihnen und den Menschen in Ihrem Leben irgend etwas gibt, das der Bereinigung bedarf, damit Sie ein freier Kanal sein und zu einem klaren Blick finden können. Vielleicht sind Sie irgend jemandem noch eine Wiedergutmachung schuldig? Dann nehmen Sie sich vor, diese auch abzuleisten. Oder Sie möchten etwa ein Ritual für Wohlstand durchführen, das aber zuerst eine Entschuldigung gegenüber einem anderen Menschen verlangt, den Sie mit geldlicher Kleinlichkeit vor den Kopf gestoßen haben. Wenn Sie erst einmal festgestellt haben, was im Zuge dieses Schritts zu tun ist, entscheiden Sie schließlich, ob Sie es noch vor Beginn des Rituals erledigen sollten oder ob Ihr Vorsatz eine hinreichende vorrituelle Reinigung darstellt, um mit dem Ritual weiterzumachen.

Gehen Sie weder diese noch andere von mir erteilte Aufgaben wie eine Perfektionistin an. Natürlich sollen Sie auch bei der Reinigung Ihr Bestes geben, aber Perfektionismus führt zur Selbstsabotage und sollte selbst der Reinigung zum Opfer fallen. Reinigen Sie sich einfach soweit Sie nur können, es ist eine lebenslange Aufgabe. Geben Sie daher stets Ihr Bestes, und vertrauen Sie auf die Götter.

Nun steht Ihnen eine Erweiterung der Magischen Formel zur Verfügung. Ab jetzt invozieren und devozieren Sie nicht nur, Sie führen auch eine Reinigung durch. Wenn Sie die Magische Formel bereits innerhalb einer Sitzung benutzt haben, ob es unser wöchentliches Treffen ist oder eine andere Operation, in der Sie Ihre Hausaufgaben erledigen, brauchen Sie sie innerhalb derselben Sitzung nicht noch einmal anzuwenden, sofern dies nicht ausdrücklich empfohlen wird. Wenn Sie Ihren wöchentlichen Besuch bei mir antreten, überspringen Sie die Reinigung, bis im Zuge der Lektion ein Ritual durchzuführen ist. Ansonsten wird die Reinigung normalerweise vor der Invokation durchgeführt.

Ich bestehe nur jetzt, in der Anfangsphase, darauf, stets die Magische Formel anzuwenden. Später werde ich Ihnen

Beispiele nennen, wo keine Magische Formel gebraucht wird. Wiederum später lernen Sie die allgemeinen Richtlinien, nach denen der Einsatz der Formel nicht immer erfolgen muß. Was soll auch eine Magie taugen, wenn sie zu schwerfällig ist, um sie jederzeit und überall anwenden zu können? Bis dahin jedoch gewährleistet der ausnahmslose Einsatz der Formel Ihnen Sicherheit und läßt Sie effizient werden. Außerdem erhebt sie Sie nach und nach in einen Entwicklungsstand, ab dem Sie sie überhaupt nicht mehr benötigen werden.

Primitive Spiritualität, Dichtung und Kraft

Es gibt eine primitive Spiritualität – doch ist damit weder mangelnde Intelligenz noch Ignoranz gemeint. Die ersten Schamanen in vorhistorischer Zeit, alles angebliche Wilde, waren die ersten Wissenschaftler und Ärzte. Sie waren ebenso hoch entwickelt wie wir oder, wie es mein Ethnologielehrer Kush zu sagen pflegte, sie waren ebenso Menschen wie du und ich heute die Menschen kennen.

Diese Primitiven – Wissenschaftler, Schamanen – hatten einen direkten Kontakt zur Natur und ihrer ehrfurchtgebietenden Macht. Sie gingen wissenschaftlich vor, studierten die Physik nicht mit Hilfe technischer Instrumente, sondern durch die methodische persönliche Interaktion mit der Natur. Anders als der heutige Durchschnittswissenschaftler brachten sie ihre Leidenschaft in die Forschung mit ein und interagierten mit der sie umgebenden Welt, die sie dabei in ihrer Ganzheit erfuhren. Das waren keine distanzierten, außenstehenden Beobachter. Und genau das ist es auch, was unter einer primitiven Spiritualität zu verstehen ist.

Als Menschen leben wir nicht außerhalb der Natur. Wir sind Teil von ihr, und das wiederum ist Teil der Hexenmagie. Je tiefer der Mensch in die Spiritualität der Göttin eindringt, um so umfassender wird der primitive Austausch mit der

Welt um ihn herum, wobei man häufig mit der Natur und den Naturgesetzen in ihrer vollen Macht und Erhabenheit zu tun bekommt. Das ist es ja gerade, womit wir bei der Hexenkunst in Berührung kommen: Je länger man übt und je mehr man sich mit den Mysterien befaßt, um so mehr bekommt man auch mit den furchterregenden, dunklen Naturkräften des gesamten Universums zu tun. Das kann beispielsweise ein Wirbelsturm sein oder die Energie einer Sonne, ebenso die dazu gehörigen, jedoch unsichtbaren feinstofflichen Mysterien der Göttin. Selbst wenn Sie gerade erst mit der magischen Praxis anfangen, bekommen Sie bereits in großem Umfang Kontakt zu ebendiesen Dingen.

Die wissenschaftliche Beobachtung des Mystikers ist nicht objektiv, sondern subjektiv. Es stimmt nicht, daß man nur dann etwas verstehen kann, wenn man nichts damit zu tun hat. Im Gegenteil, nur wenn man sich mit seinem ganzen Sein einbringt, kann man überhaupt etwas verstehen lernen. Lernen Sie Ihre Nachbarn besser kennen, indem Sie mit ihnen zu Abend essen, oder indem Sie sie aus einem Block Entfernung nur dabei beobachten? Sicher, es gibt Dinge, die sich besser aus der Distanz erkennen lassen, aber auch diese Beobachtung kann aus dem Bauch heraus erfolgen, kann von Freude erfüllte Subjektivität beinhalten und eine aktive Anteilnahme miteinschließen.

Zeitgenössische Forschungen auf dem Gebiet der Physik haben ergeben, daß bereits die Beobachtung eines Phänomens dasselbe verändert. Mit anderen Worten gibt es überhaupt keine Beobachtung von außen. Die Hexen gehen also durchaus wissenschaftlich vor.

Daß die subjektive Analyse präzise ist, bedeutet nicht, daß es in der Magie keine praktisch-konkreten Gesetze gäbe. Die Magie ist eine sehr fortgeschrittene, hochentwickelte Wissenschaft. Sowenig wie die Gesetze der Physik durch die Tatsache verletzt werden, daß keine zwei Schneeflocken sich gleichen, so manifestieren sich auch die Gesetze der Magie in endlosen, einzigartigen und persönlichen Mustern, ohne dabei die Welt der Tatsachen zu verlassen.

Die Magie gehorcht den Gesetzen der Physik. Die Physiker sind immer noch damit beschäftigt, Gesetze zu entdecken, die den Hexen schon jeher bekannt waren. Ja, manchmal frage ich mich, ob nicht hinter den verschlossenen Türen irgendeines Labors eine Gruppe von Doktoranden die weißen Kittel abgestreift hat, um statt dessen lange schwarze Roben anzulegen, in einem Kessel zu rühren und dabei »Walle, walle und verfalle« zu murmeln, um festzustellen, ob dies vielleicht einen Einfluß auf Einsteins Relativitätstheorie ausüben könnte. Doch Spaß beiseite, die Techno-Heiden machen einen großen Prozentsatz der Hexengemeinde aus. Eine ganze Reihe von ihnen kommt einmal die Woche aus Silicon Valley zu mir nach San Francisco herüber. Wenn Sie demnächst einen Aufsatz über heutige Physik lesen und dabei feststellen sollten, daß sich die dort beschriebenen Grundannahmen mit dem Inhalt dieses Buchs decken, dann wissen Sie jetzt, warum.

Wir sind keine Anhänger einer Religion oder Wissenschaft, in der alles nur eine Metapher für etwas anderes ist. Die Dichtung, die Mythen, die Gebete und die Metaphern in diesem Buch müssen zu einem großen Teil wörtlich verstanden werden.

Obwohl die Götter tatsächlich Metaphern für wissenschaftliche Gesetze darstellen, sind sie doch zugleich eigenständige Wesen für sich. Die Mysterien einer Rose und ihrer Dornen sind nicht nur Embleme, sondern konkrete Verkörperungen der Mysterien, und als solche können sie auch invoziert werden, um in der Magie als Kraft zur Geltung zu kommen.

Die Poesie der Göttin ist präzise. Die alte keltische Gesellschaft kannte den Typ des Priesterdichters, der über lange Jahre zum Dichter ausgebildet wurde. In der Dichtung dieser Menschen war die magische Wissenschaft enthalten. Das feine Gespinst der schamanischen Ausbildung entwickelt, vielleicht ohne daß Sie jemals gewahr werden, wie dies im einzelnen geschieht, den Dichter in Ihrem Innern, jenen Teil von Ihnen, der das ganze Leben als kreativen Prozeß erlebt und das Leben durch das betrachtet, was meine Schülerin Sarah Reeder, wenn sie ihren Kindern beibringt, die unsichtbare Welt zu schauen, als »Feenaugen« bezeichnet.

Manchmal läßt sich auch in eindeutigeren, durchaus wissenschaftlichen Begriffen über die Magie sprechen. Dennoch muß Wicca als Ganzes in der Sprache der Dichtung verstanden werden. Die Poesie, die Mythen, die Metaphern und die Gebete in diesem Buch sind ein sehr konkreter und präziser Ausdruck einer Wissenschaft. Ein gewichtiger Teil der magischen Wissenschaft wird in diesem Buch nur auf diese Weise vermittelt, und ich möchte, daß Sie das genau verstehen.

Gute Poesie und gute Wissenschaft sind keine Widersprüche. Die aktuelle Physik ist ebenso metaphysisch wie jede Invokation. Die Magie wird oft als »die Kunst« bezeichnet. So sollte es eigentlich auch mit der Physik sein, denn in beiden scheinen dieselben Wahrheiten auf.

Wenn ein Magier also die Kräfte der Götter anruft, so geht es dabei um eine ganz reale und gewaltige Kraft, die da in Anspruch genommen wird. Wenn wir den Wind anrufen, die Sonne, das Meer, so werden damit reale Mächte invoziert. Denken Sie einmal darüber nach: Eine Hexe nutzt im wörtlichsten und realen Sinn die Kraft der Sonne selbst, mit all ihrem Feuer und ihrer Intensität; ebenso die Kraft der Mondin mit ihrer Fähigkeit, die Gezeiten gewaltiger Ozeane zu lenken; sowie auch die Kraft der Dunkelheit, die nicht nur einfach zwischen den Partikeln eines Atoms zu finden ist, sondern die Gott selbst darstellt. Es ist ein wahrhaft gewaltiges Geschenk, das wir da in den Händen halten!

In Anbetracht all dieser Macht, die da mit Hilfe des Gebets und anderer magischer Praktiken angezapft wird, kann ich Sie nur warnen: Seien Sie vorsichtig! Ich wiederhole es: *Seien Sie vorsichtig!* Begegnen Sie dieser Macht mit Ehrfurcht, mit Respekt. Das ist keine morbide, ungesunde Angst sondern vielmehr eine Furcht, die selbst ein Stück Gesundheit darstellt. Ein Entsetzen, das zugleich eine Freude ist.

Die Kräfte der Natur, die Magie eingeschlossen, sind zwar im Kern gutartig. In allen Dingen lebt die Liebe des Herrn und der Herrin. Dennoch ist diese Kraft in einem anderen Sinne neutral, also weder gut noch böse. Sie ist einfach eine Kraft, genau wie Elektrizität. Daher können Naturkräfte unendlich viel Gutes tun, aber eben auch unvorstellbaren Schaden anrichten. In ihnen steckt ein ehrfurchtgebietendes Potential sowohl zum Guten als auch zum Bösen. Deshalb sollten Sie auch nicht leichtfertig mit dem in diesem Buch vorgestellten Material umgehen – »Rufe sie nicht an, als sei es ein reines Gesellschaftsspiel«.

Teilweise geschah es aus Respekt vor dem Schadenspotential dieser Macht, daß ich Sie darum gebeten habe, dieses Training wirklich nur genau in der Form und in der Reihenfolge zu absolvieren, wie es hier wiedergegeben wird. Ich möchte Sie nämlich an meiner Erfahrung teilhaben lassen, schließlich wurde ich als Trägerin meiner Tradition auch zu einer Lehrerin ausgebildet.

Die keltische Wissenschaft von der magischen Kunst ist ebenso exakt wie die Chemie. Niemand, der bei klarem Verstand ist, würde einfach in irgendein Chemielabor spazieren und dort ohne jede Vorkenntnisse damit anfangen, Chemikalien wild durcheinanderzumischen. Ganz ähnlich kann es zu einer Katastrophe führen, wenn man auf dem Gebiet der Feenmagie ohne Kenntnisse und Führung wild vor sich hin mischt und herummacht. Es ist kaum gefährlich, in die Küche zu gehen und dort experimenthalber Zimt mit Mehl zu mischen. Es gibt einfache magische Praktiken, die ebenso unbekümmert ausgeführt werden können, auch in diesem Buch sind solche enthalten. Aber es ist eben doch etwas anderes, zuviel Zimt in einen Gewürzkuchen zu geben, als in einem Labor eine Explosion zu provozieren. Unbedarftes Experimentieren mit der Feenzauberei kann die Nerven blanklegen, den Partner zum Feind machen, bei Ihren Kindern Albträume auslösen, ja, es kann sogar zu Verkehrsunfällen führen.

Ich unterstreiche diese magischen Vorsichtsmaßnahmen hier deshalb so deutlich, nicht nur weil sie an sich schon wichtig genug sind, sondern weil es den Menschen unserer Kultur auch so schwerfällt, daran zu glauben, daß die Magie wirklich ist. Das ist so ausgeprägt, daß ich es manchmal geradezu herausschreien muß, bis die Menschen begreifen, daß es sich bei der Magie nicht etwa um hohle Poesie handelt, sondern vielmehr um die Poesie der Physik, so real und wirklich wie jede Messerklinge. Man kann mit der Magie heilen, man kann sich damit aber auch schädigen. Wenn Sie Kraft anzapfen, wird diese Kraft auch etwas bewirken. Solange Sie dies auf die richtige Weise tun, sind Sie in Sicherheit.

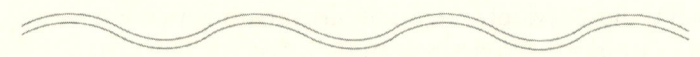

Aufgabe

Eine Hexe kann die gleiche Urverbindung zu den Kräften der Natur herstellen, wie es der erste Schamane tat. Dadurch erschließt sie sich Quellen der Kraft und der Leidenschaft, die sich für die Magie nutzen lassen.

Wenn ein Sturm sich zusammenballt, spüren Sie, wie sich die Kraft darin sammelt. Spüren Sie auch die Kraft der Mutter im Donner und im heftigen Regen. Schauen Sie in die Weite des Nachthimmels, stellen Sie sich vor, daß er endlos ist, pulsierend von ihrer dunklen schöpferischen Kraft. Versuchen Sie, die Kraft des Mondlichts zu spüren. Entwickeln Sie ein Gespür für diese Dinge. Dabei müssen Sie Ihr ganzes Selbst einbringen – Ihre Leidenschaft, Ihren Intellekt, Ihre Einbildungskraft, den Skeptiker und auch den Dichter in Ihrem Innern. Indem Sie sich erst einmal nur vorstellen, daß Sie die Kräfte auch spüren, von denen ich hier spreche, werden Sie irgendwann dazu gelangen, sie tatsächlich zu erspüren. Sollten Sie einen etwas bissigen Humor haben – damit beziehe ich mich auf eine Art gesunder Skepsis, nicht auf die despektierliche Arroganz der Überheblichkeit –, so gehört auch das eben zu Ihnen, weshalb es natürlich mit zur Party kommen sollte! Der Dichter in Ihrem Innern ist die Gesamtsumme aller Teile, die ich hier beschrieben habe, ebenso wie der Mystiker, der risikofreudige Abenteurer, der auf die grundlegende Güte der Erde vertraut, der Narr und der Lüstling.

Vergessen Sie nicht, die Magische Formel durch die vorrituelle Reinigung zu ergänzen. Dann sollen Sie, und wenn es nur für wenige Minuten ist, ein Gewitter erforschen oder den Nachthimmel, den Ozean oder das Mondlicht, den Höhenwind im Gebirge oder welcher starken Naturkraft auch immer Sie sich widmen oder begegnen mögen. Tun Sie dies in den folgenden Wochen zweimal, wobei Sie sich jedesmal mindestens ein Forschungsobjekt vornehmen. Nachdem Sie dann das Abschlußritual vollzogen haben, gehen Sie in sich und prüfen Sie, ob Sie jetzt der Erdung bedürfen, wie sie in Lektion 2, Schritt 14 und 15 des Rituals »Zur Göttin werden« beschrieben wird.

Nach einem Ritual sollten Sie sich angenehm gestärkt fühlen, aber falls Sie einmal hinterher mehr Energie haben, als Ihnen guttut, so bieten Sie den Überschuß dem Gott als Geschenk dar. Machen Sie dazu eine einfache rituelle Geste, als würden Sie die Kraft in die Höhe blasen. Sollte das nicht genügen, stellen Sie sich vor, wie der Rest dieses Überschusses in die Erde abströmt. Dazu können Sie sich auch auf alle Viere begeben, die Schienbeine und die Unterarme auf dem Boden ruhend.

Sollten Sie nur wenig oder überhaupt nichts spüren, ist das kein Grund zur Besorgnis. Die Magie ist ein Prozeß für sich, und was die Bemühungen zum Erfolg werden läßt, ist das Sichbemühen selbst. Wenn Sie damit fortfahren, Magie zu praktizieren und Ihre Fertigkeiten zu verfeinern, erlangen Sie im Laufe der Zeit auch Kompetenz. Doch wie jede andere Wissenschaft, Kunst oder handwerkliche Fertigkeit, verlangt auch die Magie eben Zeit und Mühe. Schon der bloße Versuch, die Kraft zu spüren, öffnet Sie soweit, bis Sie sie tatsächlich spüren können und Ihren inneren Dichter dabei weiterentwickeln.

Eine Hexe findet Freude an diesen gewaltigen Kräften. Sie genießt sie, schwelgt darin. Nicht etwa auf eine Weise, die sie banalisieren würde, denn das wäre töricht und gefährlich. Nein, es geschieht mit Respekt und in echter Freude, ganz wie ein Kind, das im Regen tanzt. So wird daraus eine Huldigung der gewaltigen Kräfte, mit denen die Göttin uns umgibt.

Ziel ist es also, keine morbide Furcht zu entwickeln. Victor Anderson sagt immer, daß alles, was es wert ist, besessen zu werden, auch gefährlich ist. Ich möchte hinzufügen, daß diese Kraft Teil unseres menschlichen Erbes und zugleich ein menschliches Bedürfnis ist, und daß es viel gefährlicher ist, machtlos zu sein, als nach Macht zu streben.

Melektaus und sein Himmelssturz

Als er in den Spiegel seiner Mutter blickte, bewunderte der Gott Melektaus sich selbst ob seiner großen Schönheit. Er nahm die Gestalt eines großen Pfaus an, schlug ein Rad und füllte alle sieben Himmel mit Donner. Dann rief er: »Ha!«, worauf im Paradies die Sonne aufging.

Er erzählte seiner Mutter, Schwester, Ehefrau, der gesegneten Königin der Himmel, was er im Spiegel geschaut hatte, und fügte hinzu: »Sieh nur, wie schön ich bin. Erschaffen wir also Wesen, die an meiner Schönheit teilhaben können.« Da fragte sie ihn: »Wünschst du Sklaven zu haben?« Er erwiderte: »Nein, ich wünsche, daß jene, die nach unserem Ebenbild geformt werden, seien sie männlich oder weiblich, mich lieben und sich meiner Schönheit erfreuen. Und auch ich mag sie lieben und mich ihrer Schönheit und Freiheit erfreuen.«

Die Himmelskönigin antwortete: »Geliebter Gebieter, Melektaus, mein Schatz, mein Selbst und meine andere Hälfte, wenn du dies tun solltest, werden sie dich verraten, dann wirst du mit den Füßen in der Hölle stehen und mit dem Gefieder im Himmel. Und jeder Schmerz im Herzen des Menschen wird auch ein Schmerz im Herzen Gottes sein.«

Melektaus bestand darauf. »Aber ich liebe sie und wünsche, daß sie meine Kleinode seien.« Und so ward die Menschheit erschaffen. Dies ist die wahre Geschichte des Falls, der nicht durch Sünde und bösen Stolz herbeigeführt wurde, sondern durch göttliche Liebe, die nicht einmal von den Feuern der Hölle auszutrocknen ist.

Die obige Geschichte stellt die überarbeitete Fassung eines Mythos der Feentradition dar, wie er mir von Victor mitgeteilt wurde. Sollten Sie diese Geschichte irgendwo in gedruckter Form gesehen haben, teilen Sie es mir bitte mit, denn mir wurde gesagt, daß sie einer schriftlichen Quelle entstammt.

Aufgabe

RITUAL

Ritual der Schönheit und der Fülle

Hilfsmittel und Zutaten

☾ Amberharz oder -öl. Sollte beides nicht verfügbar sein, ist auch Rosenöl geeignet. Echtes Rosenöl ist allerdings sehr teuer. Sie können aber auch ein synthetisches Öl nehmen. Meine Erfahrung hat mir gezeigt, daß synthetische Düfte sich ganz gut für die Arbeit mit den in diesem Buch vorgestellten Zaubern eignen. Sollten Sie allergisch gegen Düfte sein, überspringen Sie diese Zutat, oder tun Sie einfach nur so, als würden Sie sie verwenden.

☾ Bequeme und ansprechende Kleidung

☾ Eine Haarbürste

☾ Ein Spiegel

1. Schritt: Nehmen Sie ein Bad oder, falls das nicht möglich ist, duschen Sie sich.

2. Schritt: Salben Sie sich mit dem Duftöl. Wenn Sie möchten, stellen Sie sich dabei vor, wie Sie sich selbst zum Priester oder zur Priesterin salben, oder verwenden Sie ein anderes Rollenbild, das Ihnen gefällt.

3. Schritt: Kleiden Sie sich an.

4. Schritt: Wenn Ihr Haar getrocknet ist, bürsten Sie es kräftig, denn es ist Ihr Kronjuwel, ob Sie nun ein Mann sind oder eine Frau. Sollten Sie glatzköpfig sein, so massieren Sie Ihren Kopf auf stolze, wohlige Weise.

5. Schritt: Schauen Sie in den Spiegel und verkünden Sie: »Sieh, wie schön ich bin!«

6. Schritt: Denken Sie nicht über dieses Ritual nach. Lassen Sie einfach los. Nun wird Ihnen Überfluß zuteil. Stellen Sie sicher, daß der Überfluß zu Ihnen kommt, anstatt ihn zu erzwingen oder eine Person beziehungsweise eine Situation dazu zu zwingen, Ihnen zu geben, was Sie sich wünschen. Wenn wir die Macht der Götter in unser Leben herabziehen und wenn wir uns für den liebevollen Strom des Überflusses öffnen, den sie uns bescheren, so können wir ihren Zorn heraufbeschwören, falls wir ihre Liebe durch Mangel an Ethik verraten. Diese Warnung gilt natürlich nicht nur für diesen Zauber allein, sondern für die Magie im allgemeinen.

Manchmal versuchen wir die Ereignisse auf eine Weise zu erzwingen, die zwar durchaus ethisch, dennoch aber kontraproduktiv sein kann. Vielleicht bemühen wir uns ein Stück zu sehr, einem neuen Gefährten oder einem zukünftigen Chef zu gefallen, um mal ein Beispiel zu nennen. Tun Sie Ihr Bestes, dies nicht geschehen zu lassen. Seien Sie jedoch sanft mit sich, falls Sie es nicht schaffen sollten, sofort mit dieser Gewohnheit zu brechen. Damit soll nicht gesagt sein, daß Ihnen die erforderliche Knochenarbeit erspart bleibt, deren es bedarf, um sich mit guten Dingen zu versorgen. Wenn Sie beispielsweise eine Arbeitsstelle brauchen, dann verfassen Sie ruhig Ihren Lebenslauf, und gehen Sie bitte zum Einstellungsgespräch.

Schamanische Sicherheit

Das Thema der schamanischen Sicherheit wird hier nicht in einer einzigen Lektion abgehandelt. Statt dessen handelt es sich dabei um eine Lebensweise und einen Ausbildungsweg. Alle Teilbereiche dieser Ausbildung – etwa die Reinigungsarbeit, der Respekt gegenüber der Gottheit, die Magische Formel – ergeben als Summe diese Sicherheit. Warum wird dieser Abschnitt dann »Schamanische Sicherheit« betitelt?

Im Laufe der Jahre sind meine Schüler mit Fragen zum Thema des magischen Schutzes sowie mit anderen Sorgen an mich herangetreten, die auf diesem Weg ganz natürlich entstehen. Ich versuche meine Erfahrung zu nutzen, die ich im Laufe meiner jahrelangen persönlichen Ausbildung sammeln konnte, um im ganzen Buch auf solche Sorgen einzugehen. In diesem Abschnitt geht es um bestimmte Sorgen meiner Schüler, die nicht direkt mit dem bisher behandelten Material zu tun haben, die aber für Ihre Ausbildung zum gegenwärtigen Zeitpunkt durchaus relevant sind.

Verwenden Sie diese Rituale nicht als Ersatz für einen kundigen Berater. Wenn die Ursache Ihrer Lebensprobleme in das Gebiet der Psychiatrie fallen sollte, dann verstecken Sie sich nicht hinter diesen Zaubern, um sich fachkundiger Hilfe zu entziehen. Es gibt keinen Ersatz für die Behandlung durch einen ausgebildeten Therapeuten oder Psychiater. (Ich nenne die hellseherische Beratung für meine Klienten gern »Seelsorge auf heidnisch«. Meine Sitzungen stellen eine auf Transformation abzielende spirituelle Beratung dar, wie auch eine Möglichkeit für meine Klienten, die inneren Blockaden zu durchstoßen, die sie an einem von Freude erfüllten Leben oder am Studium des Schamanismus hindern. Ich bin aber kein Ersatz für eine Therapeutin. Wenn ich also auch eine *spirituelle Beraterin* bin, um hier die Begriffsverwirrung zu vermeiden, verwende ich das Wort »Berater« im ersten Satz dieses Absatzes sowie in den folgenden ausschließlich im Sinne von »Therapeut«, »Psychotherapeut/Psychiater« oder ähnlich.)

Alles hat eine spirituelle, emotionale, körperliche und psychische Seite. Einerseits kann eine spirituelle Erkrankung emotionale Faktoren aufweisen, die eines professionellen Beraters bedürfen. Andererseits kann es sein, daß Sie Probleme haben, die zwar der Behandlung durch einen Therapeuten bedürfen, daß manchmal aber auch der Einsatz der mächtigen Werkzeuge der Transformation, wie sie in diesem Buch verfügbar gemacht werden, und/oder die Inanspruchnahme eines Hellsehers nützlich sein kann, um auch die spirituellen oder paranormalen Aspekte Ihrer Probleme anzugehen. So kann dies, Hand in Hand mit der Arbeit des Therapeuten, eine wirksame Kraft der Veränderung verfügbar machen.

Da diese Rituale so gut funktionieren, sieht sich der Schüler manchmal mit emotionalen oder magischen Erfahrungen konfrontiert, die ihn in Verwirrung stürzen, ja manchmal sogar in Angstzustände. In solchen Fällen kann entsprechende Nachbereitung erforderlich und hilfreich sein. Und abhängig davon, um was für eine Erfahrung es sich handelt, wird man dazu entweder einen Therapeuten oder einen Hellseher aufsuchen.

Wenn Sie beim Ausführen eines Zaubers die Feststellung machen sollten, daß Sie Unbehagen entwickeln oder mehr Gefühle, als Sie zu handhaben wissen, könnte das großartig sein, weil es nämlich möglicherweise einen entscheidenden Durchbruch anzeigt. Sorgen Sie allerdings dafür, daß Sie die Sache nicht allein aussitzen, um sich davon nicht so weit überwältigen zu lassen, daß die erzielten Effekte nur kontraproduktiv wirken können. Eine solche Gelegenheit kann ideal sein, um sich darüber mit einem Freund auszutauschen. Bei anderen Gelegenheiten ist möglicherweise aber der Therapeut angezeigt, weil nur er Ihnen die Hilfe zuteil werden lassen kann, die Sie benötigen, um über Ihre unangenehmen Gefühle hinwegzukommen und weiterschreiten zu können. Kein Schamane verachtet den Einsatz sogenannter nichtspiritueller Werkzeuge. Ein Schamane nutzt vielmehr alles, was erforderlich ist, um auf dem Weg die Sicherheit zu gewährleisten, um machtvoll und glücklich zu bleiben. (Neonleuchte an, in riesigen Plakatlettern, dazu großer Lautsprecher: In diesem letzten Satz ist eine äußerst wichtige schamanische Wahrheit enthalten.)

Eine weitere Form der Nachbereitung wird mit hellseherischer Hilfe durchgeführt. Falls Sie verwirrende oder bedrohliche Geister sehen oder schlimme Träume haben sollten, so scheuen Sie sich nicht, Hilfe bei hellseherisch geschulten Personen zu suchen. Leiden Sie unter unangenehmen oder bösartigen paranormalen Phänomenen und genügen die bisher erläuterten Maßnahmen nicht, suchen Sie die Hellseherin auf. Oft genügen aber auch Ihre eigenen Werkzeuge. Dennoch ist ein Schamane nicht zu stolz, um Hilfe zu bitten, wenn es erforderlich ist. Nur dadurch, daß wir stets dann im Leben Hilfe erhalten, wenn wir ihrer bedürfen, können wir uns wahrhaft mächtig nennen.

Es gibt eine kleine Rede, die ich immer Klienten und Schülern halte, wenn diese meinen, sie müßten den amerikanischen Helden spielen, der stets auf den Beinen ist, stark und mit kantigem Unterkiefer, immer in der Lage, mit allem ganz allein fertig zu werden. Ich erzähle ihnen, daß der einzige Grund, weshalb der Held immer die Bösewichter erfolgreich abwehren kann (oder den Krebs heilen, den Berg bezwingen, die ganze Gesellschaft umkrempeln, sowie andere kühne Taten), darin besteht, daß er bei allen seinen Unternehmungen stets von einem ganzen Filmteam begleitet wird, das die Kamera hält, das Skript schreibt, sich um seine Maske kümmert, ihm souffliert und ihm den Hut am Kopf festklebt, damit er nicht abfällt, wenn er gerade wieder mal, nur von einem Fuß festgehalten, kopfunter an einem dahinsausenden Flugzeug hängt. Mit anderen Worten, dieser große amerikanische Held hat stets ein Team hinter sich, weshalb er auch Erfolg hat. Es ist nicht nur arrogant, auf Hilfe verzichten zu wollen, es ist auch ungerecht sich selbst gegenüber. Wenn Sie wirklich große Veränderungen in Ihrem Leben herbeiführen wollen, so geht das nicht allein. Dann müssen Sie auch gelegentlich dazu bereit sein, nach Hilfe zu greifen. Indem Sie dies tun, wird Ihnen auch die Liebe anderer zuteil, die sich ebenfalls auf dem Weg zu einem glücklichen Leben befinden.

Immer wieder werde ich gefragt: »Ich glaube, ich habe einen Geist gesehen. Werde ich etwa verrückt?« Am liebsten würde ich immer erwidern: »Das fragst du mich? He, ich bin doch hier diejenige, die sich für eine Fee hält!«

Vor vielen Jahren machte ich einen mächtigen Ritus durch. Damals hatte ich bereits seit einigen Jahren hauptberuflich als hellseherische Beraterin gearbeitet. Ich war an paranormale Phänomene gewöhnt – etwa mit Geistern zu reden, und ähnliches –, allerdings nur unter Zuhilfenahme besonderer Techniken, um mich auf die feinstofflichen Ebenen einzustimmen, und das auch nur in Situationen, in denen ich nicht abgelenkt wurde. Doch am Tag nach dem Ritual stand ich gerade an einer Bushaltestelle, als ich plötzlich eine knurrige Stimme vernahm: »Du da, he! Heile mich!« *Die Worte stammten von einem Baum.*

»Komm schon, ich brauche Hilfe!« beharrte der Baum, seine Stimme so rauh wie seine Rinde.

Wenn ich auch vor Staunen fast nicht mehr aus noch ein wußte, heilte ich den Baum tatsächlich, verhalf ihm dazu, in seiner städtischen Umgebung besser mit seiner Trauer fertigzuwerden. Kaum war ich damit fertig, als ich plötzlich *vom Gehsteig angesungen wurde.* Das verwandelte den Lärm der Stadt, die Kakophonie der Automotoren und die Schübe rußiger Luft in einen pulsierenden Gesamtrhythmus, eine urbane Magie, die das Leben zelebrierte. Ihr Gesang lautete: »Tanze in meinem Rhythmus, laß meine Musik deinen Geist erheben.«

Ab diesem Zeitpunkt erfuhr ich paranormale Phänomene ohne Unterbrechung, den ganzen lieben Tag lang. Es war ein regelrechter Ansturm der erstaunlichsten Begebenheiten. Alles, was das weltliche Auge aufnahm, enthüllte seitdem seinen magischen Aspekt – wo immer ich auch war, was immer ich auch tat. Sogar im Kino oder im Wartezimmer eines Arztes suchten mich die Geister auf, sei es, um mich um Hilfe zu bitten, sei es, um mir welche zu gewähren. Ich fühlte mich wunderbar, geistig völlig im Einklang mit der Welt, mit einer verborgenen Welt der Schönheit, die mir offenbart worden war. Das Ganze hielt sieben Jahre vor. Das ist selten, von den Tausenden von Hexen, denen ich bisher begegnet bin, ist so etwas meines Wissens nur noch zwei anderen geschehen. Tatsächlich kenne ich nur wenige Hexen, die überhaupt einmal so weit gelangt sind, und sei es nur für einen vollen Tag.

Obwohl ich tief in meinem Innern wußte, daß meine neue Art der Wahrnehmung aus der Kombination eines mächtigen Ritus mit meinem eigenen Talent entsprang, begann ich mir Sorgen zu machen. Was, wenn ich tatsächlich ein Fall für die Psychiatrie geworden wäre? Ich suchte eine Therapeutin auf, die sich zwar in paranormalen Dingen nicht auskannte, dafür aber aufgeschlossen und intelligent war.

Sie versicherte mir, daß mir nichts fehlte, und fügte noch hinzu, daß es mir gutgehen würde, solange ich mein erweitertes Bewußtsein nicht als Droge verwendete und es tatsächlich für den Dienst am Nächsten nutzte.

Worum es bei dieser Geschichte geht, ist nicht, daß Sie damit rechnen sollten, Bäume sprechen und Gehsteige den ganzen Tag singen zu hören. Die den ganzen Tag vorhaltenden paranormalen Phänomene, die meiner Ausbildung innerhalb des Familiensystems der Feentradition entsprangen, von der ich bereits im ersten Kapitel sprach, waren selbst für mich gefährlich, die ich doch eigentlich dafür geeignet war. Die meisten Menschen wären schutzlos, wenn sie so etwas erlebten, noch könnten sie Gewinn daraus ziehen, gleich wie einladend es sich auch anhört. Beachten Sie: Das Feenvolk kann zwar sehr verlockend wirken, doch manch einer verlor bei seiner Begegnung mit ihm alles, was ihm lieb und teuer war. Lassen Sie sich nicht auf irgend etwas ein, nur weil es einen magischen Glanz hat und von faszinierendem Glamour ist. Nicht alles, was das Feenvolk zu bieten hat, ist für Menschen geeignet. Ich war eine sehr seltene Ausnahme, daß ich dieses Geschehen nicht nur überlebte, sondern es mir auch zum Vorteil gereichte, doch mußte ich teuer für diese sieben Jahre bezahlen. Die verbliebenen Wunden sind immer noch sehr tief.

Worum es mir dabei geht: Wenn Ihre eigenen magischen Erfahrungen Sie an Ihrer geistigen Gesundheit zweifeln lassen, dann wäre es töricht, nicht mit jemandem zu sprechen, der über eine echte psychologische Qualifikation verfügt. Eine hellseherische Person mag zwar durchaus nützlich sein – beispielsweise, um die paranormalen Erscheinungen zu verifizieren –, sie ist aber nicht qualifiziert, eine psychotherapeutische Diagnose zu stellen. Sie ist nun einmal kein Psychologe oder Psychiater und kann daher auch nicht feststellen, ob jemand tatsächlich verrückt ist oder nicht. Außerdem können auch echte paranormale Wahrnehmungen durchaus das Ergebnis psychischer Störungen sein.

Andererseits, wenn Sie diesem Pfad nur lange genug folgen und bei Ihren Übungen Fleiß und Sorgfalt walten lassen, dann dürfen Sie auch darauf vertrauen, irgendwann einmal sehr ungewöhnliche Erfahrungen zu machen. Selbst wenn Sie über eine ausgiebige hochspezialisierte Ausbildung verfügen, ist es doch fast unmöglich, eine so extreme Erfahrung wie die meine schadlos zu überstehen. Doch können Hexen problemlos vielleicht mal für eine Sekunde einen Geist sehen oder auch einen Baum ein paar Minuten lang sprechen hören. Vielleicht erwachen Sie eines Tages aus einem Traum, der dann auch tatsächlich Wirklichkeit wird. Das ist ganz bestimmt kein Anzeichen drohenden Wahnsinns. Dann ist es Ihnen vielleicht auch eine Beruhigung, zu wissen, daß so etwas nicht nur zu erwarten ist, sondern ein Zeichen des Fortschritts und vertiefter paranormaler Wahrnehmung darstellt.

Ein etwas subtileres, aber durchaus nicht seltenes Problem im Zusammenhang mit Ritualen besteht in dem geistigen Abheben danach. Die Methode, sich selbst wieder in die Wirklichkeit zurückzuführen, nennt man »Erdung«, auch wenn dieser Begriff später im Buch noch weitere Bedeutungen erhalten wird. Die Erdung in der hier vorgestellten Bedeutung des Worts ist von größter Wichtigkeit. Schließlich sollte man nicht so abgehoben sein, daß man beim Autofahren unaufmerksam wird, die eigene Sicherheit mißachtet, indem man durch die nächtlichen Straßen einer Stadt schlendert oder beim Kochen unvorsichtig wird. Außerdem hilft das Erden nach einem Ritus dabei, die eigene Spiritualität ins Alltagsleben zu überführen, anstatt mit dem Kopf wochenlang in den Wolken zu schweben wie ein Luftballon ohne Leine, bis nicht einmal mehr die Füße den Boden berühren. Bisher habe ich Sie nach jedem Ritual geerdet, nach dem Sie hätten abheben können. Nun bringe ich Ihnen bei, wie Sie sich selber erden sollen.

R I T U A L

Erdung

Nach einem Ritus (oder am Ende eines unserer wöchentlichen Treffen) machen Sie Kassensturz: Fühlen Sie sich so, als seien Sie nicht mehr von dieser Welt? Wirkt Ihr Verstand schwammig? Sind Sie auf irgendeine Weise von der Wahrnehmung der alltäglichen Welt ganz oder teilweise abgeschnitten? In allen diesen Fällen brauchen Sie die Erdung.

Auch wenn Sie sich wach fühlen, könnte es dennoch sein, daß Sie abgehoben sind, ohne es zu merken. Da wird es dann kniffig. Sie können sich völlig wach vorkommen, um dann gewissermaßen doch gegen die Wand zu laufen, weil Sie eben nur innerhalb eines bestimmten geistigen Reichs aufmerksam waren, nicht aber innerhalb der irdischen Welt. Zu den großen Vorzügen des Dritten Wegs gehört seine subtile Macht – auch in einem schlichten Ritus kann eine Menge geschehen.

Wenn Sie der Erdung bedürfen, können Sie eine Methode anwenden, die ich Ihnen bereits erklärt habe: Strecken Sie jeden Teil Ihres Körpers. Seien Sie dabei nicht nachlässig, strecken Sie wirklich jeden Körperteil ein kleines bißchen. Das dürfte nur wenige Minuten in Anspruch nehmen. Dann klopfen Sie sich von oben bis unten sanft ab. Das Gesicht behandeln Sie ebenfalls sanft mit den Fingerkuppen. Seien Sie auch hier nicht nachlässig, sondern berühren Sie gründlich möglichst jede Stelle.

Alternativ oder als Ergänzung dazu ist es auch möglich, etwas zu essen, nur keinen Zucker.

Ferner können Sie mit Ihrer Studiengruppe oder Ihrem Partner eine Pause machen, bis Sie sich wieder in einem »normaleren« Geisteszustand befinden. Es ist auch oft eine ausgezeichnete Erdung, gemeinsam die eigenen Erfahrungen mit dem Ritual zu diskutieren.

Schließlich können Sie die Rückkehr in die mundane Welt auch dadurch herbeiführen, indem Sie Ihren weltlichen Verpflichtungen besonders viel Aufmerksamkeit widmen. Konzentrieren Sie sich so gut wie möglich auf das, was auf dieser Ebene verlangt wird. Diese Methode sollten Sie anwenden, wenn Sie zwar einerseits wach, andererseits aber im Geiste abwesend sind. Sie wirkt oft Wunder bei jedem Gefühl des Abgehobenseins. Stellen Sie sich Fragen wie die folgenden: Ich es draußen so kalt, daß ich einen Mantel brauche? Sollte ich jetzt etwas essen oder ein Glas Wasser trinken? Nach Beantwortung dieser Fragen kümmern sie sich dann um die Ausführung. Achten Sie auch darauf, besonders vorsichtig zu sein, wenn Sie beispielsweise kochen oder bei Nacht das Haus verlassen müssen. Schauen Sie vor dem Überqueren der Straße nach rechts und links, bis Sie die ersten Kreuzungen hinter sich haben. Die Erdung gewährleistet Ihre körperliche Unversehrtheit. Ergänzen Sie die Magische Formel bei Bedarf durch die Erdung.

Ich rede hier so viel über Sicherheit, daß ich schon die Befürchtung hegen muß, der Leser könnte Wicca für etwas sehr Gefährliches halten. Aber wenn man in der Fahrschule ist, wird einem ja auch sehr viel darüber erzählt, wie man möglichst sicher fährt. Meine Ermahnungen sind da nicht viel anders. Automobile sind nun einmal gefährlich, jedes Jahr kommen sehr viele Menschen dadurch um. Dennoch zittert niemand vor Angst, und kein Mensch diskutiert stundenlang, ob er nun in den Wagen einsteigen soll oder nicht, sobald jemand den Wagenschlüssel zückt. Autos sind ein nützlicher, integraler Bestandteil des heutigen Lebens. Was Ihre übersinnlichen Fähigkeiten betrifft, so sind sie sogar noch besser integriert, denn sie sind von Natur aus ein Teil von Ihnen selbst. Sie zu ignorieren wäre gleichbedeutend damit, das Bedürfnis nach Atmung zu ignorieren.

Ich gebe zu, daß ich selbst ein wenig neurotisch wurde und mir übermäßig Sorgen machte, als ich dieses Buch zum ersten Mal verfaßte. So fragte ich mich beispielsweise, warum die Götter mir aufgetragen hatten, das Gebet um Heilung durch Gottes Licht, »Das heilende Licht der Liebe«, bereits so früh im Buch vorzustellen (Wochenlektion zwei), noch bevor der Leser viel praktische Anleitungen bekommen hatte. Dieses Gebet bringt schließlich Dinge in einem Menschen ans Licht, die er vielleicht tief in sich vergraben hat – Dinge, die der Reinigung bedürfen. Ich machte mir Sorgen, daß der eine oder andere damit überfordert sein könnte. Und daß ich dann nicht persönlich anwesend sein würde, um ihm dabei zu helfen, wie ich es in meinen Seminaren tue.

Ich machte mir noch weitere Sorgen. In dem Gebet geht es um ein weißes Licht. So wie die ganz ähnliche Helligkeit des Sonnenlichts, kann es das Leben nähren oder verbrennen, daher muß es genauso verwendet werden, wie es in der Anleitung beschrieben ist (die fungiert dabei als eine Art paranormaler Sonnenschirm). Ohne die sexuelle Heilung, die man erfährt, wenn man das ganze Buch anwendet, oder etwas Vergleichbares, kann eine ausgedehnte Verwendung des Lichts zu schweren psychischen Verbrennungen führen, wie sie beispielsweise in der New-Age-Bewegung typischerweise vorkommt: alles immer nur Licht, aber keinerlei realitätsnahe Überlegungen. Ein gesundes Sexualverhalten erlaubt es, solch ein machtvolles Licht durch den eigenen Kanal zu leiten. Dieses Licht befindet sich im Herzen der Schöpfung. Als solches sollte man es mit großer Umsicht und Verehrung behandeln.

Als ich mit einem älteren Mitglied meiner Tradition darüber sprach, bekam ich zu hören: »Wenn deine Leser den Weg gehen wollen, dann müssen sie auch die Arbeit leisten. Und mach dir nicht zu viele Sorgen – die Götter werden sich schon um sie kümmern. Meinst du etwa, du müßtest bei allen Menschen im Universum stets persönlich dabei sein? Du bist nicht Gott. Dieser Posten ist bereits vergeben.«

Danach machte ich einen Strandspaziergang. Ich lausche gern dem Ozean. Er ist mir ein guter Freund und auch ein ausgezeichneter Ratgeber. Der sagte mir: »Du übertreibst es mit dem Schutz deiner Leser. Meinst du nicht, daß es ihnen noch sehr viel schlechter erginge, wenn sie ihre Probleme innerlich aufgestaut ließen? Vermeiden die Menschen es etwa, in die Sonne hinauszugehen, nur weil sie sich dabei einen Sonnenbrand zuziehen könnten? Diese Instrumente der persönlichen Weiterentwicklung, die du ihnen da beibringst, sind Teil des Lebens. Die Leute können dem Leben nicht andauernd aus dem Weg gehen. Dieses Material ist nicht gefährlicher, als am Morgen aus dem Bett zu steigen. Das Leben ist eben einfach gefährlich, fertig. Du gibst den Menschen Werkzeuge in die Hand, damit das Leben für sie sicherer und reicher wird. Und außerdem unterweist du sie auch noch darin, wie sie diese Werkzeuge gefahrlos anwenden können. Eine überzogene Furcht vor dem Leben kann selbst ein ernstes Problem darstellen.«

Sorgen Sie sich also nicht beim Lenken Ihres psychischen Wagens. Er wird Sie schon durch die Stadt tragen, durch das Universum, zu all den schönen Orten. Befolgen Sie meine Anweisungen also nicht auf übernervöse, neurotische Weise. Ich kann Ihnen versprechen, daß Sie trotz allem, was ich Ihnen dazu mitteile, wie man die Magie gefahrlos bearbeiten kann, manchmal, ja vielleicht sogar dauernd ebendiese Anleitungen vergessen, sie ignorieren, Fehler machen, Ihre Hausaufgaben schwänzen werden, um auf eine Weise zu arbeiten, bei der Sie sich schließlich sagen müssen: »Herrje! Warum werde ich nur nicht meinen eigenen Erwartungen gerecht?« Die perfekte Bewältigung eines Erwartungsziels ist ein Ideal. Als solches ist es nur nützlich als Vision, die man anstrebt, nicht als Standard, an dem man sich selbst mißt. Oder wie es eine Freundin einmal ausdrückte: »Alles, was es wert ist, getan zu werden, ist es auch wert, schlecht getan zu werden.«

Haben Sie Vertrauen in die Sicherheit unserer Herangehensweise, schließlich gehen Sie bei einer Meisterin der Kunst in die Schule. (Klingt toll, nicht? Muß ich mir unbedingt hinten auf den Anorak nähen.) Es gibt viele subtile Vorsichtsmaßnahmen, die in diese Ausbildung eingebaut sind. So hat Ihnen vieles von dem, was Sie gelernt haben, bereits dazu verholfen, in Verbindung mit Ihrem inneren Gott zu bleiben. Dies, und auch der Rest des Trainings, verhilft Ihnen zu einer sich ständig steigernden Immunität gegenüber den weniger appetitlichen Dingen sowohl des alltäglichen Lebens wie der feinstofflichen Ebene. Meine Warnungen sind eine Vorsichtsmaßnahme, die Sie davor schützen soll, irgendeinem skrupellosen Lehrer in die Hände zu fallen, der sich dann die Hände reibt und wie ein Wahnsinniger kreischt: »Aha! Du hast keine richtige Ausbildung genossen? Dann bist du jetzt vollkommen in meiner Hand.« Dämonen sollten auch kein allzu großes Problem für Sie werden, es sei denn, wir sprechen über jene kleinen, bewunderungswürdigen Exemplare, die uns am Samstagmorgen um sechs Uhr aus dem Bett werfen. Moment mal! Das sind doch gar keine Dämonen. Es sind unsere Kinder.

Die Gaben der Großen Mutter

Freude, Kraft, Reinheit, Videorecorder und alles, was wir sonst noch brauchen

Das Magische Bad: Der reine Heidenspaß

Die Alten Götter zu begleiten ist eine Herausforderung. In den vorangegangenen fünf Lektionen habe ich viel über Weiterentwicklung und Transformation geschrieben. In erster Linie aber sind Hexen Heiden: Wir existieren, um das Leben zu feiern. Die Göttin gebietet uns: »Jeder Akt der Liebe und der Freude ist mein Ritus.« Das ist nicht etwa eine Metapher, sondern ganz wörtlich und spezifisch gemeint: Jeder ethische Akt der Freude – etwas Unethisches darf sich nicht als Akt der Liebe bezeichnen – ist ein Ritus für sich. Wir sind hier, um uns daran zu erfreuen – das ist der »Sinn«, der unser Leben ausmacht.

Ein weiterer Sinn besteht darin, anderen zu helfen. Wenn wir uns vergnügen, finden wir damit nicht nur zur Lebensfreude, sondern werden durch unser Streben danach auch einen glückerfüllten Weg suchen, unserer Gemeinschaft und Familie zu dienen.

Glücklich zu sein und nach Freude zu streben, sind keine egoistischen Aktivitäten. Sie verleiten Menschen nicht dazu, arbeitsscheu zu werden oder sich verantwortungslos zu verhalten. Vielmehr werden wir erst dadurch motiviert, anderen zu dienen, wenn wir eine Arbeit finden, die uns auch selbst Freude bereitet. Ich persönlich liebe es beispielsweise zu unterrichten, weil es mir große Freude bereitet. Und da es mir ein solches Vergnügen ist, habe ich durch meine Hingabe schon auf manche Leben Einfluß ausgeübt. Durch meine Arbeit haben immer mehr Schüler einen Durchbruch in ihrem Leben erfahren, wobei eine Anzahl von ihnen damit einer Periode der Verzweiflung ein Ende setzen konnte. Würde ich mich statt dessen der Medizin widmen, die ja auch ein sehr ehrbarer Beruf ist, könnte ich meinen Mitmenschen damit keinen großen Dienst erweisen. Sie bereitet mir kein Vergnügen; Anatomie und die Wissenschaft von den Krankheiten faszinieren mich eben nicht im gleichen Ausmaß, wie es die feinstoffliche Anatomie und die Aufgabe tun, Menschen dazu zu verhelfen, ihr Leben in spiritueller Hinsicht zu verändern. Mein Mangel an Interesse und Freude daran würde dazu führen, daß ich meine Dienste nur nachlässig und gefühllos verrichten könnte, so daß ich die Menschen auf eine grollerfüllte und somit unmenschliche Weise behandeln würde. Mein Mangel an Hingabe an den Beruf hätte zur Folge, daß meine Engagement nicht besonders ausgeprägt wäre. Ohne diese Hingabe jedoch wird man den Forderungen einer anstrengenden beruflichen Tätigkeit nicht gerecht werden.

Die Tatsache, daß Ihnen Ihre Arbeit Freude bereitet und Sie fasziniert, schließt nicht aus, daß Sie zutiefst um das Wohlergehen meiner Schüler besorgt sind. Erst wenn Fürsorglichkeit und Hingabe sich mit einer Möglichkeit des Helfens so verbinden, daß diese sich selbst erfüllen, können wir anderen wirklich etwas geben.

Indem wir also die Freude in ihren Zehntausenden von Manifestationen suchen, tun wir zugleich das, was für alles andere das Beste ist. Das, was wir am liebsten tun, wird der Gemeinschaft daher auch am meisten nützen.

Aufgabe

Tun Sie in der folgenden Woche etwas allein um seiner Freude willen. Tun Sie es nicht, weil es nützlich oder sinnvoll wäre, sondern ausschließlich deshalb, weil Sie daran Freude finden. Sinn und Nutzen werden diesem Tun schon automatisch innewohnen, gleich ob Sie sie erkennen oder nicht.

Ich schlage das folgende Bad als mögliche Erfüllung dieser Aufgabe vor, doch wenn Sie nicht gern baden oder die Zutaten nicht auftreiben können, wählen Sie statt dessen Ihre eigene Aktivität.

Mischen Sie die folgenden Zutaten zusammen.

18 g Orangenblüten
5 g Jasminblüten
6 g Zitronenschale
6 g Pfefferminzblätter
12 g Orangenschale
12 g Anis

Das sollte für zwei Bäder genügen, ja sogar für drei, wenn Sie die Wanne beim Baden lieber nicht so voll machen. Lassen Sie die Hälfte oder ein Drittel der Mischung in einem Glas oder einer Steingutpfanne mindestens 20 Minuten köcheln. Geben Sie den »Tee« dann durch ein Sieb ins Badewasser. Folgen Sie nun dem profunden spirituellen Beispiel Ihrer Lehrerin: Ich genieße es, mich so richtig schön lange in diesem unglaublich duftigen und luxuriösen Bad einweichen zu lassen. Schon der bloße Duft, der mir vom Herd entgegenströmt, genügt, um meinen Geist zu beflügeln, ganz davon abgesehen, daß dieses Bad auch gut für meine eher trockene Haut ist.

Weitere Zutaten: Leihen Sie sich ein Video ohne hohen sittlichen oder künstlerischen Wert; schauen Sie sich im Fernsehen eine Unterhaltungssendung an; machen Sie einen Spaziergang; beobachten Sie einen Sonnenuntergang; kriechen Sie mit Ihrem Liebling unter die Decke und tun Sie, was Ihnen ganz natürlich einfällt; kriechen Sie allein unter die Decke in derselben verrufenen Absicht.

Die Mutter birgt alle Kräfte und Formen

Nachdem wir uns mit einigen Aspekten der Göttin vertraut gemacht haben, wollen wir sie nun noch tiefgehender erforschen. Wie bei jeder anderen Frau auch, lernen wir die Göttin um so besser kennen, je länger wir mit ihr zusammen sind.

Obwohl es ganz legitim ist, die Mutter als Maid/Mutter/ Vettel zu invozieren, sind dies doch nur einige von vielen Formen, in denen Sie uns erscheint. Wir sehen sie in ihrem dreifaltigen Aspekt, weil wir ein Teil der Natur sind. Weil wir sterben können, erscheint sie uns als Vettel. Sie aber stirbt nie wirklich, verfällt niemals.

Wenn Sie sich dem Mond nähern, erscheint er Ihnen nicht mehr als Lichtkugel, sondern als felsiger Globus, der nichts vom Vollmond, vom Viertelmond und vom Neumond an sich hat. Die Göttin ist darin genau wie der Mond. In ihrer Essenz ist sie sehr viel mehr als nur diese drei Formen.

Andererseits stellen die Maid, die Mutter und die Vettel durchaus reale Aspekte ihrer Persönlichkeit dar, wenn ihr Bewußtsein das unsere berührt. Auch können diese Aspekte invoziert werden, um uns ihrer Liebe, Hilfe und Führung zu vergewissern. Andererseits besitzt sie auch alle Aspekte, wie wir sie in der Lektion über den Altar kennengelernt haben. Auf der anderen Seite (die Göttin hat eben viele Seiten) besteht eine der besten Möglichkeiten, mit der Göttin umzugehen, in der Erkenntnis, daß sie alle Dinge in sich birgt, daß sie alles ist – alles, was war und was jemals sein wird. Sie kann Ihnen alles geben, was Sie brauchen.

Wenn Sie von ihr eine besondere Sache oder Energie brauchen, wird sie sich in einer Weise manifestieren, die es ihr ermöglicht, sie Ihnen zu geben. Sie sollten ihr auf der Erlebnisebene entgegentreten – erleben Sie sie in allem, was Sie umgibt. Und wenn Sie bei der Invokation keinen besonderen Aspekt hervorheben möchten, so bleiben Sie für jede Form der Manifestation offen, die eine Göttin wählen mag.

Die Schlüsselbegriffe hierbei sind »Erfahrung« und »Zeitkontext«. So, wie Sie niemals zweimal in denselben Fluß steigen können, so können Sie auch niemals die Göttin zweimal auf dieselbe Weise invozieren. Sie ist unendlich in den Geschenken und Augenblicken, die sie ist, wie auch in den Geschenken und Augenblicken, die sie verschenkt. Versuchen Sie jetzt das folgende Ritual.

RITUAL

Fürsorge der Mutter

1. Schritt: Denken Sie darüber nach, was Sie von der Mutter brauchen. Ist es Trost? Unterstützung? Rat? Liebe? Spaß? Ein Videorecorder?

2. Schritt: Invozieren Sie die Mutter, indem Sie sie mit eigenen Worten bitten, zu Ihnen zu kommen. Lassen Sie sie wissen, was Sie im ersten Schritt ausgewählt haben.

3. Schritt: Halten Sie sich offen für ihre Manifestationen. Sitzen Sie in Ruhe konzentriert, und nehmen Sie diese Erfahrung in sich auf. Wer weiß schon, was geschehen wird? Wenn Sie um Rat gebeten haben sollten, könnte die Mutter Ihnen diesen geben oder Sie dabei unterstützen, ihn zu finden. Wenn Sie um einen Videorecorder gebeten haben, teilt sie Ihnen vielleicht mit, wo man ein besonders günstiges Angebot bekommt. (Eine Freundin von mir nennt dies die Einkaufsgöttin.)

4. Schritt: Danken Sie ihr für die Geschenke, die sie Ihnen in diesem Ritual gemacht hat.

Entscheiden Sie selbst, ob Ihre Wunschliste den Einsatz der Magischen Formel mit dem obigen Ritus erfordert oder nicht. Ich würde fast sagen, daß es im Zweifelsfall nie schaden kann, die Formel zu verwenden. Ebenso wichtig ist es aber, von unserem Recht und Bedürfnis Gebrauch zu machen, Gott jeder Zeit und wann immer wir müssen, so schnell wie möglich rufen zu können. Unsere Götter erwarten von uns nicht, daß wir vor ihnen im Staub kriechen und endlose Zeremonien ausführen, in der Hoffnung, daß sie denn unsere »unwürdige« Annäherung dulden werden. Unsere Götter wollen Teil unseres Lebens sein, um uns alle Hilfe zu geben, die wir brauchen. Wenn Sie des Trostes bedürfen, ist es nicht erforderlich, dafür erst ein großes Theater zu veranstalten. Alles, dessen es dazu bedarf, ist das schlichte Bitten darum im Rahmen des einfachen, in vier Schritte gegliederten Rituals.

Ihr eigenes Urteil darüber, ob die Magische Formel verwendet werden soll oder nicht, ist gut genug, und indem Sie von Ihrer Urteilsfähigkeit Gebrauch machen, lernen Sie zugleich immer mehr, wie man sie benutzt. Sie können sogar durch Ihre magischen Fehler noch etwas lernen.

Ein paar Beispiele, um diese Entscheidungsfindung zu veranschaulichen: Führen Sie den oben geschilderten Ritus aus, um einen Rat zu erhalten; es kann sein, daß die Zeit dabei sehr drängt. Andererseits sollten Sie vielleicht aber auch die Magische Formel verwenden, um sicherzustellen, daß Sie konzentriert genug sind, um den Rat der Göttin auch zu vernehmen und richtig zu deuten. Oder um die Bitte um Trost beispielhaft heranzuziehen: Wenn Sie es schwerhaben, Trost zu bekommen, kann eine vorrituelle Reinigung hilfreich sein. Andererseits sind wir manchmal so aufgewühlt, daß wir des Trostes schon bedürfen, noch bevor wir überhaupt daran denken können, von einer vorrituellen Reinigungsformel Gebrauch zu machen, die wir gerade erst kennengelernt haben.

Es liegt auch an Ihnen, zu entscheiden, ob der folgende Vorschlag bei einem anderen Aspekt dieses Rituals hilfreich sein kann. Es können einige Jahre praktischer Arbeit an der Kunst vergehen, bis Sie schließlich dazu in der Lage sind, die Gegenwart der Göttin so zu »fühlen«, wie es diese Anleitungen nahelegen. In diesem Fall sollten Sie die Göttin visualisieren und imaginieren, wie Sie sie brauchen. Spielen Sie die

Sache in Ihrer Einbildung durch, und zwar in der Gegenwartsform, und sehen Sie zu, wie die Göttin Ihnen gibt, was Sie benötigen.

Das ist übrigens ein ausgezeichneter Gebrauch der Visualisation. Nur weil Sie dabei Ihre reaktiven Kräfte benutzen, muß das nicht bedeuten, daß die Göttin nicht tatsächlich anwesend wäre. Der Dritte Weg ist der Weg des Dichters. Visualisation und Imagination sind die Schlüssel zur unsichtbaren Welt, sie erlauben Ihnen den erleichterten Kontakt dazu. Außerdem gibt das der Göttin Gelegenheit, mit Ihnen zu arbeiten. Es ist, als würden Sie einen Sessel heranschieben, damit sie darauf Platz nehmen kann. Sie auf diejenige Weise zu visualisieren, wie Sie sie in diesem Ritus brauchen, ist als würden Sie für die Mutter ein Kleid nähen, das diese dann beim Ritual anziehen soll. Da wird Gott selbst zu Ihnen kommen.

Indem Sie Ihre Visualisationskräfte wiederholt anwenden, können Sie schließlich die unsichtbare Natur um sie herum immer genauer wahrnehmen. Indem Sie innerhalb dieses Ritus die Göttin imaginieren, lernen Sie also gleichzeitig, sie beim nächsten Mal genauer zu erkennen.

Sie haben bereits mit der Weiterentwicklung Ihrer Visualisationsgabe begonnen, als Sie in Lektion zwei Ihre Einbildungskraft dazu verwendeten, zur Göttin zu werden; ebenso, als Sie sich im Zuge des ersten Reinigungsrituals vorstellten, wie Ihre Unreinheiten in der Erde versickern; schließlich noch in Lektion fünf, als Sie versuchten, die Kraft zu spüren.

Die Visualisation ist eine magische Fertigkeit, die zu vervollkommnen Jahre dauern kann. Je tiefer Sie in die Kunst eindringen, um so mehr werden Sie diese Fertigkeit zu entwickeln haben. Doch während Sie diese wie andere Wicca-Fertigkeiten entwickeln, ist es von größter Wichtigkeit, daß Sie sich selbst gegenüber in Geduld üben. Oft habe ich Schüler vernommen, die sich bei mir beklagten: »Aber ich kann auf der magischen Ebene gar nichts sehen.« Oder: »Ich kann ein Bild höchstens zwei Sekunden im Geist aufrechthalten.« Oder: »Ich kann mich nicht konzentrieren, mein

Geist schweift immer ab.« Jedes dieser Probleme ist zu erwarten gewesen, und es geschieht nur durch wiederholte Meditationen, Übungen und Rituale, daß wir lernen uns zu konzentrieren, die hellsichtige Schau zu entwickeln und Bilder lange im Geist aufrechtzuhalten. Wichtig dabei ist, daß Sie einfach mit der Arbeit weitermachen, das ist alles, was zählt. Denn indem Sie dies tun, und nur dadurch allein, erlernen Sie schließlich die begehrten Fähigkeiten. Außerdem ist es am Anfang nicht so wichtig, ob Sie den Ritus wirklich »richtig« durchführen, was die Konzentration und die anderen Aspekte angeht. Solange Sie alles so gut ausführen, wie Sie nur können, und solange Sie Ihr Werk so ausführen, wie es die Anweisungen empfehlen, ohne an diesen auch nur ein Jota zu ändern, werden Sie der spirituellen Vorteile und der inneren Weiterentwicklung teilhaftig, ob Sie es nun selbst bemerken oder nicht.

Wahre Spiritualität ist menschlich und praktisch

Wahre Spiritualität ist menschlich und praktisch. Der Idealismus ist ja eine schöne Sache, aber Sie sollten sich damit auch nicht selbst fertigmachen. Obwohl spirituelle Ideale manchmal durchaus erreichbar sind, verhält sich doch ein Lehrer, der darauf beharrt, daß Sie das Ideal den ganzen Tag rund um die Uhr erreichen könnten, Ihnen gegenüber sehr ungütig. Der Perfektionismus ist eines der schlimmsten Übel überhaupt. Wenn Sie leiden sollten, ist das nicht etwa ein Zeichen Ihrer gescheiterten Spiritualität, auch kein Signal dafür, daß das Leben schlechthin hoffnungslos wäre. Nein, nein, nein, nein, nein, Sie arme, in die Irre geleitete Schamanin! Menschen werden immer unvollkommen sein. Auch Sie selbst werden immer Ihre Fehler haben. Reduzieren Sie sie, und machen Sie sich diese Fehler sogar zunutze – ja selbst Ihren Perfektionismus. (Von dem ich ja sagte, er sei nur dann von Übel, wenn Sie andere damit peinigen.)

Weitere Reinigungsmaßnahmen

Bevor Sie meine Einsiedelei für diese Woche verlassen, wollen wir noch einen letzten Ritus ausführen. Als Teil Ihrer fortgesetzten Reinigungsarbeit benutzen Sie den einfachen Ritus der Reinigung durch Erde aus Lektion drei, und wenden Sie ihn auf irgend etwas in Ihrem Innern an, das Sie stört: beispielsweise auf eine Furcht, die Sie von etwas abhält, was Sie eigentlich tun wollen; oder auf einen Groll, der Sie daran hindert, die Gesellschaft Ihres besten Freundes zu pflegen; oder auf irgendeinen unguten Glaubenssatz, der durch diese Wochenlektion in Ihr Bewußtsein vorgerückt sein mag. Mit anderen Worten, wenden Sie den Ritus auf die gleiche Art von Ziel an, wie in der Lektion beschrieben.

Zur Erinnerung, damit Sie sich besser daran gewöhnen: Beenden Sie Ihren wöchentlichen Besuch mit Devokationen.

Endlose Quellen der Kraft
und wie man sie findet

Die eigene Kraft mehren

In einer vorhergehenden Lektion habe ich von den ehrfurchtgebietenden Kräften gesprochen, die uns innerhalb
der Welt, in der wir leben, umgeben. Als Teile der Natur
haben auch wir dieselben erstaunlichen Urkräfte in unserem
Innern. Als Wesen sind wir dem Ursprung sehr nah. In der
Magie geht es darum, diese Kräfte aus allem ziehen zu können, uns selbst eingeschlossen.

Doch zunächst einmal müssen wir diese Macht in uns
auch speisen. Da wir Urwesen sind, saugen wir das Sonnen-
licht ebenso ein, wie es eine Pflanze tut. Und doch habe ich,
ein tierisches Wesen, mich selbst in dieser Hinsicht unterer-
nährt, indem ich zu lange in der Stadt lebte. Ich brauche
hohe, windige Anhöhen, genau wie jene, die die alten Schamanen einst erklommen hätten. Dort speist mich der Wind,
die Geflügelte Schlange, mit seiner Kraft, gibt mir von seinen vielen Gaben, lindert meine Leiden und Beschwerden,

erfüllt mich mit der Macht – und das nicht etwa in irgendeinem metaphorischen und abstrakten spirituellen Sinn, sondern als realer Wind, als reale Göttin Geflügelte Schlange, die mich auf eine sehr konkrete spirituelle Weise ernährt. Das ist es, was die Magie ausmacht – die Alten Mächte.

Aufgabe

1. Suchen Sie, soviel Sie können, Strände, Hügel und Berge, Wälder und Meere auf. Saugen Sie den Wind ein. Legen Sie sich an den Busen der Mutter, und ziehen Sie aus ihr Ruhe und Fürsorge. Trinken Sie den Frieden der Wälder. Ziehen Sie das Mondlicht in sich hinein, und sei es nur vom Küchenfenster aus. Atmen Sie den Duft der Morgenluft von Ihrem Dach oder Balkon aus ein. Nutzen Sie die Elementarkräfte, um sich spirituell zu nähren – das ist Teil des Heidentums. All dies können Sie natürlich mit oder ohne die Magische Formel durchführen.

Ich empfehle, sich bei der Durchführung dieser Hausaufgabe Zeit zu lassen und sie als langfristige Aufgabe zu betrachten. Im Laufe der nächsten Woche werden Sie noch jede Menge weitere Aufgaben bekommen, die Sie auf Trab halten. Außerdem kann es beträchtliche Zeit brauchen, um die Gewohnheiten des Stadtmenschen zu ändern oder an Natur zu nutzen, was in einer städtischen Umgebung verfügbar ist.

2. *Für Fortgeschrittene:* Während Sie den Schritt 1 ausführen, können Sie zugleich Wissenschaftler sein: Schreiben Sie auf, was Sie beobachten. Denken Sie daran, daß der Schamane seine Forschung auf dem Weg persönlicher Erfahrung betreibt. Die Magische Formel kann die Konzentration vertiefen, die Sensibilität und das Gewahrsein sowohl um den weltlichen als auch den magischen Aspekt Ihres Besuchs in der Natur.

Die eigenen Entdeckungen schriftlich festzuhalten, ist wertvoll, vergessen Sie dabei aber jedes »kreative Schreiben«. Schreiben Sie vielmehr einfach nur ganz genau auf, was Sie sehen, denken, fühlen, lernen oder sonstwie erfahren oder beobachten. Das ist die wahre Poesie. Anstatt sich darum zu sorgen, »kreativ« sein zu sollen, nehmen Sie einfach Stift und Papier hervor, und tun Sie Ihr Bestes, um Ihr Erlebnis so klar und präzise zu beschreiben, wie es nur möglich ist – auch wenn Sie es nur für sich allein tun.

Führen Sie niemals eine Aufgabe (gleich ob optional oder nicht) oder einen Ratschlag von mir aus, wenn Ihnen die Sache zuviel wird. Streber-Hexen haben keine Zeit für Sex und Schokolade mehr. Bei diesem Training geht es darum, das Leben zu genießen, und nicht, sich damit ins Unglück zu stürzen.

Der rituelle Atem der Kraft

Alle Schöpfung besteht aus Kraft, einer vitalen Lebenskraft, einer Energiesubstanz. Nennen Sie es *Mana,* wie die Kahunas, die Schamanen Hawaiis, nennen Sie es *Chi* – wie die daoistischen Weisen Chinas. Sie können Kultur um Kultur studieren und werden immer wieder darauf stoßen, wenn auch unter zahllosen verschiedenen Namen.

Da diese Energie die Materie ist, aus der alles besteht, stellt sie auch ein Grundwerkzeug der Zauberei dar. Die alten keltischen Schamanen nahmen sie auf, um sowohl sich selbst zu nähren als auch ihre Zauber damit auszuführen. Ebenso aus reiner Freude am Einswerden mit der Welt.

In den folgenden Wochen werden Sie lernen, diese Vitalenergie nach Ihren eigenen Wünschen zu formen, indem Sie Zauber vollziehen. Da die Schamanin die Wirklichkeit formt, muß sie den Umgang mit dieser Energie erlernen, denn dies ist die Substanz, aus der die Wirklichkeit erschaffen wurde. Vergessen Sie nicht: Wenn Sie mit Holzbrettern und Nägeln nicht umgehen können, können Sie auch kein Haus aus Holzbrettern und Nägeln bauen.

Eine Schamanin arbeitet auch darauf hin, daß diese Energie in ihrem Innern ungehindert strömen kann, ganz ähnlich wie der Tai-Chi-Schüler, der dasselbe bewirken will. Diese Arbeit gleicht auch jener des Akupunkteurs. In der Feentradition tun wir vieles, um diesen gesunden freien Fluß zu ermöglichen, diesen freien Kanal der Energie in unserem Innern. Das gelingt uns teilweise durch unsere rigorose Reinigungsarbeit, die uns von all den Komplexen, gegenläufigen Emotionen, ungesunden spirituellen Mustern und negativen Glaubenssätzen befreit, welche diese Energie blockieren. So werden wir zum freien Kanal dieser Energie, wenn wir unsere Magie voll ausüben. Ganz zu schweigen davon, daß uns dies gesund und glücklich macht und wir zu einem durchlässigen Kanal der Güte für die Menschen in unserem Alltagsleben werden.

Diese Energie-Materie ist lebendig. Ob Sie von den Grundbestandteilen Ihres Bluts reden mögen oder von einem Stein – es ist dieselbe Materie. Und sie ist lebendig, vital, vernunftbegabt und sexuell.

Das Wesen des Universums ist sexuell. Jeder Vogel, jeder Baum, jeder Bach, jedes Atom tanzt seinen eigenen Tanz – jedes ein sexuelles, lebendes, vernunftbegabtes Wesen.

Auf der ganzen Welt stellen die Schöpfungsmythen die Schöpfung als das Produkt eines Geschlechtsakts dar. Die ätherische Energie-Materie, aus der alle Dinge bestehen, ist alles andere als eine Bündelung trockener, lebloser Moleküle. Die Welt, in der wir leben, ist sehr viel aufregender.

Die Energie, aus der alles erschaffen wurde, ist die grundlegende Lebenskraft selbst, sie ist so vital wie der Geschlechtsakt. Tatsächlich *ist* es der Geschlechtsakt selbst, doch leben wir in einer Kultur, die dies ignoriert. Was für eine Tragödie! Man lehrt uns, diese lebende, vibrierende Natur zu ignorieren, die wir doch in allem und in jedem Lebewesen, dem wir begegnen, umarmen sollten. Diese ehrfurchtgebietende Kraft wird überhaupt nicht angezapft. Denn wir leben wahrhaftig in einer Todeskultur.

In diesem Buch geht es nicht darum, das Leben zu transzendieren, sondern vielmehr um Vitalität. Das Leben, wie wir es kennen, mit all seinem Vergnügen, seinem guten Essen und seinem Sex ist etwas Heiliges – es ist nicht dazu gedacht, transzendiert zu werden. Das ist eine wesentliche Grundlage der schamanischen Ethik.

Auf der anderen Seite ist dieses *Mana* nichts übermächtig

Großes (wer immer es war, der dies einst vorschlug, ich stimme ihm zu: Man sollte jeden Morgen noch vor dem Frühstück mindestens zwei Widersprüche vertilgen), und zwar gerade *weil* es so etwas Großartiges ist: *Mana* ist die Substanz unseres weltlichen Alltagslebens. Wenn wir gehen, gehen wir auf ihm; setzen wir uns auf einen Stuhl, besteht dieser Stuhl daraus; betrachten wir einen Baum, ist dieser daraus erschaffen. Wenn wir Luft einatmen, atmen wir damit auch *Mana* ein.

Die Tatsache, daß die ganze Wirklichkeit auf ihrer grundlegendsten Ebene lebendig ist, vernunftbegabt und sexuell, hat viele Konsequenzen. Nehmen Sie sich einen Moment Zeit, um darüber nachzudenken, indem Sie folgendes tun.

RITUAL

Energiebetrachtung

Lassen Sie den Blick durch den Raum schweifen. Alles darin besteht aus *Mana,* einer Energiesubstanz, die lebendig ist, vital, sexuell. So wie alles im Raum aus Molekülen besteht, besteht es auch aus dieser unsichtbaren ätherischen Energie-Materie. Nehmen Sie sich einen Augenblick Zeit, um sich umzuschauen und alles zu kontemplieren; werden Sie sich dessen bewußt, daß alles im Raum aus dieser Energiesubstanz besteht, lebendig ist, denkfähig, sexuell.

Nehmen Sie sich so viel Zeit wie erforderlich, um dazu Ihre Einträge in Ihrem Buch der Schatten zu verfassen. Dann tun Sie das Folgende.

RITUAL

Atemübung

Im ersten Abschnitt dieser Lektion »Die eigene Kraft mehren« wurde gezeigt, wie man ohne Rituale auf natürliche Weise Kraft erwirbt. Ein Schamane lernt darüber hinaus, wie man die Kraft rituell eratmet.

1. Schritt: Werden Sie der Verspannung in Ihrem Körper gewahr.

2. Schritt: Imaginieren Sie, wie diese Verspannung im Boden unter Ihnen versinkt.

3. Schritt: Beachten Sie Ihre Atmung. Beurteilen Sie sie nicht, beachten Sie sie lediglich. Wie steht es darum?

4. Schritt: Beginnen Sie entspannt zu atmen. Zwingen Sie sich aber nicht dazu, lassen Sie es geschehen. Lassen Sie den Bauch entspannen. Lassen Sie Ihre inneren Muskeln und Organe entspannen. Wenn sich der Bauch entspannt hat, werden Sie von selbst ganz natürlich atmen. Sie müssen einen Atemzug nicht erst forcieren, ebensowenig sollten Sie versuchen, irgendeinen »richtigen« Atemrhythmus zu finden. Wenn Sie entspannt sind, kommt der richtige Atem von allein: Sie atmen ganz automatisch ein, und das tun Sie gut. Die Natur verabscheut das Vakuum, deshalb geschieht die Atmung auch von allein, Sie brauchen ihr lediglich nicht im Weg zu stehen. Nichts muß forciert werden, lassen Sie es einfach zu, daß Sie entspannt atmen.

Setzen Sie den Besuch fort, indem Sie die nächste Übung durchführen.

R I T U A L

Der Atem der Kraft

Ich habe Ihnen erklärt, daß Sie, um ein Teil im Tanz des Lebens zu sein, Hügel und Berge besteigen sollen, um dort die Kraft aufzunehmen; oder an Stränden; auch in Waldstücken, oder ähnlichem. Doch ist dieser Tanz des Lebens, der Substanz des Lebens selbst, immer mit uns. Es folgt nun ein Ritual, in dem wir die Substanz des Lebens selbst aufnehmen können, um bewußt unsere Dazugehörigkeit zum Tanz des Lebens zu erweitern.

Wenn Sie das Folgende tun, führen Sie stets zuvor das Ritual der Atemübung aus.

1. Schritt: Schließen Sie die Augen, und nehmen Sie die Dunkelheit wahr, die damit automatisch einsetzt. Ist Ihr Zimmer hell beleuchtet, wird Ihre Lichtempfindung entsprechend stärker sein. Konzentrieren Sie sich auf diese Dunkelheit, die »Finsternis des geistigen Auges«.

2. Schritt: Imaginieren Sie, daß diese Dunkelheit eine Leinwand ist, auf die Sie gleich Bilder projizieren werden.

3. Schritt: Imaginieren Sie, wie Sie auf der Leinwand – es ist eine magische dreidimensionale Leinwand – die Energie um Sie herum wahrnehmen, wie sie den Raum ausfüllt, in dem Sie sich befinden.

4. Schritt: Imaginieren Sie, daß diese Energie so weit reicht, wie Ihr geistiges Auge sehen kann.

5. Schritt: Imaginieren Sie, daß, soweit Sie sehen können, die Realität lebendig von dieser Energie ist, weil die Energie selbst lebendig ist.

6. Schritt: Sie können auch imaginieren, wie sie summt, wie sie für Sie singt. Sie können sie sich in Rosa oder Grau vorstellen.

7. Schritt: Sehen Sie vor Ihrem geistigen Auge, noch

immer die Bilder dieses Rituals auf die dunkle Leinwand projiziert wahrnehmend, wie diese Energiesubstanz vor Vitalität leuchtet.

8. Schritt: Imaginieren Sie, daß Sie irgendwie die grundlegend sexuelle Natur dieser Energie spüren können.

9. Schritt: Imaginieren Sie, wie diese Energie-Materie beim Einatmen Ihre Lungen füllt.

10. Schritt: Atmen Sie die Kraft ein, bis sie Ihren ganzen Körper dreidimensional ausfüllt. Während Sie dies tun, imaginieren Sie, daß diese Kraft Sie energetisiert, daß sie alle Ihre Zellen durchdringt und erweckt.

11. Schritt: Fühlen Sie sich am ganzen Leib von Kraft erfüllt. Vielleicht spüren Sie, wie die Energie in Ihrem Körper singt. Das mag entspannend wirken oder auch tröstend, wie auch immer; da es lebendig ist, kann es vieles bewirken.

12. Schritt: Oft ist nach einer Übung oder einem Ritual die kontrollierte Rückkehr von größter Wichtigkeit, daher dürfen Sie diesen Schritt wie auch die folgenden nicht überspringen. Konzentrieren Sie sich jetzt wieder auf die Dunkelheit, wie sie einsetzt, sobald Sie die Augen schließen.

13. Schritt: Spüren Sie den Stuhl oder Boden, auf dem Sie sitzen.

14. Schritt: Wenn Sie bereit sind, öffnen Sie die Augen. Strecken Sie sich. Seien Sie dabei nicht nachlässig, strecken Sie jeden Teil des Körpers wenigstens ein bißchen.

15. Schritt: Klopfen Sie sich sanft am ganzen Körper ab. Seien Sie auch hierbei nicht nachlässig, beginnen Sie mit den Fußsohlen, und lassen Sie keine Körperpartie aus. Wenn Sie mit einem Partner zusammenarbeiten, kann jeder den Rücken des anderen übernehmen. Wenn Sie an Gesicht und Kopf angelangt sind, gehen Sie von den sanften Schlägen zu einem ebenfalls sanften Klopfen der Fingerspitzen über, mit denen Sie das ganze Gesicht und den Scheitel bearbeiten.

Magie ist Dichtung: Dichtung ist Kraft

Magie und Dichtung sind ein und dasselbe. Denken Sie darüber nach, kontemplieren Sie es erst, bevor Sie weiterlesen. Dann schreiben Sie auf, was Sie dabei feststellen, selbst wenn es nur ein Absatz darüber ist, wie sehr Sie diese Behauptung verwirrt oder wie wenig Sie sie verstehen.

Es gibt einen Traum, den wir in unser Wachbewußtsein führen müssen. Das ist das oberste Ziel der Magie. Dieser Traum ist kein bloßer Wahn, sondern spricht von ganz realen Dingen. Es ist der Traum – man könnte ihn auch die Poesie nennen – von magischen Wahrheiten, von den Mysterien der Göttin. Es ist das tatsächliche magische Leben um uns herum und in unserem Innern.

Jeder ist auf seine Weise ein Dichter, ob man diese Poesie nun durch richtige Wörter definiert oder in der Art, Blumen in einer Vase zu arrangieren; oder ob man eine Mahlzeit kocht. Eins meiner Gedichte besteht darin, daß ich beim Unterricht Witze erzähle, damit meinen Schülern die harte Arbeit nicht allzu belastend erscheint und damit die Spiritualität auch Spaß macht.

Ich möchte, daß Sie darauf vertrauen, daß auch Sie Ihre eigene Art haben, ein Dichter oder eine Dichterin zu sein – bitten Sie einen Freund um Hilfe, falls Sie nicht wissen, was das ist –, und daß Sie daran glauben, daß Ihre eigene persönliche Poesie, Ihr eigener Traum, Macht und Magie besitzt. Die unsichtbare Wirklichkeit der Göttin, ihre übersinnlichen Mysterien, die Mysterien der Natur – sie alle lassen sich oft nur durch Träume, durch Dichtung, durch Kunst verstehen. Und wieder: Definieren Sie Kunst, wie Sie es wollen. Kunst ist die Art und Weise, wie Sie einen Freund finden, der Ihnen in schwieriger Lage Trost spendet, oder wie Sie die Mitarbeiter motivieren, deren Tun Sie zu koordinieren haben.

Es kann vielleicht lange dauern, bis Sie dieses Vertrauen in sich selbst gewinnen, doch Stück um Stück wird es geschehen. Die Ausbildung fördert dies auf subtile Weise,

Sie können vielleicht aber auch ganz bewußt die Werkzeuge einsetzen, deren Gebrauch Sie hier lernen. Als ich beispielsweise noch Schülerin auf einer katholischen Highschool war, bekam ich einmal im Englischaufsatz eine schlechte Note, weil meine Lehrerin, eine Nonne, der Meinung war, daß ein Aufsatz aus meiner Feder häretisch sei. Die Grundbehauptung meines Aufsatzes lautete, daß der Mensch im Kern gut ist. Schon mit fünfzehn Jahren, 1964, war ich leidenschaftlich um Spiritualität bemüht, steckte bis über beide Ohren in der Jugendökumene-Bewegung und versuchte zu begreifen, warum die Kirche mich nicht Priesterin werden ließ. Der spirituelle Eifer meines Aufsatzes wurde als Aufmüpfigkeit verurteilt. Und was die Sache noch verschlimmerte: Später teilte mir meine Poesielehrerin auf dem College auch noch mit, daß ich nicht schreiben könne. Ich mußte erst noch begreifen, daß damals, in den 6oer Jahren, Äußerungen von Frauen generell als zweitklassig galten. Obwohl ich es im Grunde besser wußte, hat ein Teil von mir doch beiden Lehrerinnen Glauben geschenkt. So habe ich denn mit Hilfe eines Reinigungsrituals alle Überreste des Glaubens daran weggespült, daß es Ketzerei sei, mit Leidenschaft die Wahrheit zu suchen, und habe mir die Worte meiner Lehrerinnen aus Geist und Seele fortgewaschen. Das hat mir dabei geholfen, das Selbstvertrauen zu entwickeln, daß ich auch etwas zu sagen hatte, das ebenso wichtig war wie alles, was andere sagten.

Indem er den Traum in sein Wachbewußtsein holte, hat der Schamane der Urzeit sein ganzes Sein nicht nur in seine Kunst, sondern auch in den Alltag eingebracht. Schließlich bedarf Spiritualität auch der Anwendung. Man kann es noch anders ausdrücken: Für einen Schamanen wird das Leben selbst zur Magie. Wir leben sehr viel erfüllter, wenn wir beispielsweise die Zubereitung einer Mahlzeit oder das In-den-Arm-Nehmen eines weinenden Kindes als ein wirkliches Stück Kunst ansehen.

Das Träumen bringt auch unsere Leidenschaft und den göttlichen Funken des männlichen Gotts in alles ein, was wir tun. Ohne diese Dinge funktioniert die Magie entweder nicht, oder sie funktioniert falsch. Das wird schnell verständlich, wenn man Magie einmal mit Sexualität und Ehe vergleicht. Die Sexualität ist saftiger, wenn Sie mit Kopf und Seele dabei sind, und eine Ehe ist spirituell reicher, wenn auch Ihre Sexualität entsprechend gepflegt wird. Wenn jedoch die Leidenschaft aus der Ehe entweicht, um nur noch in den Schatten außerehelicher Affären stattzufinden, dann trocknet etwas in den Seelen der Ehepartner aus, was zu tiefen Verletzungen führen kann.

Lauschen Sie Ihrer Muse. Sie ist die Göttin. Wenn Sie diesem Aspekt von ihr lauschen, werden Sie auch die Kräfte der Göttin um Sie herum wahrnehmen, werden Sie selbst Kraft entwickeln und auch Ihr ganzes Wesen in die Kunst und den Alltag einbringen. Ich hatte einmal einen Schüler, der nur die Logik gelten ließ. Er konnte nicht begreifen, daß Poesie die magischen Fähigkeiten entwickelt. Ich sagte ihm: »Die Poesie hat ein magisches Universum erschaffen. Wenn du magische Fähigkeiten willst, dann verschaffe dir ein magisches Universum. Es ist eine magische Welt, alle Kräfte des Magiers existieren wirklich und in voller Kraft.«

Wie lernen wir nur, der Göttin in ihrem Aspekt als Muse zu lauschen? Wie finden wir die Träume in unserem bewußten Verstand? Wie akzeptieren wir unsere eigene Poesie?

Eine Möglichkeit besteht darin, einen eigenen Altar zu bauen. Eine weitere ist die transformierende Erfahrung, welche die Geschichten, Mythen und Vorträge in diesem Buch bewirken können. Ebenso die Übungen und das Erlernen der Verfolgung der eigenen persönlichen Kunst. Auch das Schreiben in Ihr magisches Tagebuch.

Über das Magische Tagebuch

Ihr magisches Tagebuch braucht nicht nur aus Schriftlichem zu bestehen. Die Poesie diese Tagebuchs kann sich auch in einer Zeichnung manifestieren, in einem Stein, den Sie am Strand gefunden haben. Oder in einem Schmuckstück.

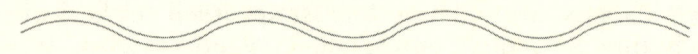

Aufgabe

Optional: Verfassen Sie im Laufe der nächsten Woche einen Eintrag in Ihrem Buch der Schatten, in dem Sie etwas festhalten, was Sie diese Woche gelernt haben. Sie können die Angelegenheit schriftlich beschreiben, es könnte aber auch geschehen, daß Sie einen *Gegenstand* finden, der Ihr neuerworbenes Wissen oder Ihre Erfahrung verkörpert. Beispielsweise könnten Sie am Strand entlanggehen und plötzlich eine Muschel finden, die Sie an etwas erinnert, was ich hier geschrieben habe. Vielleicht erinnert Sie ja auch meine Formulierung »den Traum ins Wachbewußtsein bringen« an irgendeinen liebgewonnenen Tinnef.

Sie können diesen Gegenstand auf Ihrem Altar plazieren oder an anderer Stelle, wo Sie Inspiration gebrauchen können. In den frühen 60er Jahren hat man mich damit aufgezogen, daß ich lange Haare und Blue Jeans trug. Noch heute hängt an meiner Bürowand ein altes Levi's-501-Poster, um mich daran zu erinnern, daß mein Verhalten, obwohl offensichtlich merkwürdig, schon mehr als einmal seiner Zeit voraus war. Das hilft mir dabei, den Kurs zu halten, wenn ich schon wieder mit irgendeiner Theorie oder einem Projekt aufwarte, bei dem die Augenbrauen in die Höhe schießen. Dieses Poster ist tatsächlich ein alter Tagebucheintrag über die Exzentrizität meiner Jugendzeit.

Sie können auch die schriftlichen Mitteilungen anderer Menschen in Ihr magisches Tagebuch einfügen. Das wäre eine hervorragende Möglichkeit, die Ihnen hier gestellte Aufgabe zu erfüllen. Vielleicht stoßen Sie auf irgendein Gedicht, das eines der Prinzipien besonders gut ausdrückt, die ich Ihnen bei diesem Besuch vermittelt habe. Dann könnten Sie dieses Gedicht in Ihr Tagebuch aufnehmen.

Diese Einträge können Sie auch Ihrem magischen Partner mitteilen.

Machen Sie es sich zur Angewohnheit, und sei es nur einmal im Jahr, einen Gegenstand und/oder das Kunstwerk eines anderen, welches das von Ihnen Gelernte verkörpert, in Ihr Leben zu integrieren.

Weiteres zum Thema Kraft

Wir kennen alle das Klischee des spirituell deformierten Magiers, den seine eigene Gier nach Macht in die Selbstvernichtung treibt. Derlei Bilder finden sich fast überall, von Science-Fiction-Fantasien bis zur antiheidnischen Propaganda. Das darf auch nicht überraschen in einer Gesellschaft, in der es als böse oder bestenfalls unspirituell gilt, Macht anzustreben. Und doch strebt die wahre Hexe mit allem Fleiß nach Macht. Wenn wir die Klischees und Vorbehalte neutralisieren wollen, die einem allzu leicht in den Sinn kommen, müssen wir die folgende Frage genauer untersuchen: Was ist Macht?

Wahre Macht heißt, den geliebten Partner zu respektieren.

Wahre Macht heißt, das eigene Leben zu kontrollieren, nicht das eines anderen.

Wahre Macht heißt, daß, wenn zwei Personen sich in einem Raum befinden, beide die Situation unter Kontrolle haben.

Wahre Macht heißt, das Licht der Sonne einzusaugen.

Es ist heilig, nach Macht zu streben. Es liegt keine Tugend in der Ohnmacht.

Ignorierte und unterdrückte Macht wirkt destruktiv. Entweder benutzen wir unsere Macht, oder sie benutzt uns. Eine Hexe tut ersteres.

Die Hexe ist eine Gestaltwandlerin, die mit allen Arten der Macht umgeht, indem sie zu verschiedenen Zeiten zu verschiedenen Personen wird. Macht kann sich darin verkörpern, einen dreiteiligen Geschäftsanzug zu tragen. Oder auch eine Clownsmütze bei einer Geschäftskonferenz.

Macht ist weder gut noch böse. Wie bei der Elektrizität hängt es davon ab, ob man damit Gutes oder Böses tut.

Macht heißt reich an *Mana* sein. Macht bedeutet einfach *mächtig sein*. Wie ein blauer Stern. Oder einen starken Körper zu haben, der *Mana* ausstrahlt. Macht ist Gesundheit, nicht Herrschaft.

Führen Sie nun die folgende Übung durch, in der es um Macht geht. Halten Sie sie in Ihrem Tagebuch fest, denn es handelt sich hier um ein wichtiges Dokument Ihrer Entwicklung.

Ich habe meine Schüler beobachtet, wie sie während des Unterrichts über ähnliche Aufgaben geschrieben haben. Wenn Sie mit einer der Fragen nach einigen Minuten noch nicht fertig sein sollten, gehen Sie einfach zur nächsten über. Ich möchte, daß Sie sich mit Ihren Erwartungen nicht selbst überfordern, was Ihre Leistungsfähigkeit hinsichtlich der Ausschöpfung einzelner Lektionen angeht. Wenn Sie auf diese Aufgabe fünfzehn Minuten Schreibzeit verwenden, ist das vollauf genug. Sie können sich später immer noch daran machen und weiterschreiben, gleich ob dies in einer Woche oder in einem Jahr geschieht. Fragen wie jene, die Sie gleich beantworten werden, dürften mit wachsender Selbsterkenntnis stets neue Antworten gebären.

Schon mit einem kleinen bißchen Schreibmühe können Sie durch die Beantwortung dieser Fragen tiefliegende Bereiche Ihrer selbst berühren. Seien Sie sanft mit sich. Legen Sie auf halber Strecke ruhig eine Pause ein, wenn Sie möchten.

Beantworten Sie die folgenden Fragen schriftlich. Seien Sie nicht überrascht, wenn sich die Antworten überschneiden sollten. Das gehört dazu und ist völlig in Ordnung. Es geht nicht darum, die Antworten nach Einzelgebieten aufzuteilen, sondern um schlichtes Sammeln von Informationen. Ebensowenig gibt es falsche Antworten auf die Fragen.

Woran denken Sie, wenn Sie das Wort *Macht* hören?

Welche negativen Auffassungen über Macht herrschen in unserer Gesellschaft vor?

Welche negativen Auffassungen über Macht und Frauen herrschen in unserer Gesellschaft vor?

Welche negativen Auffassungen über Macht und Männer herrschen in unserer Gesellschaft vor?

Welche persönlichen Probleme haben Sie mit der Macht? Das könnten Probleme sein, die Sie mit dem Haben oder dem Streben nach Macht verbinden, oder auch innere Blockaden, die Sie daran hindern, danach zu streben.

Was sind Ihre mächtigen, Ihre starken Seiten?

Was mögen Sie an Macht?

Wenn Sie diese Aufgabe ausgeführt haben, haben Sie eine Menge Stoff zum Nachdenken entwickelt. Außerdem können Sie jetzt sehen, woran Sie noch arbeiten müssen.

Versuchen Sie nur nicht, alles auf einmal zu ändern! Was Sie da aufgeschrieben haben, könnte ein ganzes Lebensprogramm werden, und das ist auch in Ordnung. Sie haben gleichsam die Wegekarte Ihrer Transformation festgehalten. Wenn Sie in Ihrem Leben eine Phase der Verwirrung durchlaufen sollten, können Sie noch einmal einen Blick auf

Ihren Eintrag werfen und nachschauen, ob dort vielleicht steht, was Sie blockiert, was Sie tun müssen, um vorwärts zu kommen, und welche Stärken Ihnen dabei helfen können. Wir müssen nun einmal auf unsere Stärken setzen, wenn wir uns weiterentwickeln wollen. Unsere Stärken zu verleugnen, ist nichts als falsche Demut.

Zur Erinnerung: Vergewissern Sie sich auf Ihrem spirituellen Weg aller Unterstützung, derer Sie bedürfen, denn Transformation ist nichts Leichtes. In unserem Streben nach Macht und Glück brauchen wir nun einmal die Hilfe und Leitung anderer. Es ganz allein zu versuchen, kann sich als allzu schwierig herausstellen.

Aufgabe

Überprüfen Sie Ihre Antworten, um den inneren »Makel« festzustellen, der Ihnen gegenwärtig am meisten zu schaffen macht. Vielleicht haben Sie als Frau die Feststellung gemacht, daß Sie Angst vor der Macht haben, weil Sie glauben, daß Sie dann niemals geliebt würden; und weil dieser Irrglaube Sie dazu getrieben hat, Menschen abzuweisen, sind Sie vielleicht furchtbar vereinsamt. Oder Sie hängen als Mann der Auffassung an, daß mächtig zu sein bedeutet, sich niemals anmerken zu lassen, daß Sie Hilfe brauchen; möglicherweise beeinträchtigt Sie diese Weltanschauung darin, effizient in einem Team mitzuarbeiten. Nachdem Sie die innere Haltung oder Einstellung dingfest gemacht haben, die Ihnen am meisten zu schaffen macht, wenden Sie darauf den Reinigungsritus aus Lektion drei an.

Der Prozeß des Wandels

Sie haben schon ausreichend Aufgaben für diese Woche, deshalb sollten Sie meine folgenden Vorschläge nur umsetzen, wenn es den – oft sehr gemächlichen – Prozeß des Wandels nicht überstürzt. Dieser Vorschlag stellt jedoch wahrscheinlich eine wichtige Ergänzung für die Praxis des Fortgeschrittenen dar. Sie können den Reinigungsritus auf innere Einstellungen anwenden, die sich in Ihrem Alltagsleben als Störfaktoren erweisen. Die Magie ist dazu da, *genutzt* zu werden, um zu einem erfüllten Leben zu gelangen.

Aufgabe

Führen Sie in dieser Woche das Ritual des Atems der Kraft zweimal durch. Nach Ablauf dieser Woche können Sie es jederzeit ausführen, wann immer Sie es für angebracht halten, oder auch, wenn Ihnen ganz einfach danach ist. Mögliche Anwendungsgebiete sind beispielsweise: als Ersatz für den Morgenkaffee (es ist ein sehr viel gesünderer Wachmacher!), als Erfrischungsmaßnahme während Ihrer Arbeitspausen, oder immer dann, wenn Sie mehr vom Leben spüren wollen.

Sie können diese Übung auch gelegentlich unabhängig von der Magischen Formel ausführen. Wenn Sie das Verlangen danach haben, aber nicht genug Zeit oder Bereitschaft vorhanden ist, um die komplette Formel auszuführen, tun Sie es einfach.

Zur Erinnerung: Führen Sie den Abschlußritus durch, um diese Wochenlektion zu beenden.

Wochenlektion acht

Ganz sein

Die feinstoffliche Anatomie der Drei Seelen

Jeder Mensch besteht aus drei Seelen oder Selbsten. Die
erste Seele ist das »bewußte« Selbst. Das ist allerdings nicht
immer die zutreffendste Beschreibung: Der sogenannte
bewußte Verstand bekommt eine ganze Menge Dinge nicht
mit. (Bekommt Ihr Ehemann es vielleicht immer mit, wie er
seine schmutzige Wäsche auf den Fußboden wirft?) Außerdem verfügen die beiden anderen Seelen durchaus über
Bewußtsein. Das bewußte Selbst wird auch als das »reden-
de« Selbst bezeichnet, es ist jener Teil von uns, der auf Partys
vor sich hin plappert.

Jeder Mensch besitzt auch ein Gottselbst. Es ist dies ein
tatsächlicher Bestandteil der Persönlichkeit, der Gott im
Innern. In der Feentradition wird er als Dian-y-glas bezeichnet, was sich als »Blauer Gott« übersetzt. Auch hellseherisch nur schwer zu erschauen, erscheint er uns in vielen Ver-
kleidungen: als Schutzengel vielleicht, als Geistfreund oder

als Göttin beziehungsweise Gott. Tatsächlich besteht er aus einer blauen Kugel unmittelbar oberhalb des Kopfs.

Wenn er sich oberhalb des Kopfs befindet, weshalb nennt man ihn dann den Gott im Innern? Weil er sich eben in unserem Innern befindet! Normalerweise sehen wir uns nicht selbst so, als würde ein Teil von uns über den Kopf hinausragen. Die Hawaiianer bezeichnen das Gottselbst als »Aumakua«, was »Eltern(teil)« oder »Ich bin Eltern« bedeutet. In jedem von uns befindet sich also eine liebende elterliche Gottheit, die unsere Gebete erhört und für uns sorgt.

Die Existenz dieses Gottselbst steht nicht im Widerspruch zur Existenz einer obersten Gottheit, ebensowenig bedeutet es diese auszuschließen, wenn wir zu ihm beten. Eine Schamanin betet mit ihrem ganzen Selbst zu den Göttern, das Gottselbst hat Anteil an diesem Vorgang.

Da in unserem Innern ein Gott wohnt, brauchen wir uns vor keinen Priestern zu verneigen, wie auch vor keiner anderen Autorität. Doch persönliche Autorität ist noch keine Gewähr dafür, daß wir gegen Selbsttäuschung gefeit wären. Sie können sich selbst eben einfach informieren oder aber auch in die Irre führen, wenn Sie sagen: »Aber das ist es nun einmal, was mir meine innere Stimme gesagt hat.«

Gewiß, unsere innere Stimme ist uns der sicherste Führer, doch bedarf sie der Mäßigung. Wenn Ihnen Ihre innere Stimme etwas sagt, so sollten Sie stets Rücksprache mit einem Freund oder einem vertrauten Mentor halten, jedenfalls mit jemandem, der über gesunden Menschenverstand verfügt. Sonst fällt es nämlich nur zu leicht, selbst für den fortgeschrittenen Praktikanten, sich selbst und anderen Schaden zuzufügen, indem man auf sogenannte spirituelle und/oder intuitive Erkenntnisse hereinfällt, bei denen es sich tatsächlich doch nur um Täuschungen handelt.

Auch steht die persönliche Autorität, die uns eignet, in keinem Widerspruch zum Respekt für die Älteren, ob es nun die Ältesten in Ihrer spirituellen Gemeinschaft sind oder einfach nur jene Menschen, die schon länger leben als Sie. Die pubertäre Rebellion, ob sie sich persönlich, politisch oder spirituell äußert, ist eine Reaktion auf einen anderen. Persönliche Autorität dagegen ist keine Reaktion: Es ist die Position der Reife, und sie entspringt der inwendigen Sicherheit, dem Einklang mit sich selbst. Älteren mit Respektlosigkeit zu begegnen, bedeutet, die Selbst-Elternschaft – und daher das Erwachsensein – zu verleugnen, die der Ausdruck *Aumakua* bezeichnet. Statt dessen heißt es in der Hexenkunst: »Die Älteren zu respektieren bedeutet Respekt gegenüber dir selbst.«

Dann gibt es noch das Unbewußte, jenen Teil von uns, welcher der Natur am nächsten steht und intuitiv ist. Es kommuniziert mit den Göttern und dem Gottselbst. Wir sprechen nicht vom bewußten Verstand aus zu den Göttern, sondern vom Bewußtsein zum Unbewußten, das wiederum zum Gott im Innern und zu den Göttern im Außen spricht. Natürlich ist die Bezeichnung *Unbewußtes* ungenau und irreführend. Ich persönlich bevorzuge daher die Begriffe *Inbewußtes* oder *Fetsch*. Ich werde den Begriff *Fetsch* gleich noch näher erläutern.

Der Durchschnittsmensch kennt wenig Kommunikation zwischen dem sprechenden Selbst und dem Inbewußten, weshalb es eben so scheinen mag, als sei das Fetsch unbewußter Natur. Viele Menschen erfahren ihr ganzes Leben lang keinerlei bewußtes Gewahrsein um die eigene seelische Tiefe. Dennoch lebt das Fetsch auch in ihnen, nimmt die Innen- wie die Außenwelt wahr und bietet ihnen Führung, bleibt dabei jedoch unerhört.

Eines der wichtigsten Ziele jeder Hexe ist die Integration dieser drei Aspekte. Ist zwischen sprechendem Selbst und Fetsch erst einmal Interaktion hergestellt, so wird das sprechende Selbst des tiefen Verständnisses des Fetsch gewahr. Das gehört zu dem Prozeß des Einführens des Traums in unser Bewußtsein.

Das sogenannte Unbewußte wird fälschlicherweise nicht nur als bewußtlos, sondern auch noch als unintelligent und gefährlich angesehen. Dies wurzelt in einer grundlegenden Angst vor der Natur. Die Natur wird oft als nicht vertrauenswürdig betrachtet. Gottgegebene Instinkte werden mit Mißtrauen bedacht, und eine dunkle Nacht im Wald jagt dem zivilisierten Menschen eine weit übers Vernünftige hinausgehende Angst ein.

Gewiß, die Kräfte der Natur sind tatsächlich gefährlich. Ich werde mich bei Gewitter auch nicht unter einen Baum stellen und verkünden: »Gott hat den Blitz erschaffen. Ich werde ihm vertrauen.« Schließlich hat Gott auch den gesunden Menschenverstand erschaffen. Gesunde Furcht und vernünftige Vorsicht sind völlig in Ordnung.

Doch nährt unsere Kultur eine geradezu morbide Furcht vor der Natur. Wir mißtrauen der Wildnis, die der Tanz der Götter ist. Ebenso dem instinktiven Drang nach menschlicher Gesellschaft, der doch tatsächlich unsere ganze Sozialstruktur zusammenhält. Da das Inbewußte jener Teil unseres Selbst ist, welcher der Natur am nächsten steht, wird es von der Gesellschaft ebenfalls gefürchtet.

Gleichermaßen wird das Inbewußte als Hort alles inneren Bösen gesehen. »Hüte dich vorm Bösen im Herzen des Menschen.« Oh weh! Das Fetsch verliebt sich bereits in jemanden, noch bevor das sprechende Selbst dessen gewahr wird. Das Fetsch ist jener Teil von uns, der am meisten Sinn fürs Ballett oder für die Poesie hat, denn – und gebt gut acht, ihr alle, die ihr die Kunst bemeistern wollt, Besen dazu zu bringen, eure Wassereimer zu schleppen – die Sprache des Inbewußten ist die Metapher, ist die Kunst und die Wörtlichkeit. Das ist ein wichtiger Bestandteil ihrer Magie. Wie kraftvoll wäre wohl jene Szene mit Mickey Maus als Zauberlehrling ausgefallen, ohne die ganze Hintergrundmusik? Das verrufene Fetsch ist auch, wie ich bereits erläuterte, jener Teil von uns, der direkt mit dem Gott im Innern und den Göttern im Außen spricht.

Die Natur ist heilig, und das Fetsch, da es denn der Teil von uns ist, welcher der Natur am nächsten steht, hilft uns dabei, die heiligen Gaben der Göttin, nämlich das Leben, die Liebe, die Freude und die Natur, zu würdigen und zu schätzen. Man darf das Fetsch also nicht mit irgendeiner heruntergekommenen Kreatur gleichsetzen, sondern, wie Victor sagen würde, mit einem stolzen Hengst!

Das Wort »Fetsch« (englisch: *fetch*) bedeutet »herein-ziehen«, was sich auf das Atmen bezieht. Das lateinische Wort »spiritus« kommt von »spirare«, was wiederum »atmen« bedeutet. Wenn Sie das Wort »Inspiration« in seine Bestandteile auflösen, so stammt es aus dem lateinischen »einatmen«. In dem Ritual, das Sie gleich lernen werden, werden Sie das Fetsch in seiner Funktion der Aufnahme des Lebensatems und der göttlichen Inspiration erfahren.

Der hebräische Ausdruck für das sprechende Selbst, »Ruach«, setzt unser Alltagsbewußtsein mit dem kosmischen Bewußtsein in Beziehung. Alternative Religionen befreien uns von der für die organisierten Religionen so typischen sklavi-schen Verehrung des logischen Verstands zu Lasten von Emotion und Intuition. Verfallen Sie aber nicht ins andere Extrem! Jeder Teil von uns ist heilig. Erst das Zusammenführen des Bewußtseins mit dem Inbewußten macht den Dichter, macht die Hexe aus. Die Kelten haben das sprechende Selbst auch als »Fuchs« bezeichnet. Und tatsächlich stehen Gewitztheit und Schläue einer Hexe gut an.

Ein Ziel dieses Besuchs ist es, Ihnen zur Integration dieser drei Seelen zu verhelfen. Was ich soeben dazu geschrieben habe, bezeichnet eine wirkliche Anatomie, keine nur meta-phorische. Andererseits kann man diese Unterscheidungen auch allzu wörtlich nehmen. Nur wenn Sie begreifen, daß jeder der drei Seelen auch die Attribute der anderen beiden Seelen eignen, vermeiden Sie das Risiko weiterer innerlicher Entfremdung, weiteren Mangels an Selbstintegration. Gehen Sie also nicht zu starr bei der Betrachtung der Aufgaben und Attribute vor, die jeder einzelnen Seele eignen. Versuchen Sie nun das folgende Ritual.

Das Ha-Gebet

RITUAL

Das Ha-Gebet

Es ist wichtig, das Gottselbst voll an unserem Lebensalltag teilnehmen zu lassen. Dem Gottselbst vollen Anteil am Alltag zu verweigern, ist wie ein Mensch mit gesunden Augen, der versucht, mit geschlossenen Lidern oder im Dunkeln zu lesen – das wäre absurd und unnatürlich. Das Ha-Gebet wird Sie dazu führen, Ihr ganzes Sein zu nutzen.

Das Ha-Gebet »rückt auch alle Drei Seelen zurecht«. Damit ist gemeint, daß das Fetsch und das sprechende Selbst integriert werden.

1. Schritt: Sprechen Sie: »Mögen alle Drei Seelen in mir zurechtgerückt sein.«

2. Schritt: Bitten Sie Ihr Inbewußtes, das *Mana* zu speichern, das Sie gleich aufnehmen werden. Eine der zahlreichen Funktionen des Fetsch besteht darin, Energie zu erschaffen und zu speichern.

3. Schritt: Atmen Sie in vier Zügen *Mana* ein.

4. Schritt: Atmen Sie Energie ein, immer im Vierer-Rhythmus, bis Sie eine gute, kräftige Ladung erreicht haben und von der Macht der Göttin erfüllt sind. Während Sie dies tun, beten Sie darum, daß Ihr Gottselbst sich voll am vor Ihnen liegenden Tag beteiligt. Seien Sie sich darüber so klar wie möglich, was es bedeutet, das Gottselbst vollen Anteil am Alltag haben zu lassen; denken Sie über das nach, was Sie über die Anteilnahme des Gottselbstes an unserem Leben gelernt haben, und dann bitten Sie darum, daß diese Dinge, die Sie da kontempliert haben, auch tatsächlich geschehen mögen.

Beten Sie außerdem darum, daß Ihre Drei Seelen in Ihnen zurechtgerückt sein mögen, indem Sie erst kontemplieren, was Sie dazu in dieser und den vorhergehenden Lektionen gelernt haben, um dann darum zu bitten, daß dem auch so werden möge.

5. Schritt: Im Schritt 6 werden Sie Ihrem Gottselbst etwas von dem aufgenommenen *Mana* senden. Dies verleiht Ihrem inneren Gott die Macht, Ihre Gebete zu erhören, und die Energie, um vollen Anteil an Ihrem Alltag zu haben. Sendeten Sie alle mit dem Atem aufgenommene Energie, würde es den Rest von Ihnen auslaugen. Ihr Fetsch weiß um die richtige Menge, die es weiterzuleiten gilt, wie auch, welche Menge Sie davon in den anderen Teilen Ihres Selbst bewahren sollen. Wenn Sie eine gute, kräftige Ladung *Mana* aufgenommen haben und Ihr Gebet kraftvoll und klar geworden ist, bitten Sie das Fetsch, das *Mana,* das Sie gleich entsenden werden, aufzuteilen.

6. Schritt: Führen Sie eine rituelle Geste des Nachobenblasens durch (nein, nicht wie bei einer Explosion, sondern wie beim Zublasen eines Kusses), und imaginieren Sie dabei, wie etwas von der aufgenommenen Energie zu Ihrem Gottselbst emporsteigt. Überlassen Sie es dem Inbewußten, die richtige Menge zu bestimmen. Imaginieren Sie, wie die Energie in eine blaue Kugel unmittelbar über Ihrem Kopf einströmt.

7. Schritt: Eine meiner Schülerinnen bekam Schuldgefühle, als sie an diesem Punkt plötzlich sexuelle Gefühle entwickelte, und fragte: »Ist das nicht verkehrt? Das soll doch eigentlich etwas Spirituelles scin.« Ich antwortete ihr, daß die Sexualität das Herz der Schöpfung sei und daß die Schöpfung heilig ist. Wenn es auch keine Vorschriften dazu gibt, was an diesem Punkt des Ritus zu geschehen hat, so ist die Erregtheit doch ein Indiz für Gesundheit – spirituelle wie körperliche Gesundheit.

Dies ist ein ganz besonderer Punkt im Ritual, denn der Gott in Ihrem Innern gibt Ihnen die Liebe, die Sie brauchen. Das ist wahrhaftige Selbst-Liebe. Halten Sie sich offen für alles, was geschehen mag. Enthalten Sie sich aller Urteile.

Unser Gottselbst weiß ganz genau, was wir brauchen, und ebendies könnte jede beliebige Gestalt annehmen. Ihr Gottselbst wird Sie mit allem überschütten, was Sie brauchen, um glücklich und gesund zu sein.

Möglicherweise entwickeln Sie dabei ein Schwindelgefühl, das jedoch bald verstreichen wird.

Im Hawaiianischen bedeutet »ha« soviel wie »atmen«. Das Wort »Hawaii« besteht aus den Silben »ha« und »wai«, was sich mit »Wasser atmen« übersetzt. Wobei der Begriff »Wasser« im Hawaiianischen für »*Mana*« steht. Hinzu kommt noch das zweite *i*, das die Funktion eines Ausrufezeichens hat: *Atme Mana!* Das Ha-Gebet wurde nicht nur von den keltischen Schamanen, sondern auch von den alten Hawaiianern verwendet, die es von den Menehune lernten, dem Feenvolk ihrer Inseln. Tatsächlich kommt der Laut ha in vielen Kulturen in einem spirituellen Kontext vor. James Brown stößt in seinen Songs oft stakkatoartig ein emphatisches *ha!* aus, ein Anklang an die Gospelmusik, die sein künstlerisches Werk beeinflußte. *HA* ist der Laut des ausgeatmeten Gebets, das zu Gott emporsteigt.

Aufgabe

Führen Sie dieses Ritual jeden Tag nach dem Erwachen durch, verwenden Sie die Magische Formel dabei aber nur, wenn Sie es ausdrücklich möchten. So wie es ganz natürlich und erforderlich ist, den Tag damit zu beginnen, daß Sie die Augen aufschlagen, so natürlich und erforderlich ist es auch, den Tag mit diesem Ritus einzuleiten.

Je öfter Sie dieses Ritual ausführen, um so mehr wird Ihr ganzes Sein an Ihrem Tag teilhaben. Sonst wäre es so, als würden Sie versuchen, nur auf einem Bein zu gehen – eine arge Behinderung. Obwohl die Wirkung dieses Rituals bei täglichem Gebrauch ganz enorm ist, können Sie es auch auf dreimal pro Woche beschränken, falls Ihnen diese Herausforderung doch zu viel sein sollte.

Das Ha-Gebet ist außerordentlich wichtig, seine tägliche Durchführung stellt die Grundlage des Dritten Wegs dar. Eine Schülerin erzählte, daß sie beim ersten Mal so gut wie überhaupt nichts spürte. Später berichtete sie dann: »Ich spüre zwar immer noch nicht viel. Aber wenn ich es mache, Junge, Junge, was wird das immer für ein toller, ausgeglichener Tag!«

Nachdem Sie sich erst einmal an diese Übung gewöhnt haben, wird sie zu etwas Leichtem, Natürlichem, Einfachem und läßt sich auch in kürzester Zeit ausführen. Nach einer Weile können Sie sie beim morgendlichen Duschen oder beim Anziehen vor der Fahrt zur Arbeit durchführen. So wird sie zu einem natürlichen Bestandteil Ihres Lebens.

Fügen Sie diesen Ritus ab jetzt immer dem vorrituellen Teil der Magischen Formel hinzu. Es ist wichtig, daß das Gottselbst an jedem Ritual voll beteiligt wird und daß die Drei Seelen vor jedem Ritual zurechtgerückt sind. Es ist wie beim Händewaschen vor dem Essen: Das ist natürlich und reinlich, ganz so wie auch ein Waschbär seine Nahrung wäscht. Außerdem ist das vorrituelle Ha-Gebet ein notwendiges und mächtiges Mittel, um bei Ihren Ritualen den magischen Schutz zu gewährleisten.

Nach der vorrituellen Reinigung führen Sie ein Ha-Gebet aus. In dieser Hinsicht stellen Ihre Wochenlektionen eine Ausnahme dar. Warten Sie im Laufe der Lektion, bis Sie an ein Ritual kommen, das Sie sofort ausführen sollen, und führen Sie Reinigung und Ha-Gebet erst dann aus.

Die einzige Änderung, die Sie während der vorrituellen Arbeit ausführen, besteht darin, daß Sie noch ein Gebet hinzufügen, mit dem Sie die Göttin darum bitten, sich voll an dem, was noch kommt, zu beteiligen.

Diese beiden Einsatzmöglichkeiten des Ha-Gebets bieten Ihnen einen mächtigen Schutz, weshalb diese Lektion auch so wichtig ist.

Magie zu Hause

Inzwischen haben Sie wahrscheinlich Ihren offiziellen Altar gebaut. Ihr Heim ist allerdings ein noch viel wichtigerer Altar. Wenn wir einen Altar haben und pflegen, darüber aber die spirituelle Hausarbeit vernachlässigen, mag dieser »offizielle« Altar ein noch so mächtiges Instrument der

Selbstverwirklichung sein, es wird ihm dennoch an etwas Wesentlichem fehlen.

Spirituelle Hausarbeit

So wie Ihr Heim das Staubwischen und Staubsaugen braucht, so bedarf es auch der magischen Reinigung. Hierfür sind Weihrauch, Salbei oder Sandelholz besonders gut geeignet. Sie vollziehen die Reinigung, indem Sie in jedem Zimmer etwas davon räuchern.

Falls Sie es vorziehen, können Sie die Reinigung aber auch mit Salzwasser durchführen, das Sie in jedem Zimmer versprengen. Manche Hexen ziehen Meersalz dem gewöhnlichen Tafelsalz vor. In Krisenzeiten oder wenn Sie Ihr Heim gerade erst neu bezogen haben, wäre es vielleicht auch gut, Wände und Böden damit abzuwaschen. Ich persönlich ziehe an manchen Tagen Räucherwerk vor, an anderen Salzwasser.

Wie bei der täglichen Hausarbeit, kann Ihre spirituelle Reinigung auch mal in einem schnellen Kurzdurchgang erledigt werden. Wenn Sie Ihr Heim zum ersten Mal beziehen, oder wenn Sie gerade am eigenen Leib eine Tragödie erleben, ist eine sehr gründliche Reinigung angebracht. Gehen Sie dabei so sorgfältig vor, wie es Ihnen nur möglich ist: Schwenken Sie den Rauch, oder versprengen Sie das Wasser in jede Zimmerecke, in jeden Einbauschrank, in jede Kommode, jede Schublade und über jedes Regalbrett. Halten Sie das Reinigungsgerät mal hoch und mal tief, bis Sie wirklich jede Ritze damit behandelt haben. Scheuen Sie sich nicht, auch große Mengen Räucherwerk oder Salzwasser zu verwenden.

Sie sollten außerdem die Fenster öffnen und die Vorhänge aufziehen, um regelmäßig frische Luft und Sonnenschein in Ihr Heim zu lassen. Damit läßt sich auch die gründliche spirituelle Hausreinigung vervollständigen. Gottes Licht und die wunderschöne Frischluft vertreiben unsere negativen Energien und bringen Helligkeit und Frische in unser Heim.

Es kommt vor, daß das Räuchern von Salbei oder das Abwaschen der Wände mit Salzwasser nicht genügt. Zur spirituellen Reinheit kann auch die grobstoffliche Reinigung gehören. Vielleicht sollten Sie ja doch mal diesen Geschirrberg spülen, der da gerade darauf wartet?

Ich habe eine Freundin, die sich weigert, in einem unordentlichen Zimmer zu zaubern. Ich selbst stehe allerdings auf dem Standpunkt, daß meine Magie und meine Spiritualität in jedem Lebenszustand wirksam einzusetzen sind. (Sagt die eine Hexe zur anderen: »Warum zauberst du nicht einfach, um die Bude aufzuräumen?« Erwidert die andere Hexe: »Hab ich schon. Du hättest den Laden mal vorher sehen sollen!«) Meine Freundin ist mir zu sehr Vertreterin des einen Extrems, aber es stimmt schon, daß ein einigermaßen sauberer und aufgeräumter Raum die magische Klarheit und die spirituelle Reinheit unterstützen kann. Was nützt außerdem alles Training, wenn wir noch nicht einmal ein Heim haben, in dem wir gern leben? Schließlich ist es Ziel des heidnischen Trainings, ein Leben zu führen, das uns auf der körperlichen Ebene erfüllt.

Es bleibt Ihrem Urteil überlassen, ob Sie beim spirituellen Hausputz die Magische Formel verwenden wollen oder nicht.

Aufgabe

Machen Sie sich ein sauberes, ordentliches Heim zur Vorgabe, selbst wenn es viele Jahre dauern mag, bevor Sie dieses Ziel erreichen oder überhaupt erst in Angriff nehmen können.

Damit Sie Ihr Heim wirkungsvoll von negativen Schwingungen reinigen, können noch weitere Schritte erforderlich sein. Beispielsweise könnten Sie mit Ihrem Mitbewohner vielleicht einen unbewältigten Konflikt ausdiskutieren oder damit aufhören, sich zu Hause ständig in beruflichen Sorgen zu verlieren.

Es kann auch sein, daß Sie für diese Art von spiritueller Reinigung noch nicht bereit sind. Vielleicht haben Sie noch nicht gelernt, sich für einen Fehler zu entschuldigen. Oder Sie wissen noch nicht, wie Sie jemanden stellen sollen, der Sie schäbig behandelt. Seien Sie geduldig mit sich selbst. Sehr geduldig. Wie lange es auch dauern mag – und für manche Menschen ist es wirklich ein sehr langwieriger Prozeß –, Sie können sich auch auf dem Gebiet zwischenmenschlicher Beziehungen reinigen. Vielleicht führen Sie einen Reinigungsritus für jene Dinge in Ihrem Innern durch, die Sie dazu bringen, sich auf eine bestimmte Weise zu verhalten. Möglicherweise genügt fürs erste aber auch ein schlichtes Gebet, ohne den üblichen rituellen Rahmen, damit sich diese Verhaltensweisen ändern.

Bei seltenen Gelegenheiten kann es erforderlich sein, einen katholischen Priester oder eine Hexe von höchstem Ausbildungsstand heranzuziehen, um ein Heim spirituell zu reinigen, wenn der Praktizierende nämlich aus eigener Kraft mit den im Heim vorherrschenden Schwingungen nicht zurechtkommt. Eine spirituelle Reinigung von solchem Kaliber nennt man einen Exorzismus: die Beseitigung mächtiger negativer Energien oder Geister, die für Störungen sorgen, sei es durch Bösartigkeit, durch irregeleitete Überlegungen oder aus anderen Gründen. Man kann sowohl einen Menschen als auch ein Gebäude exorzieren. Ich habe selbst einmal ein Haus exorziert, in dem man nachts zu den ungewöhnlichsten Zeiten hören konnte, wie die Türen zuschlugen. Als erstes vergewisserte ich mich allerdings, daß es nicht der Ehemann war, der sich zu einer kleinen Sauftour aus dem Gebäude schlich – es gibt nämlich vieles, was die Existenz von Plagegeistern vortäuschen kann. Als nächstes begab ich mich in eine Trance und suchte den Störenfried auf: Es war der Geist einer jungen ledigen Mutter, die einst in dieser Wohnung gelebt hatte, bis sie schließlich dort gestorben war. Sie klapperte nachts umher, weil sie Aufmerksamkeit erregen wollte, um das Schicksal ihres Kindes in Erfahrung zu bringen, das zum Zeitpunkt ihres Todes zwei Jahre alt gewesen war. Die jetzigen Eigentümer hatten das Haus unmittelbar nach dem Tod der Mutter gekauft, und so wußten sie zufällig, wo sich das Kind jetzt befand. Ich konnte den Geist beruhigen und ihm mitteilen, daß alles zum Besten stand. Danach wurden die Hausbewohner nur noch von ihrem eigenen Wecker aus dem Schlaf gerissen.

In letzter Zeit hatte ich viele Exorzismen an Menschen durchzuführen. Was für eine merkwürdige Feststellung! Neulich machte ich diese Bemerkung in Gegenwart einer Freundin und mußte selbst dabei lachen. Es ist schon ein seltsames Leben, als Schamanin des Computerzeitalters! Da muß ich an den Meinungsknopf denken, den ich einmal kaufte und auf dem steht: »Ich lese keine Science Fiction. Ich lebe sie.«

Da wir gerade bei seltsamen Bemerkungen und Exorzismen sind: Ich wurde einmal angeheuert, um einen Exorzismus durchzuführen, der absehbar den ganzen Tag dauern würde. Das Haus war an einem Ort gebaut worden, an dem es reichlich magische Kräfte gab. Früher hatte dort einmal eine Hexe in liebevollem Respekt mit ihrer Umgebung gelebt. Nach ihrem Tod überfiel den Ort eine solche Trauer – ja, auch Grund und Boden kann trauern –, daß sich die neuen Besitzer seit ihrem Einzug dort niemals hatten wohlfühlen können. Nachdem ich im Eingangsgespräch mit dem Ehepaar die Ursache für die Störung hellseherisch ermittelt hatte, wußte ich, daß ich einen vollen Tag brauchen würde, um alles wieder ins Lot zu rücken. Ich mußte meinen Klienten die Situation erklären, das Land trösten und heilen und den Ort mit seinen neuen Wächtern vertraut machen, zwei Botanikern, die die Gegend sehr liebten und sie spirituell wie ökologisch achten würden.

Ich hatte aber auch zugesagt, am nächsten Tag zu einem Picknick ein Backhuhn mitzubringen, und so sagte ich zu einer Freundin: »Ich weiß einfach nicht, wann ich dazu kommen soll, dieses Huhn zu backen. Der Exorzismus wird den ganzen Tag dauern.« Meine Freundin lachte und sagte: »Weißt du, woran man merkt, daß man schon lange mit

Francesca zusammen ist? Wenn einem solche Bemerkungen nicht mehr seltsam vorkommen.« Ich finde es herrlich, seltsam zu sein!

Schutz des Heims

RITUAL

Der Schutzkreis

Zum Schutz Ihres Heims sollten Sie den folgenden Sprechgesang drei bis 48 millionenmal aufsagen. Die Wiederholung baut Kraft und Stärke auf. Das Ritual kann noch stärker wirken, wenn Sie während des Sprechgesangs im Haus auf und ab gehen. Während Sie dies tun, besprengen Sie alle Öffnungen mit Salz: Fenster, Türen und Kamine. Vergessen Sie die Telefone nicht. Und die Techno-Heiden unter Ihnen sollten auch Ihre Modems nicht vernachlässigen. Salz schützt.

> *Göttin rein und Göttin raus*
> *Schlag den Kreis um dieses Haus.*
> *Laß Liebe ein,*
> *halt Böses raus.*

Während Sie diesen Sprechgesang wiederholen, behalten Sie Ihr Ziel klar vor Augen: Schließlich ist es Ihr Heim, und es sind alle, die darin leben, die Sie hiermit schützen.
»Göttin rein und Göttin raus« bezieht sich sowohl auf die Große Mutter als auch auf den Gott in jedem von uns. Wenn wir zu ihr beten, lassen wir dabei unsere Ganzheit nicht außer acht. Außerdem rufen wir unsere innere Gottheit an,

die für Mann wie Frau gleichermaßen Göttin genannt wird. Die *Aumakua* ist weiblich, obwohl sie zugleich zweigeschlechtlich ist, da beide im Weiblichen ruhen. Und so, wie wir die Große Göttin anrufen, rufen wir zugleich ihren Sohn, Bruder, Liebhaber, ihre andere Hälfte an, denn er ist Teil von ihr.

Es ist wichtig, sich nicht gegen gute Mächte zu isolieren. Daher der Vers »Laß Liebe rein« – Sie wollen schließlich Sicherheit, nicht Isolation.

Sie können dieses Ritual auch zum persönlichen Schutz durchführen, indem Sie Ihre Absicht auf diesen Zweck richten und nicht auf das Heim. Vielleicht befinden Sie sich in einem Geschäft, wo gerade ein überarbeiteter, gereizter Angestellter beschließt, seine ganzen aufgestauten Emotionen an Ihnen auszulassen. In diesem Fall könnten Sie schnell einen Schutzkreis um sich ziehen. Vielleicht stehen Sie vor einer Auseinadersetzung mit einem grollenden Ex-Ehepartner. Dann könnten Sie den Schutzzauber für sich selbst durchführen, bevor Sie zu dem Treffen gehen. Wenn Sie dieses Ritual erst einmal häufig genug ausgeführt haben, können Sie ganz einfach und schnell einen Schutzkreis aufbauen. Sie können es sogar üben, wie es ein Kampfkünstler mit Blocks tut, damit die Verteidigungsmaßnahme auch sitzt, wenn sie gefordert wird.

Dieses Ritual bietet auch Schutz beim Zaubern. Obwohl meine Anleitungen so gestaltet sind, daß Sie Ihre Hexenkunst stets gefahrlos ausüben können, mag es Zeiten geben, da zusätzliche Vorsichtsmaßnahmen erforderlich werden. Beispielsweise wenn Sie ein Ritual durchführen wollen, Ihre Mitbewohnerin aber gerade schmollt und ihre üble Laune Sie geradezu greifbar berührt. Passen Sie den Schutzkreis an, indem Sie Ihre Absicht umformulieren und sich darauf konzentrieren, daß der Kreis Sie während des Ritus schützt.

Egal welche Version dieses Ritus Sie vollziehen, im Zuge der vorrituellen Reinigung sollten Sie sich aller negativen Gedanken, Ängste und anderer inneren Blockaden entledigen, die Ihren Schutz betreffen. Glauben Sie beispielsweise daran, daß »Laß Liebe rein« auch bedeutet, Schmerz hereinzulassen? Oder fürchten Sie sich vielleicht vor einem bestimmten Menschen? Dann reinigen Sie sich von Ihren morbiden Ängsten – im Gegensatz zu Ihren gesunden Ängsten – vor dieser Person sowie von allen etwaigen inneren Blockaden, die mit diesem Menschen zusammenhängen und Sie dabei stören könnten, zu einem freien Kanal für den Zauber zu werden.

Wenn Sie sich in körperlicher Gefahr befinden, führen Sie den Zauber aus, und rufen Sie die Polizei, und zwar nicht unbedingt in dieser Reihenfolge! Wo sofort gehandelt werden muß, bleibt keine Zeit für die vorrituelle Arbeit.

Wie bei der spirituellen Reinigung können Sie auch einen größeren oder umfassenderen Schutz aufbauen. Je öfter Sie den Schutzzauber vollziehen, um so weniger Energie braucht die Einzeloperation. Führen Sie nur selten Schutzrituale durch, werden diese vielleicht mehr Zeit und Energie benötigen.

Der Einsatz des Schutzrituals ist eine hervorragende Methode, um die Magie in Ihr Alltagsleben zu integrieren, doch ist dies nur ein Vorschlag. Wenn der Einsatz der Schutzblase Ihr Leben allzu sehr durcheinanderbringen sollte, was sogar relativ wahrscheinlich ist, wenn Sie sich beispielsweise noch im ersten Jahr Ihrer Hexenausbildung befinden, dann üben Sie sich in Geduld. Auch wenn diese Schutzarbeit sehr wichtig ist, kann man doch nicht zuviel auf einmal ändern. Irgendwann werden Sie schon dazu in der Lage sein, diese Option Ihrem Repertoire hinzuzufügen. Meine Empfehlung: Stellen Sie Sicherheit fürs erste durch innere Reinigungen, Selbstintegration und weitere mächtige Sicherheitsfaktoren her, anstatt sich auf Schutzzauber zu konzentrieren. Erstere sind insgesamt eine hervorragende Wahl. Im Laufe der Zeit können Sie jedem Teil Ihres Tages mehr und mehr Magie hinzufügen, aber erst dann, wenn Sie auch für jeden dieser Schritte bereit sind.

Wie die Reinigung und der Schutz, brauchen auch die häufigeren Segnungen nichts sonderlich Spektakuläres zu sein. Zu bestimmten Zeiten sind zwar größere Anstrengungen gefragt, beispielsweise beim Einzug in ein neues Haus. Ansonsten können Sie Ihr Heim aber auch mit einer oder mehrerer der folgenden Methoden segnen, von denen keine die Anwendung der Magischen Formel benötigt, es sei denn, Sie möchten dies ausdrücklich. Die Feenmagie ist schlicht, das macht sie auch so wirkungsvoll.

Segnen Sie Ihr Essen. Wenn Sie den Segen über Ihre Mahlzeiten sprechen, ziehen Sie damit gute Geister an. Das braucht kein besonders kompliziertes Gebet zu sein. Ein schlichtes, aus ganzem Herzen kommendes »Danke, Mutter, für dieses Essen!« kann Wunder wirken, und die Mutter wird für Ihre Dankbarkeit ihrerseits dankbar sein.

Füllen Sie Ihr Heim mit Menschen, die Sie lieben. Eine Versammlung von Freunden, die sich in Liebe und Festlichkeit treffen, segnet das Heim.

Stellen Sie Schnittblumen und/oder Topfpflanzen im Heim auf.

Räuchern Sie Sandelholz.

Machen Sie Liebe. Mit jedem Liebemachen segnen wir uns selbst, die Erde und die Götter, sowie den Ort, an dem wir uns befinden. Lassen Sie sich stets nur auf ethischen Sex ein, denn Sex ist heilig. Wenn ich Sex sage, meine ich das ganz handfest: schwitzigen, spaßigen, liebevollen, natürlichen Sex. Seien Sie dabei nicht pseudospirituell – genießen Sie einfach eine vergnügte, sexerfüllte Zeit.

Verwenden Sie die folgende Haussegnungs- und Opfermischung, mit der Sie Liebe, Frieden, Sonnenenergie, Überfluß, gute Geister, Heilung sowie den Herrn und die Herrin in Ihr Heim locken. (Übrigens ist das auch ein hervorragendes Geschenk für eine Hauseinweihung.) Zutaten:

3,5 g Veilchenwurzelpulver
3,5 g Lavendel
3,5 g Zedernholz
28 g Weizenkörner
27 Tropfen Sandelholzöl

Füllen Sie die Mischung in eine Muschel oder eine hübsche Schale. Notfalls tut es auch ein Marmeladenglas. Stellen Sie das Behältnis in der Küche oder an einem anderen Mittelpunkt Ihres Heims auf. Nach drei Monaten entsorgen Sie die Mischung rituell, indem Sie sie vergraben und, sofern Sie wollen, das Behältnis aufs neue mit einem frischen Gemisch füllen.

Das Segnen des Heims besteht zum Teil auch darin, den dort lebenden Göttern zu opfern. Jeder Ort, ob es sich um einen Wald handelt, einen Bach oder ein Haus, besitzt seine eigenen dort wohnenden Götter, die die Hawaiianer *Akua Kini* nennen: die Kleinen Götter. Wenn wir diesen Göttern opfern, segnen sie dafür unser Heim, dann leben wir mit ihnen in gemeinsamer Harmonie.

Sie können die oben beschriebene Mischung oder auch andere Opfergaben verwenden, wenn Sie in ein neues Heim ziehen, doch die Opferungen an die Hausgötter sollten sich nicht darin erschöpfen. Regelmäßige Opfer für die Kleinen Götter sind eine alte heidnische Tradition. Eine Hexe, die den Segen über ihr Heim wünscht, bietet den Hausgöttern regelmäßig Speis und Trank dar, abgesehen von den Speisen für den Herrn und die Herrin, die bereits an früherer Stelle erwähnt wurden. Das braucht nicht mehr zu sein als ein Teelöffel voll von jeder Speise und jedem Getränk, die Ihre Mahlzeiten ausmachen. Es ist jedoch sehr wichtig, sowohl um sich des Segens der Kleinen Götter zu vergewissern als auch, um in Frieden mit ihnen zu leben. Stellen Sie die Opfergaben auf den Küchenaltar oder wo immer Imagination, Intuition und/oder Praktikabilität es gebieten.

Sie können Ihre Imagination und Intuition auch bei der Auswahl der Opfergaben ins Spiel bringen. Ich selbst opfere gern meine Lieblingsspeisen, ganz so, wie man etwas, das man gern hat, mit einem Freund oder einer Freundin teilt. Besonders gern esse ich gefrorene Beeren, ganz kalt und hart, direkt aus der Tiefkühltruhe. Meine Hausgeister scheinen sie auch zu mögen.

Die *Akua Kini* wissen es auch zu schätzen, wenn man gelegentlich ein paar Teelöffel voll Whisky in einer Untertasse opfert. Wenn Sie nicht gern Alkohol im Haus haben, nehmen Sie statt dessen ein Glas Orangensaft. Lassen Sie das Getränk über Nacht stehen, danach verdünnen Sie es, und gießen es auf die Erde. Diese Opfergabe aus Whisky oder Orangensaft ist auch eine gute Praktik, wenn Sie einen spirituellen Großhausputz durchführen. Die Reinigungsarbeit wird dadurch gefördert.

Wenn Sie diese Opfer darbieten, tun Sie es stets bewußt. Hohle Rituale sind einfach nur hohl, sonst nichts. Sie sollten das Ritual vielmehr mit Absicht und Gefühl erfüllen. Denken Sie über das nach, was Sie da tun. Und genießen Sie es. Die Geisterwelt ist ein toller Aufenthaltsort. Haben Sie Freude daran, und vergnügen Sie sich.

Wenn man erstmals den Dritten Weg beschreitet, gibt es viele Dinge zu tun. Sie sollten sich jedoch nicht übernehmen. Wenn Sie die Opferungen einmal nicht bewußt und mit Gefühlstiefe vollziehen können, führen Sie sie trotzdem durch, auch wenn es mehr oder weniger geistlos geschieht. Die Götter werden Ihre Bemühungen würdigen, das kann ich Ihnen versichern. Immerhin bekommen sie dadurch etwas zu essen!

Wenn Sie die Kleinen Götter nicht regelmäßig füttern können, versuchen Sie wenigstens, ihnen gelegentlich ein Opfer darzubieten. Vielleicht zu jedem Vollmond? Wenn Ihnen selbst dies nicht möglich ist, machen Sie sich keine Sorgen. Irgendwann werden Sie die Götter schon füttern.

Es gibt mehrere Gründe, weshalb man vor dem Schutzzauber eine Hausreinigung durchführen sollte. Zum einen beschützt diese Sie vor weiterer geistiger Verschmutzung. Außerdem ist es keine besonders gute Idee, ausgerechnet die negativen Energien in Ihrem Heim zu »schützen«. Im allgemeinen lautet die Formel für die spirituelle Hausarbeit: erst reinigen, dann schützen, dann segnen. Diese Reihenfolge ist jedoch nicht dogmatisch festgeschrieben. Am besten, Sie versuchen, es irgendwie hinzubekommen. Es kann schließlich auch töricht sein, das Haus erst verspätet zu segnen, weil man es noch nicht früher reinigen konnte. Das Segnen durch Blumen, Sex und gute Gesellschaft kann Ihnen zudem das bringen und bieten, was Sie brauchen, um endlich mit der Reinigung anzufangen, wie es ja an sich bereits einige schlechte Schwingungen vertreiben hilft.

An diesem Punkt Ihrer Entwicklung ist es zwar wichtig, alles über die Haushaltsmagie und die dahinterstehende Logik zu erfahren, andererseits haben Sie auch schon jede Menge Arbeit aufgetragen bekommen, so daß Sie jetzt vielleicht zu sehr eingespannt sind, um schon gleich mit der Haushaltsmagie loszulegen. Integrieren Sie dieses Material nach Möglichkeit sofort in Ihr Repertoire, sonst tun Sie es eben erst in fünf Jahren, wenn es nicht schneller geht. Gehen Sie auf Wunsch auch schrittweise vor, so wie Sie erst mit der Zeit nach und nach eine Wohnung einrichten. (Die geistige Ebene möblieren? Psychische Innenarchitektur? Spirituelle Heimgestaltung? Prima Ideen, um damit herumzuspielen.)

Eine Religion als Lebensart anzunehmen, ist ein fortwährender Prozeß. Das läßt sich nicht alles auf einmal erledigen. Ich habe dieses Buch mit einem Ritual begonnen, nur um an späterer Stelle zu schreiben, daß man Rituale nie ohne vorrituelle Reinigung und ein Ha-Gebet durchführen soll. Das ist jedoch kein Widerspruch, sondern vielmehr die Umsetzung eines wichtigen spirituellen Prinzips: Man kann nicht alles auf einmal machen. Ich habe bereits ein situationsbezogenes Urteil formuliert. Bitte tun Sie das gleiche: Richten Sie sich nicht selbst zugrunde, indem Sie versuchen, zu schnell zu wachsen. Wenn Sie Schritt für Schritt vorgehen, werden Sie schließlich alle erforderlichen Praktiken parat haben.

Ich habe Jahre gebraucht, um diese Haushaltspraktiken zu einem festen Bestandteil meines Lebens zu machen. Lange Zeit führte ich sie nur sporadisch durch, obwohl ich mich in meinen anderen Übungen und Ritualen in strenger Selbstdisziplin übte. Manche meiner Schüler haben lange gebraucht, um diese Haushaltsrituale überhaupt erst einmal anzugehen. Dafür muß es einen guten Grund geben, also machen Sie sich deshalb keine Vorwürfe.

Soweit ich mich erinnern kann, habe ich anfangs vor allem Schutzzauber für mein Haus ausgeführt. Das geistige Reich hat mich so stark fasziniert, daß ich schon sehr früh ein gewaltiges magisches Pensum absolvierte, was wiederum jede Menge Kräfte anzog, deshalb wollte ich dafür Sorge tragen, dies auch entsprechend geschützt tun zu können.

Reinigung, Schutz und Segnung des Heims sind drei äußerst wichtige Schritte auf dem Weg zu einem veränderten Leben. Auch wenn es gefährlich sein kann, diese Praktiken zu vernachlässigen, sollten Sie stets nicht mehr versuchen, als Sie können, ansonsten vertrauen Sie einfach darauf, daß die Götter schon den Rest übernehmen werden.

Dieser letzte Satz mag auf Sie verwirrend wirken, weil es schwerfällt, die Gefahren im Reich der Magie auf realistische Weise herüberzubringen. Allzuviele Menschen sehen in der Hexenkunst etwas Erschreckendes, ein Thema, das der Horrorliteratur verwandt zu sein scheint. Andere wiederum versuchen, die Magie in einem geschönten Licht darzustellen, nachdem sie ins Gegenextrem verfallen sind. Sie zeichnen ein idyllisches Bild von der geistigen Welt, als wären süße kleine Gnome das einzige, dem man dort begegnen könnte. Oder sie behaupten, daß absolutes Vertrauen Sie schon vor sämtlichen schädlichen Mächten schützen wird, die im Ätherreich freigesetzt werden könnten. Ich werde an späterer Stelle mein Bestes tun, um dieser Auffassung den Teppich unter den Füßen wegzureißen.

Hier eine präzisere und nützlichere Sicht der Dinge: Die Magie ist nicht gefährlicher als der Rest des Lebens. Es ist gefährlich, einen Wagen zu fahren, dennoch tun die meisten Erwachsenen es, und viele von ihnen nehmen dabei auch ihre Säuglinge mit. Die Magie ist ebenso gefährlich wie das Autofahren, aber ich praktiziere sie dennoch, weil sie genauso nützlich ist. Wenn jemand mir eine Pistole an den Kopf hält, werde ich zwar gern versuchen, meinem Gott zu vertrauen, doch wird das positive Denken allein keine Kugel davon abhalten, sich in mein Fleisch zu bohren. Und obwohl es mir im alltäglichen Leben durchaus geschehen kann, daß jemand mir tatsächlich eine Pistole an den Kopf hält; und obwohl mir etwas ebenso Schlimmes in der geistige Welt widerfahren könnte, werde ich mich weder zu Hause einschließen, um den Rest meines Lebens durch vergitterte Fenster hinauszuspähen, noch werde ich mir die große weite Welt der Magie versagen.

Wir können stets nur unser Bestes versuchen, und egal wie sehr wir uns bemühen und planen mögen, es wird dabei immer noch jede Menge Fehler und »Scheitern« auf dem Weg zum Ziel geben. Riesige Mengen an Fehlern zu machen und häufiges Scheitern sind schlichtweg ein Zeichen dafür, daß wir leben: Es sind nur die Menschen, die nie etwas ausprobieren, die auch nur selten scheitern. Und das ist das größte Scheitern von allem.

Der Prozeß des Wandels

Sollten Sie während eines Rituals wiederholt die Konzentration verlieren, wenn Sie die Augen öffnen, um die Anweisungen zu lesen, können Sie das Ritual auch auf Tonband aufnehmen. Lesen Sie den Text dazu in langsamem Tempo, und lassen Sie lange Pausen nach jedem Schritt, um Zeit für das Ausführen der Anleitungen zu haben.

Vergessen Sie nicht, sich nach den Riten zu erden, sofern erforderlich.

Für den Fortgeschrittenen

Ich schlage vor, daß Sie die hier beschriebenen Haushaltszauber durchführen, es sei denn, daß das weiter oben für den weniger fortgeschrittenen Schüler bezeichnete Pensum Ihnen bereits genügt.

Je mehr ich in meiner Arbeit fortschreite, um so wichtiger

wird auch meine Haushaltsmagie. Wenn Sie ein rituelles Leben führen, das nicht auf den praktischen Alltag angewendet wird, sondern abseits davon stattfindet, so wird dadurch auch eine Distanz zwischen Ihnen selbst und Ihren wirklichen Zielen aufrechterhalten. Und je mehr man Magie praktiziert, um so schwerwiegender können die Konsequenzen einer solchen Gespaltenheit sein. Je tiefer ich in meine Kunst (die Kunst des Zauberns) eindringe, um so empfindlicher werde ich gegenüber geistigen Übergriffen, weshalb ich auch immer mehr der Schutzmaßnahmen bedarf.

Ich unterziehe mein Haus und mein Altarzimmer regelmäßigen Reinigungen. Als Meisterin meines Fachs stelle ich oft fest, daß die schlichte Übung, den Arbeitsraum spirituell reinzuhalten, meiner magischen Arbeit mehr Vitalität verleiht, daher führe ich diese Reinigung auch häufig unmittelbar vor einem Zauber aus.

Allerdings ziehe ich nicht vor jedem Ritus einen Schutzkreis. Das tue ich nur dann, wenn die Umstände eines Rituals es nahelegen. Andererseits ist mein Haus ohnehin immer geschützt, was dementsprechend auch für meine Rituale gilt. Anstatt Ihnen zu empfehlen, daß Sie die oben beschriebenen Schutzmaßnahmen vor jedem Ritual durchführen, was eine törichte Vergeudung Ihrer Zeit und Energie wäre, empfehle ich, das Schutzritual auf das ganze Heim anzuwenden, um einen dauerhaften Schutz zu schaffen, der Ihr Heim und sämtliche dort stattfindenden Riten rund um die Uhr abschirmt.

Dazu brauchen Sie den Zauber nur so durchzuführen, wie er beschrieben wird. Danach benutzen Sie Ihre Intuition oder eine Orakelmethode, um festzustellen, ob der Schutzzauber einer Erneuerung bedarf. Sollte dem so sein, führen Sie ihn noch einmal durch.

WOCHENLEKTION NEUN

Stolz und Sexualität sind heilig

Der Glaube ans Heilige
und wie er sich wandelt

Eine Hexe sucht den Stolz

»Stolz kommt vor dem Fall.« »Ach, nun reg dich nicht auf, nur weil es deinen Stolz verletzt.« »Meine Güte, bist du stolz!« »Nun sei doch nicht so stolz!« So etwas bekommt man zu hören, wenn die Rede auf Stolz kommt. Und doch suchen Hexen den Stolz. Im folgenden geben wir ihre Sicht der Dinge wieder.

Ehre deine Leistungen. Sei stolz auf sie.

Anerkenne den Wert dessen, was du der Gemeinschaft und deinen Freunden und Familienmitgliedern zu schenken hast. Sei stolz darauf.

Erkenne deinen Wert. Glaube an deinen Wert.

Strebe nach Selbstachtung.

193

Glaube daran, daß du wertvoll bist, schon weil du existierst.

Gottes Kinder im Tierreich besitzen Würde und Stolz.

Du brauchst nicht erst irgend etwas *zu leisten,* um in einem Raum voller Leute eine wertvolle Ergänzung darzustellen. Erkenne, wieviel schon deine reine Anwesenheit für die dich umgebenden Menschen wert ist.

Erfülle dich selbst mit Stolz, ganz so, wie du deinem eigenen Kind diese Art von Selbstrespekt übertragen würdest.

Wenn jemand zu dir sagt: »Mann, bist du vielleicht stolz!«, dann antworte: »Danke.«

Eine Hexe ist stolz auf das, was sie tut und was sie ist.

Stolz bedeutet, ein ausgeglichenes Selbstbildnis zu haben. Wahre Demut besteht darin, sowohl die eigenen Fehler als auch die guten Seiten zu erkennen. Nur die eigenen Fehler zu sehen oder nur von ihnen zu sprechen, ohne jemals die wunderbaren Dinge zu erwähnen, die Sie sind und tun, ist falsche Demut, ist spirituelle Arroganz.

Nachdem ich nun solcherart meine Predigt zum Thema Stolz vom Stapel gelassen habe, will ich es zugeben: Ja, ich bin eine böse Versucherin; ich glaube nicht daran, daß der Stolz eine der sieben Todsünden ist, und auch nicht, daß ich dafür in die Hölle kommen werde, weil ich mich selbst liebe. Böse Schamanin! Tatsächlich glaube ich, daß falscher Stolz in der Tat tödlich sein kann, aber dieses Thema bleibt einer späteren Lektion vorbehalten. Bis dahin soll die obige »Predigt« genügen, um sowohl eine bestimmte Ethik zu veranschaulichen als auch die Ziele, die diese Ethik verkörpern. Es kann sein, daß Sie eine lange Zeit brauchen, bis Sie nach dieser Ethik zu leben imstande sind. Betrachten Sie es als etwas, das man erst im Laufe der Zeit oder im Laufe einer

Lebensspanne lernt. Ich gehe davon aus, daß niemand jemals voll und ganz erlangt, was in meiner Predigt aufgelistet wird; das Leben ist ein Prozeß der sich immer weiter vertiefenden Veränderung. Ich tue mein Bestes, um mich in die Richtung der Ethik und der Ziele zu bewegen, die ich oben aufgeführt habe; und ich versuche, stolz auf alle Veränderungen und Transformationen zu sein, die ich dabei bewirke.

Da Sie nun schon in meiner magischen Einsiedlerklause sind, sollen Sie als nächstes Ihre Antworten auf die folgenden Fragen in Ihr Buch der Schatten schreiben. Das wird ein wichtiges Dokument werden. Es ist übrigens auch in Ordnung, wenn sich die Antworten auf verschiedene Fragen überlappen.

Sie stehen nicht unter Zeitdruck, andererseits sollten Sie sich auch nicht allzu lange mit jeder Frage aufhalten. In der Regel ist es besser, auf jede Frage wenigstens eine kurze, knappe Antwort zu geben, als nur einige wenige von ihnen perfekt zu beantworten. Seien Sie vernünftig, was Ihre Erwartungen betrifft, wieviel Sie während einer kurzen Schreibsitzung erreichen können. Es ist dies nur ein Schritt zu Ihrem immer wacher werdenden Bewußtsein in puncto Stolz. Sie können später immer noch etwas hinzufügen.

Woran denken Sie, wenn Sie das Wort »Stolz« hören?

Fällt es Ihnen als Frau (als Mann) in irgendeiner Weise schwer, stolz zu sein?

Schreiben Sie nur einen einzigen Bereich auf, in dem Sie sich rechtlos fühlen. Sind Sie beispielsweise lesbisch, von schwarzer Hautfarbe oder körperlich behindert? Nachdem Sie einen derartigen Bereich bestimmt haben, schreiben Sie nun auf, wie er Ihren Stolz berührt.

Worauf sind Sie stolz?

Setzen Sie Stolz mit Hochmut gleich, und fürchten Sie, daß auf ihn der Sturz folgt? Wenn ja, wurden Sie als

Kind jemals dafür bestraft, weil Sie stolz auf sich selbst waren?

Werden Sie heute noch bestraft, unterdrückt oder ausgelacht, wenn Sie stolz auf irgend etwas sind?

Welche ungesunden Glaubenssätze zum Thema Stolz hegen Sie?

Nachdem Sie diese Fragen beantwortet haben, wissen Sie wahrscheinlich mehr über sich selbst und darüber, woran Sie arbeiten müssen. Sie haben jetzt gewissermaßen die Straßenkarte für die Transformation in der Hand. Versuchen Sie nun aber ja nicht, die ganze Strecke auf einmal hinter sich zu bringen. Was Sie da im Zuge der Beantwortung unserer Fragen schriftlich fixiert haben, könnte zur Zielsetzung für ein ganzes Leben werden.

Wenn Sie im Leben eine Phase der Verwirrung durchmachen, kann Ihnen dieses schriftliche Dokument entsprechende Blockaden offenbaren, so daß Sie erkennen, welches Ziel Sie anstreben sollen und welche Ihrer Stärken Sie dabei unterstützen kann. Wenn wir wachsen und uns weiterentwickeln wollen, müssen wir auf unseren Stärken aufbauen. Und noch einmal: Unsere Stärken zu leugnen, ist nur falsche Demut.

Als nächstes sollen Sie während Ihres Wochenbesuchs ein Ritual durchführen. Gehen Sie noch einmal Ihre Antworten nach dem inneren »Makel« durch, der Ihnen zur Zeit die größten Sorgen bereitet. Vielleicht haben Sie ja gerade ein wichtiges Ziel erreicht, beispielsweise einen Hochschulabschluß oder ein einjähriges Engagement in einer Selbsthilfegruppe für Inzestgeschädigte, und fühlen sich jetzt überhaupt nicht mehr stolz, sondern werden von einer inneren Stimme behelligt, die Ihnen einredet, daß Sie viel besser hätten sein müssen, daß all Ihre Arbeit umsonst war. Führen Sie ein Reinigungsritual durch, um diese Stimme fortzuspülen. Vielleicht haben Sie auch Hemmungen, Ihren Lebenslauf zu schreiben, weil Sie glauben, daß Sie damit niemanden beeindrucken können. Dann spülen Sie eben diesen Glauben fort. Mit anderen Worten, führen Sie ein Reinigungsritual durch, in dem es darum geht, etwas zu beseitigen, das Sie an der Entwicklung eines gesunden Stolzes hindert. Vergessen Sie nicht, Ihre vorrituelle Arbeit jetzt auch durch das Ha-Gebet zu ergänzen.

Sexualität

Sexualität ist moralisch gut und heilig.

Alle Materie ist lebendig, von Freude erfüllt, sexuell.

Sexualität ist der Schöpfungsakt.

Wir haben Freude verdient.

Die Götter haben uns erschaffen, damit wir uns unseres Lebens erfreuen. Wir sind hier, um Freude zu genießen. Das ist unser »Lebenssinn«.

Sexualität ist Energie.

Sexualität ist eine mächtige Heilkraft.

Sexualität kann zutiefst verwunden. So beispielsweise gefühllose Promiskuität.

Sexualität führt uns näher zu Gott.

Sexualität ist der Kern der Mysterien.

Weil die Sexualität so viel Macht besitzt, müssen wir in unserem Sexualverhalten stets moralisch sein. Mißbrauchen Sie die hexische Sicht der Sexualität niemals als Ausflucht für moralische Verfehlungen. Sex ist eines der heiligsten Dinge, die es überhaupt gibt; dementsprechend sollten Sie auch damit umgehen.

Alles, was ich soeben über Sexualität gesagt habe, meine ich ganz wörtlich, es ist die echte, die wirkliche Sexualität angesprochen: die unordentliche, befriedigende, wälzende und purzelnde Sexualität! Zu glauben, ich könnte es anders meinen, hieße, den Sex zu entweihen.

Glauben Sie nur nicht, Sie könnten spirituell sein und dabei die Sexualität vermeiden. Sie steckt im Kern eines jeden Atemzugs und jedes Luftatoms, das Sie einatmen. Sie ist die Essenz des Geistes.

Sind Sie mit etwas von dem, was ich in diesem Buch bisher über Sex geschrieben habe, nicht einverstanden? Gut! Ich möchte nur Schüler haben, die auch eigenständig denken können.

Eine Freundin von mir, die zutiefst spirituell eingestellt ist und ein zölibatäres Leben führt, war gegenteiliger Ansicht als ich, was meine Behauptung betraf, daß Sexualität die Essenz des Geistes sei. Ich erwiderte ihr: »Ich verleihe der Sexualität selbst dann noch Ausdruck, wenn ich tanze, eine Mathematikaufgabe löse oder mir die Zähne putze. Damit meine ich nicht, daß ich immer auf eindeutig sexuelle Weise tanzen würde oder daß ich sexuellen Fantasien nachhinge, während ich mich der Zahnhygiene widme. Auf einer subtilen Ebene genieße ich allerdings die Sinnlichkeit, die allem innewohnt, was ich tue. Sexualität ist ein Teil von allem.« Als ich es ihr auf diese Weise dargelegt hatte, stimmte sie meiner Grundaussage zu. Worte und Sprüche über Sex haben für jeden, der sie vernimmt, eine ganz persönliche Bedeutung. Ganz abgesehen von der Tatsache, daß auch das Gegenteil einer spirituellen Wahrheit immer wahr ist. Noch einmal, der Dritte Weg bietet eine Alternative zu den Entweder-/oder-Wegen. Die magische Physik gedeiht prächtig durch den Widerspruch. Das ist eine der Grundlagen des Dritten Wegs, die diesen gesamten Text durchzieht, wenn auch nicht immer ausdrücklich darauf hingewiesen wird. Wir kommen in einem späteren Kapitel noch ausführlicher darauf zu sprechen.

Meine Diskussion mit meiner Freundin zeigt nur einen von vielen möglichen Wegen auf, wie man auch den Zölibat harmonisch mit dieser Prämisse in Einklang bringen kann. Wenn Sie anderer Auffassung sind als ich, möchte ich Sie zu einer spirituellen Herausforderung einladen. (Nein, ich schlage Ihnen nicht meinen Handschuh ins Gesicht und fordere Sie auf, die Waffen zu wählen: Zauberstab oder Kerze. Ich spreche vielmehr von einer Herausforderung, in der man mit sich selbst konkurriert, um damit das eigene Leben zu bereichern.) Werden Sie kreativ, und überlegen Sie sich Möglichkeiten, wie sich meine Darstellungen in Ideen umsetzen lassen, die Ihnen jene Macht verleihen, nach der *Sie* persönlich streben. Sollte das nicht funktionieren, will ich Sie gern darin unterstützen, weiterhin darüber so zu denken, wie Sie möchten.

Schreiben Sie die Antworten auf die folgenden Fragen auf. Befolgen Sie die Anleitungen, die ich Ihnen vor der schriftlichen Befassung mit dem Stolz in dieser Lektion gegeben habe und die sich folgendermaßen zusammenfassen lassen: Verfallen Sie nicht dem Wahn, zu glauben, daß Sie eine vollständige oder gar vollkommen durchorganisierte Einschätzung Ihrer Sexualität abliefern müßten. Schreiben Sie vielmehr in bequemem Tempo, und versuchen Sie jede der Fragen wenigstens ansatzweise zu beantworten. Erwarten Sie nicht zuviel von sich selbst, schon ein bißchen Mühe kann Sie sehr viel weiter bringen. Später können Sie noch mehr dazu schreiben.

Welche negativen Dinge oder Unwahrheiten hat man Ihnen über Sex erzählt, als Sie aufwuchsen?

Welche negativen Dinge oder Unwahrheiten hat man Ihnen über Männer und Sexualität erzählt, als Sie aufwuchsen?

Welche negativen Dinge oder Unwahrheiten hat man Ihnen über Frauen und Sexualität erzählt, als Sie aufwuchsen?

Was könnte in unserer Gesellschaft einen Menschen an einem glücklichen Sexualleben hindern?

Welche inneren Blockaden hindern Sie an einem glücklichen Sexualleben? Betrachten Sie diese Probleme als Vorhängeschlösser am Tor zur Göttlichkeit.

Wie sollte Ihr Sexualleben am besten aussehen?

Welche Einzelmaßnahme können Sie treffen, um Ihr Sexualleben zu verbessern?

Wenn Sie mit dem Schreiben fertig sind, lesen Sie weiter. Die letzten beiden Fragen waren weder abstrakt noch theoretisch. Im Heidentum geht es nicht um bloße Metaphern, sondern um das Leben selbst, wie auch darum, die materielle Welt als etwas Heiliges zu verehren. Das schließt unseren Körper und unseren Sexualtrieb ein. Machen Sie aus der Sexualitätsfrage keine abstrakte Sache, keine Metapher, die nur für etwas anderes stehen soll. Victor hat mir einmal ein japanisches Sprichwort erzählt: »Die Sexualität ist kein Tor, das woanders hinführt, kein Symbol für etwas noch Heiligeres, sondern ein Weg, der zum unendlichen Horizont führt. Wir beginnen jeden Pfad, indem wir sind, was wir sind. Wir entwickeln uns nicht in etwas anderes hinein, sondern werden zu dem, was wir sind.«

Nachdem Sie diese Aufgabe erledigt haben, wissen Sie wahrscheinlich mehr darüber, wer Sie sind und woran Sie an sich selbst arbeiten sollten. Seien Sie geduldig und beharrlich auf ihrem Weg. Sexuelle Blockaden sind oft am schwierigsten aufzulösen, weil sie sich nun einmal im Herz der Dinge befinden. Sie können eine wunderschöne Reise haben, doch wird sie langsam und ausgedehnt sein. Unterwegs kann es sein, daß Sie Ihr Gepäck, welches Sie zum Thema Sexualität mit sich herumschleppen, verlieren werden, obwohl es nur Stück um Stück geschehen wird. Schließlich aber werden Sie einen völlig neuen Sack voller Tricks tragen können.

Wenn Sie es für hilfreich halten, können Sie während des Rests dieses Trainings auf Ihre schriftlichen Ausführungen zurückgreifen und sie als Landkarte zum Zwecke der sexuellen Transformation nutzen; vielleicht auch als Diagnosetabelle, wenn Sie herausfinden möchten, was in Ihrem Innern für die Probleme in Ihrem Sexualleben verantwortlich sein könnte. Möglicherweise entdecken Sie dann in dem, was Sie soeben aufgeschrieben haben, eine Spur. Sollten Sie sich nach Beendigung dieses Buchs dazu entschließen, den Weg des Schamanen zu beschreiten, so greifen Sie immer wieder mal auf diese Aufzeichnungen zurück, solange Sie den Eindruck haben, daß Ihnen dies unterwegs helfen kann.

Aufgabe

Gehen Sie noch einmal Ihre schriftlichen Aufzeichnungen zur Sexualität durch. Suchen Sie sich eine Sache in Ihrem Innern aus, die sich störend auf Ihr Sexualleben auswirkt, und reinigen Sie sich davon. Vielleicht trauen Sie sich ohne einen Drink nicht, Ihrem Liebespartner zu sagen, was Sie im Bett gern tun würden. Befreien Sie sich durch Reinigung von dieser Furcht. (Womit nichts dagegen gesagt ist, angeheitert miteinander ins Bett zu gehen – es sei denn Sie sind Alkoholikerin auf Entzug.) Vielleicht hegen Sie auch den Verdacht, schwul zu sein, und trauen sich nicht, mit irgend jemandem darüber zu sprechen. Befreien Sie sich durch Reinigung von dieser Furcht. Oder Sie möchten einen bestimmten Menschen zu einem Rendezvous einladen, haben aber das Gefühl, sexuell nicht begehrenswert zu sein. Befreien Sie sich durch Reinigung von diesem Glauben. Das folgende Reinigungsritual stellt eine Alternative zu dem Ritus dar, den Sie bereits kennengelernt haben.

RITUAL

Reinigung durch Wasser

Werkzeuge und Zutaten

☾ Eine Badewanne oder ein anderes Gewässer, in dem Sie voll untertauchen können. Sollte nichts anderes verfügbar sein, verwenden Sie ein Wasch- oder Spülbecken.

☾ Optional: Basilikum, aufgebrüht wie für eine Tasse Kräutertee. Verwenden Sie auch ungefähr die gleiche Menge. Basilikum – genau das Kraut, das Sie zum Kochen verwenden! – ist ein Reiniger. Vor dem Ritual sieben Sie den Basilikumtee ins Wasser der Badewanne oder des Waschbekkens.

1. Schritt: Steigen Sie vor oder unmittelbar nach der vorrituellen Arbeit in die Wanne.

2. Schritt: Verbringen Sie die ersten ein, zwei Minuten damit, tiefe Atemzüge zu tun. Nichts Aufwendiges, einfach nur tiefes, natürliches Atmen, als wären Sie gerade erst aufgewacht und würden den ersten Atemzug des Tages tun. Konzentrieren Sie sich ausschließlich auf diese Atemzüge.

3. Schritt: Nehmen Sie sich ein inneres Hindernis vor, das Sie im Zuge der Reinigung beseitigen wollen. Vielleicht sind Sie eine Frau, die sich für ihr intensives sexuelles Verlangen nach einem Mann schämt, den Sie erst seit kurzer Zeit kennen, weil Sie eigentlich dem Glauben anhängen, daß Frauen keine starken sexuellen Gelüste haben sollten. Oder Sie genieren sich wegen Ihrer sexuellen Empfindungen für ein Mitglied des eigenen Geschlechts, weil man Ihnen beigebracht hat, daß homosexuelle Begierden etwas Böses seien.

In beiden Beispielen könnten Sie die Scham und den negativen Glauben, die sie begleiten, durch Reinigung beseitigen. Vielleicht lehnen Sie es ja aber auch überhaupt ab, sexuelle Bedürfnisse zu haben, weil man Ihnen nie beigebracht hat, die Freude in solchen Gefühlswallungen zu empfinden, weshalb sie Ihnen Unbehagen bereiten. In diesem Fall könnten Sie mit Hilfe der Reinigung Ihre Ablehnung beseitigen. Ich gebe hier ausschließlich sexuelle Störungen als Beispiele, weil es bei dieser Aufgabe ja auch um eine Reinigung des Sexuellen geht; tatsächlich ist dieses Ritual aber auch hervorragend zur Beseitigung aller anderen inneren Blockaden geeignet.

4. *Schritt:* Wenn Sie nur mit einem Spül- oder Waschbecken arbeiten können, ist es jetzt an der Zeit, die Hände ins Wasser einzutauchen. Imaginieren Sie, wie die Unreinheiten und Störungen ins Wasser abfließen.

5. *Schritt:* Beten Sie darum, daß diese Unreinheit in reine Lebenskraft transformiert werde, um dann als ein wie auch immer geartetes, positives Attribut zu Ihnen zurückzukehren, ganz wie die Götter es für angebracht halten.

6. *Schritt:* Stoßen Sie ein tiefes *aha* aus, das durch Ihr ganzes Sein hallt. Ziehen Sie dieses *aha* so sehr in die Länge, wie Sie nur können. Tun Sie dies mit einem ganzen Atemzug. Fahren Sie mit den *ahas* fort, während Sie imaginieren, wie Sie selbst von einer leuchtenden Energie erfüllt werden. Imaginieren Sie, daß diese Lebenskraft lebendig, vital, sexuell ist – eine Liebesenergie, die in Ihrem Innern pulsiert.

7. *Schritt:* Nachdem Sie darum gebetet haben, daß die Unreinheiten transformiert werden mögen, um danach als positive Eigenschaften zu Ihnen zurückzukehren, imaginieren Sie, daß dies tatsächlich bereits geschehen ist. Während Sie weiterhin die beschriebenen *ahas* ausstoßen, imaginieren Sie sich selbst als eine neue Person. Wenn Sie sich beispielsweise von der Scham wegen Ihres Verlangens nach einem anderen Partner gereinigt haben, sehen Sie sich selbst, wie Sie glücklich und zufrieden mit Ihrem sexuellen Verlangen sind.

Wenn ich diesen Ritus durchführe und nicht genau weiß, welches neue Verhalten oder welche Gefühlsstrukturen wünschenswert sind, halte ich mich einfach für alle guten Gefühle oder Ideen offen, die die Götter mir eingeben und die ich dann auch akzeptiere. Bemühen Sie sich einfach stets darum, Ihr Bestes zu geben.

Wenn Sie sich selbst als diese neue Person imaginieren oder visualisieren, tun Sie dies stets in der Gegenwartsform.

Den Göttern danken

Die Götter sind den ganzen Tag über gut zu uns, nicht nur wenn wir uns im Ritual befinden. Vielleicht möchten Sie Ihnen dafür Dank sagen. Man kann aus der Danksagung eine regelmäßige Übung machen, oder man führt sie nur aus, wenn es sich richtig anfühlt – beispielsweise dann, wenn ein bestimmter Zauber Früchte getragen hat.

Ich übe mich auch in Danksagung, wenn es keinen besonderen Anlaß gibt, weil es mir einfach Freude macht. Die Gottheiten sind wirklich, daher ist das »Danke«-Sagen natürlicher Bestandteil meiner Beziehung zu ihnen, ganz wie ein Kind zu seiner Mutter »danke« sagt, wenn es einen Keks bekommt, und sie dabei vielleicht noch glücklich umarmt.

Ich stelle Blumen und Speisen auf meinen Altar oder überall sonst auf, wo die Götter sie genießen könnten. Schön ist es auch, eine Kerze zu Ehren der Göttin abzubrennen, wenn sie mir eine besondere Segnung zuteil hat werden lassen.

Dank läßt sich auch durch die Tat ausdrücken. »Göttin, als Dank für diese schöne neue Gitarre will ich in einem Wohltätigkeitskonzert mitspielen.« Wenn Sie Ihren neuen Geliebten sehen möchten, dieser aber gerade nicht in der Stadt ist, könnten Sie beispielsweise den Göttern Ihre Einsamkeit als Dank für die neue Partnerschaft widmen.

Ein schlichtes, direktes, unverschnörkeltes Danke macht jeden Gott glücklich.

Der Prozeß des Wandels

Wenn Sie Schwierigkeiten mit Ritualtechniken haben sollten, so ist das nichts Ungewöhnliches. Es hat also keinen Sinn, sich deswegen allzu große Sorgen zu machen. (Sicher, sich Sorgen zu machen ist nicht völlig nutzlos. Als Hobby kann man damit Stunde um Stunde totschlagen. Es ist auch eine hervorragende Methode, um sich davor zu drücken, jene Dinge an sich selbst zu ändern, die einen daran hindern, glücklich zu sein.) Mit der Zeit werden diese Übungen Ihnen zur zweiten Natur werden, doch braucht es eben eine Weile, um die eigenen Fähigkeiten zu vervollkommnen. Geben Sie einfach stets Ihr Bestes. Seien Sie dabei geduldig und beharrlich. Wenn Sie eine Technik unaufhörlich wiederholen, werden Sie sie schließlich auch bemeistern. Indem Sie einfach die Übungen in diesem Buch ausführen, gleich wie »gut« oder »schlecht«, bauen Sie Ihre Fertigkeiten auf und verbessern Sie Ihr Leben.

Der Dritte Weg bewirkt tiefgreifende Transformationen. Sollten Sie größerer Unterstützung bedürfen, als ich Ihnen in diesen gedruckten Zeilen bieten kann, so holen Sie sich ruhig alle Hilfe, die Sie bekommen können: ob es bei einer Freundin ist, einem Hellseher, einem Geistlichen, einem Therapeuten, einem Haustier, einer Tanzgruppe, einer Hauspflanze – oder was Ihnen sonst noch einfallen mag.

Und falls Ihnen das weiterhelfen sollte: Ich erteile Ihnen hiermit vor allen Mächten der Schöpfung und allen Lesern dieses Buchs feierlich die Erlaubnis, sich jeder Hilfe und Unterstützung zu versichern, die Sie bekommen können, um Ihr Leben zu verbessern. (Manchmal meinen Menschen, etwas sei erst dann in Ordnung, wenn ein anderer es ihnen ausdrücklich erlaubt. Ich hoffe daher, daß meine offizielle Erlaubnis einigen von Ihnen zur Hilfe gereichen wird.) Versuchen Sie es nicht auf die harte Tour, indem Sie alles allein angehen. Damit überfordern Sie sich nicht nur möglicherweise selbst, es kann sich sogar als gegenläufig erweisen.

Viele meiner Schüler haben über lange Zeit sehr engagiert mit mir gearbeitet, während sie zugleich in einer engen Beziehung zu einem Therapeuten und/oder einer Selbsterfahrungsgruppe standen oder sich einer Vielzahl anderer Hilfsmittel und Werkzeuge bedienten, um ihre spirituelle Weiterentwicklung zu fördern. Beschaffen Sie sich jede Unterstützung und alle Werkzeuge, die erforderlich sind, um zu einem glücklichen, freien Menschen zu werden.

Nicht einsam sein

Zugang zum Selbst, zur Erde und den Alten Göttern

Wir sind Teil der Erde

Nachdem Sie Ihre vorrituelle Arbeit beendet haben, führen Sie den folgenden Ritus als Teil Ihres heutigen Besuchs durch. Lesen Sie den Text vorher einmal durch, damit Sie auch wissen, auf was sich die vorrituelle Reinigung richtet.

Ich verwende in diesem Ritual die persönlichen Fürwörter auch in der Mehrzahl, also *wir* und *uns,* denn wenn Sie diesen Ritus vollziehen, sind Sie dabei niemals wirklich allein. Einige der Ritualschritte sind in kleinere Teilschritte unterteilt. Diese habe ich in runde Klammern (...) gesetzt, um Sie wissen zu lassen, daß Sie nun einsetzen sollen, was Ihnen zuvor mitgegeben wurde, bevor Sie weiterschreiten.

RITUAL

Erdung Nummer 2

Teil 1

1. Schritt: Setzen Sie sich auf den Boden. Sollte Ihnen das zu unbequem sein, stehen Sie aufrecht. Wenn beides nicht bequem genug ist, tun Sie, was Sie für das Beste halten.

2. Schritt: Schaukeln Sie vor und zurück, spüren Sie, wie fest der Boden unter uns ist, wie stabil wir von ihm gehalten werden ... Benutzen Sie Ihre Imagination, um zu spüren, wie fest der Boden unter uns ist, wie stabil wir von ihm gehalten werden.

3. Schritt: Strecken sie Arme und Körper in die Höhe, spüren Sie die wunderbar üppige Energie des Himmels und der Luft. Sollten Sie diese Üppigkeit nicht spüren, imaginieren Sie sie.

4. Schritt: Strecken Sie sich in diese Üppigkeit des Himmels und der Luft hinaus, nicht nur mit dem Körper, sondern so weit Ihr Geist dies imaginieren kann, und benutzen Sie Ihre Imagination, um zu spüren, was dort draußen ist ... Saugen Sie es von den äußersten Grenzen Ihrer geistigen Ausdehnung ein, und imaginieren Sie, wie Sie aus diesen höheren Sphären mit Kraft, Freude und Liebe erfüllt werden.

5. Schritt: Benutzen Sie Ihre Imagination dazu, die verbliebenen Schritte der Erdung durchzuführen. Beginnen Sie damit, jenen Teil von sich selbst zu spüren, der in die Erde hineinreicht, jenen Teil von sich, der sich tief durch die oberste Erdschicht in den Boden erstreckt ... Spüren Sie jenen Teil von sich, der diese oberste Erdschicht selbst ist. Imagi-

nieren Sie es ... Spüren Sie, wie die Kraft der obersten Erdschicht Sie erfüllt.

6. *Schritt:* Spüren Sie jenen Teil von sich, der noch tiefer in
die Erde greift, nach der dunklen Kühle des mütterlichen
Schutzes, spüren Sie jenen Teil von sich, der selbst in einem
tieferen Ausmaß Teil der Erde ist. Imaginieren Sie es ... Spüren Sie, wie die Kraft aus diesem Teil der Erde Sie erfüllt.

7. *Schritt:* Spüren Sie jenen Teil von sich, der noch tiefer in
die Erde hineinreicht, sich an Gestein und unterirdischen
Höhlen und Flüssen vorbei in die Tiefe gräbt. Spüren Sie
jenen Teil von sich, der dieser tiefergelegene Teil der Erde ist,
dieses Gestein und die unterirdischen Höhlen, die unterirdischen Flüsse. Imaginieren Sie es ... Spüren Sie, wie die Kräfte dieser Dinge Sie erfüllen.

8. *Schritt:* Spüren Sie jenen Teil von sich, der noch viel tiefer in die Erde hineinreicht, dorthin, wo es sicher ist, dunkel
und reich an Fruchtbarkeit, Kraft und Liebe. Spüren Sie
jenen Teil von sich, der dieser Teil von Mutter Erde ist, dort,
wo es sicher, dunkel und reich an Fruchtbarkeit, Kraft und
Liebe ist. Imaginieren Sie es ... Spüren Sie, wie die dortige
Energie Sie durchflutet.

9. *Schritt:* Spüren Sie jenen Teil von sich, der bis in den
tiefsten Erdkern hinunterreicht, dorthin, wo dieser Kern aus
geschmolzenem Feuer besteht. Spüren Sie jenen Teil von
sich, der dieser feurige Kern des Mutterplaneten ist ... Spüren Sie, wie dieses Feuer Sie erfüllt.

Teil 2

1. *Schritt:* Stellen Sie sich aufrecht hin. Sollte das nicht
bequem genug sein, setzen Sie sich. Falls beides unbequem
ist, tun Sie, was Sie für das Beste halten.

2. *Schritt:* Von jetzt an benutzen Sie während des gesamten Rituals Ihre Imagination. Sagen Sie sich, daß wir alle
Kinder der Erde sind ... Spüren Sie Ihre Muskeln, spüren Sie
die Erde, aus denen diese bestehen. Bewegen Sie sich etwas –

oder auch mehr, wenn Sie möchten –, um dies besser spüren zu können. Wir sind bewegliche Teile der Erde, die Erde ist unser Ursprung. Ich möchte, daß Sie die greifbare, »handfeste« Erfahrung machen, daß wir Kinder der Erde sind. Während Sie sich bewegen, sollen Sie Ihre Muskeln richtig spüren, die Erde spüren, aus denen diese bestehen.

3. *Schritt:* Setzen Sie die Bewegung fort, und versuchen Sie, in Ihrem Körper die Rhythmen und Bewegungen des Erdenkörpers, des Bodens unter uns zu spüren (zu imaginieren).

4. *Schritt:* Atmen Sie tief durch, und spüren (imaginieren) Sie dabei, wie die Erde auch atmet. Wir sind ein atmender Teil der Erde. Wir sind ein beweglicher Teil der Erde, genau wie ein Fluß oder Strom.

5. *Schritt:* Wir sind bewegliche Teile der Erde wie die Fische und die Bäume. Wir sind bewegliche Teile der Erde. Nehmen Sie sich einen Moment Zeit, um diese Wahrheit mit Geist, Körper und Imagination zu erkunden. Möglicherweise stellen Sie fest, daß Ihre Bewegungen klein und kontemplativ sind – oder auch ausladend, zu einem regelrechten Tanz explodierend. Es gibt hier kein Richtig und kein Falsch! Tun Sie, was immer sich richtig anfühlt – erkunden Sie alles!

6. *Schritt:* Wir sind ein tanzender Teil der Erde wie fallendes Laub. Wir sind ein tanzender Teil der Erde. Nehmen Sie sich einen Augenblick Zeit, um diese Wahrheit mit Geist, Körper und Imagination zu erkunden. Vielleicht machen Sie die Feststellung, daß Ihr Tanz recht langsam und gar nicht wahrnehmbar ist, wie der einer alten Eiche. Oder er ist klein und schnell wie das Kichern eines Bachs. So oder so sind Sie jedenfalls tanzender Teil der Erde wie fallendes Laub. Welchen Tanz tanzen Sie heute? Genießen Sie es.

7. *Schritt:* Die Erde beginnt zu tanzen, wann immer wir tanzen. Das ist die wörtliche Wahrheit, keine Metapher: Die Erde beginnt zu tanzen, wann immer wir tanzen. Nehmen Sie sich eine Minute Zeit, vielleicht auch sehr viel mehr, wenn es Ihnen recht ist, um diese Wahrheit zu erkunden: Wir sind lebendige, denkende, bewegliche, atmende, tanzende

Teile der Erde, und wenn wir tanzen, beginnt auch die Erde zu tanzen. Ob Ihr Tanz eher einem Ballett gleicht oder richtig funky ist, ob er einem sanften Schlurfen gleicht, das die meisten Menschen gar nicht als Tanz bezeichnen würden – wenn *wir* tanzen, tanzt auch die Erde.

Aufgabe

1. Führen Sie dieses Ritual im Laufe der nächsten Woche ein weiteres Mal durch, danach während der folgenden drei Wochen jeweils wöchentlich. Vollziehen Sie dabei beide Teile des Rituals.

2. Wenn Sie nach Abschluß Ihrer Arbeit mit diesem Buch den Feenweg weiter beschreiten wollen, führen Sie bitte immer wieder einmal dieses Ritual durch. Erspüren Sie selbst, wie oft Sie es brauchen, ob es einmal die Woche oder auch nur alle paar Monate ist. Führen Sie dann entweder beide Teile oder nur den ersten Teil durch. Stellen Sie fest, was sich besser anfühlt, vollziehen Sie aber gelegentlich auch den anderen Teil, selbst wenn es nur alle Jubeljahre sein mag. Bitte beachten: Die Erdung Nummer zwei ist nicht austauschbar mit dem Erdungsritual aus der fünften Wochenlektion.

Die Magische Formel: Grundstruktur und weitere Anleitungen

1. Vorrituelle Reinigung.
2. Die Atemübung aus Lektion sieben, falls Sie zusätzlicher Konzentration bedürfen oder das Verlangen danach haben.
3. Das Ha-Gebet.
4. Erdung Nummer zwei, entweder den ersten Teil oder alle beide. Ergänzen Sie die Magische Formel immer dann durch Erdung Nummer zwei, wenn Sie sich »wirkli-

cher«, ausgeglichener und geerdet fühlen wollen. Wenn Erdung Nummer zwei als eigenständiger Ritus vollführt wird, tun Sie dies natürlich *nach* der vorrituellen Arbeit.

5. Den Weg segnen
   a. Gottesinvokationen, entweder förmlich, wie in Lektion eins, oder weniger förmlich, wie in Lektion vier.
   b. Salbung der Stirn mit Wasser und Erde. Dies kann mit oder ohne das Begleitgebet geschehen. Oder Sie verwenden eine der anderen Variationen, die ich Sie gelehrt habe. Tun Sie, was Ihnen angemessen erscheint. Wenn Sie Erdung Nummer zwei durchführen, ist die Salbung nicht erforderlich, es sei denn, Sie wünschen es. Tun Sie, was immer Ihnen angemessen erscheint.

6. Der Hauptteil – ob es ein Ritual ist oder ein Ereignis wie Ihre Wochenlektion bei mir zu Hause: Handelt es sich beim Hauptteil um einen Reinigungsritus, und haben Sie die Atemübung als zweiten Schritt der Magischen Formel vollzogen, können Sie den ersten Schritt der erlernten Reingungsriten auslassen, der aus ein- bis zweiminütigem tiefem Durchatmen besteht.

7. Schluß
   a. Erdung, sofern erforderlich.
   b. Segnen des Pfads, Teil zwei. Dieser Teil besteht aus Devokationen, wie in der ersten oder vierten Wochenlektion beschrieben, sowie aus einem – von nun an nur noch optionalen – Schlußgebet. Als Schlußgebet kann der Text aus der ersten Wochenlektion verwendet werden, oder Sie benutzen Ihre eigenen Worte. Ziel bleibt es aber, das vollzogene Werk in Ihr Alltagsleben zu integrieren. So können Sie beispielsweise am Ende einer Wochenlektion folgendermaßen beten:

Liebe Götter,
helft mir in der folgenden Woche,
alles anzuwenden, was ich in dieser Lektion gelernt

habe, damit ich und alle um mich herum glückli-
cher und stärker werden.
So soll es sein.

Oder Sie können am Ende des Rituals beten:

Herr und Herrin,
helft mir, den Ritus auch zu leben,
den ich soeben vollzogen habe.
So soll es sein.

Worum es hierbei geht, ist natürlich die Tatsache, daß
ein Ritual oder eine Lektion nutzlos wären, wenn wir
sie nicht auch im Alltag lebten. Darum bitten wir die
Götter um entsprechende Hilfe.

Selbstakzeptanz

Viele von uns wurden so erzogen, uns selbst dafür zu ver-
achten, daß wir menschliche Bedürfnisse und Verlangen
haben, obwohl uns diese doch von der Göttin gegeben wurden. Das kann recht subtile und hinterhältige Formen
annehmen. Oft fällen wir sehr harte Urteile über uns selbst,
weil wir unsere doch urgesunden Charakterzüge für falsch
halten. Meine Unterrichtsstunden beginnen abends um 19
Uhr und enden um 22 Uhr, häufig mit einem Ritual. Eines
Abends wollte ich dieses Ritual gerade anführen, als ich
merkte, daß ich sehr müde war. Doch ich dachte bei mir:
»Francesca, sammle deine Kräfte, damit du diesen Leuten
ein energiereiches Erlebnis bieten kannst. Du solltest immer
ganze Arbeit leisten!« Aber dann wurde mir klar, daß ich da
sehr ungnädig mit mir selbst umging, indem ich meine völlig
gesunde Reaktion auf eine ganz besonders anstrengende,
ermüdende Gruppensitzung verdammte. Dabei hatte die
ganze Arbeit meine Schüler wahrscheinlich ebensosehr

ermüdet wie mich. Ganz zu schweigen davon, daß die meisten von ihnen von 9 bis 17 Uhr arbeiteten und der Unterricht auf einen Werktag fiel. Schließlich entschied ich, daß das, was meine Schüler und ich jetzt am nötigsten brauchten, keine aufpeitschende Magie war sondern vielmehr ein ruhiges, friedliches Ritual, wie es für einen müden Haufen Hexen angebracht schien.

Meine Erschöpfung war ein kerngesundes Signal, das mir meine Bedürfnisse mitteilte und mir sogar noch dabei half, den Bedürfnissen meiner Schüler besser zu entsprechen. Mit anderen Worten, ich erkannte die Mattigkeit als gesunde Reaktion darauf an, daß es bereits 21:30 Uhr war.

Haben auch Sie schon viel zu oft von sich erwartet, über die ganz reale und schlichte Tatsache erhaben zu sein, daß der Mensch auch mal müde wird? Sind Sie vielleicht krank geworden, weil Sie sich zu sehr für Ihren Partner verausgabt haben? Haben Sie sich allzusehr für Ihr Kind erschöpft und waren dann so kaputt, daß Sie Ihr Kind giftig anfuhren, was schließlich doch nur Sie selbst, Ihr Kind und alle anderen Menschen in Ihrer Umgebung niedergeschlagen machte? Machen Sie sich selbst das Leben zur Hölle, nur weil Sie mal müde werden?

Es gibt auch noch andere, völlig gesunde Gedanken, Gefühle und Handlungen, für die einige von uns sich törichterweise schämen. Angenommen, Sie würden zu einem aufdringlichen Mann auf der Straße einfach nur barsch »Hau ab!« sagen – würden Sie sich deswegen hinterher Vorwürfe machen oder sich selbst dafür auf die Schulter klopfen?

Bekommen Sie Schuldgefühle, wenn Sie eine keineswegs ungebührliche Bitte um Hilfe abschlagen? Jeder von uns verfügt nur über begrenzte Energie und kann einfach nicht zu allem ja und amen sagen, was auf dieser Welt erledigt werden muß, wenn er nicht seine geistige und körperliche Gesundheit dabei ruinieren möchte.

Danken Sie der Göttin dafür, daß Sie wütend werden können, wenn man Sie schäbig behandelt? Die Göttin hat uns den Zorn gegeben, damit wir wissen, wann wir verkehrt behandelt werden. Unterwürfigkeit ist kein Zeichen für Spiritualität.

Fühlen Sie sich kindisch, gelangweilt und abgelenkt, wenn etwas mal nicht Ihr Interesse wert war oder wenn Sie Ihre Zeit damit vergeudet haben, etwas anzuhören, was Ihnen nichts brachte?

Und was ist mit intensiven sexuellen Gefühlen – sind diese Ihnen ein Grund zur Feier oder zur Trauer?

Oft ist das, was wir an uns selbst für verkehrt halten oder zu überwinden suchen, in Wirklichkeit eine deutliche, mächtige Nachricht. Gott gibt uns die Einsamkeit, damit wir wissen, wann wir Gesellschaft brauchen. Aber wie oft haben Sie schon Schuldgefühle entwickelt, nur weil Sie sich nach Gesellschaft sehnten? Die Göttin gibt uns die Rastlosigkeit, um uns den wahrsten Lebenszielen entgegenzutreiben, damit wir glücklich sein und uns nützlich machen können. Ich möchte, daß Sie zu einem einzigartigen und besonderen Selbst heranwachsen – nicht zu einer Persönlichkeit ohne Charme, sondern zur Feier ebendieses Selbst.

Bevor Sie mit der Lektion fortfahren, führen Sie den folgenden Ritus durch. Den größten Teil der vorrituellen Arbeit haben Sie bereits erledigt. Dementsprechend brauchten Sie theoretisch nur noch die zu dieser besonderen Übung gehörenden vorrituellen Reinigungen zu vollziehen, aber im Falle dieser Übung ist das nicht erforderlich.

RITUAL

Der Zauber der Selbstakzeptanz

1. Schritt: Schließen Sie die Augen. Tun Sie jetzt nichts von alledem, von dem Sie sonst annehmen, daß es zur Einleitung einer Meditation gehört oder zur Herstellung eines spirituellen Geisteszustands, also etwa körperliche Entspannung, Beruhigung des Atems oder Reinigung und Ruhigstellung des Geistes. Statt dessen sollen Sie der Verspannungen in Ihrem Körper und der Sorgenlast in Ihrem Geist gewahr werden. Richten Sie Ihre gesamte Konzentrationskraft darauf.

2. Schritt: Behalten Sie die Konzentration auf diese Teile Ihrer selbst gerichtet, und sprechen Sie mit ihnen, wobei Sie sagen:

Ich grüße die Göttin.
Danke. Ich bin dir zu Diensten.
Laß uns in Freude wandeln, denn alle Dinge zehren voneinander.

3. Schritt: Lauschen Sie diesen Spannungen und Sorgen. Damit meine ich nicht, daß Sie sich an Ihre Genickschmerzen klammern sollen! Selbstverständlich sollten Sie zusehen, daß Sie davon entlastet werden. Aber vielleicht will dieser Genickschmerz Ihnen ja etwas mitteilen. Erforschen Sie Ihr gesamtes Sein, und konzentrieren Sie sich dabei stets nur auf eine Stelle oder einen Aspekt; dann lauschen Sie, um festzustellen, welche Botschaften die Verspannungen in Körper und Seele Ihnen mitteilen können.

4. *Schritt:* Sagen Sie bei sich:

Wir tanzen alle,
in Mustern, die
die Weltmeere bewegen,
Berge aufsteigen und fallen
und Liebe in allen Herzen ihre Blüten
treiben lassen.
Das Herz der Erde blüht nun auf.

5. *Schritt:* Sitzen Sie fünf Minuten da. Diese fünf Minuten sind nicht dazu gedacht, in Trance zu fallen oder Ihre Konzentration zu vertiefen. Statt dessen können Sie aufnehmen und kontemplieren, was Sie soeben getan haben. Es ist wie die Ruhepause nach einer chiropraktischen Behandlung. Wenn Sie sofort nach der Behandlung vom Tisch springen, können Sie sich verkrampfen oder alles noch viel schlimmer machen, als es vorher war. Ganz ähnlich ist es mit diesem Zauber. Dieses Ritual berührt uns sehr tief, setzt viel Energie in Bewegung, auch wenn man es vielleicht nicht immer merkt. Die fünfminütige Ruhepause gewährleistet, daß diese magische Behandlung gefahrlos bleibt. Wenn Sie in eine Trance verfallen, haben Sie nicht die Gelegenheit, aufzunehmen und zu verarbeiten, was ohnehin bereits geschehen ist, so daß Sie möglicherweise auch nicht der gewaltigen, wenn auch manchmal sehr subtilen Macht dieses Ritus teilhaftig werden.

6. *Schritt:* Stoßen Sie zweimal sehr kurz den Laut *om* aus.

7. *Schritt:* Tun Sie irgend etwas, was Sie stark erdet, etwas ganz Profanes. Das kann Geschirrspülen sein, Gartenarbeit, Pflanzengießen oder das Bezahlen von Rechnungen. Fünf Minuten dürften dafür genügen.

Aufgabe

Führen Sie den Ritus in der folgenden Woche noch einmal durch, danach die beiden nächsten Wochen jeweils einmal. Später können Sie ihn dann jedesmal durchführen, wenn Sie das Gefühl haben, mehr Selbstakzeptanz zu brauchen. Das hilft auch Ihrer Integrität, wenn Sie gerade eine rapide Entwicklung auf magischem Gebiet durchlaufen. Je tiefer wir ins Reich der magischen Mysterien eindringen, um so mehr müssen wir dafür sorgen, daß wir parallel dazu unsere Ganzheit als Person erhalten. So könnten Sie diesen Ritus beispielsweise durchführen, wenn es Ihnen plötzlich gelingt, Geister zu sehen, oder wenn irgendeine Ihrer Fähigkeiten unverhofft einen Riesensprung nach vorn macht, obwohl große Entwicklungssprünge meistens nicht so spektakulär verlaufen. In solchen Phasen können Sie dieses Ritual ruhig dreimal in der Woche ausführen, oder auch nur einmal. Vielleicht führen Sie es über einige Wochen immer nur wöchentlich aus, vielleicht aber auch mehrmals pro Woche, ganz wie Sie es für erforderlich halten.

Eine weitere hervorragende Anwendungsmöglichkeit dieses Ritus ist unmittelbar vor dem Sex. Ihr Partner braucht dabei nicht mitzumachen – ja, er braucht nicht einmal etwas davon zu erfahren. Solange Sie den sexuellen Bedürfnissen Ihres Partners mit Respekt, Liebe und Takt begegnen, sind Ihre spirituellen Praktiken Ihre eigene Sache, die dem Vergnügen Ihres Partners nur zugute kommen können.

Dieser Zauber hilft Ihnen nicht nur dabei, sich so zu lieben, wie Sie gerade sind, er birgt auch andere Vorzüge, die Sie jedoch im Laufe der Zeit selbst entdecken sollen.

Erweisen Sie der Heiligkeit des Menschseins die Ehre. Auch wenn manche Religionen uns einreden wollen, daß Mensch zu sein gleichbedeutend mit Sündhaftigkeit und prinzipieller Bösartigkeit sei, lehrt Wicca uns, daß Mensch zu sein göttlich ist.

Mit Gott sprechen

Die Göttin ist mir eine Freundin und ein Teil meines Lebens. Den ganzen Tag spreche ich mit meiner Mutter, und dazu möchte ich nicht jedesmal irgendeinen Hokuspokus durchführen müssen, nur damit ich ihr etwas mitteilen kann. Die Kelten haben nicht erst das Knie gebeugt und dreimal die Hacken zusammengeschlagen, um dann »Zu Hause ist es doch am schönsten!« abzusingen, bevor sie sich einer Audienz bei Gott als würdig erwiesen hatten. Die Göttin ist immer für mich da, immer bereit zuzuhören, immer schnell mit der Antwort parat. Das gleiche gilt für den Herrn. Er ist mein Vater, den ich nicht zu fürchten brauche. Sie brauchen nicht die Magische Formel zu vollziehen, nur um mit den beiden im Alltag Zwiesprache halten zu dürfen.

Sie haben hoffentlich nicht den Eindruck gewonnen, daß nur weil die Magische Formel meistens erforderlich ist, die Götter sich auf Distanz hielten oder außerhalb eines rituellen Kontexts nicht erreichbar wären. Es sind unsere liebenden Eltern, und wir können mit ihnen reden und ihnen zuhören, wann immer wir wollen. Sie wollen mit uns sein, in der Welt und in unserem Leben. Wenn wir sie anrufen, werden sie uns den ganzen Tag begleiten.

Spontanreinigung

Manchmal stelle ich im Laufe eines Tages fest, wie ich Dinge tue, etwas denke oder fühle, was ich auf der Stelle berichtigen möchte. Vielleicht bin ich wegen meiner Tochter irritiert oder fürchte, daß ich gegenüber meinem Freund die Geduld verlieren könnte. Oder ich muß schnell mal meinen ganzen Mut zusammennehmen, um mich von jemandem abzuwenden, der sich gerade unhöflich oder beleidigend benimmt. Möglicherweise droht mich ein destruktiver Pessimismus zu überfallen, wenn ich gerade noch dreißig Minuten Zeit habe, um irgendeinen Termin einzuhalten. Es wäre absurd, auf ein Gebet um Reinigung und Besserung der Situation zu verzichten, nur weil es aus irgendwelchen Gründen gerade nicht möglich ist, die Magische Formel zu verwenden, die doch normalerweise zu einem Reingungsritus gehört.

Bei solchen Gelegenheiten können Sie einfach die Mutter darum bitten, Sie zu reinigen. Das braucht nichts Komplizierteres zu sein als ein »Herrin, bitte reinige mich von dieser Furcht«. Wenn Sie selbst nicht genau wissen, was da eigentlich vorliegt und gereinigt werden müßte, teilen Sie das der Mutter in eigenen Worten mit: »Mutter, ich weiß nicht, was mich jetzt gerade blockiert, aber würdest du mich bitte davon reinigen?« Wenn Sie es vorziehen, können Sie schnell eine Verbindung zu der Blockade herstellen – den überbordenden Zorn etwa, der überwältigenden Scham oder anderen innerlichen Gefühlen und Einstellungen –, um sie dann in die Erde abzuleiten. Für einen solchen Ritus brauchen Sie nicht mehr als fünfzehn Sekunden.

Diese Herangehensweise ist auch sehr nützlich, wenn Sie mal wieder einen jener Tage durchmachen, da Sie am liebsten andauernd bitten würden: »Ach, Mutti, hilf mir doch mal dabei, ja?« Auch wenn es sich hierbei um Ausnahmen handeln mag, wäre es doch meistens viel zu erschöpfend und entmutigend, immer wieder über den Tag verteilt die Magische Formel durchzuführen zu müssen. Unsere Götter möchten uns den ganzen Tag lang helfen. Wie ich bereits sagte, sollten Sie meine Äußerungen stets mit gesundem Menschenverstand und Urteilsvermögen betrachten.

Spontanreinigungen sind hervorragende Hilfen in einer Krise. Wenn Sie meinen, daß es Ihnen noch mehr bringen würde, können Sie die gründlicheren Reinigungen ja immer noch später nachholen.

Weitere Aspekte der Göttin

Die Göttin hat Kinder, die selbst Götter sind. Diese bezeichnet man als ihre Aspekte, in dem Sinne, daß alles in der Schöpfung ein Aspekt der Göttin ist. Das ist jedoch etwas anderes als die Aspekte ihrer Persönlichkeit, wie beispielsweise die Vettel. Ihre Kinder sind eigenständige Wesen. Auch der Gott kennt zwei Typen von Aspekten, seine Kinder und die Aspekte seiner Persönlichkeit.

Mit der Zeit wird sich Ihr Gespür dafür, welche Art von Aspekt gemeint ist, ausreichend entwickeln, um daraus praktischen Nutzen zu ziehen.

Ethik und Gesetz
des Wicca

Die Physik des Feinstofflichen

Das Wort »Gesetz« kann manche Leute in die Flucht treiben. Viele von uns haben sich alternativen Religionen zugewandt, weil wir uns nicht von ungerechten gesellschaftlichen und religiösen Gesetzen beherrschen lassen wollten. Und das war auch richtig so. Als ich im Zuge einer Konferenz einmal einen Vortrag vor etwa hundert Hexen hielt, stellte man mir die Frage: »Wenn einer Ihrer Schüler etwas anfängt, das ihm schaden könnte, beispielsweise eine ungute Partnerbeziehung, wie bringen Sie ihn dazu, damit aufzuhören?« Begleitet vom wissenden Gelächter meines heidnischen Publikums, erwiderte ich: »Wann hätte irgendeine Hexe jemals etwas getan, was ein anderer ihr sagt?« Das ist ja gerade eine unserer Stärken.

Es gibt aber noch eine andere Art von Gesetz – das Gesetz der Natur. Wenn Sie das Glas in Ihrer Hand loslassen, wird es fallen.

Zaubern ist etwas Natürliches, das von den magischen Gesetzen der Natur beherrscht wird. Auch wenn wir die Wahl haben, daran zu glauben, daß das Glas fallen oder nicht fallen wird, am Ende ist es doch keine reine Meinungssache. Selbst wenn Sie dazu »Presto mitschakabula, abbadazula« murmeln. So ist es auch mit der Magie: Wenn Sie bestimmte Dinge tun, werden die Gesetze der magischen Physik bestimmte andere Dinge geschehen machen. Völlig unabhängig davon, ob Sie daran glauben oder irgend etwas vor sich hin murmeln.

Die Ethik der Magie ist untrennbar mit den Gesetzen der Natur verknüpft, die wiederum mit den Gesetzen der Physik identisch sind. Eine vernünftige Ethik besteht nicht nur aus irgendeiner Theorie, die sich irgend jemand mal ausgedacht hat. Einer meiner Schüler beharrte darauf, daß nichts daran verkehrt sei, mit der Frau seines besten Freundes zu schlafen. »Schließlich sind wir doch alle erwachsen und lieben uns.« Obwohl das überzeugende Worte sind – gute Rhetorik kann ganze Heerscharen von Sünden verschleiern –, machte er die Erfahrung, daß der Grund, weshalb die Menschen den Beischlaf mit der Frau eines anderen Manns unmoralisch nennen, darin liegt, daß die Gesetze der menschlichen Natur nun einmal so beschaffen sind, daß dabei jemand physisch oder emotional zu Schaden kommt.

Das gleiche gilt für die magische Ethik: Die Physik der Menschheit und der Geisterwelt ist so organisiert, daß Schaden anzurichten natürliche Konsequenzen nach sich zieht. Das Universum wurde von einer liebenden Göttin erschaffen, und so ist die Schöpfung bis hinunter ins kleinste Molekül im innersten Kern moralisch. Auf lange Sicht weigert sie sich, sich betrügen zu lassen. Beispielsweise kann unsere Nachlässigkeit gegenüber der Gesundheit des Planeten irgendwann unseren eigenen Tod verursachen. Es ist unmöglich und entspricht einer falschen Dialektik, Ethik und magische Physik in zwei verschiedene Abteilungen abschieben zu wollen.

Die Gesetze und die Ethik der Zauberei finden sich über das ganze Buch verteilt. Schamanische Lektionen werden meistens innerhalb eines bestimmten Kontextes übermittelt. Es gab hier bisher noch keinen Kontext für die folgenden Lehrsätze:

Wenn Sie irgend etwas nicht auch im »richtigen Leben« tun würden, tun Sie es auch nicht im Zauber. Wenn Sie Magie praktizieren, entbindet Sie das nicht von Ihrem gesunden Menschenverstand. Nie sollten Sie diesen beiseite legen, wenn Sie zaubern – gleich, ob es um ethische oder andere Überlegungen geht.

Die Magie ist kein metaphorisches System, das dazu konstruiert wurde, uns selbst und die Welt besser zu verstehen. Die Magie ist vielmehr so wirklich wie eine Messerklinge. Und als solche kann sie auch sehr tief schneiden. Verwenden Sie sie also entsprechend.

Es ist falsch, jemandem unseren Willen aufzuzwingen, ob auf magische oder andere Weise. Merkwürdigerweise gibt es Menschen, denen es nie im Traum einfiele, einen anderen zu etwas zu zwingen, dies aber völlig vergessen, sobald es an die Magie geht. Das ist ein Bilderbuchbeispiel für das Aussetzen des gesunden Menschenverstands. Es ist fast so, als wäre die Magie ein Reich, in dem gewöhnliche Gebote der Höflichkeit und Aufmerksamkeit, über die man sonst kein Wort verlieren würde, nicht mehr gelten sollen. Alberne Schamanen! Wieder ergeht mein Rat, die Magie als etwas Wirkliches zu begreifen, damit man sie auch auf die gleiche handfeste Art angeht wie jede profane Situation auch.

Es ist verkehrt, einem anderen seinen Willen aufzuzwingen, auch wenn man glaubt, daß es nur zu seinem Besten sei. Auch wenn Sie glauben, daß es für Ihre Busenfreundin Luise das beste wäre, wenn sie nichts mit dem Kerl zu tun hätte, mit dem sie gerade geht, müssen Sie doch begreifen lernen, daß Luise eine erwachsene Frau ist und die Chance verdient hat, ihr eigenes Leben zu führen, auch wenn sie dabei auf die Nase fallen sollte. Es ist keine vernünftige Idee, sich in eine solche Partnerschaft magisch einzumischen. Stellen Sie sich einmal vor, was passieren würde, wenn Sie es auf nichtmagische Weise täten. Aua! Und noch einmal – die Magie ist so wirklich wie jede Messerklinge.

Sie können die Magie aber auf sich selbst anwenden, beispielsweise indem Sie die Göttin invozieren und sie fragen, was sie auf der profanen Ebene tun sollen, um Ihrer Freundin zu helfen. Vielleicht schlägt die Göttin Ihnen ja vor, Ihre Freundin offen anzusprechen, anstatt sich hinter einem Zauber zu verstecken. Es ist eine wunderbare Sache, dazu imstande zu sein, einen Freund damit zu konfrontieren, daß man meint, daß er völlig blind für sein eigenes selbstzerstörerisches Tun ist. Indem Sie dies tun, lassen Sie Ihrem Freund immer noch die Wahl, sich so zu entscheiden, wie er es für richtig hält.

Alles, was Sie magisch oder auch profan tun, fällt dreifach auf Sie zurück. Wenn Sie Gutes verteilen, bekommen Sie auch Gutes wieder. Teilen Sie Böses aus, bekommen Sie auch das zurück. Dieses Gesetz kann sehr spezifisch wirken. Es kann vorkommen, daß Sie sogar genau dasselbe zurückbekommen, was Sie ausgesandt haben.

Dazu eine wichtige Nebenbemerkung: Im großen und ganzen gebe ich keine Anleitungen dafür, wie man die Zauber in diesem Buch auf andere Menschen als sich selbst anwendet. Obwohl daran nichts prinzipiell verkehrt ist, unterliegen solche Operationen, was Theorie, handwerkliche Fertigkeit und Ethik angeht, doch etwas anderen Gesetzen als die Zauber, die Sie für sich selbst durchführen. Der begrenzte Raum, der mir in diesem Buch zur Verfügung steht, verbietet es mir leider, Ihnen detailliert die zusätzlichen Besonderheiten zu erklären, die Sie berücksichtigen müssen, um gefahrlos und wirkungsvoll für Ihre Freunde zu zaubern. Ich mußte also eine Entscheidung treffen, was ich für wirklich bedeutsam halte.

Ab jetzt werde ich Ihnen jedoch in der Tat einige gefahrlose und mächtige Riten zeigen, die Sie zum Nutzen anderer verwenden können. Dabei habe ich mich für solche Praktiken entschieden, die mir als für die meisten Menschen relevant und zugleich gefahrlos erschienen, die sich zwar noch an einem frühen Punkt ihrer Ausbildung befinden, die Zauberei aber nicht auf sich selbst beschränken möchten. Diese Entscheidung habe ich gern gefällt, weil ich ja weiß, daß der

Mensch nicht alles, was er braucht, aus einem Buch allein ziehen kann, diese Lücke aber dadurch zu füllen imstande ist, daß er regalweise magische Bücher liest oder sich mit befreundeten Hexen unterhält.

Immer wieder kommen Schüler in der Annahme zu mir, sie müßten unbedingt für jemanden zaubern, um ihm zu helfen. Das ist meistens überhaupt nicht erforderlich. Allzuoft mißachten Menschen das Recht eines geliebten anderen auf Entscheidungsfreiheit. Oder sein Recht, aus eigenen Fehlern zu lernen. Weit verbreitet ist übrigens auch der Makel, die Magie auf andere anwenden zu wollen, nur um sich den eigenen Problemen und Fehlern nicht stellen zu müssen. Ich brauche Ihnen nicht erst zu erklären, daß Zauber mit solchen – oft unbewußten – Motiven kein gutes Ende nehmen.

Allerdings kann es doch öfter vorkommen, daß ein Freund oder ein anderer geliebter Mensch ein Problem hat, bei dem es durchaus legitim wäre, ihm magisch unter die Arme zu greifen. In der Lektion über den Gebrauch von Kräutern, Kerzen und Räuchermitteln werde ich Ihnen Möglichkeiten vorstellen, um anderen Menschen auf magische Weise zu helfen und sie zu beeinflussen, ohne dabei die Kontrolle über sie an sich zu reißen oder sie irgendwie magisch zu binden. Wenn Sie diese Lektion erst einmal absolviert haben und danach irgendwann einmal meinen sollten, daß Sie jemanden mit einem Zauber binden müßten, können Sie dort mögliche Alternativen nachschlagen. Jemandem magisch zu helfen, bedeutet immer, sich nicht stärker einzumischen, als es einem zusteht und als es die eigene Energie erlaubt.

Es gibt noch weitere Alternativen. Was sollen Sie, zum Beispiel, tun, wenn Ihr Freund Willy eine schlimme Allergie hat und Sie ihm magisch helfen möchten? Wenn ein Freund Hilfe braucht, ist es eine der besten Verfahrensweisen, daß Sie um Weisung beten, damit Ihnen mitgeteilt wird, wie Sie ihm am besten dienlich sein können, ohne ihn mit einem Zauber zu binden. Nach dem Gebet bleiben Sie dann schweigend sitzen und schauen, ob irgend etwas in Ihrem

Geist aufsteigt. Oder Sie lesen, sofern Sie das beherrschen, die Tarotkarten, nachdem Sie die entsprechende Frage gestellt haben. Vielleicht gehen Sie auch lieber am Strand entlang und lauschen den Wellen, um ihre Antwort zu erhalten; die sprechen nämlich mit der Stimme der Mutter.

Es kann auch sein, daß die Götter raten: »Mach ihm etwas Hühnersuppe.« Wenn Sie so vorgehen, können Sie immer für die Konsequenzen Ihres Tuns geradestehen. Dann wird Willy auch nicht mitten in der Nacht von einem Geist aus dem Schlaf gerissen, der sich von Ihren Schuldgefühlen wegen seiner Erkrankung angezogen fühlt. Das Schlimmste, was Ihnen passieren kann, ist, daß Willy Ihre Suppe nicht schmeckt.

Vielleicht erhalten Sie auch die Weisung, mit Willy einmal darüber zu reden, daß er ständig krank wird, weil er nicht genügend auf seine Gesundheit achtet. Einen Freund zur Rede zu stellen, kann zwar hart sein, ist aber mit Sicherheit ein ethischeres Verhalten, als einfach sein Leben in Ihre Hand zu nehmen, noch dazu mit einem Zauber, den Sie noch gar nicht richtig beherrschen. Ich für meinen Teil suche mir stets Freunde aus, die mit mir offen über mein negatives Verhalten sprechen. Für mich ist das eine Notwendigkeit gesunden Lebens.

Nachdem ich Ihnen erst einige Zauber beigebracht habe, mit denen Sie Einfluß auf Menschen und Gegenstände nehmen können, sollten Sie stets zwei Prinzipien beherzigen: Beim Zaubern für andere ist weniger oft mehr; es ist auch sehr leicht und sehr gefährlich, es sich zur Angewohnheit zu machen, zuviel Magie für andere zu betreiben.

Falls Sie nun fragen sollten, ob es nicht doch Ihre Pflicht sei, geliebte Menschen zu beschützen, so lautet meine Antwort: »Ja, ja, ja, das ist es. Es ist das Privileg einer Hexe, für jene zu sorgen, die sie liebt. Ob das nun beinhaltet, regelmäßige Schutzzauber durchzuführen oder nur im Notfall tätig zu werden, liegt ganz bei Ihnen. Nicht jeder möchte eine derartige Verantwortung übernehmen. Für manche Menschen ist es sicher besser, sie konzentrieren sich zunächst einmal auf sich selbst, weil sie erst danach wirklich dazu imstande sind, anderen zu helfen. Aber wenn Sie dazu bereit und willens sind, die durchaus vernünftige Praktik auf sich zu nehmen, Schaden von Ihren Kindern und Ihren anderen Lieben abzuwenden, finden Sie die Anleitungen dafür weiter unten. Sofern Sie nicht allein leben, haben Sie Ihre Lieben möglicherweise ganz einfach durch den Schutz des Heims bereits mitgeschützt. Was, wie? Kein Problem! So ist das eben. Sie haben magische Schlösser an Ihren Türen befestigt, und der ganze Haushalt hat gleich davon mitprofitiert. Jetzt werden Sie lernen, es noch besser zu machen.

RITUAL

Andere schützen

Verwenden Sie den Schutzkreis aus Lektion acht, und befolgen Sie zusätzlich die folgenden Anweisungen. Während der vorrituellen Reinigung reinigen Sie sich von jedem Verlangen, das Schicksal eines anderen Menschen in die Hand zu nehmen. Obwohl auch die Eltern von Kleinkindern zu dieser Reinigung verpflichtet sind, haben diese doch zugleich Gottes Erlaubnis, eine etwas ausgiebigere Kontrolle auszuüben. »Du mußt jetzt ins Bett« bedeutet zwar durchaus, Kontrolle über ein übermüdetes und daher weinerliches fünfjähriges Kind auszuüben, doch ist das auch ein Gebot der Elternliebe. Eltern von Kleinkindern sind nun einmal dazu gezwungen, über Leben und Tod ihrer Kinder mitzuentscheiden, denn das Kind ist dazu nicht in der Lage. So würde ich beispielsweise im Zuge eines Flugzeugunfalls – den Gott verhüten möge! – einem verängstigten und unkooperativen Kind durchaus auch mit Gewalt die Sauerstoffmaske aufsetzen. Doch das hat alles seine Grenzen.

Führen Sie die Reinigung auch dann durch, wenn Sie meinen sollten, sie eigentlich nicht zu brauchen. Es gibt fast immer etwas, das solange unsichtbar bleibt, bis wir danach suchen, und ich möchte verhindern, daß Ihr Unbewußtes den Zauber so prägt, daß er wirkungslos oder gar gefährlich wird.

Sollten Sie der Meinung sein, daß die hier dargestellten Anstrengungen doch eher eine Zumutung sind und daß Sie so viel für andere nun auch wieder nicht tun wollten, dann ist Ihre Motivation, zu helfen, möglicherweise keine besonders gute.

Wenn Sie den folgenden Zauber auf Erwachsene anwenden, holen Sie dazu stets erst deren Einwilligung ein. Wenn diese sich vor Hexerei fürchten sollten, sprechen Sie statt dessen von *geistigem Schutz* und von *Schutzvisualisationen*. Damit will ich Sie nicht zur Täuschung anhalten – nur dazu, daß Sie Ihre Worte umsichtig und kreativ wählen und sich auf ein Minimum an Informationen beschränken sollten.

Die Magie des Dritten Wegs ist zugleich mächtig und wirkungsvoll. Verwenden Sie sie nicht achtlos, sonst laugt Sie das soweit aus, daß Sie später womöglich an einer Selbsthilfegruppe für Beziehungsgeschädigte teilnehmen müssen! Selbst auf einer etwas profaneren Ebene brauchen die Menschen – Kinder ausgenommen – meist nur ein Minimum an Schutz vor anderen.

Ein starker, leidenschaftlicher Willen ist Teil der schamanischen Ethik. Der Gebrauch dieses Buchs wird einen solchen Willen in Ihnen entwickeln. Das Wort »Wille« ist nur eine schöne Umschreibung für »Wunsch«. Eine Hexe muß wissen, wie wichtig ihr die eigenen, einzigartigen Wünsche sind. In dieser Religion geht es nicht um Selbstentsagung oder -verleugnung. Vielmehr ist dies eine Religion, in der das Selbst zur vollen Blüte entfaltet und mit Achtung behandelt wird. Sich die Dinge zu versagen, die man haben will, bedeutet, ebenso die Götter zu leugnen wie den Planeten, dessen sie bedürfen. Denn so, wie wir uns selbst behandeln, gehen wir auch – und das ist ganz wörtlich, ja wissenschaftlich-präzise gemeint – mit unserer Umwelt um.

Nicht nur müssen wir wissen, was wir wollen; wir müssen es auch der gewaltigen natürlichen Kraft solchen Wollens –

der Leidenschaft – gestatten, uns zu durchfluten, uns unseren eigenen Träumen entgegenzutreiben. Wenn Sie beispielsweise zwar das Glück haben, zu wissen, daß Sie Schauspielerin werden wollen, sich aber gleichzeitig sagen: »Das ist doch ein törichter Wunsch, den ich da hege«, dann werden Sie auch niemals Schauspielerin werden. Wenn Sie statt dessen Ihr Verlangen nach der Bühne pflegen und verstärken, wird Ihnen das dabei helfen, innere wie äußere Hindernisse zu überwinden. Die folgenden Übungen können – allein oder gemeinsam – in jeder beliebigen Reihenfolge ausgeführt werden, wann immer es ein bestimmtes Ziel zu erreichen gilt.

SPIRITUELLE ÜBUNGEN:

Einen Wunsch formulieren und ihn heftig begehren

1. Behandeln Sie Ihren Wunsch, ein bestimmtes Ziel zu erreichen, mit Achtung: Er ist ein Gottesgeschenk und daher heilig. Sagen Sie sich das in eigenen Worten. Bauen Sie einen Altar, der der Heiligkeit Ihrer eigenen Wünsche geweiht ist. Oder blättern Sie in diesem Buch nach Möglichkeiten, um Ihre neuerworbenen Fertigkeiten dazu zu verwenden, einem Wunsch die Ehre zu erweisen.

2. Beseitigen Sie durch Reinigung die innerlichen Ängste, die Sie daran hindern, Ihrem eigenen Stern zu folgen. Diese Ängste lassen sich in zwei Kategorien unterteilen: Ihre Furcht davor, irgendeinem Traum, gleich was es sei, zu folgen; sowie die Furcht vor einem Traum, den Sie möglichst jetzt sofort oder in naher Zukunft bearbeiten wollen. Restbestände der Angst, einst ausgelöst durch ein überkritisches Elternteil, lassen Sie vielleicht zögern, irgend etwas in Angriff zu nehmen, weil Sie fürchten, dabei nur Widerstän-

den zu begegnen. Oder der spezifische Wunsch, Sängerin zu werden, wird eventuell von Ihrer frühen Prägung blockiert, als man Ihnen einredete, daß eine wissenschaftliche Karriere etwas Seriöses sei, die Kunst jedoch nur ein alberner Zeitvertreib.

3. Sagen Sie sich selbst, daß Sie durchaus dazu imstande sind, zu tun, was Sie wollen. Sollten Ihnen bestimmte erforderliche Fertigkeiten abgehen, vollziehen Sie eben einen Zauber, um sie zu erwerben. Sie könnten beispielsweise die Göttin invozieren und imaginieren, wie sie Ihnen diese Fertigkeiten überträgt. Sie können aber auch den »Eigentlichen Zauber« vollziehen, den Sie in Kürze kennenlernen werden.

4. Vergessen Sie nicht, daß Sie auch im Gebet Hilfe erbitten können, um Ihre Wünsche freizusetzen und die gesteckten Ziele zu erreichen.

Ihre Wünsche können zu einer mächtigen Meereswoge werden, auf der Sie Ihren Träumen entgegenreiten. Magisches Surfen! Das ist noch besser, als im World Wide Web zu surfen – und ich *liebe* das World Wide Web! Es kann allerdings seine Zeit brauchen, jedenfalls ist es Bestandteil der Ausbildung, eine derartige Willenskraft zu entwickeln. Ohne eine solche innere Kraft gerät man sonst leicht ins Straucheln.

Aufgabe

1. Verwenden Sie einen oder alle der oben beschriebenen Schritte mindestens einmal in der folgenden Woche, um ein bestimmtes Ziel zu erreichen. Das kann etwas Großes oder auch etwas ganz Bescheidenes sein. Verwenden Sie die Schritte nach Bedarf, auch später, wenn Sie nach Durcharbeiten dieses Buchs Ihre schamanische Ausbildung fortsetzen wollen – auch im Selbstunterricht. Das wird Sie auf eine Weise stärken, die nicht nur für Sie selbst als Person, sondern auch als Schamane wichtig und erforderlich ist.

2. Sprechen Sie in den nächsten vier Wochen mindestens einmal wöchentlich das folgende Gebet. Danach können Sie es, wie alle Instrumente auch, die ich Ihnen bisher gegeben habe, nach Bedarf verwenden.

GEBET

Gewähre mir Willen

Heiligste Mutter,
die du dieses wunderschöne Universum erschaffen hast
aus deinem Verlangen nach Dian-y-glas,
hilf mir zu erkennen, was ich will.
Laß mein Verlangen stark genug werden,
um ein Universum, würdig deiner Leidenschaft,
zu erschaffen.
Hilf mir, meinen eigenen starken Willen zu finden,
daß ich eine Welt mir zum Wohlgefallen erschaffe
und damit dein Geschenk der Schöpfung ehre.
So soll es sein.

Vielleicht überrascht es Sie, daß ich den starken Willen ausgerechnet in einen Abschnitt über Ethik zum Thema mache. Es ist jedoch ein wichtiger Bestandteil der Feenethik, einen starken Willen zu entwickeln. Es ist göttlich, um das zu kämpfen, was man im Leben will, und unser leidenschaftlicher Wille ist eine Spiegelung des Willens der Götter. Solange Sie dies beherzigen, werden Sie die Ausführungen zum nächsten Thema nicht mißverstehen.

Mißbrauch des Willens ist unethisch. Solange wir nicht wissen, was wir wahrhaft wollen, wahrhaft begehren, kann unser angeblich so wohlpolierter Wille für uns und die Menschen in unserem Leben leicht zum Bumerang werden. Als wichtiger Bestandteil der Hexenausbildung wird daher das

Thema des Findens dieses wahren Willens in diesem Buch gleich an mehreren Stellen aufgegriffen. In diesem Zusammenhang möchte ich hier zwei Aspekte des Willensmißbrauchs behandeln.

Es ist erstaunlich einfach, sich darüber, was wir wirklich wollen, etwas vorzumachen. Jeder Mensch ist dazu in der Lage, sich von etwas antreiben zu lassen, was sich wie ein starker Wille oder eine gottgegebene Leidenschaft anfühlen mag, in Wirklichkeit aber nur eine ungesunde Furcht ist, ein Ausdruck geringer Selbstwertschätzung, eine Obsession oder ähnliches. In solchen Phasen versuchen wir, die Ereignisse um uns herum mit Gewalt so zurechtzubiegen, wie wir es für das Beste halten. Dann schieben und drücken und drücken und schieben wir, um die ganze Zeit doch nur frustriert und unglücklich zu sein, weil wir uns anscheinend nicht von der Stelle bewegen. Und selbst wenn wir unsere Ziele dann doch noch erreichen, fühlen wir uns erbärmlich. Wenn wir uns auf diese Weise verhalten, bedeutet das nichts anderes, als daß wir nur von unseren eigenen Wunden, unseren eigenen inneren Schwächen angetrieben werden.

Nehmen wir zum Beispiel eine Frau, die sich einbildet, sie müsse unbedingt eine Anstellung in einer angesehenen Rechtsanwaltskanzlei bekommen, damit ihr Leben glücklich und lebenswert sei. Weiten wir dieses fiktive Beispiel noch dahingehend aus, daß es nicht etwa der Herzenswunsch dieser Frau ist, in dieser Kanzlei zu arbeiten, sondern daß dahinter ein tiefsitzender und unbewußter Glaube daran steht, im Kern kein wertvoller Mensch zu sein. So sieht sie in der Rechtsanwaltskanzlei einen Beweis ihres Selbstwerts. Bevor sie nicht die wahre Natur ihres Antriebs bewußt erkannt und auch anerkannt hat, wird sie niemals eine Arbeit finden, die sie glücklich macht. Und selbst in der begehrten Kanzlei würde die Arbeit nur dazu führen, daß sie niedergeschlagen bliebe.

Ich kenne einen Mann, der eine Menge freiwilliges Engagement auf dem Gebiet des Umweltschutzes investierte, während er seinen Lebensunterhalt als Fernfahrer verdiente. Er war zwar ständig erschöpft, dennoch stets bei der

Sache, und erzählte seinen Freunden, daß die freiwillig geleistete Arbeit ihm dazu verhelfen werde, sich in ökologischen Kreisen einen Namen zu machen, damit er später auf diesem Gebiet vollberuflich würde arbeiten können. Dabei hat er sich selbst so geschunden, daß er schließlich ernste gesundheitliche Probleme bekam. Endlich gestand er sich ein, sich die ganze Zeit etwas vorgemacht zu haben. Tatsächlich hatte er sich nur deshalb zu ehrenamtlichen Tätigkeiten gemeldet, weil er sich vor Ablehnung und Scheitern fürchtete, sollte er sich jemals für einen neuen Beruf bewerben. So akzeptierte er schließlich seinen wahren Willen, statt dessen ein Leben als Ökobauer zu führen und meisterte erfolgreich die Ängste und Herausforderungen, die dieser Berufswechsel mit sich brachte.

In einem dritten Beispiel will ich die Dimensionen, die eine derartige Selbsttäuschung annehmen kann, ein Stück weiter erforschen. Eine ehemalige Schülerin von mir war Berufsschauspielerin. Mit schierer Entschlossenheit überwand sie die Schrecken der Vorsprechtermine, das Einhalten der erschöpfenden Spielpläne und all die anderen Entbehrungen des Künstlerlebens. An sich eine hervorragende Nutzung des Willens. Sie »wußte«, daß ihr Ziel alle diese Anstrengungen wert war, weil die Schauspielerei sie eines Tages glücklich machen würde – bis ihr plötzlich klar wurde, daß ihre Eltern stets darauf bestanden hatten, daß sie, um glücklich zu werden, kreativ sein müsse. Sie reinigte sich rituell von diesem Glauben, daß nämlich ihre Vorstellung vom Glück die gleiche sein müsse wie die ihrer Eltern, die selbst stark an der städtischen Laienbühne engagiert waren.

Statt dessen grub sie den Rasen auf ihrem Hinterhof um und fand im Gärtnern zu ihrer eigenen Kreativität. Es machte sie glücklich, mit den Händen in der Erde herumzuwühlen, Knospen zu beschneiden und ihre Freunde mit wunderschönen Blumensträußen zu beglücken.

Ihr wahrer Wille steht in Harmonie mit dem Großen Willen. Wenn Sie sich von ihm leiten lassen, ist an intensivem Getriebensein oder an der angestrengten Verfolgung des eigenen Ziels nichts Verkehrtes. Diese Art von gesunder Leidenschaft ist etwas völlig anderes, als mit Gott konkurrieren zu wollen!

Falls erforderlich – gleich, ob es einmal im Jahr oder zwanzigmal am Tag ist –, gemahnen Sie sich daran, daß materielle Güter, Partnerschaft, Sex und Urlaubsreisen auf die Malediven Sie keineswegs glücklich machen werden, sofern hinter diesem Verlangen doch nur ungesunde Triebe stecken. Erinnern Sie sich auch daran, daß Sie stets nur glücklich sein werden, wenn Sie nach dem streben, was Sie wirklich wollen.

Wenn Sie bereits einen bestimmten Zauber im Auge haben, hilft das manchmal, den eigenen Willen zu reinigen. Beispielsweise werden Sie bald den Eigentlichen Zauber lernen, der sich auf unzählige Arten und Weisen verwenden läßt. Nehmen wir einmal an, Sie entscheiden sich für den Weg der Einkaufsgöttin und benutzen den Zauber, um neue Kleidung zu bekommen, haben aber dabei irgendwie ein ungutes Gefühl. Fragen Sie sich, ob Sie sich von irgend etwas reinigen müssen, das sich nur als ehrliches Verlangen nach schöner Kleidung darstellt, in Wirklichkeit aber ein mangelndes Selbstwertgefühl ist: die Unzufriedenheit mit dem eigenen Körper, ein zwanghaftes Geldausgeben, der Glaube, unattraktiv zu sein, oder eine wacklige Partnerbeziehung. Nachdem Sie die Reinigung vollzogen haben, werden Sie besser imstande sein, zu wissen, ob Sie diese Kleider wirklich haben wollen oder nicht. Starker Wille und gute magische Techniken ohne den ausgleichenden Faktor klarer Absichten sind eine gefährliche Mischung; viele Männer und Frauen führen mit ihrem starken Willen das Leben eines Workaholics und schuften sich zu Tode. (Auch das ist etwas, was Sie in einem Ritual ändern können!) Auf magischem Gebiet können die Konsequenzen ebenso schwerwiegend sein.

Ein anderes Mittel, um diese Klarsichtigkeit zu erzielen, ist die – wahrscheinlich haben Sie es schon erraten – endlose Reinigung. Ich meine damit die Reinigungsriten, die zwar scheinbar nichts mit dem Problem des falschen Willens zu tun haben, die Sie aber dennoch durchführen, weil sie gebraucht werden, um Blockaden in anderen Lebensbereichen aufzulösen, sei es Sexualität, Gesundheit oder Geld. Diese rigorosen Reinigungsmaßnahmen helfen Ihnen, sofern sie regelmäßig durchgeführt werden, sich über alles im Leben immer klarer zu werden, einschließlich Ihrer wahren Motive. Dann können Sie auch besser beurteilen, ob hinter einem bestimmten Zauber beispielsweise das Motiv steht, Selbsterfüllung und Vergnügen herzustellen, oder ob Sie in Wirklichkeit von irgendwelchen morbiden Ängsten, Obsessionen oder ähnlichem auf den Holzweg geführt werden. Diese fortgesetzte Reinigungsarbeit ist kein Ersatz für die vorrituelle Reinigung, wie sie im oberen Absatz erwähnt wurde. Tatsächlich sind beide Teil desselben Prozesses.

Ein gutes Werkzeug, um den eigenen Willen in Erfahrung zu bringen, ist die *Divination,* die magische Fertigkeit, die Tatsachen über die Gegenwart, die Vergangenheit und die Zukunft in Erfahrung zu bringen und sich spirituelle Führung zu verschaffen – was alles durch eine Instanz geschieht, die jenseits der fünf Sinne und der Logik liegt. Divination läßt sich durch die Ausdeutung von Zeichen herstellen, die auf verschiedene Weise entstehen können, seien es Tarotkarten, das I Ging oder Meereswellen.

Divination läßt sich zudem durch Übung magischer Fertigkeiten trainieren. Unter *Kristallkugelschau* versteht man das Blicken in eine Kristallkugel, in Wasser oder in eine Flamme, bis man darin *sieht,* was man zu erfahren wünscht. *Hellseherei* bedeutet, Dinge vor dem geistigen Auge zu sehen, die sich danach als wahr herausstellen. Und schließlich gibt es da noch das, was manche Leute die gute alte Ahnung nennen!

Wenn Sie den Eigentlichen Zauber lernen, erhalten Sie auch Vorschläge zum Einsatz der Divination. Bis dahin sollten Sie (aber auch, solange die Divination für Sie nicht funktioniert) das Gespräch mit einem vernünftigen Freund oder einer Freundin suchen. Oder Sie begeben sich in eine hellseherische Beratung. Oder Sie bitten um Führung. Oder Sie fragen einen Baum. Die letzteren drei Möglichkeiten sind auch eine Form der Divination.

Falls Sie nach Beendigung dieses Buchs Ihre Entwicklung als Schamane weitertreiben sollten, bleiben Sie wachsam und stets darum bemüht, Ihre Leidenschaften genau zu klären. Für die Hexenkunst ist es – wie übrigens für jede Religion – von entscheidender Bedeutung, den eigenen wahren Willen zu erkennen und jeden Willensmißbrauch zu meiden. Um weiterzukommen, müssen Sie dazu bereit sein, dieses Ziel mit größter Anstrengung anzupeilen. Sonst fallen Sie einem ungesunden, verbogenen Willen zum Opfer.

Die Verwechslung von Süchten, Ängsten und ähnlichem mit leidenschaftlichem Willen ist allerdings nicht die einzige Möglichkeit des Willensmißbrauchs. Eine weitere Form dieses Mißbrauchs ist der Mangel an Flexibilität. Ich habe einmal schamanische Beratungen – ein etwas hochgestochener Begriff für hellseherische Sitzungen – für Kate durchgeführt, die sehr gern Berufsmusikerin geworden wäre. Meine Klientin war eine großartige Blues-Künstlerin, sie arbeitete hart, hatte gute Kontakte in der Szene und war auch zu manchem Opfer bereit, um ihr Ziel zu erreichen. Doch so sehr sie sich auch mühen mochte, bekam sie nur selten einen vernünftigen Job. Das ganze war eine einzige absurde Komödie. Wenn sie irgendwo hinkam, um dort vorzuspielen, mußte sie feststellen, daß der Job bereits vergeben war. Einmal bekam sie eine Buchung für einen abendlichen Gig, doch auf der Fahrt zum Auftritt brach ihr Wagen mit dem gesamten Zubehör ihrer Band zusammen. Sie besorgte sich eine Ganztagsanstellung als Gesellschaftsdame, womit sie ihre Rechnungen bezahlen konnte, um näher an dem Ort zu sein, wo sie mit ihrer Band zu üben pflegte. Eine Woche später schloß das Übungsstudio seine Tore. Sie kam einfach nicht dahinter, was da alles schieflief.

Bei unserer ersten Sitzung erzählte sie mir alles, was ich Ihnen gerade berichtet habe. Ich fragte sie, was sie jetzt am liebsten täte, und sie antwortete: »Aufgeben! Ich bin nur noch enttäuscht und erschöpft.«

Ich schlug ihr vor, genau dies zu tun. Meine schamanischen Beratungen führe ich für Klienten jeglicher religiösen Herkunft durch. Kate ist Jüdin, doch mein Vorschlag, das zu tun, was eine Schamanin in ihrer Situation täte, ließ sich durchaus mit ihrer Religion vereinbaren. Ich empfahl ihr zu beten: »Also gut, Gott, ich geb's auf! Ich bin zu müde, um noch weiterzumachen! Ich muß mich jetzt ausruhen und will nicht mehr versuchen, den Strom der Dinge anzutreiben. Zeige du mir, was du willst, dann will ich dir folgen.«

Kurz nach ihrem erschöpften Gebet in meinem Büro entschloß sich ihre Arbeitgeberin zu einer Europareise und bat Kate mitzukommen. Kate haßte das Reisen, fühlte sich aber zu ausgelaugt und entmutigt, um sich einen anderen Job zu suchen.

Während einer zweiten Sitzung schlug ich ihr vor zu beten: »Gut, Gott, das ist zwar nicht, was ich will, aber ich vertraue dir. Wenn es das einzige ist, was du mir geben willst, werde ich es damit versuchen und sehen, wohin es mich führt.«

Es fiel ihr alles andere als leicht, sich zur Willigkeit und Flexibilität zu entscheiden. Das ist bei solchen Entscheidungen meistens der Fall, jedenfalls solange man noch nicht damit begonnen hat, die Kunst der Geschmeidigkeit zu erlernen.

Einige Monate später bekam ich eine Postkarte mit folgendem Text von ihr: »Gott hat mich wunderbar an der Nase herumgeführt! Ich bin in England, wo ich einige alte Balladen gehört habe, die mir besser gefallen als alles, was ich je vernommen habe! Jetzt bin ich motiviert und völlig ekstatisch, ich sammle englische Volksmusik, während ich meine Arbeitgeberin durch England begleite. Und überall, wo ich hinkomme, erscheinen wie von Zauberhand (!) irgendwelche Musiker, um mir Lieder anzubieten.«

Nach ihrer Rückkehr in die Vereinigten Staaten öffneten sich auf wunderbare Weise die Tore für sie. Mrs. Albey, die Frau, als deren Begleitdame Kate durch Europa gereist war, war von Kates emsigem Sammeln von Volksmusik so sehr angetan, daß sie sie mit einem Produzenten bekanntmachte. Ganz anders als bei ihrem vorigen Karriereanlauf, führte

·diesmal fast reibungslos das eine zum anderen. Schnell wurde aus Kate eine beliebte und gutbezahlte Musikerin.

Ohne ihre Anfangsenttäuschung hätte sie nie zu dem musikalischen Genre gefunden, das sie am glücklichsten machte; und sie wäre auch nie an eine Mäzenin wie Mrs. Albey geraten.

Anstatt uns von etwas antreiben zu lassen, das nur scheinbar unser innigster Herzenswunsch ist, müssen wir flexibel sein. Starrheit kann uns daran hindern, das volle Glück zu erfahren. Manchmal steht auch noch sehr viel mehr auf dem Spiel. Man kann den Willen der Götter so geflissentlich ignorieren, und damit natürlich auch den eigenen Willen, daß man sich selbst immer tiefer in die eigene Vernichtung treibt. So können wir uns mit unserem Willen selbst vernichten, obwohl wir doch glauben zu tun, was wir wirklich wollen. Schauen Sie sich nur die häufigen Herzanfälle unter Workaholics an!

Wenn ich feststelle, daß ich versuche, den natürlichen Fluß der Dinge zu forcieren, oder gegen den Strom zu schwimmen, kann ich beispielsweise die Mutter um Gelassenheit bitten, bis ich dazu imstande bin zu sagen: »Gut, ihr Götter, ich bin bereit, euch zu vertrauen. Mir scheint, ihr habt etwas Besseres für mich im Sinn als das, von dem ich glaube, daß ich es haben will. Ich werde versuchen, daran zu glauben, daß dieses ganze Durcheinander in meinem Leben einen Grund hat, den ich nur noch nicht begreife, und daß sich alles zum Besten wenden wird. Also geht bitte voran, ich werde euch folgen.«

Eine Hexe kennt den gewaltigen Wert dieser Art von Flexibilität, daher strebt sie ebenso intensiv danach wie nach der Entwicklung eines starken Willens. Aber machen Sie sich nichts vor: *Eine derartige Flexibilität zu erlangen, kann ungeheuer schwierig sein.* Es kann sein, daß Sie alles aufbieten müssen, was Sie nur haben, nur um eine bestimmte Angelegenheit nicht zu forcieren. Damit stehen Sie nicht allein da. Den meisten Hexen fällt dieser Teil der Ausbildung äußerst schwer.

Wicca ist eine *Disziplin*. Um dieses Ziel zu erreichen,

kann ein rigoroses Regime der Versuche und Rituale und ihrer unablässigen Wiederholung erforderlich sein. Indem Sie die entsprechenden magischen Werkzeuge in diesem Buch einsetzen, einschließlich jener Werkzeuge, die ich Ihnen bereits in die Hand gegeben habe, um einen Willensmißbrauch zu vermeiden, werden Sie zur Geschmeidigkeit finden und dadurch wiederum zu einem entspannten, glücklichen Leben. Der Wille des Universums ist auch der Wille der Götter, und wenn wir nur entsprechend flexibel sind, können wir uns im Einklang mit der Bewegung des Universums dahintreiben lassen – den Dingen entgegen, die uns am glücklichsten machen werden.

Geschmeidigkeit bedeutet auch, daß Sie, nachdem Sie den besten erdenklichen Zauber ausgeführt haben, dieser aber dennoch nicht funktioniert, sich selbst fragen, ob Sie es wirklich noch einmal versuchen wollen oder ob Ihnen die Mutter nicht eine Lektion in Sachen Akzeptanz und Flexibilität erteilen wollte, um Ihnen Gelegenheit zu geben, Ihre diesbezüglichen Fertigkeiten aufzupolieren. Sollten Sie zu dem Schluß gelangen, daß letzteres zutrifft, so denken Sie daran: Die Göttin hat geruht, Ihnen eine exklusive Privatlektion zu erteilen!

Nachdem ich Ihnen hier zwei Möglichkeiten des Willensmißbrauchs vorgestellt habe, möchte ich hinzufügen, daß es wirklich nicht immer einfach ist, den Unterschied zwischen wahrem Willen und falschem Verlangen auszumachen ohne zu wissen, wann Sie wie ein Gott für das kämpfen sollen, was Sie wollen, und wann Sie sich dem fügen sollten, von dem Sie hoffen, daß Gott es für Sie vorgesehen hat. Als ich am Anfang des spirituellen Wegs stand, wußte ich fast nie, was ich wirklich wollte! So können beispielsweise Leidenschaften und Instinkte manchmal wie eine Sucht erscheinen und umgekehrt. Auch wenn ich heute die meiste Zeit mit mir im reinen bin, leide ich manchmal noch immer unter großer Verwirrung. Vielleicht läßt sich der Adept sogar noch viel mehr verwirren als der gewöhnliche Mensch, denn diese Herausforderung endet nie. Seien Sie also außerordentlich geduldig mit sich selbst.

Durch die schamanische Ausbildung werden wir solange glattgeschliffen, bis wir eine gesunde, ausgewogene Mischung aus starkem Willen und Flexibilität erreicht haben. Wir machen unseren Geist und unser ganzes Sein klar, damit wir den Unterschied zwischen Leidenschaft und schierem Selbstvernichtungstrieb erkennen. Wenn Sie die Kunst beharrlich weiterverfolgen, wird es immer besser werden. Dann werden Sie immer mehr im Einklang mit den Göttern sein und können zu jeder Zeit die geforderte Vorgehensweise erkennen.

Und noch eins: Magie, die unter Mißbrauch oder falscher Handhabung des Willens ausgeübt wird, wird zum Rohrkrepierer. Es könnte durchaus sein, daß Sie es mal bitter bereuen werden, wenn die Mutter Sie einfach gewähren läßt. Und ich kenne keine einzige Hexe, die diese Lektion nicht auf die harte Weise hat lernen müssen!

Was immer Sie zaubern, jeder Zauber wirkt zuerst auf Sie selbst. Vor den Konsequenzen einer bösartigen Absicht können Sie sich beim Zaubern nicht drücken, weil nämlich jeder Zauber, den Sie ausführen, ob er für Sie selbst oder für einen anderen bestimmt ist, zu Ihnen selbst wird. Während des Zauberns werden Sie stets zum Zauber selbst.

Macht ist nicht unbewußt. Macht läßt sich nicht gern mißbrauchen. Wenn Sie sie zu üblen Zwecken verwenden, wird sie sich früher oder später gegen Sie wenden. Ihr Mangel an persönlicher Integrität wird sich an Ihnen rächen. Macht ist ein Teil von uns, etwas Falsches zu tun bedeutet also, die eigene Macht zu mißbrauchen.

Andererseits steht alle Macht im Dienst unserer Herrin, und in diesem Sinne will sie auch Ihnen zunutze sein. Ein Teil jenes heiligen Gewebes aller Dinge zu sein, das die Mutter erschaffen hat, bedeutet unbeschreibliche Freude. So sollten Sie bei jedem Zauber durch eigene Integrität eins mit der Macht werden.

Beschränken Sie sich nicht auf die in diesem Buch erwähnten ethischen Überlegungen. Dieses Buch ist ein Einführungswerk für Hexen. Keine spirituelle Lehrerin würde den Versuch wagen, das gesamte Gebiet der Ethik in einem einzigen Buch abzuhandeln. Ein Buch ist zunächst ein Sprungbrett, das Ihnen zum Start verhilft. Danach müssen Sie Ihr eigenes Gespür dafür entwickeln, was richtig und falsch ist.

Im Wicca diktiert Ihnen niemand, was Sie für richtig und falsch zu halten haben. Kein Schamanenpriester wird jemals zu Ihnen sagen: »Nur ich kann Gottes Wort vernehmen, also mußt du tun, was Gott mir dir aufzutragen befohlen hat.« Die Freiheit von der Bevormundung durch Religion und Priestertum, wie wir unser Leben zu gestalten haben, verlangt uns natürlich um so mehr Eigenverantwortung ab.

Wenn niemand uns sagt, was wir zu tun haben, müssen wir selbst die schwere Arbeit leisten, die Dinge zu Ende zu denken. Als Hexen lauschen wir auf Gottes Stimme, erforscht jeder von uns seine eigenen moralischen Ziele und Glaubenssätze und handelt im Vertrauen darauf, damit der Wahrheit zu dienen. Wenn Sie dieses Buch zu Ende gelesen haben, sollten Sie also nicht damit aufhören. Da kein Heidenpriester einer Hexe sagt, was sie zu tun hat, sind Sie selbst für die Konsequenzen Ihres Handelns verantwortlich, was die magischen Akte einschließt. Daher müssen Sie auch selbst feststellen, was richtig ist. Seien Sie stets bereit, für Ihre eigenen moralischen Ideale und Dilemmata einzustehen. Das verlangen die Götter uns ab.

Natürlich müssen wir uns auch darüber bewußt sein, daß man jede falsche Tat durch entsprechend windige Rhetorik scheinbar rechtfertigen kann. Wir können es überhaupt nicht vermeiden, zum Opfer raffinierter oder fehlgedeuteter Leitsätze zu werden, es sei denn, wir praktizieren – ja, endlose Reinigung, sowie Rituale der Selbststärkung, damit unsere ausgeglichene Psyche sicher zwischen den Klippen spiritueller Rhetorik und der eigenen, einzigartigen Moral navigieren kann. Der Verstand allein kann keine moralischen Entscheidungen treffen, wenn er nicht von einem reinen Herzen geleitet wird.

Das Konzept einer selbstdefinierten Moral mag zunächst wie ein Widerspruch zu meiner früheren Feststellung wirken, daß es sich bei der Ethik um eine Wissenschaft handelt, die auch wissenschaftlichen Gesetzen unterliegt. Doch der natürliche Strom der Kraft, der mich durchfließt, ist ebenso verschieden von jenem, der Sie durchströmt, so wie die Ernährungsbedürfnisse eines Baums sich von denen einer Katze unterscheiden. Für beide, Katze und Baum, gelten dieselben physikalische Gesetze, aber erwarten Sie deshalb nicht, daß Diät und Moral der beiden identisch wären. Wenn eine Katze tut, was die Götter beabsichtigen, wird sie sich wie eine Katze verhalten und nicht wie ein Baum. So ist es auch mit der magischen Ethik.

Der keltische Schamane kanalisierte seine Macht so, daß sie seinem eigenen, einzigartigen Grundmuster entsprach. Auf ähnliche Weise mag die eine Hexe eine lebenslange Ehe als etwas sehr Mächtiges erfahren, weil sie die Verbindlichkeit auf den Punkt bringt, mit einem geliebten Menschen zur vollen Macht zu gelangen; während eine andere vielleicht erst eine Scheidung braucht, um ihren Kindern den Mißbrauch durch einen Alkoholikervater zu ersparen. Die wissenschaftlichen Gesetze der Ethik verkörpern sich in jedem von uns auf einzigartige Weise. Und so, wie manche Bäume in den Wintermonaten dunkler werden und austrocknen, und doch dabei völlig gesund bleiben, kann sich auch Ihre Ethik im Laufe der Jahreszeiten des Lebens verändern – immer zum Besseren.

Persönliche Autorität bedarf des Dialogs mit anderen, um besser zu verstehen, was die Mutter uns mitteilt. Sonst fällt es uns allzu leicht, einer Selbsttäuschung aufzusitzen, nur weil wir uns fälschlicherweise einbilden, es sei die Stimme der Mutter, die wir da vernehmen. Die Notwendigkeit, zur persönlichen Wahrheit zu gelangen, verlangt uns auch Respekt gegenüber jenen ab, die unsere spirituellen Ältesten sind; diesen Respekt nicht zu erbringen, heißt Katastrophen heraufzubeschwören. Unsere Wicca-Ältesten sind unser Verbindungsglied zur Macht; die Kraft Ihrer Urahnin, der Erde, fließt Ihnen durch Ihre spirituellen Eltern zu.

Wenn Sie mit einem Partner oder in einer Gruppe arbeiten sollten, könnten Sie jetzt vielleicht eine Lesepause einlegen, um Ihre Gedanken und Gefühle hinsichtlich der Ethik und der Gesetze des Wicca miteinander auszutauschen. Das kann einem vielleicht etwas peinlich sein oder albern vorkommen. Vergessen Sie jedoch nicht: Manchmal haben Menschen zwar nichts zu sagen, doch stellt ihr Zuhören auch einen Beitrag dar.

Sollten Sie allein arbeiten, schreiben Sie vielleicht Ihre Reaktionen auf das Gelesene nieder. Seien Sie nicht bekümmert, falls Sie das nirgendwo hinführt. Die Mühe wird sich schon auszahlen, wenn nicht jetzt, dann irgendwann später. Geben Sie einfach Ihr Bestes – auch wenn das heißt, drei Minuten lang ein leeres Blatt in Ihrem Buch der Schatten anzustarren; und überlassen Sie das Ergebnis den Göttern.

Das Herz der Finsternis

Eine tiefgründige Wahrheit der alten keltischen Kultur besagt, daß das Universum, einschließlich der Götter, unserer selbst und jedes ehrbaren Moralsystems, im Kern dunkel ist. Es ist jetzt an der Zeit, den Problemen der Finsternis und der Polaritäten ein wenig weiter nachzuspüren. Das ermöglicht es uns, vertraute Elemente aus früheren Lektionen jetzt etwas deutlicher darzustellen, und zwar im Lichte eines anderen wesentlichen Elements des Feenglaubens: dem Herz der Finsternis.

Das keltische Weltbild ist im Kern dunkel: Im Zentrum des Universums schlägt ein dunkles Herz. Es ist von Liebe erfüllt und pulsiert im Rhythmus der Mutter. Da im Mittelpunkt des Lebens selbst ein dunkles Herz der Liebe schlug, fürchtete sich der Kelte auch nicht vor den dunkleren Aspekten des Lebens, beispielsweise vor Zorn, vor gewaltigen Sexualtrieben, vor intensivem Verlangen nach persönlicher Erfüllung sowie vor dem Überlebenstrieb. Tatsächlich war das mehr als reines Fehlen von Furcht: Der Kelte wußte, daß die Dunkelheit oder Finsternis die *Grundlage* jeder vernünftigen, tugendhaften und praktischen Moralität war.

Deshalb sieht der Schamane auch in der Leidenschaft nichts, was man fürchten oder mit Gewalt verwechseln müßte. In dem Werbefilm für die Verfilmung von Anne Rices *Interview mit einem Vampir* sagte die Stimme im Vordergrund, der Film besäße Leidenschaft, während das Bild Tom Cruise dabei zeigte, wie er gerade in einem zerstörerischen Wutanfall einen Spiegel zertrümmerte. Im Film findet sich noch eine weitere absurde Auffassung von Leidenschaft: Dort wird sie nämlich mit obsessiver sexueller Zerstörungswut gleichgesetzt. Die böse Frau ersticht den netten Mann, der sie verpönt. Ach ja, das wichtigste Element hätte ich beinahe vergessen: Er hat es natürlich verdient, weil er zum ersten Mal im Leben den Sex richtig genossen hat, als er mit ihr Liebe machte.

Ich verehre in Ehrfurcht die Leidenschaft als Geschenk Gottes, durch welches ich zu Handlungen der Selbst-Liebe und des Dienstes an der Gemeinschaft angetrieben werde, eine Leidenschaft, die ich um ihrer selbst willen genieße, denn Leidenschaft macht das Leben erst lebenswert.

In unserer Kultur wird der Zorn bestenfalls als notwendiges Übel betrachtet: »Ach, reiß dich mal zusammen, dann wirst du auch nicht immer gleich so wütend werden.« Ein Schamane dagegen lernt, im Zorn etwas Wundervolles zu sehen. Es gibt eine indische Göttin namens Kali, die sehr zornig werden kann. Die sollten Sie lieber nicht verärgern! Wo eine schlimme Ungerechtigkeit begangen wurde, wird sie furchtbar wütend.

Wie übrigens jeder gesund empfindende Mensch. Zorn kann eine wunderbare Antriebskraft sein. Solange wir uns nicht von ihm blenden lassen, hält er uns zu richtigem Handeln an und hilft die Welt zu verändern. Ohne gesunden Zorn in uns würden wir unser Leben wahrscheinlich als schlaffe Fußabtreter fristen, die nicht kämpferisch für ihre eigenen Rechte und die ihrer Kinder einstehen.

Wenn Sie jemals den dunklen Zorn einer Mutter miterlebt haben, deren Kinder in Gefahr sind, wissen Sie genau, wovon ich hier schreibe. Das ist eine Furie, die ihre Brut beschützt. Und genauso soll es auch sein. Die Göttin hat ihr die Verantwortung aufgetragen, für ihre Kinder zu sorgen, und sie hat ihr den Zorn mitgegeben, damit sie notfalls auch den nötigen Mut dazu bekommt.

Und doch wird Kindern, Frauen und Männern immer und immer wieder eingeredet, sie müßten diese wilde, dunkle Energie in ihrem Innern zähmen, sie sei böse, man müsse sich ihrer schämen, als wäre sie die Wurzel allen Übels. Im Namen einer solchen Pseudomoral bringt man uns bei, zu Fußabtretern und Schlappschwänzen zu werden. Viele Menschen bedürfen erst einer gründlichen Heilung von diesem Konditionierungsmißbrauch.

Ich schreibe hier nicht von *Fußabtretern* oder *Schlappschwänzen,* um jene Menschen anzuprangern oder herabzuwürdigen, die nicht wissen, wie sie für das kämpfen sollen, was sie haben möchten, oder die man im Namen der Spiritualität oder der geistigen Gesundheit zermalmt hat. Viele Jahre lang schämte ich mich selbst zutiefst meiner Leidenschaft und Stärke, bis ich emotional und spirituell viel zu verkrüppelt war, um meinen eigenen Lebensunterhalt zu verdienen oder auch nur ein Leben in Selbstrespekt zu führen. Ich mußte lernen, daß es nichts hilft, auf kulturellen Mißbrauch damit zu reagieren, daß man sich selbst beschimpft, irgendeinen spirituellen Makel an sich wahrzunehmen wähnt oder alles als eigene Schuld interpretiert: »Wenn ich mich nur mehr angestrengt hätte, wäre mir das nicht passiert.«

Es ist von großer Wichtigkeit, sich selbst niemals zu beschämen. Immerhin sprechen wir hier von richtigen *Wunden,* die dem Körper, dem Geist und der Seele angetan werden, und das einzige, was solche Wunden heilt, sind liebevolle Güte und Mitgefühl. Hinzu kommt, daß nicht jeder gleichermaßen dazu in der Lage ist, sich selbst zu heilen. Verzeihen Sie mir die Klischees, aber eine schwarze Mutter mit drei Kindern und ohne geregeltes Einkommen hat nun einmal nicht dieselben Chancen, an irgendwelchen Selbsthilfegruppen teilzunehmen, wie ein weißer Single der Mittelklasse.

Ich spreche von *Fußabtretern* und *Schlappschwänzen*, um eine eindeutige Erklärung zu unterstreichen: Vieles von dem, was sich als Anleitung zur spirituellen und psychischen Gesundheit verkauft, ist nur ein Instrument, um uns zu verletzen, zu verwunden und zu verkrüppeln, sowohl im Geist als auch im Lebensstil; es soll uns in schlaffe Fußabtreter verwandeln, in hasenfüßige Märtyrer. Zorn wird für ein Symptom der Unausgewogenheit gehalten. Das läßt sich beispielsweise an der fortwährenden Einschüchterung unterdrückter Völker beobachten, die jedes Recht dazu haben, zornig zu sein, weil man sie so miserabel behandelt.

»Nun reg dich nicht so auf, mußt du denn immer alles gleich so ernst nehmen!« – Wenn jemand so etwas zu Ihnen sagt, meint er in Wirklichkeit:»Leg dich doch mal hin, ich will mir die Schuhe abtreten!«

Es gibt Menschen, die an solchen Wunden sterben, aus Unfähigkeit, für das zu kämpfen, was sie brauchen. Indem wir dies erkennen, können wir auch die schamanische Gegenposition begreifen: Jeder von uns hat das Recht und die Pflicht, alles zu tun, was in seiner Macht steht, sei es körperlich, spirituell oder politisch, um sich von der Unbill zu heilen, die ihm angetan wurde. Der Schamane ist ein Krieger.

Ich will damit nicht sagen, daß wir ein Recht hätten, gedankenlos mit anderen umzuspringen. Beispielsweise rechtfertigt gesunder Zorn noch keineswegs einen Wutausbruch oder irgendwelche Mißhandlung anderer. Das wäre wiederum nur eine falsche Polarität: Denn der engagierte politische Aktivist, der leidenschaftlich für die Menschenrechte kämpft, wird dabei nicht gedankenlos und gewalttätig werden. Ein solches Verhalten ist lediglich eine *Reaktion* auf eine Ungerechtigkeit. Wenn man reagiert, sei es, daß man das gleiche tut, ins andere Extrem verfällt oder sich vor Furcht lähmen läßt, verkörpert man lediglich dasselbe Prinzip, gegen das man dabei rebelliert, weil man sich nämlich davon hat polarisieren lassen.

So, wie die Mutter von dunklem Herzen ist, so auch der Gebieter. Es entspricht nicht dem Weg des Feenschamanen, unseren Gott und unsere Göttin als reine Gegensätze zu begreifen, den Gott als hell und die Göttin als finster, den Gott als heftig und die Göttin als nährend, den Gott als aggressiv und die Göttin als empfänglich – es sind vielmehr eigenständige Wesen, die einander lieben.

Ebensowenig würdige ich damit einen Gott des Lichts herab, eine dunkle Göttin, einen heftigen Gott, eine nährende Göttin. Ich verehre den hellen und den dunklen Aspekt unseres männlichen Gotts mit großer und ebenbürtiger Ehrfurcht. Ich finde gewaltigen Trost in unserer Mutter. Aber ich erlebe auch unseren Gott als nährend und fürsorglich, unsere Göttin als schlau und klug! Beide Götter bergen in sich alle Potentiale und Persönlichkeiten! Sie sind unendlich in ihren Möglichkeiten.

Manche Wicca-Traditionen verehren eine Göttin, die die »weiblichen« Prinzipien verkörpert, sowie einen Gott, der die Verkörperung der »männlichen« Prinzipien darstellt. Ich unterstütze aus tiefster Überzeugung das Recht der freien Religionswahl und daß jeder die Götter lieben und sich von ihnen lieben lassen soll, die er durch Einkehr in Herz und Geist vorgefunden hat. Doch könnte ein Neuling, der die letzten Absätze noch nicht gelesen hat, leicht dem Irrtum aufsitzen, daß die Feenschamanen ihre Götter genauso verehren, wie es andere Heiden tun. Damit würde ihm aber eine ganz wesentliche Stärke der Feenkunst entgehen.

Starre Kategorisierung verhilft uns nur zum Realitätsverlust, anstatt die Dinge gründlich zu betrachten. Für den Feenpfad ist es von entscheidender Bedeutung, festzustellen, was wirklich geschieht – das gilt übrigens genauso für das Glück im guten alten Alltag. Wenn ich also die dunklen Geschenke des Lebens annehme, ist das keine Herabwürdigung des Lichts. Das wäre nur eine Reaktion, ein Ausschwingen ins Gegenextrem. Wo wären wir ohne die Sonne? Und das strahlende Lächeln meiner Tochter ist mir ebenso wichtig wie ihr dunkles Herz, denn ihr sonniges Lächeln spiegelt ihr Glück wider. Nach unserer Auffassung ist das Licht ebenfalls göttlich und moralisch. Licht und Finsternis sind gleichberechtigte eigene Instanzen.

Wir, die wir Spiegelungen der Götter sind, können auch erkennen, daß wir ihnen gleichen: »Männlich und Weiblich existieren für sich selbst, nicht, um einander aufzuwiegen. Es sind zwei Manifestationen derselben Sache. Es ist eine Illusion, daß man sie zusammenführen und ausbalancieren müßte. Sie sind beide Ausdruck derselben Macht, einer vollständigen Macht.« (So sprach mein Lehrer, Victor Anderson.)

Wenn Sie eine kraftvolle, dynamische Frau sind, dann führen Sie keine Zauber durch, um statt dessen ein sanftes Gegengewicht zur Maskulinität zu werden. Seien Sie, wie Sie sind. Jede Stärke ist weiblich, wenn eine Frau sie besitzt.

Wenn Sie andererseits eine Frau sein sollten, die einen Mann von starker Persönlichkeit liebt, in dessen Schutz Sie sich wohlfühlen, dann tun Sie das einfach. Lassen Sie sich nicht von irgendwelchen Vorstellungen über eine sogenannte ausgewogene Selbstentwicklung von Ihren wahren Bedürfnissen ablenken. Worum es geht, ist, wer Sie wirklich sind – heftig, sanft oder beides; ehrgeizig, gelassen oder beides. Versuchen Sie nicht, zu einer »Idee« zu werden, die nichts damit zu tun hat, wie die Menschen wirklich sind.

Wenn Sie ein Mann sind, der eine Frau sucht, die das schützende Wesen einer Mutterdrachin besitzt, so genieren Sie sich nicht deswegen, und glauben Sie auch nicht, Sie müßten für sie dasselbe sein. Sein Sie das nur, wenn es wirklich Ihrem Wesen entspricht. Im anderen Fall streben Sie den Schutz einer Frau an.

Damit behaupte ich nicht, daß auch nur ein einziger Mann oder eine einzige Frau es vermeiden kann, die Verantwortung für das eigene Leben zu übernehmen. Aber wir müssen nun einmal wissen, wer wir wirklich sind, und dazu gehört auch das Wissen um unsere wahren Bedürfnisse, damit wir auch das Beste aus einem verantwortungsvollen Leben machen können. Wenn Sie kein beschützender Typ sein sollten und Ihnen das irgendwie in die Quere kommt, können Sie es ja vielleicht ändern. Und die Magie ist ein hervorragender Weg, um das zu bewerkstelligen.

Meine Beispiele von Männern und Frauen, die einander lieben, skizzieren Grundprinzipien, die ebenso für lesbische und schwule Paare gelten, für platonische Beziehungen, für Bürobekanntschaften und für die Gruppendynamik. So wie diese Gesellschaft uns einredet, daß Männer so und Frauen verschieden zu sein haben, verlangt sie auch, daß, wenn eine Person den Anführer macht, die anderen ihm zu folgen haben, im Gegensatz zu gemeinsamer Führung. Oder wenn ein Mensch über außergewöhnliche künstlerische Kreativität verfügt, wird von seiner Familie erwartet, daß sie diese Kreativität bis zur Selbstverleugnung eigener kreativer Ventile unterstützen soll. Wenn jemand über irgendeine Kraft gebietet, wird automatisch angenommen, daß dies zu Lasten der Personen gehen muß, die sich in seiner Gegenwart befinden; die Möglichkeit, daß in einer solchen Situation sich vielleicht alle gegenseitig Macht geben könnten, wird gar nicht erst in Erwägung gezogen. Die Götter sind eigenständige Wesen, die sich nicht nur in ihrer Beziehung zueinander definieren. Auch wir als ihre Kinder haben das Recht, zu sein, wer wir sind, und das ist es auch, was wir anstreben müssen.

Wenn Sie eher in die konventionelle Kategorie fallen, finden Sie durchaus meine Unterstützung. Ich will nur den Kerker der Konvention vernichten, nicht ihre nützlicheren Aspekte. Führerschaft ist beispielsweise ein sehr wichtiger Dienst, der Organisation herstellt und Motivation gibt, originelle Richtungsweisung und begeisternde Vorbilder bietet. Wenn Sie der geborene Führer sein sollten, dann leben Sie es auch aus! Wenn Sie viel Führung benötigen, verschaffen Sie sich welche! Was mein Beispiel der Künstler angeht, die sich gedankenlos über die Bedürfnisse ihrer Familien hinwegsetzen, so will ich damit sagen, daß wir für unsere Kreativität jede nur erdenkliche Unterstützung brauchen. Ich empfehle allerdings dringlich, diese Unterstützung jemand anders nicht auf Kosten des Erreichens der eigenen Ziele zu gewähren. Und wieder – seien Sie, der Sie sind, lieben Sie sich dafür, lieben Sie andere um ihrer Merkwürdigkeiten willen, und begreifen Sie, daß Sie ein Geschenk des Universum sind, weil Sie eben Sie selbst sind!

Ich habe diesen Abschnitt »Das Herz der Finsternis« damit eingeleitet, daß nicht nur die Götter, wir selbst und unsere Moral dunkel sind, sondern das Universum selbst. Wenn unsere Magie ständig dafür genutzt wird, um ein Gleichgewicht herzustellen, handeln wir damit gegen die Gesetze der Natur. Beachten Sie den Gebrauch des Worts »ständig«: Auch wenn die Ausgewogenheit nicht jene Norm darstellt, die der westliche Verstand gern in ihr sieht, gehört sie doch zum Ganzen und kommt daher durchaus gelegentlich in der Natur vor. Dann wird sie auch vom Feenschamanen gutgeheißen, wenn sie nämlich aktuell oder als Ziel von Relevanz ist.

Ich rate Ihnen nicht dazu, ihren gesunden Menschenverstand aufzugeben. Wenn ich hart arbeite, muß ich durch Ruhe und Erholung ein entsprechendes Gleichgewicht herstellen. Und wenn ich ständig mit den Schmerzen anderer Menschen zu tun habe, muß ich das mit einer besonders heiteren Lebensperspektive ausgleichen, damit ich nicht verbittere und einen Haß auf jene Menschen entwickle, die diesen Schmerz herbeigeführt haben. Weil ich als Hexe leidenschaftlich engagiert bin, meine Kräfte zum Wohle anderer einzusetzen, brauche ich als Gegengewicht für diese Hingabe das Lachen und die stillen Strandspaziergänge, damit ich mich selbst und andere nicht über der Verwirklichung meiner Ziele ins Unglück treibe. Wichtige Nebenbemerkung: Das Lachen ist eine perfekte Ergänzung für beinahe jede spirituelle Arbeit.

Betrachten wir einmal eine Zypresse am Meeresstrand: Sie erhält sich ihre Stabilität, indem sie sich weit vom Wasser fortneigt. Das kann man kaum als ausgewogen bezeichnen. Statt dessen ist sie *integriert* und *in Harmonie* mit sich selbst und der ganzen Natur. Es verhält sich wie mit den drei Seelen nach einem Ha-Gebet. Integration, Harmonie und was immer an Dergleichem erforderlich sein mag, um das Überleben zu sichern, sind die idealen magischen Ziele, und nicht Ausgewogenheit oder Gleichgewicht. Seien Sie wie die Natur selbst.

Wenn Sie am Arbeitsplatz für Ihre Rechte kämpfen, kann es erforderlich sein, Ihren gerechten Zorn mit der Geschmeidigkeit und Höflichkeit eines Diplomaten zu verbinden. Manche

Menschen sehen darin eine Art Ausgewogenheit oder Gleichgewicht, doch schwingt in diesem Glauben meist die Annahme mit, daß der Zorn ein wenig gezügelt werden soll oder nicht mächtiger sein darf als die Höflichkeit. Dem ist jedoch nicht immer so. Ganz und gar nicht! Schlechter Schamane! Wir haben es hier nicht mit einer Religion zu tun, die auf Scham und Schande gründet. Hingegen haben wir jedes kleine bißchen Lebenskraft, das die Götter uns bescheren, dringend nötig. Das ist ein heiliges Geschenk, das man nicht verschwenden darf.

Der beste Kämpfer besitzt Geschmeidigkeit, Anmut und Höflichkeit. Ein Diplomat kämpft für gute Beziehungen zwischen Ländern. Und es ist die volle Kraft des dunklen Kämpferherzens, das da in der Brust des Diplomaten pocht, welche harmonisch mit Höflichkeit und Geschmeidigkeit verschmilzt und diese zum Vorschein bringt, genau wie ein Kampfkünstler, der sich so flüssig und tödlich bewegt wie eine Giftschlange.

Die Göttin möchte, daß wir heftig lieben und heftig kämpfen. Das kann man aber nicht tun, wenn man die ganze Zeit auf irgendein Gleichgewicht hinarbeitet. Die Natur versucht das auch nicht – warum sollten Sie es also tun? Das Streben nach Ausgewogenheit kann Sie zu einem hasenfüßigen, pseudospirituellen Märtyrer machen. Der Weg des Schamanen ist dagegen der Weg des Kriegers.

Yin und Yang sind ein chinesisches Konzept der Naturphilosophie. Es wird im Westen oft dergestalt mißverstanden, daß man sich darunter eine simple mechanische Ausgewogenheit zwischen Licht und Finsternis vorstellt, zwischen Männlich und Weiblich, zwischen Negativ und Positiv, und so weiter. Doch obwohl die Chinesen tatsächlich auf ein Gleichgewicht hinarbeiten, wird dieses nur als Ideal verstanden, nicht als tatsächliches Ziel – es faktisch herzustellen, wird von dem Chinesen gleichbedeutend mit Tod gesehen! –, und außerdem definiert die chinesische Kultur dieses »Gleichgewicht« anders, als unsere es tut. Die chinesische Philosophie beschreibt die ganze Welt als aus zwei Grundteilen bestehend, die innerhalb des gesamten Zusammenhangs auf dynamische Weise miteinander verknüpft sind. Jeder dieser Teile ist auch im anderen enthalten, und sie werden nicht etwa als polare Gegensätze betrachtet, sondern als zwei Aspekte derselben Sache. Arbeiten Sie in Ihrem profanen und im magischen Leben auf Ihre wahren Ziele hin, dann werden Sie auch das Herz der Finsternis umfangen.

Führen Sie jetzt den folgenden Ritus aus.

RITUAL

Dunkle Heilung

Dieses Ritual verhilft Ihnen dazu, die Finsternis als liebevolle Macht zu erleben und sie sich zunutze zu machen, um jene Wunden zu heilen, die Sie daran hindern, Ihre innere Dunkelheit – gesunde Leidenschaft, männliche Aggressivität, motivierenden Ehrgeiz – zur Verbesserung Ihres Lebens einzusetzen.

1. Schritt: Widmen Sie sich einem bestimmten Ereignis, bei dem Sie wegen Ihrer inneren Finsternis Scham oder Schuldgefühle entwickelten. Vielleicht ist die Malerei Ihre Leidenschaft, und vielleicht hat man Ihnen eingeredet, daß Maler zu werden eine unverantwortliche Berufswahl wäre. Man braucht zwischen Leidenschaft und Integrität keine Wahl zu treffen. Vielleicht genieren Sie sich auch für Ihre eigene Heftigkeit, weil Sie beispielsweise als Ausländer unter lauter Einheimischen am Arbeitsplatz für die Rechte Ihrer Minderheit kämpfen und sich ständig über diskriminierende Behandlung aufregen, während Ihre einheimischen Kollegen Sie mit Mißtrauen beäugen. Vielleicht haben Sie einen dunklen Teint, und man hat Ihnen gesagt, Sie seien häßlich. Suchen Sie sich eine entsprechende Episode aus, von der Sie sich befreien wollen.

2. *Schritt:* Bestimmen Sie alle Schuld- und Schamgefühle, die Sie wegen Ihrer in diesem Vorfall angesprochenen Dunkelheit/Finsternis hegen.

3. *Schritt:* Schließen Sie die Augen, und machen Sie es sich bequem.

4. *Schritt:* Konzentrieren Sie sich auf die Dunkelheit, die Sie bei geschlossenen Augen wahrnehmen.

5. *Schritt:* Imaginieren Sie, daß diese Dunkelheit ein Nachthimmel ist... dann stellen Sie sich vor, wie dieser dunkle Nachthimmel Sie von allen Seiten umgibt und sich so weit ausdehnt, wie Ihre Vorstellungskraft reicht.

6. *Schritt:* Spüren Sie, wie dieses dunkle Universum in der Liebe im Herzen der Göttin pulsiert. Imaginieren Sie alle Teile, die ich gerade erwähnte: also nicht nur irgendein Herz oder das Herz der Göttin, sondern auch die Liebe in ihrem Herzen.

7. *Schritt:* Imaginieren Sie, wie dieses von Liebe erfüllte Pulsieren Sie als Welle durchströmt und mit dem Segen der Göttin erfüllt.

8. *Schritt:* Halten Sie dieses Bild so gut aufrecht, wie Sie nur können, und konzentrieren Sie sich zugleich auf die Schuld- und/oder Schamgefühle, die Sie in den ersten beiden Schritten dieses Rituals zur Heilung ausgewählt haben. Stellen Sie eine intensive Beziehung zu diesen Schuld- und/oder Schamgefühlen her, ebenso zu allen anderen damit verbundenen Verletzungen, damit Sie sie der Mutter zum Zwecke der Heilung zeigen können. Sie können dazu die Wunde als greifbare Energiesubstanz visualisieren, die Ihr ganzes Sein durchzieht.

9. *Schritt:* Imaginieren Sie, wie das Pulsieren der göttlichen Liebe Sie weiterhin durchströmt und dabei Ihren Schmerz fortspült, Ihre Schuld, Ihre Scham und alle anderen damit verbundenen Verletzungen.

10. *Schritt:* Nun, da die Wunde gereinigt ist, können Sie mit ihrer Heilung beginnen. Imaginieren Sie, wie sich die Liebe der Göttin sanft durch Ihr ganzes Sein zieht. Visualisieren Sie, wie lindernd und heilkräftig diese Liebe wirkt.

11. *Schritt:* Visualisieren Sie weiterhin, wie diese pulsierende Liebe Sie durchströmt, Sie zugleich mit dem Segen der

Göttin erfüllt und Ihnen dazu verhilft, sich als ganz zu empfinden, als glücklich und als stolz auf das, was Sie sind.

12. Schritt: Konzentrieren Sie sich auf die Dunkelheit, die Sie natürlicherweise wahrnehmen, wenn Sie die Augen schließen.

13. Schritt: Öffnen Sie die Augen, und strecken Sie jeden Teil Ihres Körpers. Sie brauchen sich dafür nur wenige Minuten Zeit zu nehmen, sollten aber wirklich jeden Körperteil wenigstens ein bißchen strecken. Dann klopfen Sie sich mit den Handflächen sanft von unten nach oben ab. Wenn Sie am Kopf und am Gesicht angekommen sind, benutzen Sie dafür die Fingerkuppen.

14. Schritt: Es kann sein, daß dieses Ritual Sie außerordentlich beschwingt. Wenn Sie nach Beendigung dieser Lektion ausgehen wollen, stellen Sie vorher sicher, daß Sie den Kontakt zur Wirklichkeit wiederhergestellt haben. Mit anderen Worten, sollte es schon Abend oder Nacht sein, achten Sie auf Ihren praktischen Realitätssinn. Wenn Sie fahren wollen, sorgen Sie dafür, daß Sie sich dabei nicht in einem Zustand geistiger Abgehobenheit befinden. Wenn Sie im Haus bleiben wollen, achten Sie darauf, hellwach zu sein, wenn Sie beispielsweise das Gemüse fürs Abendessen schneiden. Es kann nützlich sein, im Anschluß an Ihren Besuch bei mir etwas zu essen, um der Abgehobenheit gegenzusteuern.

Die meisten der hier vorgestellten Beispiele, in denen es darum geht, Ihrer dunklen Moral zu folgen – etwa der Leidenschaft für die Malerei –, können mißverstanden werden, genau wie jede andere moralische Position auch. Daher sollten Sie die Dinge so betrachten, wie sie sind, und sich nicht in irgendwelchen Modellen verlieren oder sich dahinter verstecken, wodurch Sie sich nur etwas vormachen und sich selbst zu unmoralischen Entscheidungen verlocken. Sich von Ihrer arbeitslosen Frau scheiden zu lassen und die Unterhaltszahlungen für Ihr Kind zu verweigern mit dem Argument »Ich muß schließlich für mich selbst sorgen und meiner Leidenschaft für die Malerei folgen«, ist nichts als gefühllose Selbstsucht.

Aufgabe

Lesen Sie in der nächsten Woche wenigstens Teile aus diesem Kapitel aufs neue. Die Hexenkunst ist genau das, was der Ausdruck besagt: eine Kunst – und zu jeder Kunst gehört auch handwerkliche Vollkommenheit, und damit auch Übung und Studium. Es genügt oft nicht, etwas nur einmal gelesen zu gehaben. Wenn Sie diese Wochenlektion einmal durchgearbeitet haben, haben Sie sicher *etwas* davon verstanden. Jetzt möchte ich aber, daß Sie die Lektion *ganz* verstehen. Auch wenn man jedes magische Material erst durch Gebrauch und Anwendung wirklich kennenlernt, ist das Studium doch der erste Schritt dazu.

Für Fortgeschrittene

Die folgende optionale Aufgabe ist für Schüler jeder Ausbildungsstufe hervorragend geeignet. Um genauer festzustellen, wie die gesellschaftlich gängigen Vorstellungen von Dunkelheit oder Finsternis und Polarität Sie berühren, beantworten Sie schriftlich die folgenden Fragen.

1. Nennen Sie Beispiele für einen rassistischen, sexistischen, männerhassenden und schlichtweg unsinnigen Gebrauch der Begriffe »dunkel« und »Dunkelheit/Finsternis«. Hinweis: Diese Begriffe werden zum überwiegenden Teil abschätzig verwendet. Falls Sie bei dieser Aufgabe steckenbleiben und nicht weiterwissen, bilden Sie einfach ein paar Sätze mit diesen Wörtern. Dann werden Sie die Frage schnell beantwortet haben.

2. In welche Polaritäten setzen Sie Ihr Vertrauen? Auf welche Weise hilft Ihnen das? Haben sich diese Glaubensannahmen schon einmal als Hindernisse oder Stolperfallen erwiesen, und wenn ja, wie?

3. Auf welche Weise haben Gleichgewicht und Ausgewogenheit sich für Sie als erforderliche spirituelle und emotionale Ziele dargestellt?

4. Andererseits: Wie haben sich Lehrsätze über Gleichgewicht und Ausgewogenheit als Instrumente herausgestellt, mit denen man

Sie dazu aufgefordert hat, Ihr Selbst nicht optimal zu verwirklichen und nicht in Freiheit und persönlicher Integrität zu
leben?

Der Prozeß des Wandels

Es kommt vor, daß Schüler ins Schwanken geraten, wenn sie
eine Ausbildung absolvieren sollen, die sich über fünfzehn
Wochen erstreckt. Es ist aber eine ganz normale, verständli-
che Reaktion, sich kurz vor Beendigung eines Projekts überfordert zu fühlen. Wenn Sie jemals einen Schulabschluß
gemacht, die letzten Proben vor einer Theateraufführung
absolviert oder auch nur zum letzten Mal Hand an eine
Mahlzeit gelegt haben, bevor Sie sie servierten, kennen Sie
diese Aufregung der letzten Minute. Da tauchen dann
Gedanken auf wie: »Ich schaffe das Pensum einfach nicht,
um dieses Projekt abzuschließen.« Oder: »Eigentlich wollte
ich das sowieso nie tun.« Sicher, vielleicht wollen Sie all dies
tatsächlich nicht tun. Trotzdem rate ich Ihnen dringend, mit
der Entscheidung darüber mindestens solange zu warten,
bis Sie die vor Ihnen liegende Arbeit beendigt haben. Es dauert nur noch ein paar Wochen, dann können Sie immer noch
entscheiden, ob es die Sache wert war, zu Ende geführt zu
werden.

Als ich in den letzten Zügen meines College-Abschlusses
lag – für den ich übrigens zwanzig Jahre brauchte –, rief ich,
in Tränen aufgelöst, eine Freundin an. Der Druck, meine
Examensarbeit rechtzeitig fertigstellen zu müssen, trieb
mich fast in den Wahnsinn. Ich jammerte: »Ich bin doch
sowieso nicht noch einmal aufs College gegangen, um einen
Abschluß zu machen, und jetzt drehe ich fast durch dabei!
Ich bin nur auf die Schule zurückgekehrt, um wieder etwas
mit der Gemeinschaft zu tun zu haben!« Erlauben Sie mir,
ein Stück weiter in die Vergangenheit zurückzugreifen.

Den Lehrplan für den Dritten Weg zu entwickeln, war für
mich ein Lebenswerk. Und obwohl ich das Einsiedlerleben
so sehr liebe, fühlte ich mich die ersten Jahre doch ziemlich

isoliert. Obwohl viele Menschen, die ich kenne, mit Forschung und Entwicklung beschäftigt sind, waren sie mir keine geeignete Gesellschaft. In jungen Jahren hatte ich die meisten College-Punkte in künstlerischen, nichtakademischen Fächern bekommen. Und auch jetzt hatten meine Studien nichts mit Laboratorien oder Bibliotheken zu tun. Stellen Sie sich das alte Märchenklischee vom einsamen Zauberer vor, wie er jahrelang eingeschlossen in seinem abweisenden hohen Turm lebt, über seine eigene merkwürdige Schrift gebeugt, mit der er die Effekte bizarrer Zauberformeln aufgezeichnet hat, die er selbst erschuf; und wie er versucht herauszubekommen, wie er diesen lästigen kleinen Quälgeist wieder loswerden kann, den er mit seinem jüngsten Zauber unfreiwillig heraufbeschworen hat; und wie er sich darüber das Gehirn zermartert, um den Zauber zu verbessern, damit er beim nächsten Mal nur erwünschte Gäste hervorzaubert. So ungefähr war es auch bei mir, nur ohne die pittoreske Behausung. Kein Wunder, daß ich mich isoliert fühlte. Wenn Sie meine persönliche Chronologie verfolgt haben, so wissen Sie, daß dies während der Jahre war, als ich mich ständig in Trance befand.

Deshalb begab ich mich 1987 wieder aufs College, hauptsächlich, um dort etwas Gesellschaft zu erfahren, egal welche Vorstellungen vom Gelehrtentum dieses oder andere Colleges hegen mochten. Die Götter hielten ihre schützende Hand über mich: Unter der Aufsicht eines liebevollen und exzentrischen Professors setzte ich meine Arbeit am Dritten Weg fort, ungehindert durch irgendwelche akademische Auflagen. Ich habe nichts gegen die akademische Welt, aber es gibt einfach Dinge, die sich nicht innerhalb des Referenzrahmens akademischer Kriterien herstellen lassen. Meine Arbeit gehört auch dazu. Dann teilte mir das College mit, daß meine seltsamen Bemühungen als Examensarbeit anerkannt werden würden! Meine Götter haben eben Humor. Einen großen Teil der anderen Scheine bekam ich während der Teilnahme an anderen nichtakademischen Projekten, beispielsweise dem Komponieren von Ritualmusik. Meine Freundin überredete mich dazu, meinen Abschluß zu machen, und so setzte ich meine

Magie dafür ein: Ich betete zu der Göttin und bat sie darum, mir beim Abschluß zu helfen. Zugleich erforschte ich mich nach unterschwelligen Ängsten, Zweifeln oder Resten von Groll, die mich daran hindern könnten, Dinge auch zu Ende zu führen. Jetzt bin ich wirklich sehr stolz auf das Diplom an meiner Wand, vor allem deshalb, weil ich dazu bereit war, eine Menge Zeit zu investieren und dann auch noch die letzte Angststrecke zurückzulegen, um es zu bekommen. Außerdem bestätigte es mich in meiner eigenen, zugegeben merkwürdigen Lebensauffassung.

Falls Sie Blockaden haben sollten, die Sie darin behindern, Ihre Ausbildung zuendezuführen, können Sie sich auch davon reinigen. Dazu könnten Faktoren zählen wie die Angst vor Erfolg; der Glaube, daß erfolgreiche Menschen die Liebe ihrer Umgebung einbüßen; aber auch der Zorn darüber, daß niemand für Sie die Arbeit zuendeführen wird. Vielleicht bitten Sie auch einen Freund oder eine Freundin um etwas Aufmunterung. Diese Maßnahmen können dabei helfen, sich selbst nicht noch in letzter Minute ein Bein zu stellen. Es ist jetzt nicht die Zeit für Fragen wie: »Soll ich vielleicht Nonne werden?«, oder Feststellungen vom Kaliber: »Vielleicht sollte ich mit Georg schlußmachen!« – egal wie sehr Ihnen solche Probleme plötzlich auf den Nägeln brennen mögen.

Gesunde Spiritualität heißt Streben nach den guten Dingen des Lebens

Wie man für die guten Dinge im Leben zaubert

Durch meine hellseherischen Beratungen helfe ich Klienten oft über Lebenskrisen hinweg. Danach kommt häufig ein Augenblick, da mein Klient anfängt herumzudrucksen, um dann mit verlegener, entschuldigender Stimme zu fragen: »Sehen Sie vielleicht irgend etwas darüber, ob ich einen Liebespartner finden werde? Und wie steht es mit meiner Familie? Werden alle gesund bleiben? Und werde ich im nächsten Jahr genug Geld haben?«

Es macht mich traurig, mit anzusehen, wie sehr sich meine Klienten wegen ihrer profanen Alltagssorgen schämen. Man hat ihnen beigebracht, daß wir uns nicht um uns selbst oder unsere materiellen Sorgen zu kümmern haben. Wir werden in dem Glauben erzogen, daß es böse sei, schöne Dinge für sich selbst haben zu wollen. Und als Suchende auf dem spirituellen Weg wird von uns erwartet, über derlei weltlichen Sorgen zu stehen.

Und doch finden wir gerade auf den Gebieten der Liebe, des Geldes, der Familie, der Arbeit und der Sexualität zu einer richtigen Spiritualität. Denn Spiritualität im luftleeren Raum ist nutzlos. Gewiß gehört das selbstlose Opfer ganz wesentlich zu jedem spirituellen Weg, und wir werden ihm in einer späteren Lektion noch näher nachgehen, aber es ist doch nur ein Teil unter vielen, die zu einer richtigen Lebensweise gehören. Den Dritten Weg zu beschreiten bedeutet, scheinbare Gegensätze miteinander zu verbinden: Die alten Kelten wußten sehr genau, daß ein weiterer Schwerpunkt der Spiritualität darin besteht, sich ein warmes Bett zu verschaffen, eine gute Mahlzeit und liebevolle Gesellschaft, Sexualität inklusive. Die Spiritualität in unser Alltagsleben zu integrieren bedeutet doch nicht, daß wir damit zu pseudospirituellen Märtyrern werden müssen, daß wir Opfer zu erbringen hätten, die nur dazu führen, daß wir uns erbärmlich fühlen, ohne daß irgend jemand etwas davon hätte, wir selbst eingeschlossen.

Die Mutter hat uns das Leben geschenkt, damit wir diese wunderschöne Beglückung auch voll ausleben. Das ist schließlich das eigentliche Ziel jeder spirituellen Reise – voll und ganz Mensch zu werden. Erst dann können wir ungehinderten Zugang zu unserer unbegrenzten Fähigkeit herstellen, zu lieben und anderen etwas zu geben.

Ich unterstütze hier kein herzloses Dasein oder eine verantwortungslose Sexualität. Ich bemühe mich sehr, freigebig und höflich zu sein. Ich kümmere mich in Hingabe um meine Lieben, und ich hoffe doch, daß ich auf dem Gebiet der Sexualität verantwortungsbewußt handle, was ihre Auswirkungen auf andere angeht. Doch wenn ich in Schuldgefühlen eingeschnürt wäre, um mir keinerlei irdische Freuden zu gönnen, sähe ich keinen Grund mehr zu leben. Dann würde ich möglicherweise in einem permanenten Stumpfsinn enden, anstatt ein nützliches Leben als spirituelle, liebevolle Person zu führen.

Mit alledem möchte ich darauf hinweisen, daß es in der Magie um das Menschsein geht. Und das Zaubern für die guten Dinge im Leben – für Geld, für ein hübsches Heim, einen neuen Wagen und so weiter – gehört nun einmal dazu.

Keltische Magie ist Lebensmagie, Magie, die Sie in Ihrem Alltag anwenden können.

Ansonsten hätte Magie doch keinen Zweck. Sicher, Rituale machen Spaß, und man fühlt sich gut dabei – das wäre in gewisser Weise schon Grund genug, Magie zu praktizieren –, aber wenn wir sie nicht dazu verwenden, um gut zu leben und gut zu lieben, dann ist das vielleicht doch nichts anderes, als sonntags in die Kirche zu gehen, um dann wieder die ganze liebe Woche lang vor sich hin zu sündigen. Glauben Sie also nicht, daß es »unspirituell« sei, einen Zauber auszuführen, um sich ein paar Leckerchen zu besorgen; damit würde Ihnen nur ein spirituelles Konzept von *enormer Wichtigkeit* entgehen: Wir sind es wert, alle guten Dinge im Leben zu bekommen, wenn wir sie wünschen. Jede andere Betrachtungsweise kann nur zu ungesunden Minderwertigkeitsgefühlen führen, zur Pseudospiritualität und zur spirituellen Arroganz. Schulklasse aufgepaßt: Es ist sowohl wichtig als auch spirituell, die Magie dazu zu verwenden, um sich die guten Dinge des Lebens zu beschaffen.

Wenn Sie mit einigen meiner Grundsätze nicht einverstanden sein sollten, so darf ich Sie beruhigen: Das geht mir bisweilen nicht anders. Ich werde in einem anderen Kapitel noch auf die Kehrseite der Medaille eingehen, berücksichtigen Sie das bitte bei der Bewertung meiner Kommentare.

Der Rest dieses Wochenbesuchs ist einem grundlegenden Allzweckritual gewidmet, das den Namen Eigentlicher Zauber trägt. Nachdem Sie diesen gelernt haben, können Sie damit alle guten Dinge im Leben herbeizaubern. Ferner behandeln wir die dazugehörigen Techniken und Wissenssätze.

Techniken der Visualisation

Ohne daß ich es eigens erwähnt hätte, habe ich Ihnen in diesem Buch bereits eine ganze Reihe von Übungen gegeben, um Ihre Visualisationsfähigkeit auszubilden. Jetzt erhalten

Sie Gelegenheit, diese zu vertiefen. Je weiter Sie auf dem Weg der Feen voranschreiten, um so mehr werden Sie diese Fähigkeit ausbilden, und um so größer wird der Gewinn sein, den Sie daraus ziehen.

Beim Eigentlichen Zauber formt die Hexe die Realität durch Visualisation: Wie Sie es sehen, so wird es werden! Das Denken ist eine Energieform, und Energie ist dasselbe wie Materie. Daher werden Gedanken oder Konzepte zu Energie, die wiederum zur Manifestation wird!

Hier ein paar Hinweise für die erfolgreiche Visualisation: *Planen Sie die Visualisation sorgfältig, bevor Sie mit dem Zauber selbst beginnen.* Weiter unten werden Sie erfahren, was bei dieser Planung zu berücksichtigen ist.

Benutzen Sie alle fünf relevanten Sinne, nicht nur den optischen. Würden Sie beispielsweise einen Zauber für ein Steak durchführen, so würden Sie dieses Steak dabei nicht nur sehen, sondern es auch riechen, schmecken und sogar fühlen, wie beim Kauen seine Säfte über Ihre Zunge strömen. (Es bereitet mir immer wieder Vergnügen, wenn Vegetarier bei diesem Beispiel zusammenzucken.)

Verwenden Sie Ihr Gefühl. Imaginieren Sie, wie Sie sich glücklich und zufrieden wegen des Steaks oder des Tofu oder was immer Sie gerade essen, fühlen; imaginieren Sie die Freude, die Sie daraus schöpfen.

Gefühle sind Kräfte, sind Energie! Überlegen Sie einmal, welche Wirkung ein Gospel-Chor im Gegensatz zu einer knochentrockenen Kanzelpredigt hat: Der Chorgesang baut auf, er bemächtigt, während die reine Rede vielleicht nur langweilt. Gefühle energetisieren die Magie.

Ein weiterer Grund, weshalb Sie Ihre Gefühle verwenden sollten, liegt darin, daß Emotionen zum spirituellen Ganzsein dazugehören; sie stellen keinen Widerspruch zur Göttlichkeit dar, sie sind vielmehr ein Echo Gottes! Wenn ich Liebe für Sie empfinde, ist es die Liebe der Göttin, die ich da spüre. Das ist ein weiterer Grund, weshalb die Gospelmusik Sie erbauen, ja vielleicht sogar zum Besseren verändern kann. Die in dieser Musik verkörperte Freude spiegelt die Freude Gottes wider.

Der Einsatz von Emotionen beim Zaubern ist eine weitere Konsequenz aus der Tatsache, daß es sich bei der Magie um eine Kunst handelt, die vom Ausübenden verlangt, sein ganzes Sein in den Ritus mit einzubringen.

Und schließlich verwenden Sie Ihre Emotionen bei der Visualisation, weil sie Präzision und Treffsicherheit des Zaubers enorm steigern.

Visualisieren Sie präzise. Ich hatte zwei Freundinnen, die einen Zauber für das perfekte Apartment durchführten. Sie visualisierten die richtige Miethöhe, die richtige Anzahl von Zimmern, zwei Bäder, einen Vermieter, der nichts gegen Kinder hatte, eine gute Anbindung an öffentliche Verkehrsmittel und so weiter; ihre Wunschliste war meterlang. Eines hatten sie allerdings dabei vergessen: die Lage. Schließlich fanden sie zwar tatsächlich das perfekte Apartment, doch lag es in einem scheußlichen Teil der Stadt, direkt neben einer Bahnlinie, über die ständig die lärmenden Frachtzüge an ihnen vorbeirauschten.

Eine andere Freundin von mir wurde nie zum Rendezvous eingeladen. Also vollzog sie einen Zauber, indem sie sich selbst imaginierte, wie sie von prächtigen Männern umgeben war. Das war jedoch viel zu vage. Gleichzeitig suchte sie nach Arbeit und bekam schließlich einen Job als Empfangsdame in einem Fitneß-Studio. Da war sie zwar tatsächlich von prächtigen Männern umringt, doch leider war keiner davon für *sie* bestimmt!

Seien Sie also auf jeden Fall so präzise, wie Sie nur können, visualisieren Sie alles bis ins kleinste Detail, das irgendwie relevant sein könnte. Diese Notwendigkeit der Präzision kann allerdings auch irreführend wirken. Man könnte daraus leicht folgern, daß es sich beim Gottselbst um einen Gott der Mathematik handelt. Doch das Gottselbst ist Teil von Ihnen. Und es ist liebevoll, nicht pedantisch. Die Präzision ist vielmehr deshalb so wichtig, weil Sie Ihre Fähigkeiten im Rahmen einer Wissenschaft entwickeln; werden Sie dabei aber nicht neurotisch, und übertreiben Sie die Sache nicht! Bauen Sie den Zauber so gut zusammen, wie Sie nur können, dann wird Ihr Gottselbst sich um den Rest kümmern. Vertrauen Sie auf den Gott in Ihrem Innern.

Visualisieren Sie erwünschte Ereignisse stets in der Gegenwartsform. Wenn Sie also für ein Steak zaubern, so imaginieren Sie dabei, daß Sie es gleich hier und jetzt sehen, schmecken, fühlen und erleben können.

Halten Sie andere aus Ihren Visualisationen heraus (mit den offensichtlichen Ausnahmen – wenn Sie beispielsweise einen Schutzzauber für Ihre Frau durchführen, sofern Sie dabei Ihre Imagination einsetzen). Das mag Ihnen jetzt ziemlich extrem vorkommen, aber Visualisationen sind eben keine läppischen wirkungslosen Bilder, sie formen tatsächlich die Wirklichkeit. Jemanden in einer Visualisation umherzubewegen ist ungefähr so, als würde man einen Bauern über ein Schachbrett schieben. Wir haben kein Recht, jemanden so zu behandeln, auch wenn wir ihn gernhaben und uns um sein Wohlergehen sorgen.

Außerdem sollten Sie andere aus Ihren Visualisationen heraushalten, weil, wie bereits an früherer Stelle erläutert, spezifische Fertigkeiten gefordert sind (Fertigkeiten, die Sie noch nicht erworben haben), wenn man für andere zaubern will.

Es kann sein, daß es Ihnen sehr schwierig erscheint, andere Menschen aus Ihren Visualisationen herauszuhalten. Aber es ist noch sehr viel schwieriger, mit den Konsequenzen zurechtzukommen, wenn man es doch getan hat! Auch hier gilt, daß Sie nicht neurotisch werden sollten: Wenn Sie nach Beratung mit einem Freund oder einem Ältesten keinen anderen Ausweg sehen, kann es im Einzelfall ja vielleicht doch in Ordnung sein. Wenn Sie beispielsweise Ihrem Chef selbstbewußt gegenübertreten wollen, ist nichts daran auszusetzen, mit einem entsprechenden Bild zu arbeiten.

Visualisieren Sie die gewünschten Ergebnisse, nicht die Mittel, die dazu führen sollen. Eines Tages suchte mich ein neuer Klient wegen einer Beratung auf, weil er hoffte, sich von seiner Depression befreien zu können. Er hatte bereits einen Zauber durchgeführt, in dem er visualisierte, wie er eine große Menge Geld bekam, weil er nämlich glaubte, daß der Besitz dieses Geldes seinen Zustand verbessern würde. Doch als der Zauber erfolgreich war und das Geld sich tatsächlich manifestierte, erwies sich das als störender Einfluß auf die Beziehung zu seiner Frau. Sie stritten sich darüber, wie das Geld am besten auszugeben sei, und so war er spirituell schließlich in einer schlimmeren Verfassung als vorher. Mit anderen Worten, der Zauber ging nach hinten los.

Die Göttin teilte ihm – durch mich – mit, daß er sich nur dem Geld zugewandt hatte, weil er sich nicht mehr daran erinnerte, daß das wahre Glück nur von innen kommen kann. Die Göttin offenbarte ihm auch, daß seine unbewußten Schuldgefühle, die davon herrührten, daß er seine Frau betrogen hatte (ja, auch das wußte ich auf paranormaler Ebene, ohne daß er es mir vorher erklärt hätte, dafür sind Hellseher schließlich da), eine Bresche in seinen Selbstrespekt geschlagen hatte, bis er schließlich meinte, daß er selbst und sein ganzes Leben erst dann etwas wert seien, wenn er entsprechendes Bargeld in den Händen hielt.

Ich brachte ihm ein Reinigungsritual bei, um derartige negative Glaubenssätze fortzuspülen. (Als er den Geldzauber durchführte, hatte er die vorrituelle Reinigung vernachlässigt, da er nie davon gehört hatte. Wäre dies nicht geschehen, hätte er im Zuge dieser Reinigung vielleicht erkannt, daß er mit dem Geldzauber ohnehin auf dem Holzweg war.) Ich riet ihm außerdem, daß er erst sein Verhältnis zu seiner Frau in Ordnung bringen sollte, weil dies eine notwendige Reinigung wäre, bevor er sich an einen Zauber wagte, um seine Depression zu bekämpfen. Ja, tatsächlich könnte diese Reinigung ihn bereits davon kurieren. Und so es geschah es dann auch weitgehend, bis er schließlich einen Zauber vollführte, der sich nur auf die gewünschten Ergebnisse konzentrierte – die Befreiung von der Depression –, und nicht auf die dazu führenden Mittel. Er setzte sein Vertrauen in die Götter, die schon das richtige Mittel kennen würden. Und so visualisierte er sich selbst in einem Zustand ruhiger Gelassenheit, der Ganzheit und des intakten Selbstwertgefühls. Der Zauber trug Früchte in Form einer Erkenntnis: Ihm wurde klar, daß er nicht so werden wollte wie sein Vater, für den er keinen Respekt hegte. Statt dessen wollte er ab jetzt beruflich seine Sechzigstundenwoche zurückfahren, um mehr Zeit für seine jungen Kinder zu haben.

Weiter unten werde ich Ihnen zwei Ausnahmen von dieser Regel schildern. Es gibt zwar noch andere Ausnahmen, dennoch bleibt es eine ausgezeichnete Faustregel. Sie sollten sie beherzigen, wann immer es möglich ist.

Beim obigen Beispiel ging es um eine Veränderung der Gemütsverfassung. Das gleiche gilt jedoch für Zauber, mit denen Sie Ihr äußeres Leben beeinflussen wollen. Wenn Sie beispielsweise ein Auto haben wollen, stellen Sie sich selbst vor, wie Sie glücklicher Besitzer eines Wagens sind, anstatt zu visualisieren, wie Sie plötzlich das Geld dafür haben, um ihn zu kaufen.

Wann immer Sie einen Zauber durchführen, fügen Sie stets hinzu: »Ich bete darum, daß dieser Zauber zum Wohle aller gelinge.« Mit anderen Worten, beten Sie während der Visualisation darum, daß Ihre Wünsche niemandem schaden mögen – ganz offensichtlich eine Ausnahme von der oben bezeichneten Regel, da es hier um die Art und Weise seiner Verwirklichung geht. Es gibt viele Variationen über dieses Thema, sowohl im Volksmärchen als auch in der Science Fiction. Eine davon schildert einen Mann, der sich bis über beide Ohren in eine reiche Frau verliebt und daher um Geld betet, damit er sie heiraten kann. Sein Gebet wird auch leider erhört, denn die Frau stirbt und hinterläßt ihm all ihr Geld – nur daß sein Leben nun durch dieses tragische Ereignis völlig verarmt ist.

Schließen Sie die Tür hinter Ihrem Zauber. Dies ist die zweite Ausnahme, mit der Sie von der Regel abweichen, nur das Ziel, aber nicht die Art der Ausführung festzulegen. (Ich habe Cora Anderson für den Ausdruck »die Tür schließen« zu danken.) Diese Regel läßt sich am besten dadurch erklären, daß ich einmal zusammenfasse, was im Zuge einer Visualisation geschehen könnte.

Angenommen, ich möchte eine neue Arbeit haben. Dann erarbeite ich mir eine entsprechende Visualisation, wofür ich eine Stunde brauchen kann, vielleicht auch einen ganzen

Monat. Wenn es um einen kleineren Zauber geht oder wenn Sie ein schneller Denker sein sollten, kann diese Planung auch schon in wenigen Minuten abgeschlossen werden. Nun gehe ich die hier aufgelisteten Visualisationstechniken durch, um zu entscheiden, welche für mein Ziel die geeignetste ist. Ich entschließe mich zu einem Bild meiner selbst, wie ich glücklich einer Arbeit nachgehe, die mir Spaß macht; mit Kollegen und einem Chef, mit denen ich gut auskomme; in einer sonnigen Arbeitsumgebung mit guter Belüftung, zu einem Lohn, wie ich ihn mir wünsche; bei einer Arbeitszeit, wie ich sie mir vorstelle; mit Aufstiegsmöglichkeiten, und so weiter, bis ich schließlich eine detaillierte, präzise Visualisation meines Idealziels hergestellt habe.

Dann mache ich mich an die Planung, wie ich »die Tür schließe«, indem ich mir jeden möglichen Pferdefuß ausdenke, der der Verwirklichung meines Ziels innewohnen könnte. Ich würde also versuchen, an alles zu denken, was in meinem Leben schiefgehen könnte, sowohl während ich dabei bin, den Job zu bekommen, als auch später, wenn ich ihn erst einmal habe.

Diese Fehleranalyse könnte schließlich zu der folgenden Liste von Geschehnissen führen, die ich lieber vermeiden würde: In meiner jetzigen Stellung gekündigt zu werden, wodurch ich während der Suche nach einer anderen Arbeit der Mittellosigkeit ausgesetzt wäre; unnötige Bangigkeit bei der Suche nach Arbeit; und schließlich, daß die neue, wunderschöne Arbeitsstelle schon nach wenigen Wochen wieder abgebaut wird.

Wenn ich dann später die Visualisation tatsächlich in meinem Zauber durchführe, werde ich imaginieren, wie derlei Mißgeschicke vermieden würden. Ich würde also vor diesen möglichen Problemen »die Tür schließen«. Das könnte beispielsweise so aussehen, daß ich tatsächlich eine Tür imaginiere, die sich vor ihnen schließt; man kann sich aber auch eine Reihe anderer Möglichkeiten ausdenken, um sich vorzustellen, wie die möglichen Fallstricke bei der Verfolgung des Ziels neutralisiert werden. Schließen Sie also stets die Tür hinter Ihrem Zauber.

Lassen Sie sich durch meine präzisen Instruktionen zum Thema Visualisation keine morbide Ängstlichkeit einreden, was den Gebrauch von Zaubern betrifft; und laufen Sie jetzt auch nicht vor Ihrem Herzenswunsch davon! Ermahnungen zur Vorsicht gehören zu jeder Wissenschaft, und gleich welche Art von Macht man handhabt, ob sie politisch, körperlich oder magisch sei, bleiben doch stets Vorsicht und Umsicht gefordert. Vergessen Sie auch nicht, daß Sie sich so viel Mühe geben können, wie Sie wollen; was immer Sie im Leben erreichen wollen – Sie selbst werden doch niemals perfekt sein. Victor sagte einst zu mir:»Die Götter dulden kein vollkommenes Opfer.« Seien Sie statt dessen so rigoros, wie Sie nur können, was die Anwendung des hier Gelernten betrifft, und vertrauen Sie darauf, daß die Götter sich schon um die Ergebnisse kümmern werden.

Das Magische Ziel bestimmen

Was brauchen Sie im Leben? Überfluß? Selbst-Liebe? Eine neue Wohnung? Ein wunderhübsches neues Kleid? Einen stabilen Koffer für die geplante Reise? Einen neuen Bettüberwurf? Seelenfrieden? Einen Videorecorder? Es folgen nun einige Ratschläge für den Entscheidungsprozeß.

Manchmal ist es das beste, sich für ein kleines Ziel, einen kleineren Entwicklungsschritt im Leben zu entscheiden, anstatt sich dem Größeren oder Übergeordneten zuzuwenden. Einen kleinen Zauber zu vollziehen, kann Sie weniger Energie kosten. Auch findet inneres Wachstum oft in einem langsamerem Tempo statt, als wir für angebracht halten mögen. Versuchen Sie sich nicht an Veränderungen, für die Sie noch nicht bereit sind. Sie können zu einem späteren Zeitpunkt immer noch mehr tun. Wenn Sie diese Ausbildung erst einmal absolviert haben, werden Sie Ihr ganzes Leben lang noch eine Menge Karten im Ärmel tragen!

Die Schlichtheit steht im Mittelpunkt des Feenglaubens.

Oft ist es das beste, sich ein ganz schlichtes Ziel vorzunehmen. Dem einfachen, schlichten Zauber eignet eine Reinheit, die uns Frieden und Kraft beschert und viele Möglichkeiten erschließt. Und vermeiden Sie magische Mißgeschicke. Auch hier gilt – Sie können später immer noch weitere Zauber durchführen. Schließlich sind Sie ja eine Hexe! (Sofern Sie sich selbst als solche bezeichnen mögen.)

Es ist übrigens auch eine gute Idee, sich ein Ziel vorzunehmen, für das eine gewisse Wahrscheinlichkeit spricht. Ein Zauber für eine Arbeitsstelle verspricht eine größere Erfolgschance als einer, um auf der Straße eine Million Mark zu finden, ganz einfach weil das erstere Ereignis viel wahrscheinlicher ist, indem es sich besser in den allgemeinen Fluß der Dinge einfügt. Lassen Sie sich dadurch aber auch nicht einschränken, schließlich geschehen Wunder alle Tage. Und wenn die schon so oft geschehen, müssen Wunder ja wohl eine ziemlich wahrscheinliche Sache sein. Was wiederum bedeutet, daß Sie durchaus für einige ziemlich »unwahrscheinliche« Dinge zaubern und dennoch damit Erfolg haben können. (Erscheint Ihnen dieser Absatz nicht wie ein einziger, riesiger Widerspruch? Warum stört mich das nicht im geringsten?)

Wenn Sie sich ein sehr wichtiges Ziel setzen, beispielsweise einen Ort, an dem Sie leben möchten, werden Sie dieses Ziel wohl besser in aller Sorgfalt über einen längeren Zeitraum entwickeln. Ich persönlich brauche vielleicht zwei bis vier Wochen, um eine Liste aller Dinge aufzustellen, die ich in einem neuen Apartment haben will, damit es für mich die richtige Lebenswelt bietet. Dieses »Köcheln des Ziels auf kleiner Flamme« kann zu einem wunderschönen Prozeß werden, weil wir dann nämlich dazu kommen, uns ganz genau auszumalen, was wir eigentlich haben möchten. *Mmm!* Diese Tagträumerei kann außerdem den Zauber verstärken, wenn Sie ihn dann schließlich ausführen.

Manchmal ist es schwierig, zu entscheiden, was Sie eigentlich wollen oder brauchen. Vielleicht wissen Sie einfach nicht, ob Sie nun einen großen Schritt tun sollen, einen kleinen Schritt, einen einfachen Schritt oder einen Seitenschritt. Vielleicht sind Sie Friseurin und fragen sich, ob Sie wirklich in einem anderen Frisiersalon arbeiten möchten oder nicht. Um spirituelle Führung zu erfahren, sollten Sie es mit Divination (Orakeltechniken) versuchen.

Sie können das Ziel eines Zaubers mit Hilfe der Divination ermitteln, wobei es viele verschiedene Herangehensweisen gibt: Kristallkugelschau, Tarotkarten oder jede Form der Meditation, die Ihnen zu spiritueller Führung verhilft oder die Spinnweben in Ihrem Hirn wegpustet, damit Verstand und Intuition ungetrübt funktionieren können. Es kann auch Divination sein, einen Strandspaziergang zu machen und den Wellen zu lauschen, bis der eigene Kopf klar ist oder bis man den Strand oder die Wellen sprechen hört. Ebenso können Sie um Führung beten und sich dann dafür offen halten, wie sie Ihnen gewährt wird. Sie können auch Ihre eigene Form der Divination verwenden – wie immer Sie Informationen scheinbar aus der Luft zu greifen imstande sind. Auch das Gebet »Gewähre mir Willen« kann Ihnen bei der Entscheidungsfindung helfen.

Kehren wir zu unserem Friseurinnenbeispiel zurück. Vielleicht erfahren Sie durch die Divination: »Nein, mit einem Zauber für einen neuen Job ist es noch nichts. Du hast erst letzte Woche mit deinem Freund schlußgemacht. Bevor du das nicht verwunden hast, sind in deinem Innern noch viel zu viele Blockaden aktiv, als daß der Zauber wirken könnte. Bevor du irgendeinen Berufszauber ausführst, solltest du erst einmal einen Heilungszauber machen. Außerdem hat dich das Schlußmachen so aufgewühlt, daß dich eine neue Jobsuche jetzt überfordern würde. Übernimm dich nicht, indem du zuviel auf einmal in deinem Leben verändern willst. Außerdem solltest du einen Weiterbildungslehrgang besuchen, um dich höher zu qualifizieren, dann kannst du auch später in einem gediegeneren Salon arbeiten.«

Nachdem Sie sowohl in Ihrem neugewonnenen Single-Leben als auch auf beruflichem Gebiet zu mehr Halt gefunden haben, können Sie dann den Zauber durchführen, um den perfekten Frisiersalon zu finden. Wie mein Beispiel zeigt, gehört zum Wissen darum, was man eigentlich will, noch einiges mehr, als sich selbst nur irgendwelche Ziele zu setzen. Und selbst wenn Sie sich auf ein Ziel festgelegt haben sollten, müssen Sie immer noch wissen, ob das jetzt oberste Priorität haben soll oder ob es noch irgendwelche Magie gibt, die Sie vorher ausführen müssen.

Nachdem Sie Ihr Ziel bestimmt haben, machen Sie sich an die Planung seiner Visualisation.

Der Eigentliche Zauber

Der Eigentliche Zauber, der eine zentrale Stelle im keltischen Schamanismus einnimmt und zu den mächtigsten Formen der Magie gehört, die es überhaupt gibt, wird Ihnen jetzt, nach zwölf Besuchen bei einer Schamanin, sehr leicht fallen. Im Prinzip ist er mit dem Ha-Gebet identisch, das man jeden Morgen und vor jedem Ritual aufsagt. Und obwohl der Eigentliche Zauber noch einige Unterschiede aufweist, werden Sie vieles von dem, was er Ihnen abverlangt, wiedererkennen.

RITUAL

Der Eigentliche Zauber

Verwenden Sie die Magische Formel.

1. Schritt: Bitten Sie das Fetsch, das *Mana* zu speichern, welches Sie gleich aufnehmen werden.

2. Schritt: Atmen Sie die Kraft ein, wie Sie es schon beim Ha-Gebet getan haben, und tun Sie dies in Viererschritten. Falls erforderlich, setzen Sie auch Ihre Visualisationskraft dazu ein, indem Sie beispielsweise visualisieren, wie das

Mana Sie auf allen Seiten umgibt und wie Sie es mit jedem Atemzug einsaugen.

3. *Schritt:* Während Sie diese Energie aufnehmen, visualisieren Sie Ihr festgelegtes Ziel – einen Videorecorder zu besitzen, einen gesunden Körper zu haben, eine Urlaubsreise nach Paris oder wofür Sie sich auch entschieden haben mögen. Während Sie dies tun, beten Sie dafür, daß Ihre Visualisation Wirklichkeit werden möge.

4. *Schritt:* Fahren Sie damit fort, bis Sie von Kraft erfüllt sind, bis Ihre Visualisation kräftig und detailgetreu ist und Sie Ihr Gebet abgeschlossen haben.

5. *Schritt:* Bitten Sie das Fetsch, nun das *Mana* aufzuteilen.

6. *Schritt:* Sehen Sie Ihr Gottselbst als blaue Kugel über Ihrem Scheitel. Vollziehen Sie die Ritualgeste des Emporblasens, imaginieren (visualisieren) Sie dabei, daß etwas von der aufgenommenen Energie nach oben Ihrem Gottselbst zuströmt.

7. *Schritt:* Halten Sie sich für alles offen, was Ihr Gottselbst Ihnen senden mag. Vielleicht empfangen Sie die Bestätigung, daß Ihr Wunsch in Erfüllung gehen wird; oder Sie bekommen den erforderlichen Mut, um Ihr Wunschziel anzugehen; vielleicht erhalten Sie auch Anleitung hinsichtlich praktischer Schritte, die Sie unternehmen können, um Ihr magisches Ziel zu verwirklichen. Wer kann schon vorhersagen, welche wunderbaren Dinge Sie in diesem Augenblick empfangen werden!

8. *Schritt:* Leben Sie den Zauber.

Es war einmal eine Frau, die zog in ein ländliches Gebiet. Ihre neue Nachbarin, eine sehr alte und weise Hexe, brachte ihr einen Zauber bei, der bewirken sollte, daß die Flammen, sollte es in ihrem Haus jemals brennen, wieder erlöschen würden. Dann reichte die alte Frau ihrer jungen neuen Nachbarin die Telefonnummer der Feuerwehr. Als die junge Frau fragte: »Funktioniert der Zauber denn nicht?« Erhielt sie zur Antwort: »Doch, aber nicht ohne die Hilfe der Feuerwehr.«

Gleich was Sie mit Hilfe der Magie erschaffen wollen, helfen Sie dem Zauber stets nach, indem Sie es auch im »profaneren« Sinne herstellen. Wenn Sie für einen neuen Arbeitsplatz gezaubert haben, verfassen Sie jetzt vielleicht Ihren Lebenslauf. Haben Sie dafür gezaubert, sich selbst mehr lieben zu können, besprechen Sie vielleicht als nächstes mit Ihrem Therapeuten, was Ihre Liebe zu sich selbst blockieren mag; oder Sie fragen ein paar Freunde danach, wie man etwas netter zu sich selbst sein kann. Ging es beim Zauber um Seelenfrieden, könnten Sie jetzt beispielsweise einen friedlichen Strandspaziergang machen, anstatt sich in Ihre übliche Alltagshektik zu stürzen.

Nun haben Sie, ergänzend zu all den anderen Zaubern, die Sie bereits gelernt haben, einen Allzweck-Zauber zur Verfügung, mit dem Sie fast alles erreichen können, was Sie brauchen. Wie reich die Götter uns doch beschenken!

Aufgabe

1. Bevor Sie das Gelernte jetzt einsetzen, überfliegen Sie dieses Kapitel noch einmal kurz, und widmen Sie jenen Abschnitten, die Ihnen dabei besonders ins Auge fallen, ein paar Minuten Ihrer Aufmerksamkeit.

2. Wählen Sie sich ein wunderschönes Ziel für Ihren Zauber aus. Denken Sie an einen Charakterzug, den Sie gern besitzen würden, oder an irgendeine wunderbare profane Sache, die Sie haben wollen. Sie möchten einen neuen Kleiderschrank? Ausgezeichnet! Ein paar Reifenohrringe aus vierzehnkarätigem Gold? Toll! Genug Mut, um sich für Medizin zu immatrikulieren? Prima! Und dann machen Sie sich ans Werk – vollziehen Sie den Eigentlichen Zauber! Zur Erinnerung: Wenden Sie den Eigentlichen Zauber nur für sich selbst an, nicht auf andere. Und überfordern Sie sich nicht – wenn Sie noch einen Monat oder zwei brauchen, um diese Aufgabe auszuführen, ist das auch in Ordnung.

Setzen Sie sich nicht die Reinigung zum Ziel. Auch wenn man den Eigentlichen Zauber selbst dafür verwenden kann, soll dies für die oben beschriebene Aufgabe ausdrücklich ausgeschlossen bleiben. Heben Sie es sich lieber für einen späteren Zeitpunkt auf. Wenn sie nicht mit entsprechender Vermehrung der Macht einhergeht, kann die endlose Reinigung auch zerstörerisch wirken. Wenn Sie ein schmutziges Stück Stoff bleichen, um es zu reinigen, ist das prima. Aber irgendwann müssen Sie mit dem Bleichen aufhören, sonst wird der Stoff morsch und reißt oder zerfasert.

Genauso verhält es sich mit uns: Wenn Ihr einziges Ziel in der Magie immer nur die Reinigung ist, fallen Sie dem Irrglauben zum Opfer, daß Sie nie gut genug sein werden, als wären Sie im Kern schlecht oder böse. Dann gehen Ihre endlosen Reinigungen an die Substanz. Es kommt ein Punkt, ab dem man mit dem Bleichen aufhören sollte, dann wird man den Stoff färben und ein Kleidungsstück daraus nähen.

Mein Bild vom gebleichten Tuch hinkt allerdings etwas. Der Schamanismus ist eine endlose Serie von Reinigungen. Allerdings glauben wir nicht an das Böse in unserem Innern oder daran, daß wir vollkommen werden müßten. Es ist einfach eine Arbeit, die erledigt werden muß. Es verhält sich ein bißchen so wie mit dem Duschen nach der Arbeit. Außerdem verringert sich die Gefahr, in einen Irrglauben über unsere endlose Reinigung zu verfallen, wenn zugleich auch eine entsprechende Vermehrung der Macht stattfindet.

Ein Bestandteil davon ist das Ausführen von Zaubern zur Erlangung positiver Eigenschaften. Falls es Ihnen an Mut fehlt, zaubern Sie dafür. Wünschen Sie sich Seelenruhe, zaubern Sie dafür. Verwenden Sie den Eigentlichen Zauber für alles, was Sie wahrhaft wünschen! Macht zu erlangen heißt auch, Zauber für die guten Dinge im Leben auszuführen. Sonst verfangen wir uns in einer pseudospirituellen Verfassung und glauben, daß Spiritualität etwas anderes sein könnte als das Annehmen der Geschenke, die die Göttin uns gemacht hat. Wir sind hier, um das Leben zu genießen – und das meine ich so profan, wie man es nur verstehen kann. Cora sagte einmal, daß Magie das sei, was Bauern benutzen, um die Ernte wachsen zu machen. Die Ziele des spirituellen Lebens schließen eine gute Mahlzeit ein, ein warmes Bett und auch einen liebevollen Partner in diesem Bett. Und ohne diese guten Dinge im Leben laufen wir Gefahr, hohl, verbittert und ausgebrannt zu werden – die Göttin schenkt uns ihre Gnade und Fürsorge durch die Liebe anderer Menschen sowie durch profane Freuden. Ich wünsche Ihnen Glück mit Ihrem Zauber!

Der Prozeß des Wandels

Wenn mich ein Schüler fragt: »Weshalb, glaubst du, habe ich in letzter Zeit so viel Pech gehabt?« könnte ich ihm eine Million guter Gründe nennen. Mögliche Antworten wären: »Schieb es nicht auf dein Pech, wenn in letzter Zeit niemand Lust auf deine Gesellschaft hat. Du hast deinen Arbeitsplatz verloren und hast nicht besonders viel Freude am Leben. Du bist wirklich sehr unwirsch, vorurteilsbeladen und unkooperativ mit allen Leuten umgegangen.« Oder: »Die Geister in deinem neuen Apartment sind nicht besonders nett.«

Selbst wenn Sie nicht die genauen Gründe für Ihre Probleme kennen, kann eine magische Hausreinigung, ein Schutzzauber und/oder eine Segnung diese dennoch beseitigen oder zumindest Ihre Situation wesentlich verbessern.

Eine weitere Lösung wäre der Eigentliche Zauber. Bitten Sie im dritten Schritt – wenn Sie gerade *Mana* einatmen – anstelle einer Visualisation darum, die Ursache für Ihre Pechsträhnen gezeigt zu bekommen. Wenn Ihr Gottselbst Sie mit seinen Geschenken überschüttet, ist vielleicht auch Führung hinsichtlich Ihres Mißgeschicks dabei. Vielleicht erhalten Sie aber auch erst später entsprechende Leitung, was über beliebig viele Quellen geschehen kann – eine intuitive Ahnung, ein Kommentar Ihres Therapeuten, eine Fernsehshow, die Sie gerade sehen.

Manchmal widerfahren uns im Leben Dinge, von denen wir gar nicht begreifen, daß sie mit unserer Magie zusammenhängen könnten: Sie gewinnen unverhofft hochkarätigere Freunde. Oder Ihre Tochter bekommt plötzlich Albträume. Ihr Ehemann wird aufmerksamer. Sie erleiden einen schweren Unfall. Oder eine schwere Krankheit verschwindet auf geheimnisvolle Weise. Wenn Ihnen eine Wendung zum Schlechten in Ihrem Leben Rätsel aufgibt, untersuchen Sie Ihre magischen und spirituellen Aktivitäten, um festzustellen, ob es da eine Beziehung geben könnte – vielleicht auch, indem Sie dieses Buch durchblättern; oder nutzen Sie den Eigentlichen Zauber, um sich entsprechender Führung zu versichern, was eventuelle Zusammenhänge anbelangt.

Von Pechsträhnen einmal abgesehen, kann der Eigentliche Zauber auch benutzt werden, daß wir in jeder beliebigen Lebenslage Führung erhalten. Anstatt beispielsweise um Einsicht in Pech und Glück zu beten, bitten Sie um Führung, was eine bestimmte Situation betrifft. Nehmen wir beispielsweise an, daß Sie einen neuen Partner haben und sich nicht entscheiden können, ob Sie weiterhin mit ihm zusammensein wollen. Verwenden Sie den Eigentlichen Zauber. Während Sie *Mana* einatmen, bitten Sie um Rat, ob Sie sich weiterhin mit diesem Partner treffen sollen. Unmittelbar nachdem Sie das *Mana* an Ihr Gottselbst geleitet haben, könnte Ihr Gottselbst beispielsweise antworten, daß Sie sich noch einige Male mit dem Burschen treffen sollten, bevor Sie sich endgültig entscheiden. Vielleicht läßt aber auch einige Tage nach dem Ritual eine Freundin die Bemerkung fallen, daß dieser Mann ein wahres Juwel ist und Sie nur Angst davor haben, sich zu binden.

Kelch der Liebe

Der Liebeszauber

Wenn Sie möchten, können Sie ab jetzt zu Beginn der restlichen Wochenlektionen die Magische Formel auslassen. Wenn Sie sie erst einige Male praktiziert haben, brauchen Sie sie nicht mehr dauernd anzuwenden. In der nächsten Lektion werde ich Ihnen auch erklären, warum; dann geht es auch darum, wann und wie die Magische Formel genau gebraucht wird.

Zur nächsten Stufe Ihrer Ausbildung gehört es, diese Lektion durchzulesen, ob Sie nun vorhaben, den Liebeszauber sofort nach unserem Besuch zu vollziehen oder niemals im Leben. Auf jeden Fall werden Sie dadurch schamanisches Grundwissen gewinnen.

Liebe und Sexualität sind der Kern der Schöpfung. Sie stehen im Mittelpunkt des Lebens und sind der Puls der tiefen Fürsorglichkeit, mit der die Mutter uns umgibt. Liebe und Sex sind die Bindung des Atoms, die Anziehungskraft der

Erde, die Kraft, die alle Dinge erschaffen hat und die weiterhin jeden Tag das Universum erschafft. Die Mysterien der Sexualität stellen den Kern des keltischen Schamanismus dar, und Liebe ist die größte Macht von allen.

Das sind keine Metaphern – es ist tatsächlich die Liebe, die die Welt in Bewegung hält. Wahrhaftig eine gewaltige Antriebskraft! Sie kann sowohl die beglückendste Heilungsmagie sein als auch der tödlichste, irregeleitetste Machtmißbrauch. Um sicherzustellen, daß Ihre Liebeszauber nur ersteres und nicht letzteres hervorbringen, enthält diese Lektion zahlreiche Warnungen und besondere Überlegungen hierzu. Außerdem werde ich Sie in einen besonderen Liebeszauber einweisen, anstatt Ihnen dazu zu raten, den Eigentlichen Zauber dafür zu verwenden.

Kaum etwas übt größere Wirkung auf einen Menschen aus als eine Liebesbeziehung – im Guten wie im Bösen. Die Umsicht, die Sie auf weltlicher Ebene beim Umgang mit Herzensdingen walten lassen, muß auch in Ihre Zauber einfließen. Denn alle Irrungen und Wirrungen einer Liebesbeziehung, das ganze Katastrophenpotential, das einer solchen eignet, kann ebenso auf der magischen Ebene wirksam werden wie im Alltagsleben.

Die Tatsache, daß die Liebe das Herz aller Materie ist, macht den Liebeszauber auch zum glücklichsten, natürlichsten und heiligsten Zauber von allen. Ich habe in einer früheren Lektion festgestellt, daß Hexen in Macht schwelgen – sie tanzen gewissermaßen im Gewitter. Üben Sie sich also in *Makahu* – gesunde Furcht/gesunder Respekt vor der Macht –, befolgen Sie die Anweisungen, und tanzen Sie im Regen!

Es gibt noch einen weiteren Grund für meine Ermahnungen zur Vorsicht und die weitergehenden Überlegungen.

Wenn auch jeder Sex und jede Liebe das Herz der Mysterien berührt, werde ich Ihnen hier doch einen ganz besonders mächtigen Zauber beibringen. Das Wissen aus allen Ihren Lektionen auf einen mächtigen Liebesritus anzuwenden, stellt nicht nur eine von Vergnügen erfüllte, sexy, saftige Herangehensweise dar, um das Gelernte anzuwenden; es scheint mir auch besonders gut geeignet zu sein, um noch einmal zu unterstreichen, daß die Spiritualität einer Hexe sehr bodenständig ist.

Dieser Zauber befaßt sich mit allen Aspekten und Einzelheiten der Liebesbeziehung, bis Sie Stück für Stück ein Lied der Liebe erschaffen haben, das durch das ganze Universum klingt, die Sterne besingt und mit der Magie der wahren Liebe zu Ihnen zurückkehrt. Mit dem bisherigen Training als Grundlage, sind Sie jetzt für einen solchen Liebeszauber bereit.

Der folgende Zauber wird nicht für eine bestimmte Zielperson ausgeführt. Wenn Johanna die Partnerin ist, die Sie wollen; und wenn Johanna für Sie auch die Richtige ist; und wenn Sie diesen Zauber vollziehen, indem Sie Gott bitten, für Sie die Richtige auszusuchen, dann wird Johanna auch an Ihre Tür klopfen. Aber wenn Sie den Zauber direkt auf Johanna richten sollten, könnten Sie sie damit für immer vertreiben.

Dieser Liebeszauber ist auch gut geeignet, wenn Sie sich bereits in einer Bindung befinden. Er wird Ihre Beziehung nur verbessern. Natürlich können Sie ihn auch zusammen mit Ihrem Partner ausführen.

Gleichen Sie diesen Zauber nicht mehr an Ihre persönlichen Besonderheiten an, als Sie es mit den anderen Zaubern auch tun würden, die ich Sie gelehrt habe. Wenn Johanna davonlaufen sollte und Ihnen damit das Herz bricht, ist das noch milde verglichen mit dem, was sonst noch alles schiefgehen könnte. Eine gesunde Furcht und ein Respekt gegenüber der Macht und der Kraft ist bei einem Liebeszauber vielleicht sogar doppelt so wichtig wie sonst.

Ziel dieses Zaubers ist es, wahre Liebe in vollem Umfang herzustellen, was eine kraftvolle und sexuell erfüllende Beziehung miteinschließt. Tatsächlich wirkt das im Zuge dieses Zaubers verwendete Öl wie eine Art magisches Parfüm, das verkündet: »Hmmm, ich will guten Sex haben!« Der rote Beutel oder das Tuch in dem Zauber verhilft Ihnen dazu, mit dem pulsierenden sexuellen Rhythmus in Verbindung zu bleiben, der die gesamte Schöpfung durchzieht.

Ritual: Der Kelch der Liebe – ein Liebeszauber

Dieser Zauber kann auch zu einer mächtigen Heilung der Sexualität und der Liebe werden, zudem bietet er tiefe Einsichten in diesen so überaus wichtigen Teil des Lebens und des Heidentums.

Der Kelch der Liebe besteht aus drei verschiedenen Riten, die mindestens im Wochenabstand zueinander ausgeführt werden. Dadurch kann die Kraft auf kleiner Flamme in der Psyche köcheln, was bewirkt, daß der Zauber korrekt und machtvoll umgesetzt wird.

Da das Verliebtsein dem Menschen normalerweise Verstand und Herz zu vernebeln scheint, vergißt man nur zu leicht, daß die Liebesmagie genau der gleichen Sorgfalt bedarf wie andere Zauber. Achten Sie also darauf, die üblichen Umsichtsmaßnahmen zu treffen – also beispielsweise festzustellen, was Ihr wahrer Wille ist, und ethische Gesichtspunkte zu berücksichtigen. Umgekehrt sind auch einige der ethischen Überlegungen, auf die ich noch zu sprechen kommen werde, nützlich bei der Bearbeitung anderer in diesem Buch geschilderter Zauber.

RITUAL

Die Reinigung des Gefäßes

Teil 1: Fragen an sich selbst

Amor läßt einen Pfeil losschnellen, und schon haben wir es mit einer Komödie des Scheiterns zu tun. Da platzen dem normalerweise ultrahöflichen Mann plötzlich die gräßlichsten, peinlichsten Zweideutigkeiten heraus. Und die selbstbewußte, durchsetzungsfähige Geschäftsfrau benimmt sich mit einem Mal wie ein schüchternes, verschrecktes Schulmädchen. Die gewaltige Macht der Sexualität ist keineswegs immer nur eine Hilfe.

Manchmal läuft auch alles andere als eine Komödie. Da wird die fürsorgliche, feinfühlige Kindergartenerzieherin plötzlich zu einer eifersüchtigen, grausamen Furie. Und die moralischste Person von der Welt wirft plötzlich alle Ethik beiseite, weil sie sich nicht selbst beherrschen kann oder es einfach nicht besser weiß. Anstatt zu einem Gefäß der Liebe zu werden, kann sich der Mensch auch in einen Kelch der Verunsicherung und der Zwietracht verwandeln, ja sogar in ein Gefäß des Hasses. Dieser erste Ritus macht aus Ihnen ein würdiges Gefäß, das dazu imstande ist, die Liebe zu bewahren. Dann strömt Ihnen die Liebe ungehindert und mit voller Macht vom anderen geliebten Menschen zu, während Sie Ihrerseits zum Kanal derselben Liebe für den anderen werden. Der Ritus kann auch bewirken, daß Sie Ihren eigenen Bedürfnissen mit mehr Respekt begegnen, ebenso denen eines anderen Menschen, und sich dadurch viel ausgiebiger eines Liebespartners erfreuen können.

Beantworten Sie die folgenden Fragen, um festzustellen, was Ihnen bei der Verwirklichung erfüllter Liebe und freudiger Sexualität im Weg stehen mag. Nachdem Sie schon früher ganz ähnliche Arbeit geleistet haben, können Sie jetzt etwas tiefer vorstoßen. Lassen Sie sich durch so viele Fragen nicht irritieren: Nur einige davon werden für Sie relevant sein. Lesen Sie sie jedoch alle durch, weil das zu Ihrer Ausbildung zur Hexe gehört.

Nach Beantwortung der Fragen vollziehen Sie ein Reinigungsritual, um sich selbst zu einem reinen Kelch zu machen, der dafür bereit ist, mit Liebe gefüllt zu werden. Es kann hilfreich sein, die Antworten schriftlich festzuhalten, damit Sie sie während der Reinigung gleich greifbar vor sich haben. Lassen Sie sich solange Zeit, die Fragen zu beantworten, wie Sie benötigen, ob es nun eine Stunde ist oder ein ganzer Monat.

Halten Sie sich selbst für liebesunwürdig? Wenn ja, weshalb? Erinnern Sie sich, daß wir alle liebenswert sind.

Sind Sie der Auffassung, daß einen Lebenspartner zu haben, bedeutet, keine Verantwortung für sein eigenes Leben mehr tragen zu müssen? Falls dem so sein sollte, bitten Sie tatsächlich nicht um einen Partner, sondern um einen Hüter.

Welche Glaubenssätze, Ängste und Verhaltensweisen haben Sie in der Vergangenheit an erfüllenden Partnerbeziehungen gehindert?

Halten Sie es für falsch, ein heftiges Verlangen nach sexueller Erfüllung zu hegen? Ich liebe zwar Süßigkeiten, doch macht mich Zucker sehr krank, deshalb esse ich niemals welche. Süßigkeiten zu wollen ist kein Symptom eines schlechten Charakters, es ist vielmehr völlig vernünftig, das Zeug haben zu wollen, denn es schmeckt ja großartig! Ich kann diesem Verlangen lediglich nicht nachgeben. Ganz ähnlich kann ich ein gesundes sexuelles Verlangen nach einem bestimmten Mann hegen, aber wenn er ungeeignet ist – was in meinem Fall für jeden außer meinem Freund zutrifft, mit dem ich in einer monogamen Beziehung lebe –, wäre es unklug, diesem Verlangen nachzugeben.

Es gibt auch so etwas wie falsche Anziehung. In diesem Zauber arbeiten Sie mit einem Amethyst, der Sie davon befreit, verzweifelt nach Liebe zu suchen, nur weil Sie nicht imstande sind, sich selbst zu lieben. Oder davon, einen selbstzerstörerischen Trieb mit dem gottgegebenen und kerngesunden, mächtigen Verlangen nach Gesellschaft und Begleitung zu verwechseln. Viele Menschen kennen das: Sie fixieren sich auf eine pedantische und grausame Person, weil sie sich tief im Innern von der Mißhandlung angezogen fühlen, die dieser Mensch ihnen zu bieten hat. Es gibt viele Varianten der falschen Anziehung.

Als sie dies vernahm, verkündete meine Schülerin Janet prompt, daß sie den Amethyst auslassen würde, weil sie eine mächtige Beziehung wünschte. Und ich erwiderte: »Natürlich willst du das! Aber mächtige Liebe und mächtiger Sex werden nicht durch Zwanghaftigkeit erreicht. Zwanghaftigkeit ist nicht dasselbe wie gesunde Lust und das überwältigende Verlangen nach einer Liebesbeziehung.«

Um auch die andere Seite der Medaille zu betrachten: Gesunde, beherzte Lust läßt sich auch mit Zwanghaftigkeit verwechseln, weil die Natur uns mit ihrer Forderung, unser Bestes zu geben, um glücklich zu werden, manchmal wirklich bedrängen und zusetzen kann! Doch echte Leidenschaft entspringt dem Selbstrespekt, der Lust und dem Bedürfnis, etwas zu geben. Zwanghaftigkeit dagegen wird, auch wenn man sie leicht mit der Kraft wahrer Liebe verwechselt, von einer inneren Leere angetrieben, die niemand außer einem selbst auszufüllen imstande ist, und ihr Treibstoff sind mangelndes Selbstwertgefühl, Unfähigkeit zur Selbstfürsorge und Suchtverhalten.

Wichtige Nebenbemerkung: Wenn ich das Wort »Lust« verwende, sagt eine Freundin von mir regelmäßig »bäh!« dazu. Für die meisten Menschen bedeutet Lust Sexualität ohne moralische Zügelung, was in zerstörerische Verantwortungslosigkeit mündet. Doch ist das eigentlich kein richtiger Sex, sondern Grausamkeit und Haß. Erfüllende Sexualität, die *wahrhaft* ungehemmt ist, läßt sich nur durch Mitgefühl und ethische Lauterkeit erreichen. Und das ist es auch, was ich unter Lust verstehe, so daß ich stets der Tatsache eingedenk bleibe, daß ein reines und gütiges Herz immer noch die beste Voraussetzung für eine tolle Zeit zwischen den Bettüchern – oder auf dem Fußboden – ist und daß sexuelle Freiheit nicht dasselbe bedeutet wie Verantwortungslosigkeit.

Von welchen manipulativen Gedanken sollten Sie sich noch reinigen? Vielleicht verwundert diese Frage Sie jetzt, möglicherweise überlegen Sie nun: »Warum sollte Francesca mich so etwas fragen? Ich bin schließlich ein netter Mensch.«

Sie mögen vielleicht der netteste Mensch der Welt sein, aber man hat mir beigebracht – und ich mußte feststellen, daß es stimmt –, daß dieses Problem vor jedem Liebeszauber geklärt werden muß. Liebesbeziehungen gehören zum Gefährlichsten überhaupt, wenn es um Manipulation anderer geht. Erforschen Sie sich selbst, und Sie werden mit an

Sicherheit grenzender Wahrscheinlichkeit mindestens in Ansätzen das Verlangen in sich entdecken, einem anderen Menschen Ihren Willen aufzuzwingen. Das ist nur natürlich.

Ein hawaiianisches Sprichwort besagt: »Wenn du Liebe machen kannst, kannst du auch Haß machen.« Liebesbeziehungen sind auf der magischen Ebene genauso heikel wie auf der profanen. Glücklicherweise kann uns der ethisch einwandfreie Gebrauch der Magie dabei helfen, besser die Klippen unseres Liebeslebens zu umschiffen und dabei sogar schädliche Verhaltensweisen zu verhindern.

Einen anderen Menschen durch magische Mittel dazu zu zwingen, Sie zu begehren, hat etwas von magischer Vergewaltigung an sich: Niemand kann einen anderen wirklich dazu bringen, ihn haben zu wollen. Dieser Eingriff ist eine Verletzung, die dreifach auf den Verursacher zurückfällt, selbst wenn Sie glauben sollten: »Na ja, wenn der andere erst einmal mit mir geschlafen hat, wird es ihm schon gefallen.« Genau das behaupten Vergewaltiger und Kinderschänder schließlich auch.

Zu mir sind schon außerordentlich nette Leute in die Praxis gekommen, die zwar nie im Leben irgendwelche Magie praktiziert haben, aber am Boden zerstört waren, weil sie in ihrem Liebesleben Schlimmes angerichtet hatten. Die Subtilitäten der zwischenmenschlichen Beziehungen machen es einem nur zu leicht, dem anderen in allerbester Absicht schweren Schaden zuzufügen. Da ist es nur logisch, daß man auf magische Weise genau das gleiche Unheil anrichten kann. Und doch vergißt man nur zu gern, daß dieselben Antriebe und Subtilitäten ins Spiel gebracht werden, sobald man einen Zauber vollzieht; immerhin sind Sie selbst ja das wichtigste magische Werkzeug von allen, weshalb alle diese Dinge auch Ihre Magie beeinflussen. Ist sie frei von Zwang und Manipulation, kann Ihre Beziehung in ihrer Freiheit ebenso mächtig sein wie der Wind.

Haben Sie das Gefühl, eine Liebesbeziehung zu brauchen, gleich um welchen Preis? Ins Extrem getrieben, kann ein Mensch sich so sehr vor der Einsamkeit fürchten, daß er unfähig wird, zu Sex ohne Vorsichtsmaßnahmen nein zu sagen, und damit eine AIDS-Ansteckung riskiert. In weniger extremen Fällen begnügen sich solche Menschen oft mit mittelmäßigen Beziehungen, weil sie das Risiko scheuen, solange abzuwarten, bis der richtige Partner vorbeikommt.

Gehen Sie noch einmal Ihre schriftlichen Aufzeichnungen zur Sexualität im Zuge unseres neunten Besuchs durch. Dort finden Sie vielleicht Hinweise darauf, was sonst noch alles der Läuterung bedarf.

Erforschen Sie Ihre Seele, stellen Sie sich alle Fragen, die dabei helfen können, Ihre inneren Blockaden in Sachen Liebesbeziehungen offenzulegen, denn schlußendlich sind Sie der einzige, der das wirklich wissen kann.

Spezielle Fragen für heterosexuelle Frauen

Sie sollten auch alle Fragen durchlesen, die sich an spezielle Interessengruppen richten. Erstens gehört das zu Ihrer Hexenausbildung, und zweitens lassen sich einige der Spezialfragen in veränderter wie unveränderter Form auch auf Menschen anwenden, die nicht der jeweiligen Interessengruppe zugehören.

Glauben Sie, daß Liebe bedeuten muß, Ihre berufliche Karriere oder Bedürfnisse aufzugeben?

Leben Sie in der Furcht, daß Sie nur weil Sie eine starke Frau sind, oder eine großgewachsene Frau, oder eine im Berufsleben erfolgreiche Frau (ergänzen Sie nach Belieben), zur Einsamkeit verdammt bleiben müssen?

Hegen Sie unfaire Erwartungen gegenüber Männern? Erwarten Sie beispielsweise von einem Mann, genau zu wissen, was Sie im Bett haben möchten, ohne daß Sie es ihm mitteilen? Halten Sie es für eine Art Naturgesetz, daß der Mann immer die Rechnung bezahlen muß, gleich ob es ihm finanziell besser oder schlechter geht als Ihnen? Unrealistische Erwartungen können eine Barriere für die wirklich wichtigen Geschenke sein, die ein Mann Ihnen sonst bieten könnte.

Geben Sie den Männern die Schuld an allen Ihren Problemen? Es wäre schließlich ein bißchen albern, einen Mann haben zu wollen, wenn Sie doch im Grunde glauben, daß Männer schlecht sind.

Der Sexismus kann Frauen spirituell wie körperlich töten und sollte daher auch nicht leichtfertig abgehandelt werden. Frauen werden zu Opfern aller nur erdenklichen Formen der Brutalität, und das in einem statistischen Ausmaß, das schon an Kriegsverhältnisse erinnert. Doch schuld daran ist nicht die Männlichkeit, schließlich ist das Männliche ein Aspekt der göttlichen Mutter, eine heilige, von Liebe erfüllte Spiegelung ihrer eigenen Heiligkeit und Liebe. Schuldig ist vielmehr das Patriarchat: eine verletzte Männlichkeit, eine verzerrte Parodie der männlichen Göttlichkeit.

Damit will ich in keiner Weise darauf hinaus, daß Frauen sich wie Pollyanna verhalten oder falsches Verständnis heucheln sollten. Wenn Sie von Männern zutiefst verletzt wurden, können Sie nur dann zu einem offenen und liebevollen Verhältnis zu ihnen finden, nachdem Ihre Wunden verheilt sind. Heucheln Sie keine Liebe. Das führt nur zu Verdauungsbeschwerden. Stehen Sie vielmehr zu Ihrem Zorn, zu Ihrer Furcht und notfalls auch zu Ihrem Haß, ja vielleicht sollten Sie ihn sogar begrüßen. Erst wenn wir uns diesen Dingen in uns selbst gestellt haben, um auch Kraft aus ihnen zu ziehen, können wir zu der Liebe in unserem Innern finden.

Es ist völlig vernünftig, wütend auf sexistische Männer zu werden. Es ist sogar völlig vernünftig, wütend auf alle Männer dieser Erde zu sein. Machen wir uns nichts vor – in einer sexistisch geprägten Gesellschaft ist das eine nur allzumenschliche Reaktion. Doch bedeutet ein derartiger berechtigter Zorn noch lange nicht, daß Sie deswegen auch sämtliche Männer zu seiner Zielscheibe machen dürfen.

Außerdem müssen Sie etwas mit diesem Zorn *unternehmen,* wenn Sie eine liebevolle Begleiterin sein wollen. Sie haben bereits jede Menge Magie gelernt; jetzt ist vielleicht Gelegenheit, dieses Buch durchzublättern, um ein Ritual zu suchen, das hierfür gerade richtig ist. Sollte ausgedehntere

Arbeit erforderlich sein, ist vielleicht eine Therapie angesagt oder die regelmäßige Beratung durch einen Schamanen.

Männer: Möglicherweise sollten Sie sich von etwaigen ungesunden Schuldzuweisungen reinigen, die Sie ständig Ihren Vorgängern aufbürden, um diese für alle Probleme dieser Welt verantwortlich zu machen. Wenn Sie die Liebe in Ihr Leben einlassen wollen, müssen Sie sich selbst auch als liebenswert sehen. Und sollten Sie schwul sein, wird ein Teil dieser Schuldzuweisung und dieses Zorns auch auf Ihren Liebespartner zurückfallen.

Besondere Überlegungen für Männer (Homos und Heteros)

Halten Sie es für falsch, leidenschaftlich zu sein? Zu Männern wird gesagt: »Du kannst entweder deine Leidenschaft ausleben und tun, was du willst, oder du kannst zu einem verantwortungsbewußten, liebevollen Partner werden. Du mußt dich entscheiden.« So etwas ist Unfug! Die Liebe ist keine Mausefalle. Als Mann braucht man nicht seine Freiheit gegen das Joch der Verantwortung einzutauschen.

Selbst-Liebe und Lebensleidenschaft erfüllen einen Mann mit dem Antrieb und der Güte, die er benötigt, um seinen Lieben gegenüber verantwortliches Verhalten an den Tag zu legen. Es fällt viel leichter, an irgend etwas zu arbeiten, wenn wir es leidenschaftlich tun.

Meinen Sie vielleicht, Sie seien nicht groß genug, stark genug, erfolgreich genug (ergänzen Sie nach Belieben), um die Liebe eines Partners zu gewinnen? Männer werden in dem Glauben erzogen, daß ihr Wert sich an der Höhe ihres Einkommens bemißt, an dem Wagen, den sie fahren, an der Größe ihres Penis und an anderen Kriterien, die tatsächlich nur wenig mit Männlichkeit, Begehrenswürdigkeit und inneren Werten zu tun haben. Gott ist in Ihnen, hier und jetzt, und an diesem Maßstab gemessen sind Sie auch der Liebe wert – nicht nach irgendeinem Maßstab, wie ihn Werbespots im Fernsehen und irgendwelche Liebesromane festlegen.

Welche sexistischen Ansichten hegen Sie? Das bezieht sich jetzt auf schwule Männer. Schwule Partnerschaften können auch in sexistische Muster verfallen. Schließlich waren Vater und Mutter auch Ihre Rollenmodelle.

Sagen Sie jetzt vielleicht: »He, ich bin doch kein Sexist! Wovon redet die überhaupt? Ich bin ein ganz netter Kerl!«, so erwidere ich: Sexismus ist eine subtile Angelegenheit und wurde jedem Mann auf Erden eingehämmert. Er findet sich in den männlichen Überlebensstrategien wieder, in der Kommunikation, im Geben und Empfangen von Liebe, in Sexualität und Spiritualität. Sie mögen vielleicht der netteste Kerl auf der Welt sein, aber in einer alten schamanischen Kultur hätte man jedem, der dasselbe durchgemacht hatte wie Sie, jahrelange Heilungsriten angedeihen lassen, um ihn von denselben Ketten zu befreien, die nicht etwa nur die Frauen binden, sondern auch Sie selbst.

Nachdem sie einer lebenslangen Gehirnwäsche unterzogen wurden, haben alle Männer und Frauen, die sich um Bewußtheit und Engagement für andere bemühen, an ihrem eigenen Sexismus zu arbeiten (ebenso wie am Rassismus, am Klassenbewußtsein, und so weiter...), und das bis zum letzten Atemzug.

Wenn Sie eine Partnerbeziehung wünschen, die zugleich sexuell erfüllend und von Würde und Respekt gekennzeichnet ist, dann erforschen Sie sich selbst und Ihren Sexismus, ob Sie das für erforderlich halten oder nicht. Wenn Sie sich die Kraft dieses Ritus gefahrlos und wirkungsvoll zunutze machen wollen, ist diese Forderung ein unverzichtbares Muß – selbst wenn Sie zu den Musterknaben der feministischen Bewegung der späten 6oer Jahre gehört haben sollten. Victor pflegte zu sagen: »Nur weil du am Donnerstag geduscht hast, heißt das nicht, daß du heute darauf verzichten kannst!«

Wenn man ein Ritual vollzieht, müssen erst bestimmte Aspekte des eigenen Lebens darauf überprüft werden, ob sie der Reinigung oder Läuterung bedürfen, ob Sie das im Vorfeld für erforderlich halten mögen oder nicht. Beispielsweise muß man sich selbst vor einem Liebes- oder einem Schutzzauber für andere erst einmal einer Prüfung unterziehen, was die eigene Neigung zur Manipulation betrifft. Erforschen Sie sich also. Wenn Sie dabei nichts Störendes vorfinden sollten, um so besser! Und wenn doch, so werden Sie nach erfolgter Reinigung von der vollen Potenz einer Kraft durchströmt sein, die ein Partner (der dann wirklich ein Glückspilz ist!) schon erkennen und begehren wird.

Um die Sache ins Rollen zu bringen, finden Sie hier einige Fragen zum Thema Sexismus.

Respektieren Sie Durchsetzungsfähigkeit bei Ihrem Partner nur dann, wenn Sie diese wünschen, oder ist dieser Aspekt für Sie etwas ganz Alltägliches?

Erwarten Sie, daß alle Fürsorglichkeit stets von Frauen ausgehen muß? Als Mann braucht und verdient man Fürsorglichkeit, sowohl die eigene als auch die von Frauen und anderen Männern. Alle anderen Erwartungen verwandeln den Liebeszauber eines Heteros, den dieser ins Universum ausschickt, von einer Bitte um Liebe in die Anforderung eines Babysitters. Und wenn ein schwuler Mann es nur Frauen gestattet, ihm Fürsorge angedeihen zu lassen, so wird er sie auch in seiner Partnerbeziehung nicht zulassen können.

Wenn Ihr Kopf davon schwirren sollte, wie ein Partner zu sein oder nicht zu sein hat, bleiben Sie möglicherweise blind dafür, wenn Ihnen die Göttin jemanden schickt, wodurch Ihnen vielleicht wiederum eine Liebe entgeht, deren Schönheit alles übersteigt, was Sie sich bisher haben erträumen können.

Und an schwule Männer gerichtet: Glauben Sie, Sie seien der einzige schwule Mann, der sich nach einer festen, echten Partnerschaft sehnt?

Besondere Überlegungen für Lesben und Schwule

Hegen Sie Gefühle der Scham, des Zorns oder der Angst wegen Ihres emotionalen und sexuellen Verlangens nach dem gleichen Geschlecht?

Fürchten Sie Abweisung durch Familie, Freunde und Bekannte wegen Ihrer sexuellen Ausrichtung? Das wäre eine durchaus legitime Furcht. Ich fürchte mich auch davor, im fünften Stock aus dem Fenster zu springen. Ich werde auch ganz bestimmt kein Reinigungsritual durchführen, um mich dieser Furcht zu entledigen. Die Feindseligkeit gegenüber Homosexualität ist durchaus real, und jeder Mensch mit gleichgeschlechtlichen Neigungen muß selbst entscheiden, ob er diese tatsächlich ausleben will oder nicht. Aber wenn Sie sich dazu entschlossen haben sie auszuleben, sich aber durch Ihre Angst vor sozialer Ächtung daran gehindert sehen, könnte es erforderlich sein, sich erst einmal von solchen Ängsten zu reinigen.

Glauben Sie, daß gleichgeschlechtliche Partnerbeziehungen einfach nicht dauerhaft sein können?

Frauen: Fühlen Sie sich unzulänglich, weil Sie nicht imstande sind, auf die gleiche Weise Liebe mit einer Frau zu machen, wie ein Mann es kann? Lassen Sie das! Ein Mann kann dafür auch nicht auf die gleiche Weise Liebe mit einer Frau machen, wie Sie es tun. Männer: Passen Sie diese Frage an Ihre Situation an. Wie übrigens auch die nächste.

Versuchen Sie durch Ihr Lesbentum in irgendeiner Weise vor den Männern davonzulaufen? Ich will hier keineswegs behaupten, daß lesbisch zu sein grundsätzlich eine Reaktion auf Männer sein muß. Frauen lieben einander nun einmal, weil sie einander lieben wollen, Punkt. Das hat mit Männern überhaupt nichts zu tun. Dennoch stimmt das Klischee bisweilen: Getrieben von Ängsten und Enttäuschungen, stürzt sich eine heterosexuelle Frau in die Arme einer anderen, ohne diese wirklich würdigen oder auch nur gut behandeln zu können. Es kommt auch vor, daß eine echte Lesbe zugleich vor ihren Problemen mit Männern davonläuft, was auch ihre gleichgeschlechtlichen Partnerbeziehungen beeinträchtigt. In diesem Fall werden Sie andere Frauen besser lieben können, nachdem Sie sich von solchen Mustern gereinigt haben, denn erst danach können Sie die andere um ihrer selbst willen lieben.

Glauben Sie, daß die Probleme, wie sie in allen Partnerschaften vorkommen, auf mysteriöse Weise verschwinden werden, nur weil Sie sich nicht mehr mit dem anderen Geschlecht zu befassen brauchen? (Wer hat nur diesen Begriff vom »anderen« Geschlecht geprägt? Nicht gerade das geeignete Material für süßes Liebesgeflüster: »Liebling, mein anderes Geschlecht sehnt sich nach deinem.« Und was soll das überhaupt sein?) In einer intimen Partnerschaft bleibt jeder der Beteiligten zunächst einmal in erster Linie Mensch: mit Fehlern behaftet, unvollkommen und ein Opfer typischer Unzulänglichkeiten. Etwas anderes zu erwarten, ist schlichtweg unfair.

Stellen Sie sich bei Bedarf auch Ihre eigenen Fragen, und halten Sie Ausschau nach allem, was der Reinigung und Läuterung bedarf. Falls erforderlich, beten Sie um entsprechende Klarheit.

Nachdem Sie alle Fragen beantwortet haben, führen Sie den unten beschriebenen Reinigungsritus durch. Sie können den Ritus aber auch mehrfach ausführen, wobei Sie sich jedesmal einem anderen Fragenkomplex zuwenden. Verwenden Sie auch die Magische Formel.

ERSTER RITUS:

Die Reinigung des Gefäßes

Teil 2: *Die eigentliche Reinigung*

Dieser Teil der Reinigung des Gefäßes ist sehr schlicht und wirkungsvoll. Dieser, wie auch die anderen Riten des behandelten Liebeszaubers, stellt eine Gelegenheit dar, die Instrumente und Werkzeuge einzusetzen, die Sie in den Wochen Ihrer Ausbildung magischer Fähigkeiten kennengelernt haben. So wird im Zuge dieses Ritus beispielsweise

Ihre Visualisationskraft gefordert und sogar noch vertieft werden.

Optionale Werkzeuge und Zutaten

C Eine weiße Kerze

C Weihrauch

1. *Schritt:* Stellen Sie die weiße Kerze vor sich auf, und entzünden Sie den Weihrauch.

2. *Schritt:* Kontemplieren Sie für einen Moment Ihr tiefes Verlangen nach einer glücklichen, erfüllenden Liebesbeziehung... Betrachten Sie Ihre eigene, persönliche wunderbare Vision von der Bedeutung der Liebe. Für mich gehören dazu stille Begleitung, Kichern, entspannte Zufriedenheit, Aufregung, Vergnügen, die Befriedigung einer schönen Phase im Bett, sowie jemand, der mir zur Seite steht, wenn ich niedergeschlagen bin... Affirmieren Sie, daß Sie die Erfüllung Ihres Ideals auch verdient haben, daß dies Ihr Recht als Kind der Alten Götter ist.

3. *Schritt:* Imaginieren Sie, daß die Göttin mit Ihnen ist. Sie können sie sich ausmalen, wie Sie möchten, imaginieren Sie sie dabei aber so gütig, wie Sie nur können – so gütig, wie eben nur eine Gottheit es sein kann. Imaginieren Sie die Göttin, wie sie von mütterlicher Liebe zu Ihnen erfüllt ist, ohne harte Urteile zu fällen oder Schuld zuzuweisen, und imaginieren Sie auch, daß sie Sie mit ihrer Liebe heilen möchte.

4. *Schritt:* Konzentrieren Sie sich jetzt auf die Probleme, die sich aus der Beantwortung der Fragen ergeben haben. Stellen Sie eine unmittelbare Beziehung zu den Bangigkeiten, Ängsten und anderen Blockaden her, die Sie aufgelistet haben... Versuchen Sie, die Verbindung dazu weiterhin aufrechtzuhalten, und werden Sie gewahr, wie sie Sie an Liebesbeziehungen hindern. Werden Sie sich auch des Schmerzes bewußt, den sie Ihnen und den Menschen in Ihrer Umgebung zufügen.

5. *Schritt:* Behalten Sie all das im Bewußtsein, so gut Sie nur können, und sagen Sie dabei das folgende Gebet so inbrünstig wie möglich auf. Es wird Ihnen leichter fallen, die entsprechende Gefühlsintensität herzustellen, wenn Sie sich zugleich auf den durch Ihre Blockaden ausgelösten Schmerz konzentrieren, auf Ihre Hoffnungen und Ihr Recht auf eine glückliche, erfüllende Liebesbeziehung sowie auf unsere uns alle liebende Mutter.

Gütigste Mutter:
Ich zeige dir diese Wunden,
die ich erlitten habe.
Wenn ich mir diese Wunde
auch nicht selbst zugefügt habe,
so habe ich mir in meinem Schmerz doch
noch weiter wehgetan,
vielleicht sogar auch anderen.
Ich bin jetzt bereit, mich von allen diesen Dingen
läutern zu lassen,
die mich schmerzen und binden.
So reinige und heile mich,
auf daß ich zu einem Gefäß nicht des Schmerzes,
sondern der Liebe werde.
Reinige und heile mich,
daß ich erfüllt sein möge
von der leidenschaftlichen Fürsorglichkeit,
die du für Dian-y-glas empfindest.
Reinige und heile mich,
auf daß ich in vollen Zügen
solche Liebe aufnehmen kann,
wie du und mein Gott sie füreinander empfindet,
eine Liebe, die ein Widerhall aller Schöpfung ist.
Und nun führe du mich,
zeige mir einen neuen Weg,
einen Weg der Liebe und gesunden Lust.
[Entzünden Sie nun gegebenenfalls die Kerze.]
So soll es sein.

Dieses Gebet richtet sich an eine liebende, gütige Mutter; sprechen Sie es also nicht, um sich selbst damit zu bestrafen. Alle gegenläufigen Gedanken und Taten, ja sogar jeder Schmerz, den Sie anderen zugefügt haben mögen, rührt ursprünglich von einer eigenen Verletzung her, die Ihnen entweder als Kind oder später im Leben widerfahren ist. Die Erbsünde ist kein Bestandteil der Spiritualität der Göttin; die Götter haben keinen Schrott erschaffen.

Wenn Sie sich selbst oder anderen durch Ihr Verhalten Schaden zufügen, werden Kasteiung und überstrenge Urteile Sie nicht von dieser Verhaltensweise reinigen. Verbitterung, Mangel an innerer Beteiligung und Haß sind die Wunden, die uns die unglücklichen Umstände und Tragödien unseres Lebens erleiden lassen. Sie zu heilen bedarf der Liebe. Wenn Sie beten, wird die Göttin Sie in Güte betrachten und Sie mit ihrer Liebe wieder heilmachen.

An früherer Stelle habe ich in diesem Buch davon geschrieben, daß es manchmal erforderlich sein kann, erst seine Probleme mit anderen Menschen zu bereinigen, bevor man zur wahren spirituellen Reinheit gelangt. Nachdem Sie die oben beschriebene Reinigung durchgeführt haben, gehen Sie noch einmal Ihre Antworten durch, um festzustellen, ob es irgend jemanden gibt, den Sie wegen Ihrer eigenen Probleme verletzt haben.

Und noch einmal: Ergehen Sie sich nicht in Selbstvorwürfen, schließlich macht jeder Fehler. Die sind genaugenommen ein Zeichen dafür, daß man überhaupt lebt! Eine gründliche Selbsterforschung hat nichts mit Selbstbestrafung zu tun.

Außerdem können Sie durchaus Wiedergutmachung leisten. Das brauchen Sie nicht unbedingt sofort zu tun, aber Sie sollten es sich wenigstens für die nähere Zukunft vornehmen, nachdem Sie die drei Schritte des Zaubers vollzogen haben.

Die Anonymen Alkoholiker haben einige sehr gute Praktiken, die auch zu diesem Teil des Zaubers passen. (Nein, die Anonymen Alkoholiker sind kein Hexencoven, bieten ihren Mitgliedern aber einen guten spirituellen Weg an, und die meisten spirituellen Wege haben einander viel zu bieten.)

Diese Organisation vertritt die Auffassung, daß es manchmal seine Zeit braucht, bis man zur Wiedergutmachung bereit ist. Sollten Sie diese Bereitschaft bei sich selbst vermissen, so beten Sie darum. Die Anonymen Alkoholiker empfehlen außerdem, Wiedergutmachung an Betroffene zu leisten, »außer«, um sie wörtlich zu zitieren, »wenn diese oder andere dadurch Schaden erleiden würden«. Wenn jemand zu Ihnen gesagt hat: »Sprich mich nie im Leben wieder an!«, ist es vielleicht nicht gerade das Gescheiteste, diesen Menschen jetzt mit einer Entschuldigung anzugehen. Sie können aber beschließen, Ihr Verhalten im Sinne der Wiedergutmachung zu ändern. Um ein Beispiel zu wählen, wie es die Organisation verwendet: Wenn Sie Ihrem Partner untreu geworden sind, ist es vielleicht nicht unbedingt die liebevollste Verfahrensweise, den Schaden wiedergutzumachen, indem Sie nun die Namen aller Beteiligten offenlegen. Es wird auch darauf hingewiesen, daß es ebensowenig der liebevollen Herangehensweise entsprechen würde, sich selbst ungerechten Schaden zuzufügen. Worum es im Kern geht: Benutzen Sie Ihren gesunden Menschenverstand, und bereinigen Sie Ihr Verhältnis zur geschädigten Person, so gut es Ihnen möglich ist.

Es kann eine lange Zeit dauern, bis sich Gelegenheit zur Wiedergutmachung ergibt. Worauf es jedoch ankommt, ist der gute Wille. Entscheiden Sie sich zur Bereitschaft, wenn die Zeit dafür reif ist.

Sie brauchen in dieser äußeren Reinigung keine Perfektion zu erzielen. Wenn Sie nicht fähig oder willens sein sollten, etwas davon praktisch umzusetzen, machen Sie sich deshalb keine Sorgen. Liebesbeziehungen sind nicht für vollkommene Menschen reserviert. Auch wenn ein regelrechter Berg von Wiedergutmachungsaufgaben vor Ihnen liegen mag, so kann doch schon der winzigste Anfang genügen, jedenfalls um loszulegen.

Für alle Anweisungen in diesem Buch gilt, daß Sie stets dabei berücksichtigen sollten, daß wir weit entfernt davon sind, vollkommene Wesen zu sein. Sie können nicht mehr als

Ihr Bestes geben. Punkt. Die Gründlichkeit des hier vorgestellten Liebeszaubers mag den einen oder anderen zu der
irrigen Annahme verleiten: »Ach, ich glaube, ich bin noch
nicht bereit für die Liebe.« Wir brauchen aber nicht perfekt
zu sein, um die Liebe der Götter zu erlangen. Wir müssen
lediglich sein, wer wir wirklich sind. Bei all unseren Schwächen und Fehlern können wir doch einen Zauber vollziehen,
um zu einer liebevollen Beziehung zu einem anderen Menschen zu gelangen. Und eine solche liebevolle Beziehung
mag uns vielleicht von den Wunden unserer schmerzerfüll-
ten Vergangenheit heilen und uns Mut machen, Wiedergutmachung für unser früheres Verhalten zu leisten.

Für den Schamanen ist es ein wichtiger Entwicklungsschritt, sich selbst als gewöhnliches menschliches Wesen zu
akzeptieren, mit allen Fehlern, die dazugehören. Der Schamane versucht nicht zum Heiligen zu werden. Das verlangen unsere Götter nicht von uns. Und ein Schamane strebt
nun einmal die Liebe der Götter an. Ein Schamane bemüht
sich, alle seine von der Göttin empfangenen Talente zu ent-
falten, die magischen wie die profanen. Ein Schamane
strebt danach, alles in seiner Macht Stehende zu tun, um der
menschlichen, der tierischen und der mineralischen Gemeinschaft zu dienen. Unser aller Mutter heißt auch die
Fehler unseres ehrlichen Bemühens willkommen. Dem
Leben aus dem Weg zu gehen, nur weil Sie glauben, dafür
nicht gut genug zu sein, schädigt sowohl Sie selbst als auch
jene, denen Sie sonst Gutes hätten widerfahren lassen können. Behalten Sie all dies stets im Auge, wenn Sie den Weg
der Feen beschreiten.

Abschließend noch eine Anmerkung zu diesem Reinigungsritus: Wenn sich der gesamte Liebeszauber mit allen
drei Stufen auch im allgemeinen innerhalb von drei Wochen
abschließen läßt, kann es doch manchmal auch länger dauern. Eine Freundin von mir litt unter Einsamkeit und wollte
deswegen einen Liebeszauber vollziehen, doch eine Hellseherin riet ihr: »Nein, du mußt zuvor noch einige andere
Zauber erledigen.«

So verbrachte sie zwei Monate mit rituellen Reinigungen,

weil sehr viel in ihr steckte, was einen Liebhaber hätte abstoßen können. Und diese Faktoren wären auch mächtig genug gewesen, um jeden möglichen Liebeszauber zu neutralisieren.

Sollten Sie den leisesten Zweifel daran hegen, daß die Zeit für einen solchen Zauber gekommen ist, können Sie sich um spirituelle Führung bemühen. Sollten Sie den Rat erhalten, eine ausgedehnte Reinigung zu vollziehen, können Sie den Ritus der Reinigung des Gefäßes über einen beliebig langen Zeitraum durchführen. Vielleicht beantworten Sie erst die Fragen, gefolgt von der entsprechenden Reinigung, was Sie einen Monat lang zweimal wöchentlich tun können. Im allgemeinen gilt jedoch, daß eine einwöchige Befassung mit der Reinigung des Gefäßes eine so tiefgreifende Vorbereitung bedeutet, daß dies dem Liebeszauber zu einer gewaltigen Macht verhelfen wird!

ZWEITER RITUS:

Das Füllen des Gefäßes

Werkzeuge und Zutaten

☾ Ein Blatt Papier

☾ Ein Rosenquarzkristall. Das kann durchaus ein winziger Steinsplitter sein, wie man ihn in Esoterikläden um weniges Geld erhält.

☾ Ein kleiner roter Beutel oder rotes Tuch, das sich zu einem Bündel schnüren läßt

☾ Jasmin- oder Zimtöl

Wer sich selbst mit Liebe erfüllt, der zieht auch andere Menschen an. Nachdem Sie den vorangegangenen Ritus vollzogen haben, sind Sie jetzt ein reiner Kelch, der nun schon viel geeigneter ist, um zu einem Gefäß der Liebe zu werden. Im nächsten Schritt geht es darum, dieses Gefäß zu füllen. Das müssen Sie selbst tun, erwarten Sie also nicht, daß andere es für Sie erledigen könnten. Sie müssen es selbst füllen, damit Sie Liebe haben, die Sie mit anderen teilen können; dann erst sind Sie imstande, zu geben und zu empfangen.

Die Magische Formel wird bei diesem zweiten Ritus nicht gebraucht, es sei denn, die Umstände gebieten es.

1. Schritt: Schreiben Sie Ihren Namen so oft auf das Papier, bis die Seite voll ist.

2. Schritt: Wickeln Sie den Rosenquarz in das Papier.

3. Schritt: Geben Sie den in Papier gewickelten Quarz in den Beutel oder auf das Tuch, aus dem Sie dann ein Bündel schnüren.

4. Schritt: Salben Sie Beutel oder Bündel mit dem Öl.

5. Schritt: Tragen Sie Bündel oder Beutel mindestens eine Woche lang mit sich.

6. Schritt: Salben Sie den Beutel oder das Bündel jeden Tag mit dem Öl.

Dieses Bündel steht für die Selbst-Liebe und erzeugt eine sehr hohe spirituelle Schwingung. Es gehört zu dem Prozeß, mit dem Sie das Gefäß selbst füllen.

Während der Woche, in der Sie den Beutel mit sich tragen, sollten Sie sich fragen (vielleicht nach dem morgendlichen Ha-Gebet), ob Ihnen im Leben irgend etwas fehlt, von dem Sie irrigerweise annehmen, ein Liebespartner würde diese Lücke füllen. Das kann etwas Innerliches oder Äußerliches sein, beispielsweise Geld, Selbstwertgefühl, Sicherheit, Glück, berufliche Befriedigung. Wir müssen selbst den Kelch mit all diesen Dingen füllen, wir können nicht erwarten, daß ein anderer es für uns tut.

Nicht immer werden wir nur auf der Bewußtseinsebene irregeleitet. Schon oft sind Frauen zu mir in die schamanische Beratung gekommen, die zwar vorgaben, sich verzweifelt nach einer dauerhaften Liebesbeziehung zu sehnen; wenn ich die Situation dann aber hellseherisch untersuchte, mußte ich feststellen, daß diese Klientinnen sich in Wirklichkeit nach einem Karrieresprung sehnten, den anzugehen sie sich aber nicht trauten. Erforschen Sie sich selbst also sehr sorgfältig, stellen Sie fest, was Sie von der Liebe erwarten. Dann beurteilen Sie diese Erwartungen genauer, und stellen Sie fest, ob sie vernünftig sind.

Wenn Sie erst einmal einen Mangel bestimmt haben, von dem Sie erwarten, ein Liebespartner würde ihn füllen, machen Sie sich daran, selbst für seine Behebung zu sorgen, ob es um Selbstwertgefühl, Geld, Sicherheit oder irgend etwas anderes geht.

Keine Bange, niemand erwartet von Ihnen, daß Sie diese Lücke innerhalb einer einzigen Woche gefüllt bekommen! Wenn es sich um etwas handeln sollte, das Sie innerhalb einer Woche erledigen können, kümmern Sie sich darum. Wenn nicht, brauchen Sie nicht erst bis zur Erfüllung zu warten, um den letzten Schritt des Liebeszaubers zu vollziehen. Höchstwahrscheinlich wird Ihre Absicht bereits genügen, den Kelch aus eigener Kraft zu füllen oder wenigstens einen kleinen Anfang zu wagen, und wenn er nur darin bestehen sollte, sich des Problems bewußt zu werden. Bestimmen Sie selbst, wieviel Vorlaufzeit Sie brauchen.

Das Füllen des Gefäßes kann auf unzählige verschiedene Weisen geschehen. Viel hängt davon ab, was in dem Kelch noch fehlt und was für ein Individuum Sie sind. Es folgen einige Beispiele, die veranschaulichen sollen, wie Sie das Gefäß aus eigener Kraft füllen könnten.

Falls das Problem beispielsweise darin besteht, daß Sie von einem Liebespartner erwarten, Ihnen die Selbstliebe oder das Selbstwertgefühl zu bieten, dessen Sie bedürfen, um sich selbst herzuschenken, könnten Sie einen Altar zu Ehren Ihres Eigenwerts bauen.

Sollten Sie die Musterfrau sein, von der ich bereits gesprochen habe, die zwar vorgeblich nach Liebe strebt, dabei aber Karriere meint, könnten Sie vielleicht eine Freundin um Ermutigung angehen, damit Sie es endlich wagen,

Ihren beruflichen Werdegang für die Bewerbung aufzuschreiben.

Eine sehr wichtige Möglichkeit, sich selbst mit Liebe zu erfüllen, besteht darin, sich der Unterstützung von Freunden und Freundinnen zu versichern. Wenn Ihnen beispielsweise finanzielle Sicherheit abgeht, können Sie eine gute Freundin danach fragen, wie diese dafür gesorgt hat.

Manche Menschen leben in der Erwartung, daß sich plötzlich alles zum Besten entwickelt, sobald sie einen Partner gefunden haben. Sollte das auch auf Sie zutreffen, würde es Ihnen vielleicht nützen, gleich hier und jetzt – also in Eigenregie – mit dem guten Leben anzufangen. Nehmen Sie sich mehr Zeit für die Selbstpflege. Tun Sie in dieser Zeit alles, was Sie glücklich macht. Das können ausgedehnte Strandspaziergänge sein, heiße Schaumbäder oder auch Auslandsreisen.

Den Kelch zu füllen ist eine hervorragende Gelegenheit, um den Eigentlichen Zauber anzuwenden! Gebricht es Ihnen beispielsweise an Selbstvertrauen, machen Sie dies zum Ziel des Zaubers, und visualisieren Sie sich selbst, wie Sie von Selbstvertrauen erfüllt sind.

Wenn Sie den Mangel zwar geortet haben, aber unsicher sind, wie Sie ihn selbst beheben sollen, können Sie um spirituelle Leitung bitten, entweder durch Divination, durch ein schlichtes Gebet um Einsicht oder durch ein Zwiegespräch mit einer hellseherischen Beraterin. Sie können auch Ihren Therapeuten fragen, wie Sie daran arbeiten sollten, um vollständiger zu werden; ebenso können Sie Ihre Aufzeichnungen zum Thema Macht aus Lektion sieben noch einmal durchgehen.

Ich habe festgestellt, daß die meisten etwa eine Woche brauchen, um sich mit dem Füllen des Kelchs zu befassen, bevor sie zur nächsten Phase des Zaubers übergehen können. Doch als eine Freundin von mir einmal eine Hellseherin aufsuchte, um sie nach einem Liebeszauber zu fragen, teilte diese ihr mit, daß sie sich erst dann einem Partner würde öffnen können, wenn sie ein Gefühl größerer finanzieller Sicherheit entwickelt hätte. Danach brauchte meine Freundin noch mehrere Monate, um eine neue Stelle zu finden. Sie verschob den Liebeszauber bis zu diesem Zeitpunkt; die neue Arbeitsstelle füllte das Gefäß dann auf.

DRITTER RITUS:

Den Kelch auf den Altar stellen

Werkzeuge und Zubehör

◖ Ein Blatt Papier

◖ Ihr roter Beutel samt Inhalt

◖ Eine rote Rosenknospe oder einige rote Rosenblätter

◖ Eine Zimtstange

◖ Ein Amethyst. Es genügt auch ein kleiner, ungeschliffener Splitter oder eine Perle, die Sie beide für wenig Geld erstehen können. Ebenso können Sie auch Amethystschmuck verwenden.

◖ Ein Stück getrocknete Orangenschale. Diese können Sie entweder selbst trocknen oder zusammen mit der Zimtstange kaufen.

◖ Optional: Ein kleines Stück Drachenblut. Dabei handelt es sich um ein Baumharz, das oft für Weihrauchmischungen verwendet wird. Es ist von dunklem, rostigem Aussehen und verbreitet beim Abbrennen einen metallischen Duft.

◖ Basilikumöl, dunkles Moschusöl oder Ambraöl

Ja, der Liebeszauber! Schon der bloße Begriff löst Gedanken an Erfüllung aus, an Intimität, Wärme und gute Zeiten. Er lockt uns mit Visionen von einem ansprechbaren Partner, großartigem Sex und einer handfesten Freundschaft. Und so ist es auch richtig, denn in unserem Inneren brennt ein gesundes, gottgegebenes Verlangen nach diesen wichtigen Dingen im Leben. Nun kommen wir endlich zum letzten Schritt unseres Liebeszaubers!

Verwenden Sie die Magische Formel einschließlich einer vorrituellen Reinigung. Ja, Sie haben schon eine Menge Reinigungsarbeit geleistet, aber es geht hier immerhin um ein sehr mächtiges Werkstück, wie es noch nie vorher veröffentlicht wurde! Wegen einer technischen Feinheit bei diesem Zauber möchte ich, daß Sie sich für diesen Ritus noch einmal gründlich von jeder Neigung zur gewalttätigen Manipulation reinigen. Ich will es Ihnen auch erklären:

Diese dritte Arbeit ist etwas ganz Wunderbares, Besonderes. Sie können es damit vergleichen, als würden Sie Ihr sexy rotes Kleid anziehen, Ihren roten Lippenstift auflegen, ein gutes Parfüm benutzen und sich in eine offene, warmherzige, heitere und schöne Grundverfassung bringen. Es ist wie mit dem Pfau, der sein Rad schlägt. Es ist ein Ruf nach Liebe. Dieses Ritual verkörpert eine natürliche menschliche Funktion, es ist das feinstoffliche Gegenstück zur Balz oder Partnerwerbung.

Die meisten Frauen sind sich nur zu schmerzlich bewußt, wie aufdringlich manche Männer sein können, wenn sie auf der Piste sind. Ich muß mich immer wieder fragen, warum diese Typen einfach nicht auf ein Lächeln oder eine einladende Geste warten können, bevor sie herangeschlendert kommen, mich in dem, was ich gerade tue, unterbrechen, und sich dann auch noch einbilden, es sei ihr gutes Recht, nach meiner Aufmerksamkeit zu verlangen, nur weil ich zufällig in der Nähe bin: »Na klar, ich habe mich natürlich nur deshalb mit zwölf Notizbüchern und einem Laptop-Computer hierher gesetzt, weil ich mir dachte, damit könnte ich irgendwelche Kerle anlocken.« Diese

Burschen machen einem nicht etwa den Hof, sie sind einfach nur rücksichtslos. Wenn ich möchte, daß ein Mann mich anspricht, wird er das schon erfahren. Und selbst wenn eine Frau die Straße entlanggeht und auf den ersten Blick unbeschäftigt erscheint, kann sie dabei immer noch meditieren oder gerade einen Trauerfall in ihrer Familie verarbeiten. »Schau mal, Harry, ein Weibchen! Irgendein Weibchen genügt schon. Was soll das heißen, sie könnte beschäftigt sein? Woher willst du das wissen, wenn sie uns nicht gerade eine Schrotflinte auf die Brust setzt?«

Das geschieht natürlich auch umgekehrt. Selbst wenn ein Mann sich für eine Frau interessiert, ist es schlichtweg unhöflich von ihr, seine Aufmerksamkeit auf sich zu lenken, wenn er gerade mit anderen Dingen beschäftigt ist.

Wir wissen alle nur zu gut, daß man niemanden auf der profanen Ebene dazu zwingen sollte, seine Aufmerksamkeit auf einen anderen Menschen richten zu müssen. Auf der magischen Ebene verhält es sich genauso. In beiden Beispielen lautet das Schlüsselwort »Aufmerksamkeit«, und hier kommt auch unsere technische Feinheit ins Spiel: Befreien Sie sich in Ihrer vorrituellen Arbeit von der Vorstellung, daß irgend jemand diesen Ruf oder diese »Witterung« (ich weiß auch keinen besseren Ausdruck dafür) in irgendeiner Weise *bemerken* muß, den Sie da aussenden. Sie versenden zwar eine Einladung, zwingen aber niemanden dazu, sie auch zu lesen! Mangel an Höflichkeit kann Menschen auf der magischen Ebene ebenso abstoßen wie auf der weltlichen.

Wenn Sie bei der richtigen Balz Ihre besten Kleider anziehen und Ihr schönstes Make-up anlegen, feine Duftstoffe verwenden und eine förderliche Gemütsverfassung herstellen, Ihr Pfauenrad schlagen und mit subtilen Körpersignalen um eine Liebesbeziehung werben, hat jeder Mensch in Ihrer Nähe die Wahl, ob er Ihre Signale überhaupt bemerken soll. Wenn sich jemand in Ihrer Umgebung in tiefer Trauer befindet, weil der Vater gerade gestorben ist, bemerkt er Ihre Bemühungen vielleicht überhaupt nicht, und das ist dann auch richtig so. Sie würden wohl kaum ernsthaft zu dieser Person gehen und sagen: »Du mußt mich jetzt aber verdammt noch einmal beachten!« Sind Sie schon einmal in der Absicht auf eine Party gegangen, einen bestimmten Menschen für sich zu interessieren? Pfui! Das war bestimmt nicht angenehm, oder? Es war mies und enttäuschend. Und das ist nur ein mildes Beispiel dafür, was dabei alles schiefgehen könnte.

Und das Gesetz von der dreifachen Wiederkehr (demzufolge alles, was ein Mensch einem anderen magisch antut, im Guten wie im Bösen, dreifach zu ihm zurückkehrt) würde bewirken, daß Sie wie besessen jeden beobachten würden, der vorbeikommt. Wenn Sie schon erfüllt von Besessenheit anfangen, dann wollen Sie bestimmt nicht, daß sich diese auch noch verschlimmert!

Wenn Ihr Ruf nach romantischer Liebe, den Sie da ins Universum aussenden, beantwortet werden soll, wird schon jemand auffahren und Ihnen seine Aufmerksamkeit schenken.

1. *Schritt:* Zeichnen Sie ein Herz auf das Papier. In dieses Herz zeichnen Sie das männliche Symbol (Γ) sowie das weibliche Symbol (E), die einander überlappen. Sollten Sie schwul sein, zeichnen Sie zweimal das männliche Symbol, wobei beide ineinander verwoben werden sollten. Als Frau, die sich zu Frauen hingezogen fühlt, verfahren Sie gleichermaßen mit dem weiblichen Symbol. Und falls Sie nicht wissen sollten, welches Geschlecht der gewünschte Partner haben soll, zeichnen Sie sowohl das Symbol Ihres eigenen Geschlechts als auch, auf eine Seite, das männliche, sowie auf der anderen das weibliche Symbol, die alle drei miteinander verwoben sein sollten.

2. *Schritt:* Geben Sie das Papier und alle anderen Zutaten bis auf das Öl in Ihren roten Beutel oder das Stoffbündel. Dann salben Sie Beutel oder Bündel mit dem Öl. Während Sie dies tun, sprechen Sie das folgende Gebet:

Mutter, ich habe mich vorbereitet:
Ich bin ein Kelch der Liebe.
Mutter, ich habe mich gereinigt:
Ich bin ein Kelch der Liebe.
Mutter, ich habe mich selbst gefüllt:
Ich bin ein Kelch der Liebe.
Wie deine Liebe mich nun durchströmt,
so bete ich zu dir,
laß deine Liebe zu mir strömen:
Sende mir nun meinen Herzenswunsch,
einen, der mich aus eigenem freiem Willen liebt,
mit der vollen Leidenschaft,
die nur der wahre Wille hervorbringt,
und sende mir einen Geliebten (eine Geliebte),
der/die mich als dein Ebenbild liebt.
Gewähre mir den Dichtertraum,
den Wunsch des Liebenden,
den wahren Paarungspartner.
Mutter, ich lege mich nun selbst auf den Altar,
auf den Altar, der dein Universum ist.
Ich bin ein Kelch der Liebe.
Und auf diesem Altar ruhend,
weiß ich ohne Zweifel,
daß du, die du den ersten Liebeszauber vollzogst,
aus dem alle menschliche Liebe und
Leidenschaft entsprang,
deinen Zauber wirken wirst.
So soll es sein!

Der letzte Vers sollte dem Universum mit Festigkeit und Nachdruck verkündet werden – ein gutes, starkes »So soll es sein!«

Es der Göttin zu überlassen, den richtigen Liebespartner auszuwählen, ist nicht dasselbe wie zu sagen: »Gott, wahrscheinlich willst du nichts wirklich Aufregendes und Freudiges für mich. Aber da du nun mal Gott bist, weißt du es schon am besten.« Obwohl kein Leben frei von Verlust und Tragödie ist und obwohl man sich manchmal sagen muß:

»Na gut, Göttin, ich tue es so, wie du es haben willst, auch wenn es mir nicht gefällt. Ich will darauf vertrauen, daß du es besser weißt als ich«, kann eine Hexe unbeschwert um eine Liebesbeziehung bitten, ohne dabei annehmen zu müssen, daß die Götter eine verkniffene, freudlose Vorstellung davon haben könnten, was das bedeuten soll. Vergessen Sie nicht – es sind *heidnische* Götter, zu denen Sie da beten!

Indem Sie das obige Gebet verwenden, vermeiden Sie es, um etwas zu bitten, von dem Sie nur glauben, daß Sie es haben wollen. Um das Falsche zu bitten, kann nämlich bedeuten, daß man magisch genau das verwirft, was sonst die Erfüllung aller Hoffnungen gewesen wäre. Unser innigster Liebestraum kann durchaus Erfüllung finden, solange wir die Einzelheiten Gott überlassen. Tatsächlich können wir auf jedem Lebensgebiet für Erfüllung beten und die Einzelheiten der Göttin überlassen.

Soweit ich weiß, wurde noch nie ein derart ausgiebiger, umfassender und hexischer Liebeszauber wie dieser in gedruckter Form verbreitet. Mit all der durch dieses Vorgehen aufgestauten Kraft werden Sie einen wahrhaft mächtigen Zauber vollbringen, das kann ich Ihnen versichern! Sollte der Zauber nicht funktionieren, führen Sie sich vor Augen, daß Ihnen nur beharrliches Bemühen das Wissen, die Fertigkeiten und die verfeinerte Erfahrung bescheren können, die für eine erfolgreiche magische Arbeit erforderlich sind. Bei der Magie handelt es sich um eine komplexe Wissenschaft; es gibt zahllose Gründe, weshalb ein Zauber funktionieren mag oder eben nicht. Doch ob Sie Ihr gewünschtes Ziel tatsächlich erreichen oder nicht, Sie werden ihm höchstwahrscheinlich ein gutes Stück näher gekommen sein. Sie bekommen jetzt eine Liste von Fragen, die Sie nach Vollzug des Zaubers berücksichtigen sollten, um den Erfolg sicherzustellen.

Gehen Sie nicht davon aus, daß ein Zauber nicht funktioniert hat, nur weil die Ergebnisse nicht so schnell zu folgen scheinen, wie Sie es haben möchten. Die Magie folgt ihrem eigenen Zeitplan, und anzunehmen, daß sie versagt haben könnte, kann dieses Versagen tatsächlich erst herbeiführen.

Ein Liebeszauber setzt eine Menge Energie frei, daher kann es leicht geschehen, daß man sich mit dem geliebten Partner während des Zaubers oder danach in die Haare bekommt. Die Wahrscheinlichkeit, daß dies geschieht, wird zwar dadurch reduziert, daß Sie sich von falschen Erwartungen und manipulativen Gedanken gereinigt haben, dennoch sollten Sie gezielt darauf achten, sich nicht zu Wutausbrüchen verleiten zu lassen.

Haben Sie sich schon einmal ordentlich aufgetakelt in der Hoffnung, den richtigen Mann zu finden, nur um plötzlich von lauter Wölfen umringt zu sein? Das gleiche kann auch bei Ihrem *magischen* Versuch geschehen, den Richtigen zu finden. Sie können die allerbeste Energie aussenden, dabei aber möglicherweise doch ein paar falsche Interessenten anziehen. Nehmen Sie es einfach als Zeichen dafür, daß der Zauber funktioniert, und bewahren Sie sich Ihre positive Einstellung! Ebenso könnten Sie jemanden anziehen, der zwar wunderbar geeignet erscheint, aber doch nicht der Richtige für Sie ist. Seien Sie also nicht wahllos.

Halten Sie sich für neue Freunde offen: Vielleicht möchte die Göttin ja, daß Sie fürs erste nur platonische Liebe erfahren. Vielleicht schickt sie auch jemanden bei Ihnen vorbei, der die Maske »nur ein Freund« trägt.

Setzen Sie das »Füllen des Gefäßes« fort. Wenn Sie jemanden lieben wollen, müssen Sie auch Liebe zu verschenken haben. Und wenn Sie erst jemanden gefunden haben – auch bei einem festen Partner –, müssen Sie den Kelch doch stets aus eigener Kraft gefüllt halten.

Der wahre Partner mag einen Monat bleiben oder ein ganzes Leben. Behandeln Sie jede Gelegenheit der Liebe mit Respekt und Dankbarkeit. Möglicherweise machen Sie sogar die Feststellung, daß Ihnen die Götter gleich mehrere Liebhaber senden. Wenn Sie ein nichtmonogamer Typ sind, genießen Sie es!

Der Zauber wird Ihnen bringen, was für Sie das Richtige ist.

Ob Sie mit jemandem ein ganzes Leben lang Liebe machen oder nur eine Nacht, tun Sie es stets in Liebe und Respekt. Sexualität und Liebe dürfen nicht voneinander getrennt werden. Der Mystiker weiß das. Selbst eine kurze Affäre muß ernstgemeint und liebevoll sein: ein großzügiges Geben und eine in beiderseitigem Respekt geteilte Freude. Sexualität ist ein Sakrament. So wie Hexen nicht zwischen dem Profanen und dem Heiligen trennen, so läßt sich der Geschlechtsakt auch nicht vom Geist loslösen.

Wenn Sie einen Liebeszauber ausführen wollen und mein dreiteiliger Zauber Ihnen nicht geeignet erscheint, durchstöbern Sie die Regale Ihrer örtlichen esoterischen Buchhandlung, um sich einen anderen auszusuchen.

Die Mutter beschützt ihre schwachen und mißhandelten Kinder. Wenn Sie auch nur einen Zauber in böser Absicht ausführen, wird die Mutter die Ihren rächen. Wenn Sie einen Liebeszauber in männlich-chauvinistischer Absicht durchführen, wird das wirklich schlimme Folgen für Sie haben. Dann spannt man Ihnen vielleicht die Frau aus, oder eine schlechte Frau verleitet Sie zu einer Prügelei. Die Mächte der Sexualität und der Liebe durchströmen die Grundfasern des Universums und verfügen über Bewußtsein. Wenn Sie sie zu üblen Zwecken mißbrauchen, wird sich früher oder später jemand oder etwas, vielleicht sogar Ihr eigenes Sein gegen Sie wenden, ganz wie es das Gesetz der dreifachen Wiederkehr festlegt. Die Kräfte der Alten Götter dürfen nicht mit Mißachtung gestraft werden, ebensowenig in Leichtfertigkeit oder um Macht über andere zu gewinnen.

Wirkliche Macht im Leben und echte sexuelle Potenz bedeutet, liebevollen Respekt für die Gefühle anderer zu hegen und sich sanft für den Planeten einzusetzen. Dann kann die Partnerwerbung sowohl auf der magischen als auch auf der konkreten Ebene zu einem gesunden und mit Freude erfüllten Teil unseres menschlichen Erbes werden. Man sollte diese Werbung mit großer Freude genießen. Um dies zu tun, erweisen wir unserer Spiritualität wie unserer Sexualität die Ehre.

Die Kraft ist überall zu haben

Eine Hexe beherrscht jede Situation

Zu den lebenslangen Zielen einer Hexe gehört es, sämtliche Lebenssituationen zu beherrschen. Das läßt sich allerdings leicht mißverstehen. Kontrolle über einen Ort oder ein Ereignis zu haben, bedeutet, daß *jeder* Beteiligte die Kontrolle darüber behält. Die Vorstellung, daß nur ein Mensch die Kontrolle haben kann, nicht aber die anderen, ist Unfug! Wahre Macht, wahre Kontrolle ist ein kooperatives Unterfangen, bei dem jeder Beteiligte durch die Unterstützung der anderen zur Macht gelangt, es ist also ein alles einschließendes und kein ausschließendes Konzept – genau wie Sex! Ich hätte diesen Abschnitt auch mit dem Titel »Weitere Ausführungen zum ethischen Gebrauch der Macht« versehen können.

Kräutermagie, Kerzen und Weihrauchmischungen sind herrliche Möglichkeiten, um Kontrolle über Ihr Heim und andere Umgebungen auszuüben, ohne dabei dem Willen anderer in die Quere zu kommen. Sie können jeden Ort ein Stück weit so verändern, wie Sie ihn haben wollen, ganz wie Sie etwa Ihr Heim für eine Party schmücken, weil Sie eine warme, festliche Atmosphäre mögen.

So wie jedes Kraut, jede Weihrauchmischung und jede Kerze über einzigartige Eigenschaften verfügt, die auch der Durchschnittsmensch erkennen kann, so besitzt jedes davon auch seine einzigartigen feinstofflichen Aspekte. Das Abbrennen von Weihrauch oder einer Kerze, oder das Aufstellen von Kräutern in einer bestimmten Umgebung sendet Schwingungen in diese Umgebung hinein. Abhängig davon, welche Art von Kraut, Weihrauch oder Farbkerze Verwendung finden, wird die unmittelbare Umgebung dadurch heiterer, peppiger, der Heilung zuträglicher, oder ... Sehen Sie es als paranormalen Hausschmuck!

Während meine Kerzen, Weihrauchmischungen und Kräuter ihre spezifischen Energien in meinem Heim freisetzen, ziehe ich diese Energien ebenso natürlich und automatisch ein, wie ich es mit der frischen Meeresluft am Strand tue. Auch meine Gäste können diese Energie auf inbewußter Ebene aufnehmen, wobei sie die Schwingungen nicht nur wahrnehmen, sondern auch noch die Wahl haben, sie anzunehmen oder zu verweigern.

Würde ich dagegen einen Zauber auf sie richten, würde dies ihre Wahlmöglichkeit einschränken. Ich schmücke mein Heim hübsch und genieße es, überall frische Blumen aufzustellen. Meine Gäste können sich diese Bemühungen zunutze machen oder nicht – wenn sie es tun, fühlen sie sich ein Stück mehr zu Hause und entspannt. Jedenfalls werden sie nicht manipuliert. Das gleiche gilt für jede Weihrauchmischung oder Kerze, die ich in meinem Heim abbrenne, wie auch für alle Kräuter, die ich aufgestellt habe: Meine Besucher können meine feinstoffliche Dekoration genießen oder eben nicht.

Diese Werkzeuge am Arbeitsplatz einzusetzen ist eine wunderbare Methode, um mehr Einfluß auf Ihre Arbeitsumgebung zu nehmen, ohne dabei aufdringlich oder dominant vorzugehen. Einmal mehr geht es darum, zur Macht zu gelangen, ohne anderen die ihre zu nehmen. Wenn andere *ihre* Macht einbüßen, dann büßen wir in Wirklichkeit auch unsere eigene ein; denn wir sind nicht von dem getrennt, was uns umgibt. Alle Dinge stehen mit allen anderen in Verbindung, oder wie es Martin Luther King ausdrückte: »Keiner von uns ist frei, bevor nicht alle von uns frei sind.« Und jeder gutverdienende Geschäftsmann weiß, daß Teamarbeit der Schlüssel zum Erfolg ist.

Behandeln Sie die folgenden Vorschläge zum Gebrauch von Weihrauchmischungen, Kräutern und Kerzen, wie Sie es mit einem neuen Kochbuch täten: Überfliegen Sie jetzt alles erst einmal, dann wenden Sie es nach Bedarf an. Für die folgende Arbeit ist die Magische Formel nicht erforderlich. Kräuter lassen sich in einem oder mehreren Behältnissen in der Umgebung aufstellen, oder man gibt eine Prise davon in eine Ecke, eine Nische oder sonstwohin. Auf dem Gebiet der Kräutermagie vertreten manche Leute die Ansicht, daß mehr auch gleich besser ist; andere wiederum glauben, daß schon eine Prise völlig ausreicht. Kräuter lassen sich auch unauffällig unter die Haussegnungs- und Opfermischung geben, dann können Sie sich auch noch geheimnistuerisch und selbstzufrieden vorkommen!

Harmonie im Heim und am Arbeitsplatz

Zur Herstellung von Harmonie brenne ich zu Hause eine rosa Kerze ab und/oder stelle Lavendel und/oder Pfefferminze auf. Diese Kräuter senden eine Energie des Friedens aus. Und in ein offenes Gefäß gegeben, dienen sie zugleich als hübsche Dekoration. Bin ich nicht eine häusliche Hexe?

Zu den Problemen im Heim, die dadurch entschärft werden können, gehören Teenager, die gerade die typischen Pubertätskrisen durchlaufen; Streitereien zwischen Verwandten, Liebespartnern oder WG-Mitgliedern; sowie der Streß, der mit ständigem Wohnortwechsel verbunden ist. Vergessen Sie nicht, daß Sie auch in anderen Umgebungen harmonische Schwingungen einführen können, etwa am Arbeitsplatz oder in der Kinderkrippe.

Konflikte lassen sich auch positiv beeinflussen, indem man Weihrauch, Sandelholz oder Salbei räuchert. Das reinigt den Raum von negativer Energie, was wiederum Harmonie herbeiführt.

Ich stelle zu Hause auch dann Lavendel und Pfefferminze auf, wenn es keine Probleme zu beeinflussen gilt. Ich liebe nun mal den Frieden und die Harmonie im Heim um ihrer selbst willen. Zur Erinnerung: Halten Sie sich von dem Glauben fern, daß andere in Ihrer Umgebung unbedingt ruhig und harmonisch sein *müssen*.

Streßabbau und Heilung

Blaue Kerzen wirken beruhigend. Manchmal brenne ich eine davon ab, wenn in meinem Leben mal wieder viel Streß angesagt ist. Blaue Kerzen unterstützen auch jene Menschen darin, in aller Gelassenheit ihren Aufgaben nachzugehen, die bestimmte Terminvorgaben einhalten müssen oder sich im hektischen Durcheinander irgendwelcher öffentlichen Dienste aufhalten. Sie sind auch gut geeignet, wenn Ihr Baby eine Kolik hat und Sie das völlig aus dem Gleis wirft. Blau ist zudem hilfreich, wenn Sie mittels einer Meditation Frieden und Ruhe herbeiführen möchten.

Ferner wirken blaue Kerzen sowohl spirituell als auch emotional heilsam. Manchmal brenne ich eine davon ab, wenn ich mich in einem emotionalen Heilungsprozeß befinde.

Sandelholz-Räucherwerk verströmt eine liebevolle und sanfte, beruhigende Atmosphäre und belebt den Geist bei der Heilungsarbeit. Sie können es zusammen mit der Kerze oder für sich allein verwenden.

Das Räuchern von Weihrauch reinigt die Umgebung von negativen Energien, die sonst Ihre Ruhe oder Ihre geistige Gesundheit gefährden würden.

Auch die bereits erwähnten Minze und Lavendel wirken

beruhigend. Schön ist am Lavendel auch, daß es für Ihre Kollegen am Arbeitsplatz nicht merkwürdig aussieht. Es wirkt einfach wie die Haus- und Opfermischung auf Ihrem Schreibtisch.

Körperliche Heilung

Grüne Kerzen verströmen einen heilenden Einfluß. Sie können sie abbrennen, falls Sie oder jemand, mit dem Sie zusammenleben, erkrankt sein sollte. Auch am Arbeitsplatz sind sie geeignet, wenn mal wieder die Grippe grassiert. Das Abbrennen einer grünen Kerze ist ein Musterbeispiel dafür, wie man Magie dazu verwenden kann, anderen zu helfen, ohne sie durch einen Zauber zu binden.

Zur Belebung

Wenn es Ihnen an Energie fehlt oder die Lebensgeister brachliegen, kann es eine hervorragende Maßnahme sein, entweder Zimt zu räuchern – den Sie in Alufolie in den Backofen geben können – oder eine rote Kerze abzubrennen. Das funktioniert auch für ältere Menschen, die mehr Vitalität brauchen. Nimmt Ihnen eine schwer zu haltende Terminvorgabe am Arbeitsplatz jede Hoffnung auf eine Beförderung? Niemand im Büro wird wissen, daß es sich bei der roten Kerze auf Ihrem Schreibtisch um Hexerei handelt!

Einhalten von Terminvorgaben inmitten des Chaos

Eine orangefarbene Kerze hilft mir, mich zu konzentrieren, wenn ich inmitten eines Gewirrs von Aktivität meine Sinne beisammenhalten muß. (Eltern, aufgepaßt! Tobende Kinder können es einem, gleich wie lieb man sie auch hat, ziemlich schwer machen, auch nur einen vernünftigen Gedanken zu fassen, von Konzentration ganz zu schweigen.) Vielleicht bevorzugen Sie aber auch die folgende Empfehlung, wenn Sie umringt von Chaos eine Terminvorgabe einzuhalten haben.

Erdung

Wenn Sie sich »abgehoben« fühlen oder irgendwie verzetteln, oder wenn Sie einfach nur wieder etwas bodenständiger werden möchten, räuchern Sie Patchouli oder Ambra, und/oder brennen Sie eine braune Kerze ab. Dies ist auch eine gute Praktik, wenn Sie mehr Erdung oder Handfestigkeit innerhalb eines Rituals, eines Ereignisses oder einer Lebensphase brauchen.

Die Pubertät ist eine schwere Zeit, sowohl für den Teenager als auch für seine Eltern. Jeder der Beteiligten hat so viele Gefühle, Bedürfnisse und Probleme, die dann überall umherschwirren. In einer solchen Phase ist es schön, wenn man sich in einer geerdeten Umgebung befindet. Ein Haushalt, in dem ein Teenager lebt, ist immer ein guter Kandidat für regelmäßige spirituelle Hausreinigung.

Glück in Gelddingen

Räuchern Sie Lorbeer, um Geld anzuziehen. Zusätzlich, oder auch statt dessen, waschen Sie sich jeden Morgen mit Zimtseife. Vergessen Sie nicht, was Geld überhaupt ist: die Gegenleistung für etwas, das Sie tun. Nachdem Sie das Räucherwerk verbrannt oder sich mit der Seife gewaschen haben, müssen Sie möglicherweise alles tun, was auf der profanen Ebene erforderlich ist, um finanziellen Zugewinn zu gewährleisten, wozu beispielsweise auch die Arbeitssuche gehören kann.

Weitere Anregungen zur Beherrschung einer Situation bietet das Material zum Thema Gelegenheitskerze in der vierten Wochenlektion.

Das Wann, das Wie und das Warum der Magischen Formel

Nun, da Sie sie regelmäßig praktiziert haben, brauchen Sie die Magische Formel nicht mehr in jedem Fall anzuwenden. Wenn ein Karateschüler erst einmal einen Block soweit einstudiert hat, daß er zum Reflex wird, wird das auch so bleiben, solange er den Block häufig genug praktiziert und auch seine restliche Karatepraxis ausreichend pflegt. Ganz ähnlich werden sich auch die richtigen Ritualbedingungen und -zustände einstellen – beispielsweise das Aufsteigen des Traums ins Wachbewußtsein –, und zwar ganz automatisch auf der unbewußten Ebene, ohne Einsatz der Magischen Formel, solange Sie diese nur oft genug praktizieren und sich ausreichend mit den anderen in diesem Buch geschilderten Praktiken befassen.

Die Magie einer Schamanin geht ihr in Fleisch und Blut über, bis schließlich einiges ganz automatisch auf unbewußter Ebene stattfindet. So wird beispielsweise aus der Salbung der Stirn mit Erdreich das bloße Berühren der Stirn, bis man schließlich dieselbe Energie ohne jede äußere Handlung und ohne auch nur einen bewußten Gedanken einzieht.

Benutzen Sie sowohl Ihren gesunden Menschenverstand als auch Ihr Wissen über Magie und Spiritualität, um selbst zu entscheiden, ob ein bestimmter Ritus nach der Magischen Formel verlangt. Vielleicht gelangen Sie auch zu dem Schluß, daß ein Teil dieser Formel für den betreffenden Ritus nützlich sein könnte, doch sollten Sie die Formel nicht dauerhaft reduzieren.

Wie oft soll man die Magische Formel – oder Teile davon – verwenden, wenn man magisch fit bleiben will? Das hängt ganz von Ihnen und Ihren Zielen ab. Genau wie die Erfahrung den Karateschüler lehrt, so wird auch Ihnen die Erfahrung sagen können, was Sie brauchen, um magisch und spirituell in Form zu bleiben, damit Sie automatisch und unbewußt die Kraft der Magischen Formel herbeirufen können, ohne diese ausdrücklich zu gebrauchen. Außerdem sollte man schon um seiner selbst willen in Form bleiben. Ich habe festgestellt, daß es in meinem Leben Phasen gibt, da ich es mir durchaus leisten kann, in meinen magischen und spirituellen Disziplinen etwas laxer zu sein, was sich übrigens nicht nur auf den Einsatz der Magischen Formel bezieht. Zu anderen Zeiten muß ich sehr viel nachhaltiger und genauer arbeiten, während es wiederum andere Phasen gibt, die irgendwo dazwischen in der Mitte liegen.

In dieser Ausbildung haben wir Ihr eigenes Mitdenken gefordert. Das wird in Zukunft noch stärker der Fall sein. Keine Frage: Sie werden Fehler machen. Beispielsweise werden Sie gelegentlich die falsche Entscheidung treffen, was Zeitpunkt, Ausführung und Grund für den Vollzug der Magischen Formel betrifft. Sie werden auch manchmal Riesenfehler begehen, wenn Sie versuchen, ein Leben im Sinne des Wicca zu führen. Jedes Erwachsenenunterfangen, ja jeder Lernprozeß überhaupt ist mit Fehlern behaftet. Wenn Sie etwas von dem, was Sie gelernt haben, anwenden möchten, ob es um Magie geht oder um irgend etwas anderes im Leben, werden Sie nicht umhin können, die beste Anwendungsmöglichkeit in Eigenregie zu erkunden. Heißt das, daß Sie letztlich mit allen Ihren Bemühungen allein dastehen? Nein. Sie können auch andere Menschen um ihre Meinung bitten, ebenso die Götter.

Einer der Vorteile ritueller Arbeit ohne große Verschnörkelungen besteht darin, daß man sie stets bei Bedarf und auf der Stelle ausführen kann. Es folgt ein Beispiel für einen solchen Ritus, der keiner Magischen Formel bedarf, es sei denn, Ihnen steht ausdrücklich der Sinn danach.

RITUAL

Stimmungswandel

Hier ist ein einfacher, schneller Zauber, der durch Ihr Training noch wirkungsvoller wird. Wenn Sie Ihre Stimmung verwandeln wollen, imaginieren Sie, daß dem bereits so ist. Vielleicht wollen Sie gerade einen Brief schreiben und finden nicht die richtigen Worte. Dann können Sie sich sofort an Ort und Stelle fragen, wie es sich anfühlen würde, wenn Sie sich kreativ fühlten, um es dann entsprechend zu imaginieren. Oder Sie treffen sich gerade mit Ihrem neuen Freund und sind plötzlich verunsichert. Dann können Sie sich die Nase pudern gehen (was machen nur die Männer, um bei einem Rendezvous mal einen Augenblick für sich allein zu haben?) und sich fragen: »Wie würde sich Selbstsicherheit jetzt anfühlen?« Dann imaginieren Sie dieses Gefühl. Sie können auch imaginieren, wie Sie sich dankbar fühlen, glücklich ... und so weiter.

Wie Sie Ihre eigenen Rituale erschaffen

Die Poesie (in dem erweiterten Sinn, wie ich den Begriff bisher verwendet habe) ist eine grundlegende Form der Huldigung und der Magie. Veranschaulicht wird dies durch den Gebrauch schöner Sprache im Ritual, durch das Erzählen von Geschichten als Teil des Unterrichts sowie durch den kreativen Ausdruck, den ich meinen Schülern abverlange.

Ich habe Sie aufgefordert, Ihre eigene Poesie in jeder beliebigen erforderlichen Weise auszudrücken – als Tanz, als Akt des Kochens, als Umarmung. Für manche Menschen bedeutet dies, eigene Rituale zu erschaffen. Das belebt ihren inneren Dichter und führt sie näher zu Gott. Victor Anderson sagt: »Das Ritual ist lebendige Poesie.« Falls Sie Barde oder Bardin werden wollen, was für mich jemand ist, der selbst Rituale erschafft, ist dieser Abschnitt hier für Sie gedacht. Alle anderen dürfen ihn natürlich auch lesen, möglicherweise finden Sie manches, das von überraschender Relevanz für Ihre Praxis ist. Es folgen einige Ideen, wie man eigene Zauber entwickeln kann.

Lassen Sie der Imagination freien Lauf. Folgen Sie Ihrer Fantasie. Rituale können jede beliebige Form annehmen, sie kennen keine Grenzen. Ein Barde zu sein bedeutet noch nicht einmal, daß man unbedingt Worte verwenden muß! Auch ein stummes Ritual kann äußerst kraftvoll sein. Überlegen Sie, wie Sie auf hexische Weise ein bestimmtes Ziel erreichen können, dann probieren Sie es aus. Seien Sie ein magischer Forscher und Experimentator!

Kraft durch Feiern. In der Freude liegt Stärke, Trost, Heilkraft und Göttlichkeit. Außerdem ist es durch und durch heidnisch, sein Leben zu genießen! Stressige, freudlose Rituale können ungesund sein und funktionieren möglicherweise nicht besonders gut. Ja, Sie können sich damit sogar Probleme einhandeln. Das Feiern dagegen sorgt für ein kerngesundes Ritual und für eine ehrliche, liebevolle Gottesverehrung.

Sinnlichkeit ist magisch. Es liegt Kraft darin, sich in Seide zu hüllen und mit süßen Düften zu salben. Falls Sie jemals das Gefühl haben sollten, blockiert zu sein, wenn Sie gerade einen neuen Zauber erfinden möchten, versuchen Sie es einmal mit einem, den Sie auch sinnlich genießen können.

Weniger ist oft mehr. Kurze Zauber mit kleinen Zielen funktionieren oft am besten, weil man weniger Energie benötigt, um sie zu erschaffen, sich vorzubereiten und sie schließlich durchzuführen. Auch sollten Sie keine schwerwiegenderen oder eine größere Zahl von Veränderungen anpeilen, als Sie im Augenblick verkraften können. Sie können später immer noch mehr tun. Oft kommt der Erfolg, ob magisch oder nicht, erst sehr viel langsamer, als wir möchten oder für richtig halten, ob es um die Aneignung von Geld oder um persönliche Weiterentwicklung geht.

Ein Ritual ist lebendige Poesie. Kunst und Kunsthandwerk können rituell verwendet werden – Ihre Kochkünste, Ihr Sinn für Innendekoration, Ihr Humor, Ihre Handarbeitsfähigkeiten. Ein Ritual, um mehr Selbstvertrauen beim Sprechen vor anderen Menschen zu erhalten, könnte beispielsweise lediglich daraus bestehen, daß Sie ein Kleid für Ihre öffentlichen Auftritte nähen und sich bei jeder Nähsitzung sagen: »Dies ist mein Gewand des Selbstvertrauens.« Komplizierter oder detailreicher braucht der Ritus überhaupt nicht zu sein. Ohne Zusatzaufwand schlagen Sie damit zwei Fliegen mit einer Klappe: Sie erhalten ein einfaches und wirkungsvolles Ritual sowie ein neues Kleid. Das ist die Magie der Feentradition. Das Fetsch versteht die Kunst. Die Kunst führt den Traum ins Wachbewußtsein, und zwar auf geerdete Weise. Die Kunst fördert Ihre Integration, was Sie in eine geeignete Gemütsverfassung für das Ritual versetzt, und stellt selbst Heilkraft und Machtgewinn dar.

Eine Methode, um direkt zum Fetsch und somit zu den Göttern zu sprechen, ist das Trommeln. Es hilft den Menschen auch dabei, ihr ganzes Selbst ins Ritual einzubringen. Zudem ist es eine natürliche und unumwundene Weise, um während des Ha-Gebets Ihrem Gottselbst Kraft zuströmen zu lassen – vielleicht mit einem tollen Trommelwirbel.

Hexen halten Ausschau nach nützlichen Rollenmodellen. Vielleicht durchstöbern Sie einmal andere Texte zum Thema Spiritualität der Götter oder sogar Schwert-und-Zauberei-Romane, um sich an deren Zaubern zu orientieren. Wenn Sie meine eigenen Zauber und Rituale als Modelle verwenden wollen, so sollten Sie immer wieder mal auch die Originalform eines Rituals durchführen, das Sie sonst häufig abwandeln. Prüfen Sie sich gelegentlich auch selbst, ob Sie im Geiste des Dritten Wegs handeln: Es werden ständig neue Verständnisebenen freigelegt. Außerdem geschieht es manchmal, daß wir überhaupt nicht hören, was der Lehrer uns zum ersten Mal sagt.

Es gibt keinen Ersatz dafür, die Götter mit eigenen Worten zu rufen und mit ihnen Zwiesprache zu halten. Dies gilt gleichermaßen, ob Sie in einem Rahmen der Gelassenheit nur Alltagssprache verwenden oder sich förmlicher und differenzierter ausdrücken. Beides kann zu Einsichten führen, zur Kraft und zur Magie, welche die Transformation begünstigen, und stellt ein durch Freude geprägtes Geschenk an sich selbst wie auch an die Götter dar. Wenn es in Ihrem Gebet um eine Bitte geht und Sie mit der Zeit immer eloquenter werden, kann es dienlich sein, sich vor dem Sprechen des Gebets zwei Fragen zu stellen. Wollen Sie wirklich alles haben, worum Sie da bitten? Fehlt vielleicht noch irgend etwas Wesentliches, dessen Sie bedürfen, um das gewünschte Ziel gefahrlos, in Ganzheit und glücklich zu erlangen?

Solange Sie die in diesem Buch vorgestellten fundamentalen Praktiken durchgehend üben, werden Sie im allgemeinen auch viel davon haben, kreative Möglichkeiten zu erforschen, um magische Ziele zu erreichen. Falls Sie sich von alledem überfordert fühlen, brauchen Sie nur um Hilfe zu bitten. Wenn Sie nicht wissen, wohin Sie sich wenden sollen, bitten Sie die Götter, es Ihnen zu zeigen.

In der Schlichtheit liegt die Macht

Bei der Entwicklung eigener Zauber kommt der Schlichtheit eine große Bedeutung zu. Sie ist auch in anderer Hinsicht so wichtig, daß ich ihr hier eine ganze Lektion widmen möchte. Die Feenmagie ist schlicht.

Im Jahre 1996 befand ich mich zum Zelten mitten im Nirgendwo, als ich plötzlich unverhofft eine Geige spielen hörte. Die Musik erstaunte mich mit ihrer Tiefe und Schönheit, um so überraschter war ich dann, als mir klar wurde, daß es sich dabei um die Titelmelodie der *Sesamstraße* handelte. Die verborgene Geigerin – der ich dann später begegnete, sie existierte also tatsächlich auf der körperlichen Ebene – spielte weiter und erstaunte mich damit, daß sie ein Kinderlied nach dem anderen brachte. Und jedes davon war bewegender als das andere. Es waren ihr Herzensausdruck und ihre herausragende Spieltechnik, die ihren Stücken Kraft verliehen und daraus eine wirkungsvolle Kommunikation schufen. Ganz ähnlich kann auch der schlichteste Zauber von großer Mächtigkeit sein, wenn Sie nur ernsthaft bei der Sache sind und über eine entsprechende schamanische Ausbildung verfügen. Wenn Sie selbst Rituale erschaffen, geben Sie dem Inhalt stets den Vorzug über die komplexe Form. Ein schlichter Zauber mit einem ebenso unkomplizierten Ziel ist oft die mächtigste Form der Feenmagie.

Schlichtheit ist eine grundlegende magische Technik. Wer war es noch, der einmal sagte, daß Hexen stets die Abkürzung nehmen? Ein unkomplizierter Zauber erlaubt es Ihnen, geradeheraus und einspitzig vorzugehen. Denken Sie einmal daran, wie listig die Göttin sein kann und welche Streiche das Feenvolk einem zu spielen imstande ist! Vieles davon liegt an der direkten, unmittelbaren Handhabung der Dinge. Es folgt nun ein Beispiel für einen traditionellen hawaiianischen Zauber, dessen Macht ebenfalls in seiner Schlichtheit liegt.

RITUAL

Beschwerde an die Götter

Falls Sie unter vielen Problemen leiden oder sich irgend etwas von der Seele reden wollen, stellen Sie sich vor Ihrem Altar auf und klagen Sie den Göttern Ihr Leid wie einer Freundin. Es geht gar nicht darum, sie darum zu bitten, etwas dagegen zu unternehmen – es ist einfach schon ein gutes Gefühl, wenn Sie zu Ihren göttlichen Eltern sagen können: »Meine Güte, was war das wieder für ein Tag!« (oder Woche oder Leben!) Das vermittelt Ihnen das Gefühl, ein wohlwollendes Ohr zu haben, dem Sie alles erzählen können. Wenn es hilft, können Sie Ihr Klagelied auch mit Trommelschlägen unterstreichen. So trocken auf Papier gedruckt, mag dieser Ritus nicht nach allzuviel aussehen, aber wenn Sie ihn erst einmal brauchen sollten, werden Sie es schon merken!

Das nichtrituelle Ritual

Alles kann Ritus sein – den Hund auszuführen, das Geschirr zu spülen... und so weiter. Als ich mich scheiden ließ und die ganze Sache erst noch überwunden werden wollte, suchte eine Freundin mich auf und vollzog ein nichtrituelles Ritual der Heilung für mich: Sie las mir eine Geschichte vor, die sie eigens für mich geschrieben hatte, was mir das Gefühl vermittelte, geliebt zu werden und beschützt zu sein. Ein anderer Freund führte ebenfalls ein Heilungsritual durch: Er spülte mein Geschirr ab, das in dreiwöchiger Scheidungstrauer bereits Schimmel anzusetzen begonnen hatte. Beide dieser Akte heilten mich mit Hilfe ihrer Liebe und Magie. Ein Schamane nimmt immer den kürzesten Weg ans Ziel. (Heben Sie den letzten Satz mit einem Markierstift hervor, oder tätowieren Sie ihn Ihrem Geliebten auf den Leib, damit Sie ihn möglichst häufig zu Gesicht bekommen.)

Bei der Magie geht es nicht darum, mit seinem Zauberstab herumzuwedeln, sondern vielmehr um die wirkungsvollste, geeignetste Methode, um in jeder beliebigen Situation den Zugriff auf die Energie zu erhalten. Das ist der Schlüssel zum Schamanismus. Sie haben bei mir schon Haussegnungen kennengelernt, die nicht im mindesten ritueller Natur waren: Eine ganz normale Party kann schon ein Haus segnen. Ich hörte einmal, wie Victor andauernd mekkerte, meckerte und meckerte, bis mir klar wurde, daß er damit das Böse aus seinem Haus vertrieb.

Um ein weiteres Beispiel zu geben: Manchmal genügt es zur Auslösung der Transformation, einfach nur mit einem Menschen zu plaudern. Das nichtrituelle Ritual ist eine großartige Methode, um Ihre paranormalen Fähigkeiten zum Wohle anderer einzusetzen, ohne diese mit Zaubern zu binden. Es gibt auch Leute, die man nicht mit offener Energiearbeit behandeln kann, und für die ist das nichtrituelle Ritual eine ausgezeichnete Möglichkeit, ihnen dennoch weiterzuhelfen.

Ein Ritus kann schlicht oder komplex sein, er kann sich im Rituellen erschöpfen oder die Form einer profanen Handlung annehmen. Worum es immer geht, ist, mit der Energie in Ihrem Leben zu arbeiten oder eine Verbindung zu Gott herzustellen.

Ebenso wichtig ist es auch, daß Spiritualität nicht ausschließlich im Ritual stattfinden darf. Das Spenden für die Betreuung Obdachloser, der bewußte Umgang mit Abfällen, einer überarbeiteten Mutter im Haushalt unter die Arme zu greifen – all dies sind schamanische Riten.

Aufgabe

Verwenden Sie Energie auf nichtrituelle Weise. Bestimmen Sie Ihr magisches Ziel, dann fragen Sie sich: Wie läßt sich die Energie der vorliegenden Situation am besten verwenden oder verändern? Welcher alltäglichen Hilfsmittel können Sie sich dabei bedienen? Fühlen Sie sich beispielsweise niedergeschlagen – liegt also eine Energie vor, die Sie umwandeln wollen – und haben Sie strahlend bunte Kleider in Ihrem Schrank – verfügbare alltägliche Hilfsmittel –, so können Sie sich in strahlende Farben kleiden. Wo ein förmlicher Ritus erfolgversprechend erscheint, sollte man ihn auch verwenden. Doch oft stellt das nichtrituelle Ritual die bessere Nutzung von Zeit und Energie dar. Es kann beispielsweise sein, daß Ihr Fetsch an bestimmten Tagen besser und direkter auf Kleidung reagiert als auf Gesang. Oder wenn Ihre normalerweise liebenswürdigen Kollegen im Büro sich in die Wolle geraten sind, kann ein gemeinsames Mittagessen mit den Beteiligten die beste Methode sein, um die Situation nachhaltig zu verbessern. Gemeinsam das Brot zu brechen, ist ein mächtiger Akt, der die Gemüter beruhigt und den kameradschaftlichen Umgang miteinander fördert. Manche Menschen haben Berufe, die es ihnen durchaus ermöglichen, sich gemeinsam im Kreis aufzustellen und einen Singsang zu intonieren. Doch in der Regel dürfte es eher so sein, daß es eines verborgenen Nichtrituals bedarf, um die Energie zwischen Ihren Kollegen wieder ins Strömen zu bringen. Es ist nichts Unethisches daran, die eigene Magie zu verbergen.

Wenn Sie ein Ritual planen, sollte es so wirkungsvoll und passend wie möglich umgesetzt werden, um Zeit und Energie zu sparen. Oft ist allerdings das nichtrituelle Ritual die bessere Lösung. Solche Riten sind sehr mächtig! Umarmungen, ein heißer Tee, ein warmes Lächeln, eine Geburtstagskarte – das alles ist Magie! Auch ein nichtrituelles Ritual kann von der Magischen Formel (vollständig oder in Teilen) profitieren oder dieser gar bedürfen.

Der Zauber jeden Augenblicks zu Ihrer Verfügung

Ein Akupunkteur unterwies seine Schüler dergestalt, daß er ihnen beibrachte, daß ein Patient mit den Symptomen 1, 2 und 3 eine bestimmte Erkrankung aufweise. Sollte der Patient die Symptome 4, 5, 6 und 7 aufweisen, leide er unter einer anderen, ebenfalls bezeichneten Krankheit. So unterrichtete der Lehrer einen Satz Symptome nach dem anderen, immer mit der dazugehörigen Diagnose, bis seinen Schülern die Köpfe rauchten. Dann sagte der Lehrer: »Ihre Patienten werden keinen dieser Symptomkomplexe aufweisen.« Daraufhin wollte ein Schüler wissen: »Weshalb mußten wir dann so viel Mühe aufwenden, um diese ganzen Symptomkomplexe zu erlernen?« Der Lehrer erklärte: »Jeder Symptomkomplex, den ich Ihnen genannt habe, war wie ein

Punkt auf einem Gitter. Doch jeder Ihrer Patienten ist einzigartig, was auch für seine Position auf dem Gitter gilt, er verfügt über seine eigenen, einzigartigen Symptome, zu denen dann auch die entsprechende Erkrankung gehört. Nachdem Sie fleißig studiert haben, sind Sie jetzt informiert und wachsam genug, um den einzigartigen Gitterpunkt zu bestimmen, auf dem sich Ihr jeweiliger Patient befinden wird.«

Ich kenne keine bessere Analogie für die Feentradition. Die Feenmagie ist schlicht – ihre Ausbildung stellt darauf ab, die jeweils anwesende Energie wahrzunehmen, zu verwenden und zu bewegen. Schlicht, aber nicht leicht! Es kann schwierig sein, den jeweiligen Moment genau zu bestimmen. Es ist verführerisch, nur nach Dingen Ausschau zu halten, die Ihre vorgefaßte Meinung bestätigen, anstatt wahrzunehmen, was tatsächlich vor sich geht.

Bestimmen Sie die Energie entweder durch paranomale oder profane Mittel. Eine Hexe vernachlässigt nicht die weltlichen Möglichkeiten der Wahrnehmung. Natürlich kann sie sich aber auch irren oder sich ausreden lassen, was ihr gesunder Menschenverstand ihr mitteilt.

Die Ausbildung eines keltischen Schamanen war nur deshalb so komplex, damit der Schamane schließlich mit großer Macht auf schlichte Weise verfahren konnte. Diese Form der Einfachheit oder Schlichtheit zu vervollkommnen, konnte viele Jahre dauern. Das ist auch eins der Hauptziele des vorliegenden Buchs. So greifen beispielsweise die Lektionen über das Verständnis der Finsternis, über die Visualisationsarbeit und die Ausführungen zur endlosen Reinigung alle ineinander, um Ihnen dazu zu verhelfen, das Leben mit klarem Verstand, geschärftem magischem Blick und reinen Herzens zu betrachten. Wenn Sie die vorliegende Kraft in einem bodenständigen Nichtritual benennen und verwenden oder auch in einem Ritual, wie ich es Ihnen beigebracht habe, oder was immer Ihnen am besten erscheint, so dürfen Sie zu Recht auf Ihre hervorragende Magie stolz sein.

Dem Kosmos dienen und die Sterne hängenlassen

Die alten keltischen Schamanen leisteten ihren Beitrag zur Rotation der Erde um ihre Achse, zum Glanz der Sterne am Himmel und zur Gesunderhaltung des ganzen Kosmos. So wie der Priester mit seinem Innern und mit anderen in Liebe und Harmonie in Einklang gebracht wurde, so geschah es auch mit den Göttern. Auf diese Weise wurde auch der Kosmos zurechtgerückt. Sofern spirituelle Gesundheit und Reinheit vorlagen, konnte der Schamane diese Arbeit durch einen Akt der Freude vollziehen, den er vielleicht auch zur Speisung der Götter darbieten konnte, um diesen bei ihrer Arbeit und in ihrem Spiel zu helfen. Außerdem wurde manchmal entsprechend geopfert, um sicherzustellen, daß die Erde fruchtbar und rein blieb. Auch Sie können all das tun.

RITUAL

Heilung des Kosmos

Für diesen Zauber ist der Gebrauch der Magischen Formel zwingend erforderlich. Wie man es beim Liebeszauber den Göttern überläßt, den idealen Liebespartner zu bestimmen, überläßt man ihnen in diesem Ritus auch die Definition der Gesundheit. Im Zuge der vorrituellen Reinigung sollten Sie sich aller Kontrollansprüche hinsichtlich einer Definition der Heilung entledigen, damit Sie nicht auf subtile Weise einen Verfahrensplan wählen, der weder etwas mit dem Ziel dieses Zaubers noch mit dem Stil dieses Buchs zu tun hat. So könnten Sie beispielsweise auf den Gedanken kommen: »Braucht nicht jeder Wohlstand, um gesund zu sein? Und definiert man Wohlstand nicht als...?«

Zu wähnen, daß irgend jemand, gleich in welcher Lebenslage, so zu handeln habe, wie Sie es für das beste halten, ist nicht nur unfair, sondern kontraproduktiv. Angenommen Sie sind der Meinung, daß es Ihrem Mann viel glücklicher ergehen und er den drohenden Verlust seines Arbeitsplatzes abwenden könnte, wenn er nur aufhören würde, ständig zu schmollen und so reizbar zu sein, sagen Sie damit nichts anderes, als daß er keine Wahl haben soll, wie er sein Leben führt – was höchstwahrscheinlich zu einem weiteren Streit mit ihm führen dürfte, mit dem Sie alles noch verschlimmern würden. Ganz ähnlich könnte dieser Zauber nach hinten losgehen. Sie müssen anderen erlauben, selbst die Entscheidung über ihr Schicksal zu fällen, ob Sie es für richtig oder falsch halten mögen.

Das bedeutet nicht, daß eine Hexe es sich gefallen lassen würde, sich von ihrem Ehemann und seinem mürrischen, aufbrausenden Temperament verletzen zu lassen. Jede Frau hat das Recht und die Pflicht, ihr Leben in Sicherheit und Würde zu führen und von anderen respektiert zu werden.

1. Schritt: Wählen Sie eine Aktivität aus, die Ihnen Freude machen würde: Sex, ein Kinobesuch, eine Massage für eine erkrankte Freundin und so weiter.

2. Schritt: Weihen Sie das, was Sie vorhaben, der Heilung aller Dinge mit diesem schlichten Gebet:

> *Ich weihe alles, was ich vorhabe,*
> *den Freuden und den Schmerzen*
> *zur Heilung aller Dinge.*

3. Schritt: Falls Sie ganz bestimmten Menschen helfen oder Situationen bereinigen möchten, verwenden Sie auch noch die folgende Zeile, in der Sie die Lücke entsprechend ausfüllen: »Möge [*Person oder Situation, der Sie helfen wollen*] von den Göttern gesegnet werden durch meine Freuden und Schmerzen.«

4. Schritt: Genießen Sie, was Sie sich vorgenommen haben. So einfach ist das! Sie brauchen es in keiner Weise zu ritualisieren. Freude ist an sich bereits heilig. Wenn Sie einen

Orgasmus haben, lächelt unsere Mutter Gaia, die Erde, und in Ihrer Freude findet sie Gesundung.

Obwohl sich niemand selbst Leid zufügen sollte, kann es doch vorkommen, daß Sie etwas sehr Schwieriges vorhaben. Dann können Sie das Ritual in der bezeichneten Form auch darauf anwenden, anstatt auf einen Akt der Freude. Möglicherweise finden Sie auch viel Freude in der Selbstlosigkeit Ihres Opfers.

Beendigung dieses Abschnitts Ihrer schamanischen Reise

Da jetzt nur noch ein einziger Wochenbesuch aussteht, ist es an der Zeit, diesen Teil unserer gemeinsamen Reise abzurunden.

Wie Sie aus dem Gelernten das meiste machen

Ihr Repertoire umfaßt jetzt zahlreiche Werkzeuge der Weiterentwicklung. Sie brauchen mit dem inneren Wachstum nicht aufzuhören, nur weil Sie diese Lektionen beendet haben. Ich habe Ihnen Instrumente in die Hand gegeben, die Ihnen ein erfülltes Leben ermöglichen. Wenden Sie sie auf den Alltag an. Nun, da Ihnen diese Werkzeuge zur Verfügung stehen, gebrauchen Sie sie auch! Selbst wenn Sie den Weg der Feenmagie nicht weiterbeschreiten wollen, können Sie damit fortfahren, die mächtigen, lebensspendenden Werkzeuge anzuwenden, deren Gebrauch Sie hier erlernt haben.

Eine Form der Anwendung des Erlernten im Alltag ist die Ausführung des Ha-Gebets entweder jeden Morgen oder dreimal wöchentlich. Dies ist eine lebenslange Disziplin.

Sie können auch in Zeiten von Streß und äußerem Druck dieses Buch nach möglichen Lösungen durchblättern. Und

Sie können ebenfalls den Text regelmäßig wie eine Art Kochbuch verwenden, um Ihre Lebensführung zu fördern. Indem Sie dieses Buch auf Ihrem Altar oder ganz in der Nähe aufbewahren, geben Sie Ihrem Fetsch den Impuls, die im Buch enthaltenen Zauber bei Bedarf auch anzuwenden. Sie haben im Zuge Ihrer schamanischen Ausbildung hart gearbeitet, da sollten Sie dieser Arbeit auch Ehre erweisen, anstatt das Buch irgendwo ins Regal zu stellen, wo Sie es dann möglicherweise vergessen. Dasselbe gilt für Ihr Buch der Schatten, das sich noch als ein sehr kostbarer Besitz erweisen kann.

Aufgabe

Es kann leicht passieren, daß Sie in Zweifel darüber geraten, wie Sie Ihr erworbenes Wissen im Alltag genau umsetzen sollen. Deshalb sollen Sie im Laufe der folgenden drei Wochen einen Tag der Aufgabe widmen, in diesem Buch nach einem Werkzeug, einer Mythe, einer Geschichte oder einer Lektion zu suchen, die eine Beziehung zu den Ereignissen dieses Tages aufweist. Nachdem dies erfolgt ist, wenden Sie mindestens eine unserer Techniken darauf an. Wiederholen Sie die Aufgabe, vielleicht in der Woche darauf.

Das Ende des Lehrgangs feiern

Eine Freundin von mir hatte auf dem College eine Lehrerin, die erzählte, daß der Parkplatz zu Beginn eines jeden Semesters immer sehr voll war, gegen Ende des Semesters jedoch fast leer. Die Lehrerin fügte hinzu: »Wenn sich dein Wagen am Ende des Semesters noch auf dem Parkplatz befindet, stehen die Chancen gut, daß du in deinem akademischen Vorhaben erfolgreich warst. Der größte Teil des Erfolgs besteht darin, einfach da zu sein.«

Ich gratuliere Ihnen zum Dabeisein! Ihr Wagen steht immer noch auf meinem Parkplatz, also ist es recht wahrscheinlich, daß Sie erfolgreich waren. Zur Beendigung dieses Wochenbesuchs lesen Sie das folgende Ritual durch, mit dem Sie Ihre Bemühungen zelebrieren.

RITUAL

Ein schlichter Ritus der Feier und Lobpreisung

Nur zu leicht wird man blind für den eigenen Fortschritt. Als ich Ihnen gerade mitteilte, daß schon das reine Dabeisein Ihren Erfolg wahrscheinlicher machte, haben Sie da vielleicht so reagiert: »Ach was, ich hätte mich viel mehr anstrengen müssen!« Falls dem so gewesen sein sollte, dann hätten Sie die gesamte persönliche Weiterentwicklung ignoriert, die Sie bereits erzielt haben, sowie die vielen Stunden, die Sie dieser Entwicklung widmeten.

Fast alle meine Schüler sind erfolgreich. Meistens kann ich greifbare und wichtige Veränderungen bei meinen Schülern bereits nach drei Monaten beobachten, wenn nicht sogar nach drei Tagen; selbst dann, wenn ein Schüler seinen eigenen Idealen nicht zu entsprechen vermag, was den geforderten Fleiß bei der Erledigung der Hausaufgaben betrifft, das Befolgen der Anleitungen, und alles andere. Vergessen Sie nicht: Alles, was es wert ist, getan zu werden, ist es auch wert, schlecht getan zu werden. Ich gehe davon aus, daß Sie, selbst wenn Sie diese Lektionen nur unzureichend absolviert haben mögen, bereits durch Ihr schlichtes Dabeisein einen entscheidenden Entwicklungssprung vollzogen haben.

1. Schritt: Halten Sie schriftlich fest, wer Sie waren, als Sie mit diesem Handbuch begannen, und wie Ihre damaligen Ziele aussahen. Dann schreiben Sie auf, wie Sie sich seit der Arbeit mit diesem Handbuch verändert haben, welche Ziele erreicht wurden und welche Fortschritte Sie bei der Verwirklichung anderer Ziele gemacht haben. Es ist recht wahrscheinlich, daß Sie immer nur einen Bruchteil Ihrer persönlichen Entwicklung wahrnehmen werden. Oft ist man selbst der letzte, der die eigene Entwicklung vollständig zu erfassen vermag. Die meisten Menschen brauchen etwa ein Jahr, bis ihr Selbstbild sich an den neuen Entwicklungsstand angepaßt hat.

Machen Sie nichts von dem, was Sie da schriftlich festhalten, zunichte, indem Sie Ihre Feststellungen mit einem »aber...« beenden. Schreiben Sie beispielsweise nicht: »Mein Ziel war es, die Spiritualität der Göttin zu erforschen, und das habe ich auch getan, aber eine besonders große Forschungsleistung war das nun auch nicht gerade.« Ich darf Ihnen versichern, daß es schon ein sehr großes Engagement war, diesen Prozeß überhaupt zu vollziehen. Es ist nicht so einfach, ohne körperliche Gegenwart des Lehrers eine schamanische Arbeit zuendezuführen. Persönliche Entwicklung und schamanische Disziplin stellen nicht zu unterschätzende Herausforderungen dar. Selbst wenn der Lehrer physisch anwesend ist, bleibt es noch harte Arbeit. Ich teile angehenden Schülern immer mit, daß sie es gar nicht erst mit mir versuchen sollen, wenn sie nicht dazu bereit sind, hart zu arbeiten und sich weiterzuentwickeln.

Schreiben Sie auch nicht: »Mein Ziel war es, etwas lockerer zu werden. Tatsächlich ist mein Denken inzwischen etwas freizügiger geworden, aber das spielt keine Rolle, weil sich an meinem Verhalten ja doch nichts geändert hat.« Mit einem derartigen Dementi entweihen Sie lediglich Ihre eigene Leistung. Immerhin kann ein freizügigeres Denken ja auch der erste Schritt in ein freieres Leben sein.

2. Schritt: Belohnen Sie sich selbst für die Beendigung Ihrer Ausbildung. Gehen Sie irgendwann in nächster Zeit mal gut essen, gönnen Sie sich ein ausgedehntes heißes Schaumbad, unternehmen Sie eine Reise nach Schottland, oder prahlen Sie einfach gegenüber einer Freundin mit Ihrer Selbstdisziplin.

Es wäre ideal, den ersten Schritt noch vor Beendigung dieses Besuchs zu vollziehen. Auch empfehle ich, sich Ihre

Belohnung bereits jetzt auszusuchen, damit die Schubkraft, die Ihre Ausbildung bedeutet, dabei hilft, daraus auch Wirklichkeit werden zu lassen.

Möglicherweise machen Sie die Feststellung, daß es für Sie angezeigt scheint, diesen Ritus mit der Magischen Formel (sei es in Gänze, sei es in Auszügen) zu ergänzen. Falls es Ihnen schwerfallen sollte, sich selbst für etwas zu belohnen und anzuerkennen, führen Sie eine Reinigung durch, um die Blockaden zu beseitigen, die Sie an diesem Akt der Selbst-Liebe hindern.

Merry Meet und Merry Part

Weiteres auf dem Weg ins Feenland

Manche Leser werden diesen Kurs beenden und danach beschließen, daß sie den Weg der Feenmagie ausgiebig genug studiert haben und nun lediglich das Erlernte anwenden wollen. Andere wiederum werden früher oder später noch mehr über die Feenmagie erfahren und einen engeren Kontakt zu den Feengöttern herstellen wollen. Dieser zweiten Gruppe widme ich den vorliegenden Abschnitt, der darüber hinaus einige abschließende Trainingsteile enthält sowie Material von allgemeinem Nutzen.

Warten Sie mindestens einen Monat, bevor Sie Ihre Studien fortsetzen. Gönnen Sie sich diese wohlverdiente Pause! Sorgen Sie sich nicht, daß Sie dadurch an Schwung verlieren könnten; selbst Bäume ruhen sich schließlich aus, Jahr für Jahr, indem sie in ihren Winterschlummer übergehen. Und doch schlagen sie im Frühjahr wieder aus und sind im Herbst schwer beladen mit Früchten. Sie haben Ihre Lektio-

nen geerntet; nun sollten Sie auch so lange ruhen, wie
Sie brauchen, um erneute Lebensenergie zu tanken, damit
Sie danach wieder aufblühen können. Indem Sie sich auf
den natürlichen Rhythmus von Arbeit und Spiel und Ruhe-
pausen einstimmen, sichern Sie Ihr eigenes Aufblühen und
Arbeiten.

Bevor Sie mit der Pause beginnen, sollten Sie möglichst
noch die Aufgabe der Abschlußfeier hinter sich bringen,
sowie die anderen Aufgaben, bei denen ich Ihnen aufgetragen hatte, sie nach Beendigung Ihrer Besuche zuendezuführen, damit Sie nicht an Schwung verlieren.

Wenn Sie danach wieder bereit sind, aufs neue anzufangen, denken Sie daran, daß sich eine Studentin an ihrem
ersten Tag auch nicht irgendein beliebiges Unterrichtszim-
mer aussucht, um sich dort niederzulassen. Nein, sie stellt
sich erst einen Stundenplan zusammen und meldet sich
dann für die Seminare an. Der erste Schritt einer jeden Reise
ist die Vorbereitung. Sich so zu organisieren, daß man genau
weiß, wie, weshalb und wann man arbeiten muß, ist von
unschätzbarem Wert.

Auch Vorbereitung ist *praktische Arbeit*! Ich rate davon
ab, Ihre Semesterferien für diese Vorbereitung zu verwenden. Ruhen Sie sich einfach nur aus. Schauen Sie fern. Lesen
Sie Krimis. Backen Sie Kekse.

Selbst wenn Sie nicht vorhaben sollten, Ihre Studien auf
diesem Gebiet fortzusetzen, so gehört es doch zum Abschluß Ihrer Ausbildung, in diesem Buch nach Praktiken zu
blättern, von denen ich bereits sagte, daß sie Ihrem Werk-
zeugarsenal hinzuzufügen seien. Nehmen Sie sich dafür so
wenig oder so viel Zeit, wie Sie brauchen; dies können Sie
unmittelbar nach Ihrer Pause ausführen.

Der Rest dieses Abschnitts befaßt sich mit Vorschlägen
zur weiteren Verfolgung des Schamanismus – Sie sollten
davon jene übernehmen, die Ihnen am geeignetsten erscheinen – sowie mit einigen »Muß-Vorschriften«, was das Fort-
schreiten auf dem schamanischen Weg anbetrifft. Alle diese
Einzelheiten können Ihnen dabei helfen, Ihren Lehrplan
zusammenzustellen, während Sie sich vorbereiten und Ihr

Studium organisieren. Es kann vorkommen, daß Sie Jahre und Aberjahre brauchen, um auch nur in Erwägung zu ziehen, einige der für Sie relevantesten Vorschläge tatsächlich umzusetzen. Das ist nicht nur völlig in Ordnung, es steht zu erwarten und ist auch durchaus angebracht. Sorgen Sie stets für ein *äußerst* behutsames Entwicklungstempo!

Als erstes fasse ich hier zusammen, was ich allen rate, die sich verbindlich für die Begehung des Dritten Wegs entscheiden wollen: Stellen Sie sich der schamanischen Herausforderung – begrüßen Sie den Widerspruch! Wir existieren aus zwei Gründen: um uns aus rein selbstischen Motiven heraus zu vergnügen und um anderen selbstlos zu dienen. Das sind zwei entgegengesetzte Enden des Spektrums? Vielleicht, doch wen kümmert das? Außerdem wissen Sie inzwischen, daß ich nicht besonders viel von Gegensätzen halte.

Um uns von der Tyrannei organisierter Religion zu befreien, ist es erforderlich, schädliche religiöse Praktiken auszumerzen. So ist beispielsweise ein Glaube suspekt, der gepredigt wurde, um entrechtete Gruppen wie Schwarze und Habenichtse dazu zu überreden, sich demütig in ihre eigene Unterdrückung zu fügen. Andererseits muß die spirituelle Alternative dazu schon aus mehr als bloßer Rhetorik bestehen, die uns lediglich das *Gefühl* verleiht, frei zu sein. Kippen Sie das Kind nicht mit dem Bad aus: Auch der Glaube läßt sich dazu einsetzen, der Unterdrückung ein Ende zu setzen.

Es gibt viele Verhaltensweisen und Charakterzüge, die aus ganz ähnlichen Gründen unter alternativen Gruppen als suspekt gelten. Dazu gehören beispielsweise Ergebenheit, Demut und Unterwerfung. Aus Mangel an einer besseren Bezeichnung nenne ich sie rechtshändige Tendenzen, während ich Verhaltensweisen und Charakterzüge wie einen starken Willen, gesunden Stolz und Selbstbestimmtheit als linkshändige Tendenzen bezeichne. Der Dritte Weg führt den rechtshändigen mit dem linkshändigen Pfad zusammen; ein Schamane muß früher oder später mit diesem Widerspruch umgehen lernen.

An früherer Stelle habe ich geschrieben, daß Sie das Recht haben, Ihre Ziele selbst zu bestimmen, nur um dann später darauf zu bestehen, daß Sie die Wahl eines geeigneten Liebespartners den Göttern überlassen sollen. Ich habe Ihnen auch erläutert, wie wichtig es ist, den eigenen Willen zu entwickeln und einzusetzen; doch dann habe ich erklärt, daß Sie Geschmeidigkeit und Willigkeit entwickeln müssen. Immer wieder habe ich im Laufe der Lektionen zahlreiche Widersprüche in Anspruch genommen. Nun wollen wir etwas tiefer in den Kern dieser Angelegenheit vorstoßen. Schauen wir uns dazu einmal einige der sogenannten Gegensätze des rechts- und des linkshändigen Pfads an.

Hier haben wir ein solches Gegensatzpaar: Ekstase und die Hingabe an die Fruchtbarkeit sind beides linkshändige Prioritäten; ich habe Sie gelehrt, daß das Ziel des Lebens Freude und Überfluß ist. Nun will ich die rechtshändige Seite des Wegs hinzufügen: Wir existieren, um spirituelle Unterweisung und Entwicklung um ihrer selbst willen zu erlangen. Diese beiden Ansichten sind nur scheinbar gegensätzlich und sind jede für sich gleichermaßen von Bedeutung.

Ein Brief meiner Schwester Patricia veranschaulicht auf wunderbare Weise die Priorität des Lernens und des Wachstums. Sie schreibt unter anderem: »Der Schmerz, den Menschen empfinden, macht sie wirklich und empfindlich und liebenswert und liebevoll. Ohne ihn – oder ohne Bewußtheit und Akzeptanz des Schmerzes – sind wir kalt, verbittert, haßerfüllt, wahrhaft abscheulich und egoistisch im Sinne der Habgier.

Wenn es also auch Zeiten gibt, da ich mir wünsche, keine Schmerzen zu haben oder mich mit ihnen befassen zu müssen, weiß ich doch, daß ich bin, wer ich bin, ja was ich bin, denn meine Schmerzen und Sorgen sind Bestandteile meiner Ganzheit. Wenn ich dies weiß, kann ich versuchen, mit meinen Gefühlen des Schmerzes dahinzutreiben, anstatt darin zu ertrinken.«

Doch wird der Begriff *karmische Lektionen* nur zu oft verwendet, um das Opfer auch noch für das verantwortlich zu machen, was andere ihm angetan haben. In einer Beratungssituation beispielsweise zu behaupten, daß eine Vergewaltigung eine karmische Lektion darstellt, welche die vergewaltigte Frau (oder der Mann) auf sich gezogen hat, um daraus eine spirituelle Lehre zu ziehen, ist grausam und verletzt einen Menschen, der ohnehin schon leidet und möglicherweise völlig schutzlos ist, nur noch tiefer. Doch wenn eine Tragödie geschieht, so ist es die Aufgabe des Schamanen, daraus zu lernen und sich daran weiterzuentwickeln.

Schauen wir uns nun ein weiteres Gegensatzpaar an: rechtshändige Transzendenz und linkshändige Immanenz. Ich habe an früherer Stelle darauf hingewiesen, daß einige Religionen es für sündig halten, gute Dinge für sich selbst zu wünschen, weil sie darauf bestehen, daß gut zu sein bedeutet, die materielle Ebene zu transzendieren. Ich habe dagegengehalten: »Nein, Gott ist *in* der Welt, also sind materielle Dinge auch heilig.« Tatsächlich aber entspricht es eher der Wahrheit, daß ein Schamane beide Pfade beschreitet.

Das ist nicht immer einfach. Zur Transzendenz könnte auch die Aussage gehören: »Ich lebe in einer unterdrückten Verfassung, und das ist auch in Ordnung!« Was für eine Aussage! Ich kenne eine Frau, die seit Jahren von ihrem Mann geschlagen wurde, woraufhin ihr ein katholischer Priester riet, die Schläge doch zu transzendieren, womit er ihr nur auf umständliche Art sagte, sie solle sich in den Mißbrauch fügen. Dieser Priester hat sich versündigt. Wird sie jedoch richtig angewandt, kann die Transzendenz ein Werkzeug zur Herstellung echten Friedens sein.

Das Unglück ist ein unausweichlicher Bestandteil des Lebens. Und das gilt nicht nur für die Entrechteten. Das Leben ist grundlegend grausam, unbefriedigend und häßlich. Wie sehr man sich auch anstrengt, die Welt oder sich selbst zu verändern, das Leben bleibt eine furchtbar gemischte Erfahrung. Will man dennoch glücklich sein, so ist die Transzendenz eine wesentliche spirituelle Disziplin. Sie macht unabhängig davon, was das Leben im einzelnen bringen mag.

Ebenso lebenswichtig ist die rechtshändige Praktik der Hinnahme. Wenn wir das Leben so akzeptieren, wie es ist, versetzen wir uns auch in die Lage, im Leben zu Freude, Liebe und Humor zu finden. Was ich damit andeute, ist eine spirituelle Herausforderung, und nicht immer die unbestreitbar beste, denn manches Mal ist der linkshändige Gegensatz zur Akzeptanz – die Haltung des Kriegers – der eigentliche Weg des Schamanen.

Zu mir kamen einmal zwei Frauen in die schamanische Beratung. Sie waren Nachbarinnen, und jede von ihnen hatten im Zuge desselben Raubüberfalls ein Kind verloren. Beide Frauen sind von liebevollem Wesen und fühlen sich spirituellen Prinzipien verpflichtet.

Das hat eine der beiden, Alice, eine fromme Christin, nicht davon abhalten können, in Tränen auszubrechen und zu gestehen: »Ich weiß, daß ich eigentlich auf Gott vertrauen sollte, aber das alles ergibt überhaupt keinen Sinn.« Ihre Stimme wurde lauter und angsterfüllt, als fürchtete sie sich vor ihren eigenen Gefühlen: »Mich überkommt manchmal eine solche Wut, daß ich befürchte, ich könnte bald selbst jemanden umbringen. Was für eine Welt und was für ein Gott ist das, ohne jeden Grund ein achtjähriges Mädchen umbringen zu lassen?

Ich bin ständig zornig, besessen von der Frage, warum das alles nur geschehen ist. Ich bin so wütend, daß ich nachts nicht schlafen kann, und bei der Arbeit kann ich mich nicht mehr richtig konzentrieren. Ich werde noch meinen Job verlieren! Aber alles, woran ich noch denken kann, ist: ›Warum wir?‹ und ›Wie hätte ich das verhindern können?‹« Ruth, die zweite Mutter, erwiderte: »Alice, ich weiß, was du meinst. Francesca, mir geht es auch nicht besser als Alice. Andy ist bei dem Vorfall getötet worden, aber ich habe noch zwei weitere Kinder, die ich lieben und aufziehen muß. Ich will ihnen eine gute Mutter sein, aber ich kann einfach nicht mehr für sie dasein. Ich will nicht, daß sie im Schatten der Tragödie Andys weiterleben müssen.

Ich lebe in panischer Angst, daß ich sie auch noch verlieren könnte. Schon der bloße Anblick ihrer Gesichter, wenn sie heil von der Schule zurückkommen, macht mich unwirsch und gereizt. Gestern hätte ich eins von ihnen beinahe geschlagen. Das jagt mir Angst ein.

Es ist nicht so, daß ich ihnen etwas Böses antun würde, denn ich reiße mich unglaublich stark am Riemen, aber gerade deshalb bin ich auch so verspannt, daß ich ihnen nicht die Unterstützung und die Liebe geben kann, die sie doch brauchen, um über den Verlust ihres Bruders hinwegzukommen. Francesca, was können Alice und ich tun?«

Wir sind oft nicht dazu in der Lage, auf eine Tragödie mit unserer besseren Seite zu reagieren. Das ist nur menschlich, und Heilung braucht nun mal ihre Zeit. Wenn es eins gibt, was ich Ihnen beibringen möchte, dann ist es, sich selbst und andere zu akzeptieren, und zwar mit all unseren allzu häufigen und ständig in Erscheinung tretenden Mängeln. Anstatt Alice und Ruth zu kritisieren, tat ich alles, was in meiner Macht stand, um ihnen dabei zu helfen, wieder zu innerem Frieden zu finden und die Trauerarbeit hinsichtlich dieser schrecklichen Tode zuendezuführen – obwohl ich, die ich ja selbst Mutter bin, den Verdacht hege, daß keine Mutter wirklich dazu imstande ist, jemals ihren Frieden mit einem solchen Ereignis zu machen.

Zu dritt arbeiteten wir sehr ausgiebig daran, bis ich eines Tages zufällig aus dem Fenster schaute, als Ruth und Alice gerade zu ihrem Beratungstermin kamen. Ruth grinste über beide Ohren und hatte Alice praktisch im Schlepptau ihrer Begeisterung. Alice belächelte duldsam die Überschwenglichkeit ihrer Freundin.

Nachdem wir Platz genommen hatten, erklärte Ruth, die auch meine Schülerin ist, daß ihr am Morgen zuvor beim Ha-Gebet plötzlich die Einsicht kam, daß sie nur dann zu wirklicher Heilung finden würde, wenn sie darauf vertraute, daß die Göttin einen Plan für sie hatte, der das menschliche Verständnis überstieg.

»Die Götter«, fuhr Ruth fort, »haben mir nicht nur irgendeine Idee oder Theorie beschert. Sie haben mich im Innern verwandelt. Ich spüre jetzt ganz genau, daß sie einen

Plan verfolgen, und ich hege tiefes Vertrauen in ihre guten Absichten.«

Während dieser Erklärung hatte ich Alice im Auge behalten. Sie war nervös geworden und regte sich immer mehr auf. Schließlich sprang sie in einem Anfall der Frustration auf und erklärte: »Ruth, ich kaufe dir nichts von dem ab, was du da sagst! Das ist gequirlter Blödsinn. Gott verlangt nicht von mir, daß ich mich hinlege wie ein Fußabtreter!«

Ich habe nicht versucht, Alice dazu zu überreden, das gleiche zu empfinden wie Ruth. Jeder muß schließlich zu der Lösung finden, die für ihn die richtige ist. Statt dessen lauschten Ruth und ich Alices begreiflichem Zorn und ihrer Verzweiflung.

Ein Jahr später hatten es beide Mütter erfolgreich geschafft, dieselbe Herausforderung mit sehr unterschiedlichen spirituellen Lösungen zu bemeistern. Es stellte sich heraus, daß Ruths Seelenfrieden keine vorübergehende Selbsttäuschung war. Er erwies sich als beständiger, starker Glaube, vorbildlich für andere, die mit eigenen Tragödien zu kämpfen hatten.

Doch Ruths demütige Akzeptanz war nicht Alices Sache. Sie erzählte mir, daß sie eines Tages in der Kirche die Jungfrau Maria gehört hatte, wie sie zu ihr sagte: »Deine Wunden lassen sich nur heilen, indem du deinen gerechten Zorn verwendest, um auf politischem Sektor etwas in der Stadt zu verändern.« So wurde Alice zu einer kraftvollen, unermüdlichen Aktivistin für eine Verschärfung der Waffengesetze.

Alice erklärte mir: »Ich vertraue wieder auf meine Religion, doch nicht, um das Leben damit allein vollkommen zu machen. Wenn ich mit rosaroter Brille durch die Welt gehe, wie soll ich da erkennen, was der Veränderung bedarf, und wie soll ich Mitleid für andere entwickeln? Statt dessen vertraue ich darauf, daß Gott und die Jungfrau Maria mich auf meinem Weg über das Schlachtfeld amerikanischer Politik beschützen werden. Sie stehen mir zur Seite, wenn es wieder einmal hart und schwierig wird.« Mit spitzbübischem Grinsen fügte sie hinzu: »Maria ist übrigens ziemlich gut darin, politische Strategien zu entwickeln. Ich möchte wirklich gern wieder etwas gelassener werden, aber alles in allem habe ich meinen Frieden mit Gott und dem Leben gemacht.«

Beide Frauen hatten über Tragödie und Entbehrung triumphiert. Beide hatten sie gelernt, daß wir, wenn unser Leben auch unser Ritual sein soll, unsere Spiritualität überall und wann immer wir können anzuwenden haben. Ruths Lösung war die rechtshändige, Alices die linkshändige. Eine andere Frau hätte vielleicht eine Kombination beider Wege gewählt. Ein Schamane muß beide benutzen und lernen, wann welcher davon Anwendung finden soll.

Und wieder ein sogenanntes Gegensatzpaar: Mit dem Finger auf einen Unterdrücker oder Schuldigen zu zeigen, um ihn wegen seiner Taten bloßzustellen, ist ein vernünftiger Weg, um eine spirituelle Brücke – beispielsweise – zur Politik zu schlagen. Das ist linkshändig: sich nicht durch das ungerechte Verhalten anderer einschüchtern zu lassen und in Selbstbezichtigungen zu verfallen. Andererseits ist auch der rechtshändige Gegenpart unverzichtbar: die Selbstanalyse, was die eigene Beteiligung an eigenen Problemen betrifft, *selbst wenn sie durch die Ungerechtigkeit anderer verursacht wurden.*

Margret ist eine Schwarze, und der landläufige Rassismus hinderte sie daran, eine begehrte Arbeitsstelle zu bekommen. Als kluge Hexe sagte sie sich: »Zu leugnen, daß äußere Faktoren mich behindern und sogar schwer verletzen können, würde bedeuten, mich selbst für Kräfte und Leiden verantwortlich zu erklären, die ich gar nicht verursacht habe. Meine Götter fällen jedoch kein derartig hartes Urteil über mich. Sie unterstützen und beschützen mich, wenn ich schwere Zeiten durchlaufe.«

Doch wenn wir auch nicht immer alles Leid verursachen, das uns heimsucht, so beteiligen wir uns manchmal daran. Margret begriff, daß ihr eigener, internalisierter Rassismus und ihre Furcht vor Erfolg sie daran hinderten, sich um eine Arbeitsstelle zu bemühen, wo man sie respektieren würde. Sie reinigte sich von diesen Blockaden. Und bekam prompt einen Job, den sie liebt. Auch wenn das System übermächtig sein mag, können wir es dennoch *schlagen*. Magie funktioniert nämlich – sofern Sie die Verantwortung für Ihr eigenes Leben übernehmen.

Natürlich sind manche Menschen spirituell, körperlich und emotional so stark verletzt, daß ihnen eine Selbstanalyse unmöglich ist. Doch jene von uns, die dazu imstande sind, sich nach innen zu wenden, haben auch die Verantwortung, es zu tun, damit sie fit genug sind für jene Menschen, die das nicht tun können.

Um ein wirkungsvoller Magier und ein glücklicher Mensch zu sein, müssen Sie sich ständig die Frage stellen: »Was habe ich getan, um [*hier das Ereignis einfügen, das Ihnen zu schaffen macht*] zu fördern?« Das gilt auch dann, wenn Sie der Meinung sein sollten, daß diese Frage Sie gar nicht betreffen kann. Selbst die furchtbarsten äußeren Umstände lassen sich ohne eine solche Selbstanalyse oft nicht überwinden. Wenn Sie schließlich Ihre inneren Blockaden ausgemacht haben, können Sie sich ihrer mit einem Reinigungsgebet entledigen.

Gehen wir zum nächsten Gegensatzpaar über. Inzwischen weiß ja jeder, daß ich eine Hedonistin bin. Aber auch wenn die Befriedigung eigener Bedürfnisse mein großes Motto ist, gehe ich ihr doch mit Vorsicht nach. In ihrem Romanbestseller *The Joy Luck Club* erzählt Amy Tan die Geschichte einer habgierigen Frau, die verstarb, nachdem ihr Bauch immer dicker geworden war. Als man ihren Magen aufschnitt, fand man darin eine große Melone. Die Anekdote endet mit dem Satz: »Wenn du gierig bist, macht dich das, was in dir ist, immer hungrig.«

Wenn mich das Streben nach Befriedigung meiner Bedürfnisse unglücklich macht oder wenn ich – beachten Sie! – Gefahr laufe, destruktiv zu werden, oder wenn es andere Störungen gibt, bitte ich die Göttin um Hilfe und frage, was ich als nächstes tun soll. Die rät mir in der Regel entweder dazu, das Geschirr zu spülen oder irgendeine selbstlose Handlung zu vollbringen. Selbstlosigkeit ist das rechtshändige Gegengewicht zur Selbstbefriedigung.

343

Nach meiner Scheidung ging meine Tochter aufs College, während meine ursprüngliche Familie einen Kontinent getrennt von mir lebt, dementsprechend fühlte ich mich auch isoliert. Ich steigerte mich immer mehr in mein Leid hinein, bis meine Einsamkeit mich schier überwältigte. Doch dann riß ich das Ruder herum: »Hör endlich auf, dich selbst zu bemitleiden! Es gibt auch andere Menschen mit Problemen! Tu mal lieber etwas dagegen.« Ich rief eine enge Freundin an. Sie ist eine alleinerziehende Mutter, die auch keine besonders ausgeprägten Familienbindungen hat. Ich bot ihr an, mich regelmäßig um ihre Tochter zu kümmern. Jahre später ist der Nebeneffekt nun der, daß ich die Ehrentante dieses kleinen Mädchens bin und bei mir zu Hause seine Liebe und sein Herumtoben genießen darf. Wichtiger noch: Ich komme aus mir selbst heraus, finde zu Frieden und zu einer Befriedigung, zu der ich auf keine andere Weise gelangen könnte.

Eins der besten Mittel, um sich selbst zu helfen, besteht darin, anderen ohne Gegenleistung unter die Arme zu greifen, anstatt sich in dem zu verlieren, was durchaus berechtigte Probleme sein mögen. Selbstloser Dienst am anderen ist ein Schlüssel zur spirituellen Gesundheit, und es ist etwas, was mir am meisten Freude macht und Befriedigung bringt. Ja, noch mehr als Sex – und, meine Liebe, ich bin eine Frau, die zu siebenstündigen Orgasmen fähig ist, kein Scherz!

Mein eigenes Leben veranschaulicht noch weitere Gegensatzpaare. Ich besitze eine vielseitige Intelligenz. Jeder hat ein bestimmtes Talent. Manche Leute sind Genies auf mathematischem Gebiet, andere beim Kochen. Manche können jedes beliebige Musikinstrument in die Hand nehmen und es sofort spielen, andere können dafür noch im Schlaf eine gehirnchirurgische Operation durchführen. Doch ein Mensch mit vielseitiger Intelligenz bewegt sich auf fast jedem Gebiet so schnell wie ein Fisch im Wasser. Aber bei all dieser Begabung war ich nicht dazu in der Lage, mir einen festen Beruf auszusuchen. Ich langweilte mich schnell und wollte etwas wirklich Nützliches tun, fühlte mich aber eingegrenzt, sobald ich bei einer Sache blieb. Ich war gar nicht glücklich und kannte kein anderes Ziel als den Traum, daß das Leben aufregend, wichtig und erfüllend sein müßte.

Als Kind und als Heranwachsende empfand ich den Schulunterricht als irrelevant, was meinen Traum betraf. Dann, als ich gerade vierzehn war, brachte mein Vater für sich selbst eine Gitarre nach Hause, die ich dann durch ständigen Gebrauch zu meiner eigenen machte. Weil meine Eltern nicht viel Geld hatten, stand Gitarrenunterricht nicht zur Debatte, also brachte ich mir das Gitarrenspiel selbst bei – immerhin im Alter von vierzehn Jahren –, spielte dann in einem Club vor und wurde prompt eingestellt. Das war der erste von vielen Auftritten an Veranstaltungsorten, die nur von Erwachsenen besucht und normalerweise von Profis bedient wurden.

Schlußendlich war mir die Musik jedoch keine Erfüllung. Als ich älter wurde und mein Horizont sich erweiterte, bekam ich mehr Zugang zu Bildung, doch schien mir diese immer noch keinen Bezug zum wirklichen Leben zu haben. Ich bin von unersättlicher Neugier erfüllt und liebe es zu lernen, daher besuchte ich die wenigen Kurse, die mir als relevant erschienen, nahm Unterricht in bildender Kunst – Praxis, nicht Theorie – und setzte meine autodidaktische Ausbildung fort, genau wie ich es als Musikerin getan hatte. So erwarb ich viele Fertigkeiten auf vielen verschiedenen Gebieten – ich habe sogar eine Weile als Alleinunterhalterin gearbeitet –, bis mich schließlich das Reich der Magie anzog.

Ich entdeckte mein Talent zur Bardin in dem Sinne, daß ein Barde jemand ist, der Rituale erschafft. So erschuf ich neue Zauber, um Magie und Selbstheilung zu ermöglichen. Meine Forschungen erfolgten jedoch nicht in erster Linie durch die Lektüre von Büchern, auch wenn ich eine unersättliche Leserin bin. Meistens machte ich Gebrauch von meinem gesunden Menschenverstand, um festzustellen, wie die Menschen waren und was ihnen helfen würde, sowie von meinen paranormalen Fähigkeiten, um zu beobachten, was im Zuge magischer Operationen auf der feinstofflichen Ebene geschah. Diese Beobachtungen führte ich dann in der Meditation zusammen, in deren Verlauf ich meine Schlußfolgerungen mit den Göttern abstimmte, um mit ihrer Anleitung den Dritten Weg zu erschaffen. Nach all meinem Suchen ist dies nun endlich eine Arbeit, die mich glücklich macht.

Im Jahre 1986 hielt mich jedermann für verrückt, als ich eine Schule für Schamanismus und persönliche Weiterentwicklung aufmachte: Ein derartiges Institut hatte es noch nie gegeben, mit Personalbestand eins (das war ich!) würde man es ohnehin nicht durchziehen können, und überhaupt – wie sollte man mit so etwas seinen Lebensunterhalt bestreiten? Nun, da bin ich, immer noch dabei, und so glücklich wie eine Luftblase, die auf der Oberfläche eines Bachs dahinschwebt. Inzwischen ist daraus eine internationale Gemeinschaft geworden, innerhalb derer mich viele Freiwillige unterstützen.

Ich hatte die einzigartigste meiner Begabungen entdeckt; ich war eine Bardin und genoß diese Aufgabe in vollen Zügen. Durch den Dritten Weg konnte ich auch meine anderen Talente zur Verwendung führen. Meine Musik, meine Poesie, das Erzählen von Geschichten und Witzen sowie meine kommunikativen Fähigkeiten wurden zu Instrumenten des Unterrichts und der Heilung. Und mein Organisationstalent brauchte ich, um meine Schule zu führen.

Im Rahmen dieser meiner Lebensgeschichte hätte ich nicht das geringste ohne meine linkshändigen Charakterzüge erreichen können. Nur eine *willensstarke* Vierzehnjährige kann sich selbst Musik beibringen, um sich dann damit in der Erwachsenenwelt durchzusetzen. Ich *suchte mir meine eigenen Ziele und Mittel aus,* anstatt mich mit den begrenzten Angeboten der akademischen Routine abspeisen zu lassen, und so *entwickelte ich mich selbst* umfassend. Ich hätte sonst nie mein Talent entdeckt, Rituale zu erschaffen, ein Talent, das mich von allen anderen am glücklichsten macht und es mir am besten ermöglicht, anderen zu helfen. Ohne das Vertrauen auf meine *innere Autorität* hätte ich die Schule des Dritten Wegs nicht erschaffen, ebensowenig wäre es mir möglich gewesen, meine seltsamen, abseitigen Forschungen als legitime Vorbereitungen auf ein Leben als Theologin und Philosophin anzuerkennen. Ja, wer hätte denn schon jemals überhaupt von solchen Forschungsmethoden oder Zielen gehört? Was ist das überhaupt, eine Bardin? Ich habe eine eigene Definition des Worts »Barde« erfunden, obwohl ich inzwischen die Feststellung machte, daß es eine Zeit gab, in der der Begriff tatsächlich in diesem Sinne verwendet wurde. Und schließlich gibt es auch keinen Zweifel, daß mich die ganze Zeit ein *starkes Ego* angetrieben hat. (Ja, bei diesem Satz muß ich lächeln.)

Diese Geschichte hat aber auch ihre rechtshändige Seite: die Opfer, die mir abverlangt wurden, um meinen eigenen Weg zu gehen und den Göttern zu dienen. Als Kind fühlte ich mich übergangen. Obwohl ich mich selbst keineswegs als merkwürdig empfand, taten alle anderen dies. Der Spott verfolgte mich auf schmerzliche Weise bis in die Pubertät. Meine jugendliche Unabhängigkeit beförderte mich in erwachsene Musikerkreise, wo ich ständig verschreckt war und mich einsam fühlte. Um meine Lebensnische zu finden, versuchte ich es mit einem Beruf nach dem anderen, war auch erfolgreich, nur um dann wieder weiterzuziehen, bis mir meine Freunde (und ich selbst!) vorhielten, daß ich mich dem Versagen verschrieben hätte und unfähig zur Verbindlichkeit sei. Die Herstellung des Materials und der Aufbau der Schule verlangt mir sieben Jahre in Trance ab, dazu schier wahnwitzige Arbeitszeiten, ganz zu schweigen von meiner Gesamtkonzentration, so daß ich ebensogut als Einsiedlerin in einer Waldhütte hätte leben können; ich war praktisch die ganze Zeit ohne Partner.

Obwohl ich an früherer Stelle geschrieben habe, daß die Sexualität die Essenz des Geistes und von größter Wichtigkeit ist, ist es doch die Opferung aller Dinge, einschließlich der Sexualität, die den Kern des Glücks ausmacht – eines konkreten Glücks, das auch erfahrbar ist, nicht etwas, das man lediglich als Glück bezeichnet, während man sich dabei doch nur erbärmlich fühlt.

Ich habe gelernt zu beten: »Göttin, danke für die Einsamkeit, in der ich dich fand, mich selbst und einen Weg, der so vielen Menschen hilft.«

Es gibt noch ein weiteres Opfer: Es ist der buddhistische Glaube, daß sich das Leben eines Menschen verkürzen kann, wenn er oder sie als spiritueller Lehrer tätig ist, auf den ich mich dabei beziehe. Nachdem ich seit fast zwanzig Jahren als spirituelle Beraterin arbeite, glaube ich, daß das stimmt. Als sie mich dies sagen hörte, erwiderte meine Schülerin Gertie empört: »Da bin ich aber ganz anderer Ansicht! Ich habe die katholische Kirche verlassen, um mich von genau dieser Art von Märtyrertum zu befreien. Das ist doch bloß mangelndes Selbstvertrauen, zu glauben, daß du derart benachteiligt bist.«

Ich erwiderte: »Gertie, Motorradfahren ist vielleicht die schönste Sache von der Welt. Die Statistik besagt aber, daß du dir diese Freude und Freiheit mit einem ganz realen Unfallrisiko erkaufst. Wie du, bin auch ich bereit, ein kürzeres Leben zu riskieren, um dafür ein Leben zu führen, das auch wirklich lebenswert ist. Wie du, habe auch ich Freiheit und Freude. Indem ich deine Lehrerin bin, habe ich mich für das glücklichste Leben entschieden, das mir möglich ist. Ich kenne Menschen, die keinerlei Opfer zu riskieren imstande sind und ihr Leben als erbärmliche Karikatur des Abenteuers und der Selbstlosigkeit führen. Die rennen von einer spirituellen und gesellschaftlichen Mode zur nächsten.«

Ich habe auch andere Opfer gebracht – solche, die man besser unter vier Augen erörtert –, um diesem merkwürdigen Pfad zu folgen, den die Götter mir abverlangen. Ich ließ mir von der Gottheit das geforderte Opfer zeigen, und ich weiß, daß sie mir dabei helfen wird, es darzubringen. Selbstaufopferung ist der rechtshändige Gegenpart zur Selbstentwicklung.

Alle meine Triumphe finden nur deshalb statt, weil ich mich unentwegt dem Willen der Gottheit *unterwerfe,* damit ihre gewaltige Macht mich führen kann, so blind und von inneren Blockaden verwirrt ich auch sein mag, um dorthin zu gelangen, wo ich glücklich und nützlich sein kann. Ich versuche darauf zu vertrauen, daß die Götter, da sie mir schon zeigen, welche Mühsal sie von mir erwarten, während meiner Entbehrungen und Irrungen auch auf mich aufpassen werden. Unterwerfung ist der rechtshändige Gegenpart zu den selbstbestimmten Zielen des linkshändigen Pfads.

Es ist schwer zu wissen, wann man welche Seite des Pfads beschreiten soll. Eine Lösung für dieses Problem stellt eine erneute Paarung dar: die innere und die äußere Autorität. Ich habe ein gutes Gespür für meine paranormalen Gaben. Immer wieder sehe ich die Kieferladen herunterklappen, wenn ich einer Klientin persönliche Informationen über sie selbst mitteile, die ich wirklich nur durch übernatürliche Mittel in Erfahrung bringen konnte. Ich bin so präzise, wie eine Hellseherin es nur werden kann! In meinem eigenen Leben greife ich den ganzen Tag auf meine Intuition zu. Gott flüstert mir ständig etwas ins Ohr und zeigt mir meine beste nächste Spielstrategie. Ich vertraue daher auf meine innere Autorität.

Doch Madame Francesca Weiß-alles-sieht-alles sieht und weiß auch genug, um zu erkennen, daß sie oft genug blind für ihre eigenen, persönlichen Probleme ist und daher des Rats und der Anleitung anderer bedarf. Und wenn ich mir nicht sicher bin, ob meine hellseherische Analyse für einen Klienten präzise genug ist, beratschlage ich mich mit Kollegen. Wenn ich um Führung bitte, so weiß ich manchmal erst dann, ob ich die Antworten auch richtig verstanden habe, wenn ich mich mit einer Freundin oder einem Ältesten beraten habe. Der gesamte Input, von dem ich hier spreche, stammt von einem verkörperten Wesen; wenn ich durcheinander und verwirrt bin, laufe ich Gefahr, den Rat eines Geists falsch zu interpretieren.

Ob Sie Novize sein mögen oder Meister, verschaffen Sie sich Rücksprache, wann immer Sie sie brauchen, sonst laufen Sie Gefahr, magisch und spirituell in Schwierigkeiten zu geraten. Die Bereitschaft, zuzugeben, daß man irgend etwas nicht allein begreift, bedeutet ja kein Versagen. Sie beweist lediglich eine intelligente Einschätzung der Komplexität und der gewaltigen Kräfte des Lebens.

Ahnenverehrung und Respekt gegenüber Älteren erschafft innere Autorität. Sich in Harmonie mit seinen Ahnen zu befinden, bedeutet, in Harmonie mit sich selbst zu sein. Eine Möglichkeit, dafür zu sorgen, ist der Altar zu Ehren Ihrer Ahnen – Sie können Ihre Einbildungskraft dazu verwenden, um einen solchen zu erschaffen. Und der Respekt gegenüber Älteren und Ältesten stellt ebenfalls Harmonie mit den Ahnen her.

Respekt gegenüber den Ältesten bedeutet, seine Quellen zu nennen. Die Schriften des französischen Philosophen Jean-Paul Sartre werden unter seinem Namen zitiert; und wenn ein Physiker über ein wissenschaftliches Faktum schreibt, das natürlich schon lange existiert, so benennt er immerhin die Person, der es als erstes auffiel. Doch die Weisheit und die Wahrheiten über das Leben, wie sie mündlich von einem Schamanen vermittelt werden, werden nicht etwa als Quelle benannt wie das Wort eines Philosophen und Forschers, sie gelten lediglich als »etwas, das irgend jemand mal gesagt hat« und erfahren keine entsprechende Würdigung. Vieles von dem alten Wissen, das ich weitergebe, wurde mir unmittelbar von Gott sowie durch persönliche Beobachtung offenbart; diese Ergebnisse entspringen meiner vieljährigen Anwendung rigoroser, präziser Methoden, wie sie auch der Laborwissenschaftler verwendet. Der größte Teil des Rests stammt von meinen Ältesten, die ich dankbar dafür beim Namen nenne.

Es tut einem Schamanen keinen Abbruch, seine Altvorderen zu ehren. Ein großer Teil meiner Ausbildung bei Victor bestand in seinem beachtlichen Feedback, als ich meine Tradition und dieses Buch erschuf. Ich brach langatmige Dialoge mit ihm vom Zaun, um sicherzustellen, daß ihm die entsprechende Würdigung widerfuhr. Daher bin ich auch imstande, seine Bemerkungen in diesem Text ausdrücklich ihm zuzuweisen, mit Ausnahme einer Handvoll Sätze. Diese Ausnahme besteht entweder aus Sätzen, zu denen mir Victor vorher gesagt hatte: »Nein, nein, drück es lieber so aus...« – genau wie es ein an der Praxis orientierter Verlagslektor tut; oder es handelt sich um Wicca-Ausdrücke, von denen er mir sagte, daß es genügen würde, mich als seinen Lehrer anzuerkennen. Die vielen Dialoge, die ich da provozierte, um sicherzustellen, daß er eine gebührende Würdigung erfuhr, waren mühsame und anspruchsvolle Arbeit – und verkörperten zugleich das Wesen der Erlangung von Macht.

Der Einfluß eines Lehrers ist oft beträchtlich. Seine Forschungen stellen das Sprungbrett für seine Schüler dar. Wenn ich sage, daß ich mich geehrt fühle, Victor als Lehrer gehabt zu haben, dann spreche ich ihm damit nicht die Urheberschaft meines Werks zu. So haben wir beispielsweise auch unsere Meinungsverschiedenheiten, wie alle denkenden Erwachsenen das hätten. Die Theorie und die Praxis zum Thema des links- und des rechtshändigen Pfades in dieser Lektion sind im Prinzip meine, und ich kann mir vorstellen, daß er nicht mit allem einverstanden wäre, was ich da geschrieben habe, wenn er es zu Gesicht bekäme. Anzuerkennen, daß Victor mir einige der in diesem Buch geschilderten Riten beibrachte, verleugnet nicht die Tatsache, daß ich den Rest selbst verfaßt habe oder daß die Grundausrichtung dieses Buchs im wesentlichen die meine ist. Statt dessen hat meine Anerkennung Victors ihm dabei geholfen, die Fackel der Macht an mich weiterzureichen.

Ein Lehrer muß nicht vollkommen sein, um Respekt zu verdienen. Spirituelle Führerschaft verlangt keine Heiligkeit. Außer vom Liebespartner des Führers.

Obi-Wan Kenobi ist ein Jedimeister in *Star Wars,* der nach seinem Tod seinen Anhängern erscheint. Er ist ein ruhiger, gelassener, durchsichtiger Bursche (das sind die Spezialeffekte), doch obwohl ich als spirituelle Führerin gelte, identifiziere ich mich lieber mit Han Solo, dem intergalaktischen Piraten bei *Star Wars,* der am liebsten seine eigene Haut retten möchte, dies auch auf recht unangenehme Weise versucht, sich schließlich aber doch der guten Sache anschließt. Als ich letztes Jahr eine Morddrohung erhielt – meine Arbeit ist ja ziemlich kontrovers –, jagte mir das

Angst ein. Ich knatschte, beschwerte mich, machte meinen Freunden (wie ich das Büro des Staatsanwalts nannte) das Leben schwer, bekam eine Zeugin als Begleitschutz und setzte meine Arbeit fort.

Nun, nachdem wir einige der Widersprüche betrachtet haben, mit denen ein Suchender zu arbeiten hat, können Sie sicher unschwer ganz ähnliches Material im gesamten Buchtext analysieren und anwenden. Ein Schamane wendet die schamanische Herausforderung im wirklichen Leben an, irgendwann wird es ihm zur täglichen Disziplin. Endlose Reinigung ist ein Zugang dazu.

Die inneren Blockaden, welche schädliche Handlungen gegenüber anderen verursachen können, sind meistens nicht die Charakterzüge eines Ungeheuers. Betty tat, ohne es zu wissen, einer Menge Menschen weh, nur weil sie ein schlechtes Selbstwertgefühl hatte. Ihre Schüchternheit bewirkte, daß andere sich vor den Kopf gestoßen fühlten; und ihre Furcht vor Abweisung verhinderte, daß sie ihrem Freund ihre Zuneigung zeigte. Als Betty sich von ihrem armseligen Selbstbildnis gereinigt hatte, wurde sie auch freundlicher und gütiger. Die Angst richtet mehr Schaden an als der Haß.

Es ist auch von entscheidender Bedeutung, die Bereitschaft zu haben, die eigenen Mängel als solche zu erkennen. Darryl hatte eine solche Furcht davor, Frauen wehtun zu können, daß er immer dann, wenn er es tatsächlich tat, nicht imstande war es einzugestehen, nicht einmal vor sich selbst. Und so konnte er überhaupt nicht damit aufhören, Frauen wehzutun. Da war es auch keine Hilfe, daß ihm in seiner Collegezeit eine sogenannte Feministin einen auf den Deckel gegeben hatte, so daß er sich seitdem dafür schämte, ein Mann zu sein. (Ob ich Männer hasse? Nein. Ob ich eine Feministin bin? Ja.)

Darryl begriff nie, daß einen Fehler oder ein Scheitern zuzugeben auch ohne harte Verurteilung möglich ist. So wurde es für ihn von entscheidender Wichtigkeit, immer als vollkommen dazustehen, sogar vor sich selbst. Er lernte zwar alle politisch korrekten Ausdrucksweisen, fuhr aber damit fort, Frauen zu verletzen, auf immer subtilere, aber dafür auch immer destruktivere Art. Seine Unehrlichkeit und die Furcht vor Entdeckung isolierten ihn, sogar innerhalb seiner Ehe, die zwar richtig toll aussah, sich aber dafür richtig mies anfühlte.

Manchmal rechtfertigte Darryl seine Missetaten unbewußt mit feministischer Rhetorik. Nun läßt sich aber jede authentisch spirituelle Maxime wie auch jedes kraftvolle spirituelle System dazu mißbrauchen, sich selbst oder anderen Schaden zuzufügen. Für Adepten kann diese Gefahr sogar noch größer sein als für andere. Ein wirksames Gegenmittel ist die Anerkennung menschlicher Grenzen – der Mensch ist nicht allmächtig und wird immer viele Mängel haben – sowie die endlose Reinigung. Hier noch eine schnelle Nebenbemerkung zu einer weiteren schamanischen Widersprüchlichkeit: Obwohl man das Recht und die Pflicht hat, sich selbst als allmächtige Gottheit anzuerkennen, muß dies dadurch aufgewogen werden, daß man die Identifizierung mit Gott und mit der Allmacht losläßt, sobald sie mit der eigenen Spiritualität in Konflikt gerät. Das kann beispielsweise der Fall sein, wenn sie einen davon abhält, persönliche Fehler auch als solche zu erkennen.

Je weiter man auf dem Weg ins Feenreich voranschreitet, um so wichtiger wird es, beide Seiten des Pfads zu begehen. Sonst entwickelt man sich zu einem geradezu unglaublich selbstgerechten Esel, der immer in bester Absicht in aller Leute Leben katastrophales Chaos auslöst. Sie können beispielsweise durchaus nach üppiger Befriedigung auf sexuellem wie materiellem Gebiet streben, ohne deswegen zum Opfer von Illusionen, Pseudolüsten und Süchten zu werden, sofern Sie das Prinzip der schamanischen Widersprüchlichkeit anwenden und Ihre anderen schamanischen Disziplinen praktizieren. Das wird Sie daran hindern, voller Verzweiflung die Ekstase zu suchen, aber niemals dabei irgendwelchen Spaß zu haben, was wiederum dazu führen würde, daß Sie ständig frustriert und niedergeschlagen wären.

Je stärker eine Hexe ihren Willen entwickelt, um so stärker wird auch ihr gesundes Ego, um so sicherer ihre innere

Stimme – mit anderen Worten, um so stärker ihr linkshändiger Pfad – und um so mehr muß sie aber auch flexibel sein, ihre Grenzen erkennen und sich demütigendem Feetback stellen: mit anderen Worten, um so stärker muß auch ihr rechtshändiger Pfad werden. Das sorgt nicht nur für ethisches Verhalten und gebührenden Schutz, es beschert auch das reinste Vergnügen im profansten Sinne des Wortes: ein Picknick am Strand mit Brie und gutem Wein; eine Fahrt auf einem der Karussells am Fuße des Eiffelturms (es gibt dort zwei Stück); ein Konzert mit Bruce Springsteen – und eben auch siebenstündige Orgasmen!

Es genügt nicht, sich pro forma gelegentlich um Akzeptanz oder Toleranz gegenüber anderen Leuten zu üben; ich brauche ein ausgewogenes und fortgesetztes Verweben des rechts- mit dem linkshändigen Pfad, wobei der rechtshändigen Spiritualität eine disziplinierte, strukturierte Praktik eignet, genau wie dies bei meiner linkshändigen Spiritualität der Fall ist. So wie Visualisationsfähigkeit durch regelmäßige Praxis aufgebaut und aufrechterhalten wird, wird die Spiritualität durch regelmäßige tägliche Disziplin erst gestärkt und dann aufrechterhalten. Es geht hier also um einen Alltagsablauf!

Lassen Sie sich von der Menge des Materials in diesem Kapitel nicht entmutigen. Diese Wochenlektion bietet Ihnen einen Referenzabschnitt, von dem Sie noch viele lange Jahre und in zahlreichen Lebenssituationen zehren können. Sie können mit einem gesunden Selbstvertrauen auf Ihr eigenes Wissen weiterschreiten. Die folgenden Riten stellen Beispiele dar. Nur weil ich Ihnen die untenstehenden rechtshändigen Rituale alle auf einmal gebe, sollten Sie nicht glauben, daß sie ohne Kraft wären. Rituale wie die hier geschilderten ersetzen oft wochen- oder monatelang mein tägliches Ha-Gebet und stellen die Basis meiner ganzen Arbeit dar.

Wenn Sie den Dritten Weg weiterbeschreiten wollen, fügen Sie jeden der Riten in der hier vorgegebenen Reihenfolge Ihrem Repertoire hinzu; führen Sie jeden Ritus möglichst über einen Zeitraum von etwa drei Wochen jeweils dreimal wöchentlich durch, bevor Sie sich an die nächste Übung machen. Dann führen Sie alle Riten nacheinander in einer einzigen Sitzung durch. Später können Sie dann experimentieren und sie in jeder beliebigen Reihenfolge oder Kombination verwenden.

RITUAL

Buddhistische Atmung

Beobachten Sie Ihren Atem, ohne dabei ein Urteil über ihn zu fällen oder zu versuchen, ihn zu verändern. Einfach nur beobachten. Machen sich Gedanken oder andere Ablenkungen bemerkbar, registrieren Sie diese, und lassen Sie sie wieder weichen, anstatt ihnen zu folgen, sie zu bekämpfen oder sich anderweitig von ihnen einfangen zu lassen. Dieses Ritual können Sie eine Sekunde oder für ungezählte Minuten durchführen. Das gleiche gilt für die folgenden beiden Riten.

RITUAL

Ruhen in der Dunkelheit der Mutter

Passen Sie die buddhistische Atmung an: Nach jedem Ausatmen folgt eine natürliche Pause. Das ist der Schoß der Mutter. Anstatt die Einatmung zu beobachten, ruhen Sie nun in dieser Pause. Ich greife oft auf diese Praktik zurück. Nach Jahren des Unterrichts und der Beratertätigkeit kenne ich genügend spirituelle Kunststücke, um einen Zirkus mit drei Arenen beschäftigen zu können. Zurückgreifen aber mag ich immer nur auf Praktiken, die mir helfen, mich Gott hinzugeben. Dieses Ritual ist eine Heilungspraxis für so gut wie alle Bereiche.

RITUAL

Den Vater ehren

Dieser Ritus führt – genau wie das darauf folgende Gebet – beide Seiten des Dritten Wegs zusammen. Die Ruhe und Leere, die Sie durch Beobachtung Ihres Atems erreichen, ist nicht etwa besser als die Gedanken und Sorgen, welche Sie ablenken. Passen Sie den Ritus des Ruhens in der Dunkelheit der Mutter an, indem Sie respektvoll Ihre mentale und körperliche Ungeduld als Gott, unseren Vater, anerkennen, bevor Sie sie fortschmelzen lassen. Wenn wir auch in diesen drei Riten das Hauptaugenmerk auf Hingabe und Nichtaktivität legen, so gibt es auch andere Zeiten, da wir uns auf das Feuer des Denkens und der Aktivität zu konzentrieren haben. In unserer Kultur haben wir das Weibliche, die dunkle Pause und die Hingabe vernachlässigt. Verfallen wir aber jetzt nicht gleich ins andere Extrem. Diese weibliche Matrix ist machtlos, wenn ihr nicht wiederum die Geburt der Sonne entspringt. Die Göttin Diana zog das Licht aus ihrer eigenen Dunkelheit und verliebte sich in den Gott, denn er ist ihr anderes Selbst und ihre andere Hälfte.

Gebet um Gnade und Hingabe

Als Gnade bezeichne ich den Zustand, in dem Sie ohne eigenen Aufwand auf den Flügeln des Universums der Erfüllung Ihrer Wünsche entgegengetragen werden. Anstatt sich abzuplacken, können Sie auf dem Strom Ihrer Lebensereignisse Ihren Zielen entgegentreiben. Das gesamte Universum ist die Mutter, und mit den Händen und Armen dieses Universums werden wir von ihr umschlossen und behütet; in der Umarmung durch dieses Universum werden wir durch sie unseren Wünschen entgegengetragen, sofern wir nur zu dieser Reise bereit sind. Die Naturgesetze sind ganz einfach nur die Wünsche der Mutter, und es ist ihr Wunsch, daß wir auch bekommen, wonach wir streben.

Will man die eigenen Ziele durch Gnade erreichen, verlangt dies Vertrauen, Reinheit und den Glauben an Wunder, kombiniert mit ausreichendem gesunden Menschenverstand, um auch dafür zu sorgen, daß die Miete bezahlt wird. Schließlich bedeutet Gnade noch, sowohl das Verlangen als auch die Hingabe zu leben. Wenn Sie diesen Zauber verwenden, behalten Sie dabei im Auge, daß das Verlangen, von dem im Gebet die Rede ist, sich nicht unbedingt mit dem decken muß, was Sie selbst für Ihr tiefstes Begehren halten.

Durchs Universum werde ich gehalten und
meinem Verlangen entgegengetragen.

Wie ein Blatt auf dem heißen Luftstrom einer
sommerlichen Dämmerung dahintreibend,
werde ich gehalten und meinem Verlangen
entgegengeführt.
Dem gebe ich mich hin.

Wie ein Stein, der sich in eine grüne Wiese
schmiegt,
werde ich gehalten und meinem Verlangen
entgegengeführt.
Dem gebe ich mich hin.

Wie eine schillernde ruhige Luftblase im klaren
Strom des Flusses treibend,
werde ich gehalten und meinem Verlangen
entgegengeführt.
Dem gebe ich mich hin.

Wie die schimmernde Hitze des Feuers empor-
getrieben wird,
werde ich gehalten und meinem Verlangen
entgegengeführt.
Dem gebe ich mich hin.

Wie ein Stein am Boden festgehalten,
werde ich gehalten und meinem Verlangen
entgegengeführt.
Dem gebe ich mich hin.

Wie ein Wolf getragen von Hunger, Lust und Liebe,
gebe ich mich hin.

Wie eine Frau der Monatshütte entgegengetrieben,
werde ich gehalten und meinem Verlangen
entgegengeführt.
Dem gebe ich mich hin.

Wie ein Atom vom Odem der Mutter verweht,
wie ein Gebet im Odem der Mutter verweht,
werde ich gehalten und meinem Verlangen
entgegengeführt.
Dem gebe ich mich hin.

Sie können vor den beiden Schlußversen, die unten folgen, innerliche und/oder äußerliche Herausforderungen imaginieren, denen Sie sich unterwerfen müssen.

Durchs Universum werde ich gehalten und meinem Verlangen entgegengeführt.
Dem gebe ich mich hin.

Die Meidung menstruierender Frauen in den Frühgesellschaften ist ein perverses Echo der noch früheren Monatshütte. Man wußte einst, daß auf einer menstruierenden Frau die Macht der Götter ruhte, die sie mit einer allmächtigen Kraft zu sich rief. So wurde die Frau nicht etwa vom Scherbengericht vertrieben, sondern die heilige Menstrualkraft in ihrem Innern gebot ihr, die Hütte aufzusuchen, wo sie ihre Vision suchen und Rituale vollziehen konnte. Es ist dieser geheiligte Antrieb der weiblichen Kraft, auf den ich in dem Gebet anspiele.

Zeitgenössische Wissenschaftler stimmen darin überein, daß die Menstruation für eine Frau tatsächlich eine Phase der Macht ist, in der sie innerlich wie äußerlich produktiver wird. Zu dieser Zeit wirkt im Innern der Frau ein drängendes Bedürfnis nach Selbstausdruck der tiefsten, spirituellsten Art.

Diese Wochenlektion über das Akzeptieren von Widersprüchen stellt Ihnen eine vereinfachte Sicht der Dinge vor, die als Sprungbrett gedacht ist, mit dessen Hilfe Sie, aufbauend auf Ihre eigene Lebenserfahrung, zu den tieferen Schichten und einem vollständigen Bild des schamanischen Widerspruchs vorstoßen sollen. Im Zuge dieses Prozesses sollten Sie im Auge behalten, daß das genaue Gegenteil einer spirituellen Wahrheit ebenfalls wahr ist. Ich glaube, diese Feststellung stammt von Mark Twain.

Die Logik, sei es eine politische oder eine psychologische, möchte uns vielleicht einreden, daß die Vorgehensweise des rechtshändigen Pfades nicht produktiv sei. Haben Sie schon einmal bemerkt, wieviel Karikaturen und vernünftige spirituelle Praktiken gemeinsam haben? Keine davon ergibt allzuviel Sinn, wenn Sie sie analysieren, doch beide können Sie glücklich machen.

Hier sind noch einige letzte Gegensatzpaare, die Sie auf Wunsch gern kontemplieren können (die linkshändige Einstellung oder Zielsetzung kommt stets zuerst):

Aufbau von Ego und Stolz /
Egoverminderung, Demut,
Vermeiden von falschem Stolz

» Wie ich es will, so soll es sein. « /
» Gott, dein Wunsch sei mir Befehl. «

Kommen wir zu einigen weiteren Gedanken über das Fortsetzen Ihrer Reise auf dem Weg ins Feenland:

Lauschen Sie den Bäumen. Und dem Ozean. Und dem Himmel. Und einer Ameise. Und Ihrer Hauskatze. Lauschen Sie.

Und beobachten Sie. Beobachten Sie, wie der Sand von den Wogen des Ozeans getränkt wird. Beobachten Sie, wie die westliche Sonne im Ozean versinkt. Beobachten Sie die Bäume, wie sie in der Brise mit ihrem Laubwerk winken.

Berühren Sie. Berühren Sie das samtene Blatt einer Rose. Berühren Sie Ihr eigenes Gesicht, und erkennen Sie, daß es das Gesicht Gottes ist.

Die Natur ist eine Lehrerin. Die alten Schamanen zogen ihr Wissen über die Zauberei und das Selbst aus Beobachtung und Interaktion mit der natürlichen Welt. Ebendies tut auch jeder Naturwissenschaftler – die Welt um ihn herum zu beobachten und eine Beziehung zu ihr herzustellen, um ihre Wahrheiten zu ergründen.

Beginnen Sie ein sportliches Tagesprogramm. Das Heidentum ist eine körperliche Lebensweise. Sie können dem Geschenk der materiellen Welt, das die Göttin Ihnen gemacht hat, dadurch die Ehre erweisen, indem Sie es voll ausschöpfen. Gesundheit ist ein Hauptziel des Schamanismus. Spirituelle Gesundheit beruht auf körperlichem Wohlergehen. Ihr Körper ist der Körper Gottes. Ich meine damit nicht, daß er der *Tempel* Gottes sei, er ist vielmehr Gott *selbst*. Das Spirituelle und das Materielle sind ein und dasselbe. Da sportliche Betätigung ein wichtiger Bestandteil der körperlichen Gesundheit ist, ist sie auch ein wichtiger Bestandteil spiritueller Gesundheit.

Tai Chi, Spaziergänge, Kung Fu und Karate sind besonders geeignete Formen körperlicher Betätigung. Ebenso der Tanz. Wenn Sie ein Heide oder eine Heidin werden wollen, ist der Tanz eine Möglichkeit, dies zu lernen. Ihr Körper ist Gott. Die Göttin ist glücklicher, wenn sie tanzt. Besonders gut sind Kontakt-Improvisation sowie Volkstänze – beispielsweise Bauchtanz und Morris-Tanz. Volkstänze sind erdverbundene, sexy Tanzformen, die Ihnen dazu verhelfen, im Einklang mit sich selbst und der Natur zu sein.

Setzen Sie die endlose Reinigung fort. Es ist von absoluter Erfordernis, die Feenmacht, wie weit Sie sie auch verfolgen mögen, mit einem ebenso weitgehenden Streben nach Reinheit zu integrieren. Ihre Arbeit darf nicht einseitig werden – also nicht immer nur Zauber für die guten Dinge im Leben oder für positive Charakterzüge wie Mut, dabei aber keine für Reinheit durchführen –, wenn Sie ein glücklicher und fähiger Zauberer werden wollen.

Beginnen Sie mit einer täglichen Reinigungspraxis. Diese können Sie dazu nutzen, um sich jenen dominierenden Lebensmustern zu entziehen, die Sie daran hindern, glücklich und nützlich zu sein. Am Abend können Sie sie auch verwenden, um die Ängste, den Groll, das Leid, die ungesunden Glaubenssätze und weitere Verunreinigungen zu beseitigen, die sich im Alltag anhäufen.

Beim abendlichen Zubettgehen gehen Sie einfach in sich, um festzustellen, welcher Reinigung es bedarf, um einen guten Nachtschlaf und ein besseres Morgen zu gewährleisten. Hegen Sie vielleicht noch irgendeinen Groll wegen eines Ereignisses vom Morgen, und sind Sie in der dunklen Wolke der Hilflosigkeit befangen, die derlei so oft begleitet? Entledigen Sie sich des Grolls und der Ohnmacht durch Reinigung. Falls die einzige Möglichkeit, wieder mit sich ins

Reine zu kommen, darin besteht, aktiv etwas zu unternehmen, um an der Situation etwas zu ändern, die Ihren Groll auslöste, können Sie dafür auch einen Zauber durchführen; dieser kann aus einem schlichten Gebet um die Kraft bestehen, in Ihrem Leben aktiv zu werden; oder Sie verwenden dazu den Eigentlichen Zauber, dann könnten Sie sich selbst imaginieren, wie Sie uneingeschränkt dazu in der Lage sind, zu tun, was es eben zu tun gilt.

Ungesunde dominierende Lebensmuster durch Reinigung zu beseitigen, ebenso den täglichen Stau innerer Blockaden, ist lebenswichtig, erlaubt es uns doch, uns von einem gesunden Strom der mütterlichen Liebe durchziehen zu lassen, um die Gesundheit, die Vitalität und die Freude zu erlangen, nach denen wir streben. Die Reinheit unterbindet außerdem Zauber, die unabsichtlich zerstörerisch und schädlich wirken könnten. Ferner umgeht die Reinigung jene Fallstricke, die einem spirituellen Meister zu schaffen machen können. Im gleichen Ausmaß, in dem magische Fertigkeit und spirituelle Bemeisterung wachsen, muß auch die Reinheit größer werden.

Vielleicht sollten Sie Ihre tägliche Reinigung zunächst auf übergeordnete Lebensblockaden konzentrieren, bevor Sie Ihr Augenmerk verstärkt auf die täglichen Rückstände der Prüfungen und Belastungen des Alltags richten. Auch wenn diese Regel nicht in Stein gemeißelt ist, ist es im allgemeinen doch so, daß das schrittweise Hinzufügen neuer Disziplinen jeden einzelnen Schritt wirkungsvoller, aber nicht überwältigend werden läßt. Außerdem habe ich die Erfahrung gemacht, daß ich besser dazu imstande war, ungeschminkt und ehrlich einzuschätzen, welche Unzulänglichkeiten mir in der Gegenwart zu schaffen machten, nachdem ich zuvor einige innere Blockaden aus der Vergangenheit aufgelöst hatte.

Jeder, der den Feenpfad beschreitet, wird sich irgendwann die Frage stellen müssen, ob er nicht der täglichen Reinigungsriten bedarf, auch wenn es bis dahin noch viele Jahre dauern kann. Dies mag von unschätzbarem Nutzen für Ihr persönliches Leben und Ihre magische Durchsetzungskraft sein, ob Sie daraus eine lebenslange Praxis machen oder es nur als vorübergehende Maßnahme in Zeiten der Krise oder der Lebensumstellung einsetzen. Und wenn Ihr Streben nach Nähe zu den Feengöttern weit genug geht, wird eine Zeit kommen, da aus der allabendlichen Reinigung ein Muß wird, zusammen mit Ihrem morgendlichen Ha-Gebet und anderen Tagesroutinen. Wenn Ihnen eine tägliche Routine zwar zuviel erscheint, Sie aber dennoch Bedarf für eine derartige Disziplin haben, genügt es vollauf, sie dreimal in der Woche zu praktizieren.

Lesen Sie. Durchforsten Sie die Regale Ihrer örtlichen esoterischen Buchhandlung. Durchstöbern Sie auch normale Buchläden nach Volksmärchen, Science Fiction und Fantasy; in solchen Erzählungen scheinen immer wieder Fragmente des Alten Wegs auf.

Werden Sie künstlerisch tätig in der weitesten Bedeutung des Wortes Kunst, was das Herstellen von Flickendecken ebenso einschließt wie das Zimmermannshandwerk, das Töpfern, die Architektur, das Skilaufen – jede Form des Selbstausdrucks und des Herstellens von Nähe zu den Göttern entwickelt Ihren inneren Dichter weiter.

Treffen Sie sich weiterhin mit dem Partner oder der Gruppe, mit denen Sie diese Ausbildung absolviert haben. Hier einige Vorschläge dazu:

Treffen Sie sich einmal die Woche, oder einmal alle zwei Monate, oder wozu auch immer der Geist Sie zu bewegen mag. Entscheiden Sie selbst, was das Richtige für Sie ist. Es kann fade sein, den ganzen Abend nur zu reden. Vielleicht sollten Sie einen Teil davon einem Ritual widmen, auch wenn es nur ein winziger Ritus am Ende der Zusammenkunft ist.

Es ist von unschätzbarem Wert, beim Verfolgen einer spirituellen Disziplin entsprechende Unterstützung zu erfahren, und die erhalten Sie, indem Sie Einträge aus Ihren magischen Tagebüchern miteinander diskutieren oder sich von Eingebungen erzählen, die Ihnen bei der Lektüre von Büchern zukamen. Lesen Sie einander Volksmärchen vor, und diskutieren Sie sie unter dem Gesichtspunkt der Magie und der Götter – das ist eine großartige Form der Weiterbildung.

An manchen Treffen können Sie sich auch gemeinsam einem Teilnehmer widmen, der gerade ein drängendes Problem hat. Vielleicht will der Betreffende gerade seinen Ehepartner verlassen. Vielleicht will die Teilnehmerin auch wieder die Schulbank drücken, traut sich aber nicht so recht. Zwiesprache und ein Ritual aus diesem Buch *können* dabei helfen, das Problem zu lösen.

Verabreden Sie sich zu einem *Bardenkreis.* Dazu bringt jeder in der Gruppe ein Gedicht mit, eine Geschichte, ein Lied, einen Tanz oder einen Gedanken zu einem vorher festgelegten Thema, etwa Umweltschutz, Spiritualität und Politik, Macht und Frau, Macht und Mann, oder Möglichkeiten, den Göttern zu helfen. Die Verwendung der Magischen Formel bleibt natürlich optional, doch kann sie einem solchen Ereignis eine überraschende Tiefe und Magie verleihen.

Dieser Ritus bietet Gelegenheit, etwas miteinander zu teilen und dabei sich selbst auszudrücken, was bei jeder liebevollen Gemeinschaft im Mittelpunkt steht. Der Bardenkreis erschafft eine kraftvolle Magie, die so andersartig ist als alles, was die herkömmliche Gesellschaft zu bieten hat, daß man vielleicht vorher nicht einmal weiß, was einem da im Leben sonst entgeht, es sei denn, man hat es schon mal im Traum geschaut. Ich rate Ihnen dringend, es einmal damit zu versuchen.

Erlernen Sie eine Divinationsform. Es gibt zahllose Bücher über Divination und Orakel. Eins davon ist bestimmt auch für Sie geeignet.

Suchen Sie sich einen Lehrer. Den Schamanismus lernt man in erster Linie durch Kontakt zu einem Schamanen. Für die meisten Menschen gibt es dafür keinen Ersatz. Ein Buch kann lediglich ein Anfang sein.

Die Feentradition stellt einen Korpus aus Techniken und Theorie dar, die zu erlernen und bemeistern Jahre dauert. Es ist schwierig, einen Lehrer der Feentradition zu finden, und die unterschiedlichen Zweige sind einander so unähnlich, daß man sie als völlig verschiedene Systeme der Wissenschaft und Religion bezeichnen muß. Aber es gibt durchaus würdige Lehrer, welche Feen- und Wicca-Systeme unterrichten, die sich von meinem unterscheiden. Die Göttin wird Sie schon zum richtigen Lehrer führen.

Es ist gängige Praxis, um einen Lehrer zu bitten und zu beten. Wenn Sie bereit sind, wird der Lehrer schon erscheinen. Bis dahin – lauschen Sie den Bäumen!

Erschaffen Sie Ihre eigenen Riten. Wenn Sie ein gutes Gefühl dabei haben, eigene Riten zu erschaffen, so tun Sie das, wie Sie auch Ihr eigenes Gespür für Magie entwickeln sollten. Während man zunächst durchaus legitimerweise den eigenen Lehrer imitiert – fühlte man sich doch von diesem Menschen angezogen, weil man in irgendeiner Weise so werden wollte wie er – besteht die wichtigste Nachahmung des Lehrers jedoch darin, man selbst zu werden.

Versuchen Sie nicht nur, wie Ihr Lehrer zu sein. Sie brauchen nicht wie ich zu werden, indem Sie von morgens bis abends Geister schauen, die aus dem Besenschrank hervorfahren, oder indem Sie zu einer Getriebenen werden, die Spiritualität der Göttin unterrichten oder wie immer sonst. In meinen Adern strömt wirklich *sehr* viel Feenblut, weshalb ich auch eine sehr feenhafte Form der Magie praktiziere, und dies zu einem Preis, den zu zahlen ich niemandem empfehlen möchte, wenn es nicht unbedingt sein muß. Jeder hat ein wenig Feenblut, und die ganze Magie des Dritten Wegs ist von der Feentradition berührt, wenn auch mal im größeren, mal im kleineren Umfang. Der Kernpunkt dieses Feenschimmers aber ist, daß er Ihnen dazu verhilft, Sie selbst zu sein.

Wenn Sie im wesentlichen feenblütig sind, praktizieren Sie Feenmagie; sind Sie baumblütig, üben Sie sich statt dessen in Baummagie. Wenn das Blut in Ihren Adern dem Gestein entspringt, praktizieren Sie Steinmagie. Es ist leicht, den eigenen magischen Stil zu finden: Seien Sie einfach nur Sie selbst, und folgen Sie dem, was nach Ihnen ruft. Lassen Sie sich auch nicht vom Feenschein vereinnahmen: Der führt Sie nur von Ihrer Bestimmung ab, bis Sie eines Tages aus Ihrem Traumschloß mit den goldgefüllten Taschen aufwachen, um sich in einem heruntergekommenen Hotelzimmer wiederzufinden, mit nichts als Laub und Schlamm in den Taschen.

Erweisen Sie dem Planeten Ehrfurcht durch umweltbewußtes Handeln, wie immer es Ihnen richtig erscheint. Reinigen Sie ein Strandstück. Engagieren Sie sich politisch für den Erhalt des Regenwalds. Kaufen Sie nur biologisch-dynamisch angebaute Lebensmittel. Wenn Sie wollen, nutzen Sie die Magie, um Ihre Ziele zu verwirklichen, doch müssen Sie auch durch Ihr weltliches Handeln Teil der Natur sein, wenn Sie der Göttin wirklich vollwertig dienen und selbst zur vollen Macht aufblühen wollen.

Ergänzen Sie diese Liste durch eigene Ideen. Wie, glauben Sie, sollten Sie Ihren Weg gehen? Wenn Sie Gott und Göttin um Leitung bitten, um zu erfahren, wie es weitergehen soll, werden diese Ihren Wunsch erfüllen.

Ich habe Ihnen eine Menge Material für die weitere Verfolgung des Wegs ins Feenland vorgestellt. Überfordern Sie sich nicht selbst, indem Sie zu viele neue Dinge auf einmal angehen. Beachten Sie, in welchem Tempo ich Sie durch dieses Training geführt habe, und entscheiden Sie selbst, ob Sie nicht besser langsamer verfahren sollten, und sei es auch im Schneckenschritt. Beispielsweise können unterschiedliche Lebensphasen auch nach einem unterschiedlichem Tempo verlangen, und wenn Sie etwas Regelmäßiges auf sich nehmen, wie beispielsweise tägliche sportliche Aktivitäten oder ein tägliches Reinigungsritual, kann das für eine Weile durchaus Mehrarbeit genug sein.

Merry Meet und Merry Part

»Merry Meet und Merry Part« ist ein Ausdruck, mit dem man gern ein Ritual beendet. Die Götter sind gut zu mir gewesen, indem sie mir diese Gelegenheit boten, ein Buch für Sie zu schreiben. Es war ein ganzes Ritual für sich. So ist mir wahrhaftig »frohe Begegnung« (merry meet) widerfahren.

Zum fröhlichen Abschied entbiete ich Ihnen ein paar letzte Gedanken, um Sie auf dem Weg zu begleiten:

Wie groß auch immer unsere Stärken seien, sie sind ein Nichts verglichen mit denen der Göttin. Als Priesterin der Göttin sollten wir mit Stolz und Zuversicht über große Macht gebieten. Als ihre Kinder müssen wir uns dagegen an unsere göttlichen Eltern wenden und uns auf ihre Mittel verlassen, nicht auf unsere eigenen. Die Göttin wird immer für uns da sein.

Seien Sie geduldig mit sich selbst, ob Sie nun dem Weg der Feentradition oder einem anderen folgen. Persönliches Wachstum ist ein langwieriger Prozeß. Manche Menschen hegen geradezu abstruse Vorstellungen und wollen sich ungleich schneller weiterentwickeln, als es spirituell oder technisch überhaupt möglich ist.

Jeder wahrhaft Suchende wird unweigerlich auch einmal seiner eigenen Ethik nicht gerecht werden. Warum auch nicht? Fehler gehören nun einmal zum unvermeidlichen Bestandteil wahren Lebens. Hoffentlich genügt das einmalige Begehen eines Fehlers, um ihn nicht zu wiederholen. (Schön wär's!) Ein Fehler kann aber auch eine unschätzbare Lektion in Sachen Ethik sein. Fehler bilden einen erforderlichen Teil des Wachstums- und Lernprozesses. Wenn Sie nur langsam lernen und denselben Fehler öfter wiederholen – so wie ich –, üben Sie sich in Ihrem Bemühen um Transformation in Beharrlichkeit. Die Götter werden Sie dafür belohnen.

Seien Sie Sie selbst, seien Sie alle Dinge, die Sie sind, und vertrauen Sie Ihren eigenen Beobachtungen.

Verwenden Sie Ihre Magie so oft, wie Sie wollen. Magie ist fürs Leben gedacht, sie soll Teil des Lebensalltags sein.

Führen Sie so viele Zauber für die guten Dinge im Leben durch, wie Sie möchten. Ich selbst ziehe gerade Diamanten in Erwägung.

Gehen Sie das Risiko eines erfüllten Lebens ein. Magie stellt eine Gelegenheit dar, dies zu tun.

Das Leben ist lebenswert, ein Fest und eine Feier, trotz all seiner Probleme. Mein Ziel war es, Ihnen spirituelle Werk-

zeuge in die Hand zu geben, um damit Überfluß herbeizuführen und sich den Herausforderungen des Lebens erfolgreich zu stellen. Vergessen Sie nicht, daß jeder spirituelle
Weg ein ganzes Leben braucht, um umgesetzt zu werden. In
unserer Kultur ist die Spiritualität oft eine Droge: »Tu, was
ich dir sage – es dauert ja nur fünf Minuten –, und all deine
Probleme werden sich in nichts auflösen. Du wirst frei von
allen Ängsten und Sorgen sein. Übrigens verkaufe ich auch
Heroin.« Ich unterstütze Sie darin, hart zu arbeiten und sich
Ihren Herausforderungen zu stellen. Meine Gebete sind mit
Ihnen.

Die Magie ist eine wachsende Pflanze, ein gesprochenes
Gebet, ein getanzter Tanz, eine gelernte Lektion, ein Kelch
der Liebe, ein Prachtmensch, ein Gesang an die Götter.
Magie ist eine wahrgenommene Freude, ein vollzogener
Zauber, ein geleisteter Dienst und ein Dankeschön an die
Göttin am Ende des Tages.

Die Kelten lernten das Alte Wissen von den Feen. So wie
Sie es jetzt gelernt haben, denn mir widerfuhr frohe Begegnung, so wie ich jetzt frohen Abschied nehme von Ihnen
als

Ihre Feenzauberin,

Francesca De Grandis

Francesca De Grandis

Abschlußdiplom

Wenn Sie die Schule abschließen oder heiraten, werden Ihnen die meisten Menschen gratulieren. Wenn Sie dagegen etwas Ungewöhnliches vollbringen, gleich wie folgenschwer, ist es schon schwieriger, die gebührende Anerkennung zu bekommen, auch wenn es ganz genauso wichtig ist. Das folgende Diplom ist eine Anerkennung Ihrer schamanischen Errungenschaften. Es kann Ihr Ego stützen und Ihrer geleisteten Arbeit mehr Kraft verleihen. Fotokopieren Sie es einfach und tragen Sie Ihren Namen und das Datum ein. Wenn Sie möchten, können Sie es sich auch an die Wand hängen!

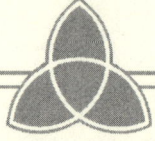

---

durch das Werk

Die Macht der Göttin ist in Dir

Selbstheilung, persönliches Wachstum und Sinnlichkeit durch keltische Feen-Magie

EINE SCHAMANISCHE AUSBILDUNG
ABGESCHLOSSEN HAT.

Francesca De Grandis

Francesca De Grandis

DATUM _____

Danksagung

Ich habe von vielen Menschen gewaltige Unterstützung erfahren, die es akzeptieren, daß ich als Schamanin, Schriftstellerin und Künstlerin viel Einsamkeit brauche und meinen gesellschaftlichen Verpflichtungen daher nur ungenügend nachkomme. Ohne die Ermutigung durch Frederic Lamond hätte ich dieses Buch nicht geschrieben. Deborah Grabien, Starhawk, Sara Shopkow, Joy, Leili Eghbal, Daisy Anarchy und Anodea Judith haben mich ebenfalls darin unterstützt. Mary Ann Murphy und Christina Salat haben das Buchexposé redigiert. Victor Anderson hat das Manuskript auf spirituelle oder magische Fehler überprüft. Seine Kommentare und Führung als Mentor waren von unschätzbarem Wert beim Verfassen dieses Handbuchs. Meine Schüler bezeugten mir während des Schreib- und Veröffentlichungsprozesses immer wieder ihre Liebe, was ich auch wirklich brauchte. Die folgenden Leser machten mich darauf aufmerksam, wenn das Manuskript verwirrend, abstoßend oder anderweitig problematisch war: Alison Harlow, Achilles Gaubert, Tom Haney, Beverly, Anith, Jen Turner,

Richard Goering. Mein Zauber für die perfekten Agenten und Verlagslektoren hat funktioniert: Meine Agenten Elisabeth Pomada und Mike Larsen sowie mein Lektor bei HarperCollins, Mark Chimsky, bewiesen visionäre Kraft, Mut, Kreativität und kluges kaufmännisches Denken. Das Personal bei HarperCollins unterstützte mich rückhaltlos, möge die Göttin sie dafür segnen. Ich danke den Hunderten von Menschen, die im Vertrauen auf meine Vision bei mir lernten. Viele, viele von ihnen meldeten sich auch selbstlos und freiwillig, um meinen Unterricht am laufen zu halten, besonders hervorgehoben seien hier Sara Reeder, Geoffrey Cohen, Vanna Z. Red und Dawnwalker. Ich möchte am liebsten meine ganze Zeit damit zubringen, die Welt zu retten, und Stephen nimmt das nicht nur hin, sondern ist selbst auch interessant genug, um mich von meiner Mission abzulenken. Er hat auch alles getan, vom Einsammeln des Manuskripts bis zum Geschirrspülen, damit dieses Buch schließlich in Ihre Hände gelangen konnte. Ich bin umgeben von einer Fülle guter Freunde (Heiden wie Nichtheiden), die mich gesund und glücklich halten. Ich bin gesegnet. Allgöttin, ich wußte doch, daß ich jemanden vergessen habe! In meinem nächsten Buch will ich das wiedergutmachen.